EU人権政策

山本 直著

成文堂

謝　辞

　本書の準備に際しては、多くの先生方からお力添えをいただいた。
　国際政治統合研究会の谷本治三郎先生、梅津實先生、荒岡興太郎先生、辰巳浅嗣先生、福田耕治先生、児玉昌己先生、鷲江義勝先生、安江則子先生、力久昌幸先生、竹中康之先生、富川尚先生、菅沼靖志先生、久門宏子先生、山内麻貴子先生からは、大学院の在学時から長きにわたり多大な支援と貴重な助言をいただいた。大隈宏先生、田中俊郎先生、ハンス・ペーター・マルチュケ先生、クリスチャン・ルケンヌ先生、八谷まち子先生、須網隆夫先生、庄司克宏先生、中村民雄先生、中村英俊先生、引馬知子先生、柑本英雄先生、福田八寿絵先生、リーナ・キオンカ先生、鈴木一人先生、五月女律子先生からは、貴重な助言をいただいた。ガブリエレ・アベルス先生には、2008年からのドイツでの研究滞在の折に公私にわたりご支援をいただいた。筆者が奉職する北九州市立大学の先生方、ならびに所属する学会・研究会の先生方には、日々お世話になっている。すべての先生のお名前を挙げることができずに心苦しいが、ここに厚く御礼申し上げる。
　筆者が計り知れない学恩を受けたのは、金丸輝男先生である。同志社大学法学部で先生のご講義を拝聴した時間。そして、ゼミに参加させていただき、ご指導を仰いだ時間。そのすべてが至福の時間であった。先生が他界されて10年が経とうとしている。少しでもご恩に報いることができるようにがんばりたい。
　本書の出版にあたっては、成文堂の相馬隆夫氏から最大限のご協力をいただいた。北九州市立大学、同志社大学および文部科学省（学術フロンティア）からは、研究にあたってご支援をいただいた。あらためて感謝申し上げる。
　最後になったが、穏やかで充実した研究生活を筆者が送ることができるのは、妻美香のおかげである。父朝之と母紀代子は、いまも筆者を支え続けて

いる。家族には感謝するばかりである。

2010 年 10 月

山 本 　 直

はじめに
本書の目的と構成

1　本書の目的

　欧州 27 カ国が加盟する欧州同盟（the European Union、以下通称にしたがい「EU」とする）は、国際連合等とともに、わが国において注目されている国際機構の一つである。それは、1950 年代に西欧 6 カ国が設立した、欧州石炭鉄鋼共同体、欧州経済共同体および欧州原子力共同体の 3 共同体を前身とする。以来、人、商品、資本およびサービスの自由移動を含む域内市場を軸にして、その市場の公正な運営、通商、通貨、農漁業、エネルギー、地域振興、運輸、開発協力、外交・安全保障、社会問題および教育・職業訓練等の広い分野で共通の政策を試み、その多くを実行してきた。もっとも、注目されているのは、政策を実行する範囲の広さのみではない。むしろ、EU が備える超国家的な（supra-national）統治制度こそが関心の中枢にある。強力な行政権限を付与された欧州委員会が、加盟国や企業の行動を規律する。EU 司法裁判所は、国連の裁判所では認められないような強制管轄権を備えつつ、自立的な司法機能を担う。加盟国の閣僚からなる EU 理事会が、多数決制（特定多数決制と呼ばれる）を用いて EU の法律を制定する。あるいは、各国国民の直接選挙によって選ばれた欧州議会が、やはり EU 立法に参画し、欧州委員会を統制する。このような制度は、加盟国次元における伝統的な統治形態を根本から変更するものとして脚光を浴びてきたのである[1]。

　このような概念をもつ EU は、人権規範にいかに向き合っているのか。それはまた、人権を保護するためのいかなる取り組みをみせているのか。

　EU が人権の擁護者たらんとしていることは、ある程度は知られるところとなっている。国連における人権条約の起草や刑事裁判所の設置に EU とその加盟国が積極的であることは、わが国でも時おり報道されている。ジェノサイドを犯し、また民主化運動を弾圧した第三国を EU の機関や役職者が非難したとするニュースも耳にする。さらには、環境保護は基本的権利の不可

はじめに

欠の一部であるという認識から、国際的な環境会議でEUが指導的な役割を試みたという報道もあった[2]。これらの行動が顕著となるか否かは、ケースバイケースというほかはない。行動の様式や程度は、EU役職者の問題意識、加盟国がEUに譲渡した権限の程度、第三国との政治的関係、EU域内の世論ならびに非政府組織（NGOs）やメディアの言説等に多いに依存するであろう。しかしながら、それとともにわれわれは、EUのこうした行動が、欧州に位置する機構としての自負にも由来しているように感じる。いうまでもなく、人権概念の発祥地としての自負である。このような背景があることに留意しながら、本書では、現代の欧州と国際社会においてEUが展開する人権保護政策の一端を考察することにしたい。

もっとも、EUの人権保護政策が本書の主題であるとはいえ、そのような政策の分野が独自に存在するわけではない。それは、日本や韓国、あるいはアメリカの人権保護政策がいかなるものであるか容易には概論できないことと同じである。「人間の権利」を保護するという視座は、人間生活のあらゆる局面に関わっている。仮に狭義の人権観を採用したとしても、当該政策の対象は、立法、行政および司法の三権すべての抑制ないし発動を少なくとも包含することになる。このように人権政策は、三権を横断的に展開されるものであり、その全貌を捉えることは困難といわざるをえないのである。ましてや、EUの人権政策となれば、三権の態様が国家によるそれよりも入り組んでいる。そこにおいては、EU機関のみならず、加盟国の中央機関が、あるいは地方機関、政府間機構、欧州政党、人権団体、企業団体、労働組合等の公私にわたる広範な組織が行為主体となりうる。さらには、EUの基本条約が度重なる改定を受けていることも考慮しなければならない[3]。1950年代の欧州3共同体を起源にもつEUは、四半世紀の間に5回の条約改定をみている。1986年の単一欧州議定書、1992年のEU条約（マーストリヒト条約）、1997年のアムステルダム条約、2001年のニース条約および2007年のリスボン条約によるものが、それである（表0-1参照）。EUが享受する権限の強化、明確化ないし効率化は、およそ改定毎に図られてきた。このことを鑑みれば、条約の改定は、EUの人権政策に向けた基盤を絶えず再構成する契機になってきたとみてよい。しかしながら、本書は、このような基本条約の改

表 0-1　EU における基本条約の改定

	署名	署名地	発効	加盟国数
単一欧州議定書	1986年2月17・28日（※）	ルクセンブルク、ハーグ（オランダ）	1987年7月1日	12
EU条約（マーストリヒト条約）	1992年2月7日	マーストリヒト（オランダ）	1993年11月1日	12
アムステルダム条約	1997年10月2日	アムステルダム（オランダ）	1999年5月1日	15
ニース条約	2001年2月26日	ニース（フランス）	2003年2月1日	15
欧州憲法条約	2004年10月29日	ローマ（イタリア）	────※2	25
リスボン条約	2007年12月13日	リスボン（ポルトガル）	2009年12月1日	27

※1　2月17日にルクセンブルクで、同28日にオランダのハーグで署名された。
※2　未発効。

定を体系的に射程するものではない。改定が EU の人権政策にもたらす影響は、本書では断片的に着目するにとどまる。

　さらにいえば、EU の各々の政策分野で展開される人権保護の試みも、あるいはその基本条約に則して下される EU 司法裁判所の判決も、原則として本書では考察の対象にしていない。各政策分野における人権保護には、およそ広範な課題が含まれる。たとえば、関税同盟を円滑に運営するためには、財産の権利、貿易の自由、企業の自由、国籍差別の撤廃、公正な裁判に関わる保護が少なくとも要請される。経済分野以外にも活動の幅を拡げるようになった現代にあっては、さらに、労働社会権、ジェンダー、EU 市民権、人種差別の撤廃、消費者保護、移民および亡命者庇護、教育の権利、環境保護、子どもの権利および人身売買禁止等の諸権利が関係してくる。もっとも、これらの課題を個別的に扱う研究は、すでにある程度蓄積されている[4]。EU 司法裁判所の判例研究も、EU 法学の発達とともに充実したものとなっている[5]。本書は、このような研究状況に追随するものではない。む

しろ、こうした研究状況に留意しながら、EU 人権政策が展開してきた経緯にあらためて大局的に接近しようとするものである。人権政策の遂行を試みる EU が、そのための規範と制度をいかに構築しようとしているかを把握する一点に、関心は絞られる。

2　EU 人権政策の様相

本論を始めるにあたり、EU の人権政策をとり巻く様相をいくつか触れておこう。

まず確認するべきは、EU が行使できる権限の程度や範囲が、政策分野によって相違していることである。関税同盟、競争政策、共通通商政策あるいはユーロ圏の通貨政策といった分野で立法を行なえるのは、EU のみである。基本条約の一つである EU 運営条約によれば、これらの分野においては、加盟国は、EU から委任のある場合か、もしくは EU 法を実施するためにしか立法を行なうことができない。逆に、健康、産業、文化、観光および教育等の分野では、EU は、加盟国の行動を支援、調整ないし補足するにとどまる。さらには、域内市場、社会政策、農業および漁業政策、環境政策ならびに「自由・安全・公正」領域のように、立法権を加盟国と EU の間で共有している政策分野もあるし、独特な手続きを備える共通外交・安全保障政策および共通安全保障・防衛政策の分野もある[6]。

加盟国と EU が権限を行使する実状は、入り組んだものであり、容易には描述しがたい[7]。とはいえ、人権保護に責任を負う主体が政策分野によって異なりうることは察せられる。加盟国の行動が EU によって支援、調整および補足される分野では、加盟国が、自らの憲法が要請するところにしたがい人権を保護する。他方、EU が排他的に権能をもつ分野では、EU 機関である「欧州議会、欧州理事会、理事会、欧州委員会、EU 司法裁判所、欧州中央銀行、会計検査院」[8]とその下部組織が責任を負うと想定される。立法の権能が加盟国と EU の間で共有されている分野では、状況に応じて柔軟に対策を講じる必要も出てくるであろう。なるほど、いずれの政策分野においても、究極的に責任を負うのは加盟国であるとみなすことはできる。EU の活動根拠となる基本条約は、加盟国によって締約されており、それゆえに、加

盟国の合意の下でのみ効力をもつからである。しかしながら、EUの人権政策は、加盟国・EU間の独特な権限配分の状況を反映しつつ、確固たる現象としてわれわれの目前に呈示される。そして、そのような現象は、加盟国が基本条約の効力を停止するか、あるいは基本条約の中身を根本的に改めないかぎり、呈示され続けるのである。そうである以上、われわれは、それを客観的な事実として受容するほかはないだろう。

第2に、EUの人権政策は、加盟国政府が神経質にならざるをえない要素を含んでいる。本書でみるように、加盟国政府は、人権の規範を、欧州統合の正当性を保持する手段として活用しようとした。しかしながら、それは結果として、EUの人権政策を自らの下で恒久的に統制しなければならない状況を生んだのである。

ここでいう欧州統合の正当性には、二つの側面がある。一つは、対外的な結束を高めるために人権や民主主義を欧州的アイデンティティの源泉に位置づけようとすることである。そのような位置づけは、1960年代後半以降の加盟国首脳会議——のちに欧州理事会となる——において表れはじめる。その後にあっては、欧州安全保障協力会議（現在の欧州安全保障協力機構）における対ソビエト連邦協議、ユーロ・アラブ対話、途上国への開発援助・協力、南アフリカ人種隔離政策（アパルトヘイト）、北京天安門事件、ユーゴスラビア紛争、中・東欧諸国への拡大政策等の脈絡において、価値観としての人権が絶えず強調されてきたのである。あと一つは、加盟国国民に対する政治的な応答という側面である。この脈絡においては、人権は、EUによる権力の行使から個人や企業を擁護するべき安全弁として理解される。人々の生活に直接の影響を及ぼすようになったEUが人権を軽視すると認識される場合、それは、欧州統合の試みが信用を失ったことを意味しかねないのである。これら二つの側面を通じて、加盟国政府は人権規範を要請することになる。

しかしながら、人権規範を加盟国間で共有することが、EUによる人権政策の実行に即連動するわけではない。人権は、たしかに欧州的な価値観を促進するであろう。とはいうものの、加盟国における人権保護の礎となってきたのは、何を差し置いても加盟国憲法である。人種や民族に基づく差別を禁

止する必要はあるが、それでは就業、進学および住居等のいかなる局面まで介入するべきか。あるいは、週当たり何時間ほどの残業を禁止して、何ユーロほどの賃金を保証すれば、労働者の権利を保護したことになるのか。このような政策課題に取り組もうとするEUを、独自の憲法体系をもつ加盟国が無条件に支持するわけではない。加盟国政府は、むしろ、EUの政策が自らの選好と乖離しないように統制する行動に出るであろう。

第3に、EUの諸機関は、人権の促進に向けた認識を共有するものの、その実現のために同一のアプローチを採るとは限らない。というよりも、人権の強化に向けた姿勢は、機関によってかなり相違しうると捉えるべきである。

アプローチの相違がとりわけ明瞭であるのは、理事会と欧州議会である。理事会が採るのは、国家を基本単位とする、国際人権法と人権外交のアプローチである。『人権に関するEU年次報告』を毎年採択するなど[9]、理事会はたしかに、EU域内の人権問題に取り組む姿勢を示してきた。しかしながら、多くの場合、そのような取り組みは、最小限の実践にとどめられる。そして、域外第三国の状況を改善することに力点がおかれるのが特徴的である。他方において、欧州議会は、EU域内の問題への取り組みにより積極的であるようにみえる。2009年1月に採択した『2004年から2008年までの欧州同盟における基本権の状況』と題する決議が、そのような傾向をみせている。すなわち、域内においては、少数者および人種差別、移民および難民、表現の自由ならびに子どもの権利等さまざまな権利が十分に保護されていない。その状況を概括し、かつ自らの使命を確認しながら、理事会、欧州委員会および加盟国に対して状況改善を促す内容となっている[10]。

両機関にみられるアプローチの相違は、やはり、欧州統合における加盟国政府の立場と密接に関係している。「加盟国政府の立場を明確にする閣僚級の代表者」[11]からなる理事会と「直接選挙によって議員が選出される」「同盟市民の代表」[12]である欧州議会とでは、加盟国を代表する程度が質的に異なるからである。理事会は、人権保護という課題を、各国政府が重視する外交的利益の一部として位置づける傾向がある。それに対して、欧州議会は、国家的枠組みに捉われずに活動するさらなる契機をもつと思われるのであ

る。理事会と欧州議会は、共同で立法機能を担う、EUにおいて中枢的な機関である[13]。それらが異なる政治的基盤に立脚している事実は、それ自体、EU人権政策をみていくうえで興味深い材料を提供してくれる。

　EU機関のアプローチは、その時々における役職者の方針や認識にも依存するだろう。この場合に想起されるのは、欧州委員会委員長、欧州理事会議長、外務・安全保障政策上級代表、理事会議長国ならびに欧州議会議長らである（巻末資料1を参照のこと）。理事会にはさらに、COHOM（The Council Working Group on Human Rights/ groupe "Droits de l'homme" du Conseil）と呼ばれる人権作業部会がある。そのほか、当該問題に携わる関係者として、欧州委員会の当該分野担当委員（拡大・欧州近隣政策担当委員、雇用・社会問題・包摂担当委員、開発担当委員、司法・基本権・市民権担当委員ら）[14]ならびに欧州議会内の関係委員会（外務委員会、人権委員会、法務委員会、市民的自由・司法内務委員会、女性の権利・ジェンダー平等委員会等）の議長や報告者らが挙げられる。彼／彼女らの思想と行動も、政策の構築および遂行に直接的に投影されると考えられる。

　第4に、EUに先駆けて欧州の人権問題に取り組んできた、欧州審議会（Council of Europe）の存在に留意する必要がある。全欧47カ国が加盟する欧州審議会は、フランスのストラスブールに本部をおいており、閣僚委員会と議員総会（正式には「諮問総会」である）が主要機関である。閣僚委員会は、各国外相らからなる政府間機関であり、「審議会を代表して行動する」最高決定機関である[15]。他方、議員総会は諮問機関であり、その議決が法的効果をもつことはない[16]。しかしながら、議員総会構成員の多くは、各国の議員である。その議席数も、EU欧州議会と似て、国家人口に応じて割り当てられている。こうして国際議会と呼びうる議員総会も、広範な事項を討議することを通じて、欧州として対応するべき長期的な課題を明らかにしてきた。

　このような外観をもつ審議会であるが、本書の脈絡からは、それが欧州人権条約の運営母体となってきたことに言及する必要がある。審議会に加盟する当時14国が欧州人権条約に署名したのは、1950年11月である[17]。欧州石炭鉄鋼共同体設立条約がEUの原加盟6カ国によって署名される、半年前

のこととなる。欧州人権条約は、自由権の保護に特化した文書である。それゆえに、人権を広範に射程するものとは必ずしもいえない[18]。しかしながら、同条約に基づいて設置される欧州人権裁判所（および古くは欧州人権委員会）は、判例の蓄積を通じて、欧州人権法の体系を築くことに寄与してきた。また、1952年3月の（第1）議定書を筆頭に、欧州人権条約にはこれまで14にのぼる議定書を作成し、発効させている。保護される権利の範囲は、それに応じて徐々に広がりをみせた。欧州人権裁判所における裁判の手続きも、より効率化しつつある[19]。

　EUは、その活動全般において、欧州人権条約の存在を常に意識する必要に迫られてきた。とくにEU司法裁判所は、判決文において同条約にしばしば言及してきた。マーストリヒト条約が「同盟は、欧州人権条約によって保障される基本権を（……）共同体法の一般原則として尊重する」と述べるようになったのも[20]、そのような背景からである。中・東欧諸国への拡大政策に際しても、EUは、欧州人権条約への加入を済ませていることをEU加盟の条件と位置づけてきた。加盟国に加えてEUが欧州人権条約に加入する試みは、本書でも考察の対象としている[21]。とはいうものの、加入の是非に関わらず、EUは、それまでも審議会との連携に配慮しなければならなかった。

　EUの人権政策をめぐっては、他に挙げるべき様相もあろう。しかしながら、ここでは以上にとどめておきたい。それは、少なくとも、加盟国・EU間における立法権限の配分、欧州統合における加盟国政府の戦略的立場、EU機関間にみられるアプローチ、ならびに欧州審議会との相互関係を含む、独特の脈絡の下に位置づけられる。当該政策は、このように、固有の動態性を孕む複合的な過程となっている。

3　EU人権政策の視座：近代国家の終わりと個人

　さて、EUを中心とする欧州統合について著者が理解するところを、以下、簡潔に示しておきたい。というのも、欧州統合は、本来の近代国家としてのEU加盟国の性格を後退させていると考えられる。そうであれば、国家による人権保護という従前のあり方も、これに呼応する形で変質していると

みなせるからである。

　近代国家が主権国家、国民国家および領域国家という三つの特徴を兼備していることは、近代以降の国際体制を説くうえでの前提となってきた[22]。近代国家が生成した史的構造に言及することは、ここではできない。ただし、そこに一定の普遍的な傾向を看取することはできるだろう。すなわち、人々が旧来のあらゆる慣習――社会的、経済的および政治的慣習を含む――を放棄することを通じて、より良い生活を実現する。近代国家は、このような物語と一体化してきたのである。ここでいうより良い生活とは、人間の本質的な欲求に関わるものである。身体の安全が保証される。衣食住に困らず、場合によってはより高い水準の暮しを追求することができる。そして何より、国民というアイデンティティに自らを委ねることができる。このような生活を志向する器として、近代国家は要請されたのである。

　商品経済の発達、暴力手段の集権化ならびに社会契約説の普及のいずれもが、このような物語を支持するものであった。それと同時に、近代国家は、力の政治（power politics）によって特徴づけられる国際社会で生存するための、最も有効な手段であると捉えられた。近代国家の思想と実践は、欧米地域にまず根付き、次いでわが国を含む世界各地へと広がりをみせたのである。

　しかしながら、近代国家の性格を自発的に後退させる趨勢が、近代国家の発祥地であった欧州において観察されるようになった。それが、欧州統合である。欧州統合に向けた最大の転機となったのは、明らかに、20世紀前半期に勃発した二つの世界大戦であった。軍人および民間人を問わず大量の死傷者を生んだ世界大戦が、近代国家が内包する安全保障上の限界を知らしめたのである。そして、そのような限界を体験的に学びえた者が統合を牽引したことに不思議はない[23]。当時の欧州諸国は、もはや植民地経営による利潤を期待することができず、経済的な繁栄を構想することも困難になっていた。米ソを頂点とする冷戦構造が固定する中、欧州としての価値観を喪失する危惧も感じるようになった。このような閉塞した状況を克服するために案出されたのが、国家主権を欧州の新しい共同体に譲渡するという実験である[24]。主権国家の性格をいわば希薄化することを、国家と人々の利益を増大

するための糸口としたのである。

　EU 加盟国による主権の譲渡が、決然とした行為であるとはいえないかもしれない。このことは、18-19 世紀のアメリカおよびドイツ各州が、連邦政府を築く過程を想起すれば鮮明となる。防衛、治安維持もしくは社会保障という国家の核心的な機能に関わる分野ほど譲渡が進みにくいこともたしかだろう。しかしながら、だからといって欧州統合を過少に評価するべきではない。アメリカとドイツにおける連邦建設の機運は、いわば各州が、近代国家として成熟する途上期に高まりをみせた。それに対して、EU の場合は、近代国家として「酸いも甘いも嚙み分けた老国」の間で企図されている。双方が異なる政治過程を歩むことは、それらの歴史的文脈を問わずとも、ある程度は予見できるのである。むしろ、そのような状況を鑑みればこそ、立法、行政および司法の各領域における EU の権限をその加盟国が受容している現実が興味を惹く。EU を中心に展開される現象は、主権国家が平和的に解体されていることを例証するものと考えざるをえない。われわれは、主権国家を要件に成立する近代国家が自らその役割を終えようとしている態様を目撃しているのである[25]。

　もっとも、以上の推論を導くうえでは、いくつかの留保が挙がることが考えられる。たとえば、加盟国は、EU から脱退する権限を享受している。そうであるかぎり、主権国家としての加盟国の地位はいささかも揺らいでいないとする見解があってもおかしくはない。加盟国の脱退については、欧州憲法条約が初めて加盟国の脱退権を明記したことが注目される。憲法条約は頓挫したものの、その内容を踏襲するリスボン条約が、脱退条項を EU 条約に設けているのである[26]。ニース条約までは存在しなかった脱退条項をここに設けたことの意味は、たしかに顧みる必要がある[27]。しかしながら、加盟国が脱退する可能性は、明らかに低い。加盟国の法的政治的体制は、EU 次元の体制といまや融合しつつある。しかも、そのような状況は、時間の経過とともに固定し、脱退のための費用を確実に高めているのである。国際政治学者の金丸輝男は、次のように指摘している。脱退を可能とみるのは、「1867年にウェストミンスターが制定したカナダに自治権を与える法律を、ウェストミンスターが取り下げればカナダから再び自治権を奪い取ることができ

る、というようなレベル」[28]の考えである、と。加盟国がEUから脱退することは、法理論的には可能である。しかしながら、そのような行為は、連邦国家から分離独立する連邦構成州の行為と実態として変わらないものとなっている。歴史的制度論の表現を借用すれば、EU加盟国は、欧州統合の道程に閉じ込められて（locked-in）いるのである[29]。

　あるいは、EUにおける主権国家の解体は、近代国家の終焉を即座にはもたらさないという解釈もありうるだろう。EUに加盟する諸国は、近代国家のさらなる特徴である国民国家および領域国家の外観を、いまだ呈しているようにみえるからである。ただし、国民国家と領域国家が主権国家なくしてその意義を従来と同様に保持できるのかは、あらためて問う必要がある。近代国家が領域国家であることの意味は、主権国家が及ぼす主権の地理範囲を明確にするところにある。EUの決定が「国境」を超えて法的および政治的効果をもつのであれば、国家の領域性は、それだけ相対的なものになるだろう。さらにこのことは、国民国家という性格にも再検討を迫ると思われる。というのも、主権国家が解体され、かつその領域的性格も後退しているとすれば、そのような変化の中において国民国家という態様のみが安泰であるといえる根拠をあらためて提示しなければならないからである。主権国家なき国民国家および領域国家という形態を無条件に肯定することは、以前ほどには容易な作業でなくなっているだろう。

　EUの下での近代国家の終わりという視座をここで示したのは、そのような視座が本書の問題関心に密接かつ不断に関わってくるからである[30]。これまで支配的であったのは、人権を保護するのは近代国家であるという思考の枠組みであった。ロック（J. Locke）やルソー（J.-J. Rousseau）らの社会契約思想にしたがえば、人権保護は、近代国家が負うべき義務であるとされてきた[31]。その近代国家が解体の途上にあるとすれば、人権保護の在りようも不可避的かつ本質的に変化せざるをえないのではないか。このような変化の解析に踏み込むまでには、本書はいたってはいない。しかしながら、このような変化に対する関心は、常に本書の基底をなすものである。

4　本書の構成

　本書は、その目的に沿って、第Ⅰ部から第Ⅳ部まで四つの主題を設けている。もっとも、第Ⅰ部の前にEU人権政策の発現と題する序章を設けた。序章は、欧州統合の始動期に当たる1950年代から、主にマーストリヒト条約までの展開を要約する内容となっている。そこでは、人権規範に関心を払おうとしない機構であった欧州共同体（EC）が、1960年代から1990年代にかけて人権の規範と政策を漸進的に形成する過程を概観した。

　第Ⅰ部では、アムステルダム条約期からニース条約期までの人権政策の展開に着眼している。3章立ての第1章においては、人権および民主主義等の原則に違反する加盟国をEUとして制裁を科そうとする制度に焦点をあてた。アムステルダム条約によって導入され、かつニース条約によって強化されたこの制度の、概要と適用可能性に焦点を当てている。第2章では、現代欧州の課題である人種差別や外国人排斥を監視するために設置された、欧州人種主義・外国人排斥監視センターを取り上げた。この監視センターが設置される経緯、ならびにその役割、組織および活動に注目する内容となっている。第3章では、この監視センターの後身として発足したEU基本権庁に焦点を当てた。ここでは、「開かれた調整の方式」と呼ばれる政策理論を手がかりにして、EU域内における諸問題の解決に向けた実践のあり方について考察している。

　第Ⅱ部では、国際社会におけるEU人権政策の展開へと視点を移している。この部も、3章立て（第4章、第5章および第6章）である。第4章は、EU域外の諸国との関係において、いわゆるコンディショナリティを導入する試みに注目している。多様であるばかりか、歴史的に変動する対外関係においてEUが人権規範をいかに活用しようとしたかを概観している。第5章では、EUと同じ欧州の地域的機構である欧州審議会との相互関係に注目した。機構としての性格は両機構で異なるものの、人権保護の分野において先駆的な実績を残す審議会との間で企図される協力の可能性について接近している。第6章においては、アメリカが主導する「テロとの戦い」に追従した加盟国による人権侵害の疑惑を取り上げた。テロ容疑者の人権保護という課題にEUと審議会が着手した事例として考察した。

第Ⅲ部は、欧州憲法条約（「EU憲法」）ならびにリスボン条約における人権促進の試みをまとめている。この部は、4章（第7章、第8章、第9章および第10章）よりなる。第7章では、2000年に起草された基本権憲章が憲法条約に組み込まれる様相を、イギリス政府の行動を中心にみるものとした。そうすることにより、EU初となる独自の人権目録となる憲章が、加盟国にとってもちうる意味を考察している。第8章においては、基本権憲章の逐条解説である解説文を俎上にのせた。ここでは、解説文が作成された背景、その記述内容および活用状況を概観することによって、憲章における逐条解説の位置付けを論じるものとした。第9章では、EUにおける憲法条約の起案に際して「EUの価値」が定義される過程に焦点を当てた。人権尊重や民主主義を含む「EUの価値」は、アムステルダム条約がEUの基礎においた「加盟国に共通する原則」を再編するものであるため、再編に向けた協議の動向を捉えることが考察の中心となる。第10章で取り上げたのは、欧州審議会の人権文書である欧州人権条約にEUとして加入するという積年の課題である。憲法条約の起案の際になされた議論を、欧州審議会の側面支援も織り交ぜながら省察した。

第Ⅳ部は、EUの立法行為に基本権保護を連結する試みを紹介している。この部を構成する第11章では、自らの立法発議において基本権憲章を順守する欧州委員会の取り組みを題材にした。まずは1999年に発足したプロディ委員会による初期の模索をみる。続いて、プロディ委員会に次いで成立した第1次バローゾ欧州委員会による方法論構築の試みを概観している。

本書の結論部となるのが終章である。終章では、第Ⅰ部から第Ⅳ部までの内容を踏まえて結論に代えさせていただいた。

1) 国際機構を主題とする日本語教科書の多くが、国際連合に加えて、EUにもその頁を割いている。辰巳浅嗣・鷲江義勝編著『国際組織と国際関係』成文堂、2003年、第9章および終章；最上敏樹『国際機構論』第2版、東京大学出版会、2006年、第4章；庄司克宏『国際機構』岩波書店、2006年、終章等を参照。EUへの関心の高まりは、日本で組織されている日本EU学会（旧日本EC学会）の会員数が増加していることにも表れている。EC研究者大会が日本EC学会へと改組された1980年時

(14)　はじめに

　　点において、同学会への入会申し込み者は 160 余名であった。2009 年には 510 名を超えている。『日本 EC 学界年報』1 号、1981 年、211 頁；*EUSA-Japan Newsletter*, No. 23, July 2009, p. 7.

2)　以上の一例として、次に挙げる日本経済新聞の記事がある。「EU、対ベラルーシ関税優遇撤廃」2006 年 12 月 22 日夕刊 3 面；「国連人権理閉幕　ダルフール問題」2007 年 4 月 1 日朝刊 5 面；「CIA の秘密収容所　ポーランド・ルーマニアに　欧州会議」2007 年 6 月 9 日朝刊 6 面；「ミャンマー投資凍結　EU 外相理　政権への圧力強化」2007 年 11 月 20 日朝刊 8 面；「デモ弾圧でロシア批判　欧州委員長」2007 年 11 月 27 日朝刊 8 面；「ポスト京都、EU、主導権狙う」2007 年 12 月 16 日朝刊 4 面；「欧州議会、対中武器禁輸継続を」2008 年 4 月 24 日 2 面；「EU 外相理事会ジンバブエ制裁強化」2009 年 1 月 27 日朝刊 8 面。

3)　ここでいう基本条約については、本書凡例を参照されたい。

4)　たとえば、次の研究がある。竹中康之「EU における障害者差別禁止法制の展開と課題」『同志社大学ワールドワイドビジネスレビュー』3 巻 2 号、2002 年；中野聡『EU 社会政策と市場経済』創土社、2002 年；柴山恵美子・中曽根佐織編著『EU の男女均等政策』日本評論社、2004 年；中坂恵美子「ヨーロッパ統合における人の自由移動―ヨーロッパ市民権創設以降の居住の権利―」『法政論集』(名古屋大学) 202 号、2004 年；小場瀬琢磨「EU 域内市場の基本的自由の基本権への収斂化」『早稲田法学会誌』55 巻、2005 年；土谷岳史「EU シティズンシップとネイション―ステート―セキュリティ、平等、社会的連帯―」『慶應法学』4 号、2006 年；佐藤進『EU 社会政策の展開』法律文化社、2006 年；安江則子『欧州公共圏：EU デモクラシーの制度デザイン』慶應義塾大学出版会、2007 年；庄司克宏「EU 域内市場における自由移動、基本権保護と加盟国の規制権限」田中俊郎・小久保康之・鶴岡路人編『EU の国際政治―域内政治秩序と対外関係の動態』慶應義塾大学出版会、2007 年；引馬知子「EU の障害者の人権保障の法的取り組みと雇用施策の現状」『調査研究報告書』81 号、障害者職業総合センター、2007 年。

5)　さしあたり、本書序章の注 10 から 17 にかけて掲げた文献の多くが、EU 司法裁判所の判例を分析している。

6)　EU 運営条約 2 条から 6 条、ならびに 23 条から 46 条までを参照。EU 運営条約については、本書凡例を参照されたい。

7)　EU 法の実施に加盟国の行政官が関わるコミトロジーと呼ばれる制度は、その典型である。そこにおいては、EU の政策を円滑に実行するという効果がみられる反面、不透明で非民主的な意思決定が批判されている。八谷まち子「コミトロジー考察―だれが欧州統合を実施するのか―」『政治研究』(九州大学) 46 号、1999 年、34-36 頁。

はじめに　(15)

8) EU条約13条1項が、これらをEUの機関として定義している。
9) 2008年の報告は、以下のものである。Council of the European Union, *EU Annual Report 2008*, COHOM105, 14146/2/08, Brussels, 27 November 2008.
10) *Résolution du Parlement européen du 14 janvier 2009 sur la situation des droits fondamentaux dans l'Union européenne 2004-2008* (2007/2145 (INI)), P6_TA (2009) 0019.
11) EU条約16条2項。
12) EU条約14条2項および3項。
13) 欧州議会と理事会による共同立法の手続きは、マーストリヒト条約によって導入された。それは、EC設立条約では「189b条の手続き」(アムステルダム条約とニース条約では「251条の手続き」) として言及されたが、共同決定手続きという通称であった。リスボン条約は、これを通常立法手続きと改称したうえで、両機関の地位を対等化させるなどの再編を図っている。なお、特別立法手続きが別にあり、これは従来の同意手続きや予算手続きを包含するものとなっている。鷲江義勝編著『リスボン条約による欧州統合の新展開』ミネルヴァ書房、2009年、48-55頁。
14) 欧州委員会委員の選出については、本書資料1を参照されたい。司法・基本権・市民権担当委員は、第2期を迎えたバローゾ欧州委員会において新設された役職である。
15) 欧州審議会設立規程13条。
16) 欧州審議会設立規程22条によれば、議員総会の任務は、その討議の結論を閣僚委員会に勧告するにとどまる。
17) 同年11月4日にベルギー、デンマーク、フランス、ドイツ、アイスランド、アイルランド、イタリア、ルクセンブルク、オランダ、ノルウェー、トルコおよびイギリスの12カ国が署名した。同月28日には、ギリシャとスウェーデンも署名している。欧州審議会条約局 (http://conventions.coe.int) のデータによる。
18) 欧州人権条約前文には、以下の記述がある。「条約に署名する政府は(…)世界人権宣言に述べられる諸権利のいくつかのものを集団的に保護するための最初の措置をとることを決意して(…)」。
19) 薬師寺公夫「人権条約の解釈・適用紛争と国際裁判―ヨーロッパ新人権裁判所への移行―」杉原高嶺編『小田滋先生古稀祝賀　紛争解決の国際法』三省堂、1997年；小畑郁「第14議定書によるヨーロッパ人権条約実施規定等の改正」『法政論集』(名古屋大学) 205号、2004年参照。
20) EU条約F条2項。
21) 本書第10章参照。
22) G. イェリネク (芦部信喜・小林孝輔・和田秀夫訳者代表)『一般国家学』第2

はじめに

版、学陽書房、1976年、第13章および第14章。さらに、『現代社会』東京書籍、2008年、176頁；『高校現代社会新訂版』実教出版、2008年、226-226頁参照。

23) 欧州石炭鉄鋼共同体の設立に携わったフランスのシューマン外相も、あるいは西ドイツのアデナウアー首相も例外ではない。金丸輝男編著『ヨーロッパ統合の政治史』有斐閣、1994年、第2章-第4章参照。

24) Jean Monnet, Mémoires, 1976, Fayard（ジャン・モネ、黒木寿時編訳『ECメモワール：ジャン・モネの発想』共同通信社、1985年；ジャン・モネ、近藤健彦訳『ジャン・モネ―回想録―』日本関税協会、近藤健彦訳『ジャン・モネ回想録』日本関税協会、2008年）。地域統合の志向性として「安全」、「経済」および「共同体」の三つの軸を挙げた、山影進『対立と共存の国際理論』東京大学出版会、1994年、107-112頁を参照した。

25) 以上の視座については、金丸輝男「国際政治の把握」太田雅夫・金丸輝男編『政治学への視点』法律文化社、1984年。EUの意思形成については、金丸輝男『ヨーロッパ議会』成文堂、1982年；同「EECの政策決定過程における多数決方式と「一括処理」方式」『国際政治』77号、1984年；同「欧州同盟（European Union）と国家主権―政策決定過程における国家主権の変容」『同志社法学』49巻3号、1998年；福田耕治『EC行政構造と政策過程』成文堂、1992年；児玉昌己『欧州議会と欧州統合』成文堂、2004年参照。

26) 脱退することを決定した加盟国は、その意向を欧州理事会に告知する。EUは、欧州理事会が定める指針に照らして、かつ当該加盟国との将来の関係のための枠組みを考慮しながら、脱退に向けての協定を当該国と交渉し、締結することになる。当該国へのEU基本条約の適用は、この協定の発効日より、もしくは協定を締結できない場合には上に言及した告知から原則として2年経過した後に終えるものとされる。欧州憲法条約Ⅰ-60条、およびリスボン条約によって改定されたEU条約50条参照。

27) 欧州憲法条約の脱退条項を含む、EC/EUからの加盟国の脱退可能性を分析したものとして、中西優美子「欧州憲法条約における脱退条項」『国際法外交雑誌』103巻4号、2005年、33-60頁参照。

28) 金丸輝男「欧州同盟（European Union）と国家主権」前掲論文、第2章。

29) See, Paul Pierson, "The Path to European Integration : A Historical Institutionalist Analysis," Comparative Political Studies, vol. 20, no. 2, 1996, pp. 123-163. この点さらに、拙稿「歴史的制度主義によるEU分析の特徴と諸問題―加盟国政府の自律性をめぐって―」『同志社法学』52巻4号、2000年参照。

30) 同様の関心を共有する邦語の研究には、次のものがある。宮本光雄『国民国家と国家連邦：欧州国際統合の将来』国際書院、2002年；中村民雄編『EU研究の新地

平：前例なき政体への接近』ミネルヴァ書房、2005年；中村健吾『欧州統合と近代国家の変容：EUの多次元的ネットワーク・ガバナンス』昭和堂、2005年。
31) この点を俯瞰するものとして、杉原泰雄『人権の歴史』岩波書店、1992年。

凡　例

・本書でいう EU の基本条約とは、主に『欧州同盟に関する条約』（以下、「EU 条約」とする）ならびに『欧州共同体 the European Community を設立する条約』（同「EC 設立条約」）の両条約を指す。EU 条約は、1992 年に当時の EC12 カ国によって締結された。オランダのマーストリヒトで締結されたことから、それはマーストリヒト条約と通称される。それは、3 本柱の構造をもつ。第 1 の柱は、欧州経済共同体 the European Economic Community、欧州石炭鉄鋼共同体 the European Coal and Steel Community および欧州原子力共同体 the European Atomic Energy Community の 3 共同体である。ここでは、共同体の従来の機能を継承しつつ、意思決定の効率化が図られる等している。欧州経済共同体が欧州共同体へと改称されたのも同条約によってである。第 2 の柱は、共通外交・安全保障政策である。この分野においては政府間協力の性格が濃く、従来の欧州政治協力と呼ばれる枠組みを継承するものでもある。第 3 の柱は、司法内務協力と呼ばれるものであり、やはり政府間協力に基づいて運営される。EU 条約は、のちにアムステルダム条約、ニース条約ならびにリスボン条約によって 3 回改定されている。最も抜本的な改定となったのは、リスボン条約であると考えられる（この点は後に触れる）。一方の EC 設立条約は、欧州経済共同体設立条約を前身としている。欧州経済共同体設立条約は、1965 年 4 月の併合条約ならびに単一欧州議定書等による改定を受けている。その後、マーストリヒト条約によって EC 設立条約として発展的に解消されたことになる。EC 設立条約もやはり、アムステルダム・ニース・リスボン 3 条約によって改定が重ねられた。中でもリスボン条約は、EC 設立条約を EU 運営条約へと改称した。それにともない、EC を EU に置き換え、かつ、従来の EU の 3 本柱の構造も部分的に解消させた。基本条約には、以上の両条約のほか、欧州石炭鉄鋼共同体設立条約および欧州原子力共同体設立条約を挙げることができる。欧州石炭鉄鋼共同体設立条約は、同条約の規定にしたがい、発効後 50 年を経た 2002 年に満期失効を迎えた。欧州原子力共同体は現存する。いずれにせよ、これら 2 条約を本書はほとんど取り上げない。

・併合条約、単一欧州議定書およびアムステルダム・ニース・リスボン 3 条約のほか、1965 年の欧州共同体の特権および免除に関する議定書、1970 年の特定の予算規定を改定する条約ならびに 1975 年の欧州投資銀行規程に関する議定書等は、本書では基本条約とはみなさない。これらは、いずれも重要な加盟国間条約ではあるものの、先に定義した基本条約を改定ないし補助する文書にとどまる

という理由からである。2000年12月に宣言され、2007年12月に再認されたEU基本権憲章、ならびにEC/EUの拡大に際して締結された加盟条約も、基本条約とはみなさない。

・すでに触れたように、EUとリスボン条約以前のECは、異なる法的枠組みをもつ。この点を承知しつつも、本書では便宜的に、ECをEUとして記述している箇所が少なからずあることをおことわりする。

・リスボン条約は、マーストリヒト条約以後のEUの特徴であった3本柱の構造を、第1の柱ECの政策分野を拡大させる方向で解消した（それと同時にECがEUに置き換わったことは、先に触れた）。これによる最大の変更の一つは、第3の柱である司法内務協力（アムステルダム条約によって「刑事分野における警察・司法協力」に再編されていた）を、「自由、安全および公正の領域」と改編したうえでEU運営条約に組み込んだことである。他方、第2の柱であった共通外交・安全保障政策は、EU運営条約には組み込まれず、従来どおりEU条約の枠内にとどまる。EU条約42条1項が「共通外交・安全保障政策の不可欠の一部」と述べる共通安全保障・防衛政策とともに、それは別個の枠組みを保持していることになる。ただし、リスボン条約は、欧州理事会議長の役職を新設した。あるいは、アムステルダム条約によって設けられていた共通外交・安全保障政策の上級代表を外務・安全保障政策上級代表に改称し、かつその任務を拡大させた。これらの改定が、共通外交・安全保障政策の在りように影響を与えることは予測される。

・the European Unionを、わが国では欧州連合と訳す傾向がみられる。しかしながら、Unionに連合の語を充てることは適切ではない。国際政治学や国際機構論において、連合の語感は、国家を基本単位として行動する国際連合を想起させる（中国では国連は、原名 the United Nationsに忠実に「連合国」と訳される）。欧州連合の訳では、もはや国家が基本単位では必ずしもなくなっており、かつ広範な政策分野で排他的権限を享受するようになったEUの本質を見誤りかねない。customs unionを関税同盟、economic and monetary unionを経済通貨同盟と訳す伝統にならい、欧州同盟と訳すことが適切である。

・EUの公式文書は、the European Unionをthe Unionとしばしば略称する。本書では、公式文書を引用する場合には、これを同盟と訳すものとする。ゆえに、たとえばEU条約17条に言及されるUnion lawは同盟法と訳すことになる。the European Communityがthe Communityと略称される場合も、本書では同様に共同体とする。他方、公式文書を引用する場合を除いて、本書では適宜、EUおよびECの呼称を使用する。もっとも、しばしば用いられる欧州石炭鉄鋼

共同体、欧州経済共同体および欧州原子力共同体の略称（ECSC, EEC および EAEC）は、これらの共同体を表記する頻度が少ないために原則として用いない。設立が実現しなかった欧州防衛共同体 the European Defense Community および欧州政治共同体 the European Political Community についても同様とする。

・人権研究および国際人権研究の分野では、人権に対する公的機関（国家）の義務を、人権の尊重 respect、保護 protect あるいは促進 promote 等と分類して、その各々を定義することがある。本書では、EU の公式文書を引用および参照する場合を除き、そのような分類には配慮していない。

・本書では、1950 年 11 月 4 日の『人権および基本的自由の保護に関する欧州規約』を、通称にしたがい欧州人権条約として言及している。

・引用文中の「(…)」は、省略した個所を指す。傍点ならびに（丸カッコ）による補足は、別に言及する場合を除き本書筆者による。

初出一覧

序章　「EUにおける人権保護の展開」『北九州市立大学外国語学部紀要』117号、2006年10月。

第Ⅰ部

第1章　「EUと民主主義原則―EU条約7条をめぐって―」『同志社法学』53巻6号、2002年2月を加筆補正（なお、第3節および第4節については「EUの対加盟国制裁権限―欧州議会および欧州政党の対応を中心にして―」『阪南論集』（社会科学編）39巻2号、2004年3月から一部転載）。

第2章　「欧州人種主義・外国人排斥監視センター（EUMC）の設立と機能」『北九州市立大学外国語学部紀要』112号、2005年2月を加筆補正。

第3章　「EUにおける基本権保護の新展開―「開かれた調整方式」から「EU基本権庁」設置へ―」『同志社大学ワールドワイドビジネスレビュー』7巻2号、2006年3月を加筆補正。

第Ⅱ部

第4章　「EUにおける人権と民主主義―コンディショナリティを題材にして―」『日本EU学会年報』22号、2002年9月を加筆補正。

第5章　「欧州審議会とEU」『ワールドワイドビジネスレビュー』2巻2号、2001年3月を加筆補正（なお、第3節については「国際人権と国家の自律性―死刑廃止外交を題材にして―」辰巳浅嗣・鷲江義勝編著『国際組織と国際関係―地球・地域・ひと―』成文堂、2003年から一部転載）。

第6章　「現代ヨーロッパにおける「テロとの戦い」と人権の保護―CIAテロ容疑者不法拘禁・移送疑惑への対応を題材にして―」『北九州市立大学外国語学部紀要』121号、2008年1月を加筆補正。

第Ⅲ部

第7章　「EU基本権憲章の起草とイギリス」福田耕治編『EUとグローバル・ガバナンス』早稲田大学出版部、2009年3月を加筆補正。

第8章　「EU基本権憲章における『解説文』の作成と意義」『公益学研究』日本公益学会、9巻1号、2009年を加筆補正。

第9章　「欧州憲法条約におけるEUの価値―第Ⅰ-2条の導入過程と展望―」『同志社大学ワールドワイドビジネスレビュー』6巻2号、2005年3月を加筆補正。

第10章　「欧州人権条約へのEUの加入についてのノート―欧州憲法条約におけ

る展開─」『同志社大学ワールドワイドビジネスレビュー』10巻、2009年を加筆補正。
　第Ⅳ部
第11章　書き下ろし
終章　書き下ろし

目　次

はじめに―本書の目的と構成
凡　例

序章　EU人権政策の発現
　　　　―欧州共同体設立からマーストリヒト条約まで― ……………1
はじめに ……………………………………………………………………1
第1節　創設期の欧州共同体と人権 ……………………………………1
第2節　ECにおける人権政策の萌芽 …………………………………5
第3節　マーストリヒト条約と人権保護 ……………………………10
おわりに …………………………………………………………………15

第Ⅰ部　アムステルダム条約以降のEU人権政策

第1章　加盟国に対するEUの早期警戒・制裁制度
　　　　―EU条約7条をめぐって― …………………………………24
はじめに …………………………………………………………………24
第1節　制裁条項と早期警戒条項の概要 ……………………………26
第2節　アムステルダム条約における制裁条項の導入 ……………29
第3節　ニース条約における早期警戒条項の導入 …………………32
　1　オーストリア自由党の政権参加 …………………………………32
　2　導入の検討過程 ……………………………………………………34
第4節　制裁条項と早期警戒条項の適用可能性 ……………………37
　1　イタリア政府への疑い ……………………………………………37
　2　EU機関の認識―欧州委員会のコミュニケーションから― …39
おわりに …………………………………………………………………42

第2章　欧州人種主義・外国人排斥監視センターの
　　　　設置と機能 ………………………………………………………49

はじめに ………………………………………………………………… 49
　第1節　監視センター設置の経緯 …………………………………… 50
　第2節　役割と組織 …………………………………………………… 53
　第3節　監視センターの活動
　　　　　――各種の報告書を中心にして ………………………………… 59
　おわりに ………………………………………………………………… 64
第3章　EU基本権庁の活動基盤とEU人権保護
　　　　――「開かれた調整の方式」を手がかりにして―― ……… 70
　はじめに ………………………………………………………………… 70
　第1節　EU人権政策をめぐるドシュッテルの現状認識 ………… 72
　　1　伝統的視点 ……………………………………………………… 72
　　2　代替的視点 ……………………………………………………… 75
　第2節　ドシュッテルの提言
　　　　　――第3の視点として ………………………………………… 76
　第3節　「開かれた調整の方式」による基本権の強化
　　　　　――専門家ネットワークを中心にして ………………………… 81
　　1　ネットワークの結成 …………………………………………… 81
　　2　専門家ネットワークの実践 …………………………………… 82
　　3　OMCのデータ概要：「人間の一体性への権利」と「環境の
　　　　保護」を事例にして …………………………………………… 84
　第4節　基本権庁の設置とOMCの導入可能性 …………………… 88
　おわりに ………………………………………………………………… 90

第Ⅱ部　国際社会におけるEU人権政策の展開

第4章　第三国への政治的コンディショナリティの導入 … 100
　はじめに ………………………………………………………………… 100
　第1節　コンディショナリティの発端
　　　　　――第三国との協定における人権条項の挿入 ……………… 102
　　1　人権尊重の明記 ………………………………………………… 102

2　本質的要素と不順守条項の一括挿入 ………………………… 103
　第2節　1990年代後半期におけるコンディショ
　　　　　ナリティの強化 ……………………………………………… 105
　　　1　人権条項の文面の統一 ………………………………………… 106
　　　2　対外援助と人権 ………………………………………………… 108
　　　3　EU加盟申請国および近隣国へのコンディショナリティ …… 109
　第3節　コンディショナリティの徹底
　　　　　―ACP諸国とのコトヌー協定から ……………………… 112
　　　1　「適切な措置」に向けた手続きの整備 ……………………… 112
　　　2　不順守条項に基づく「適切な措置」の採択 ………………… 115
　　　3　よい統治の不順守条項への連結 ……………………………… 116
　おわりに ……………………………………………………………… 120

第5章　欧州審議会との相互関係の展開 …………………… 130
　はじめに ……………………………………………………………… 130
　第1節　1970年代までの相互関係
　　　　　―史的概観 …………………………………………………… 131
　　　1　欧州3共同体の設立と欧州審議会 …………………………… 131
　　　2　両機構の相互関係の交錯 ……………………………………… 133
　第2節　審議会・EU関係の緊密化
　　　　　―1980年代後半以後 ………………………………………… 137
　　　1　新しい相互関係の幕開け ……………………………………… 138
　　　2　4者会合の成果 ………………………………………………… 141
　第3節　トルコ・オジャラン裁判問題への審議会と
　　　　　EUの対応 …………………………………………………… 149
　　　1　欧州の政治問題としてのオジャラン裁判 …………………… 149
　　　2　審議会とEUの対応 …………………………………………… 150
　おわりに ……………………………………………………………… 153

第6章　欧州における「テロとの戦い」と人権の保護
　　　　　―CIAテロ容疑者不法拘禁・移送疑惑への対応を
　　　　　題材にして― ……………………………………………… 165

はじめに……………………………………………………………………165
第1節　欧州審議会およびEUの疑惑への初動…………………166
　1　「テロとの戦い」と欧州における人権の認識……………166
　2　審議会とEUにおける疑惑への初動………………………169
第2節　疑惑に関する議員総会と欧州議会の報告………………172
　1　マーティ報告…………………………………………………173
　2　ファーバ報告…………………………………………………174
　3　欧州議会によるファーバ報告の採択………………………176
第3節　議員総会および欧州議会による疑惑への対応
　　　　―省察……………………………………………………180
　1　マーティ報告とファーバ報告の性格………………………180
　2　議員総会と欧州議会の対応の意味…………………………181
おわりに……………………………………………………………184

第Ⅲ部　ポストEU憲法期の人権構想

第7章　基本権憲章の起草と加盟国
　　　　　―イギリスに焦点を当てて― ………………………198
はじめに……………………………………………………………198
第1節　EU基本権憲章の起草とイギリス………………………200
　1　イギリスによる起草の容認…………………………………200
　2　起草に向けた条件提示………………………………………202
第2節　欧州憲法条約における憲章とイギリス…………………205
　1　「欧州の将来に関する諮問会議」におけるイギリスの譲歩…205
　2　政府間会議による解説文の明記……………………………209
第3節　リスボン条約における憲章とイギリス…………………210
　1　憲章の適用に関するリスボン条約議定書…………………210
　2　リスボン条約議定書の背景…………………………………211
おわりに……………………………………………………………214

第8章　基本権憲章における解説文の作成と意義………226

	はじめに ……………………………………………………………… 226
	第1節　憲章の起草と解説文 ……………………………………… 227
	1　作成の経緯 ………………………………………………… 227
	2　公文書となった要因 ……………………………………… 229
	第2節　解説文の記述内容 ………………………………………… 230
	1　基本権規定（憲章1-50条）の解説文 …………………… 230
	2　一般規定（憲章51-54条）の解説文 …………………… 233
	第3節　EUと加盟国における解説文の活用 …………………… 234
	1　EU司法裁判所の法廷助言者 …………………………… 235
	2　フランス憲法院の2004年11月19日決定 ……………… 236
	第4節　解説文の記述の不具合
	―憲章を濁らせる文書？ ………………………………… 238
	おわりに ……………………………………………………………… 242

第9章　「加盟国に共通する原則」から「EUの価値」としての人権尊重へ
　　　―EU条約2条の誕生― ……………………………………… 249

	はじめに ……………………………………………………………… 249
	第1節　「欧州の将来に関する諮問会議」における協議 ………… 250
	1　意見聴取の段階 …………………………………………… 250
	2　討議の段階 ………………………………………………… 252
	3　草案確定の段階 …………………………………………… 255
	第2節　政府間会議による文面の調整 …………………………… 259
	おわりに ……………………………………………………………… 260

第10章　欧州人権条約へのEUの加入 …………………………… 266

	はじめに ……………………………………………………………… 266
	第1節　将来諮問会議の作業部会における検討
	―討議ペーパーの概略― ……………………………… 267
	第2節　将来諮問会議の結論
	―作業部会勧告から憲法条約案の採択へ― ………… 272

1　作業部会勧告 ………………………………………… 273
　　　2　将来諮問会議の本会議による作業 …………………… 275
　第3節　政府間会議による修正 ……………………………… 276
　第4節　欧州審議会からの側面支援 ………………………… 279
おわりに ………………………………………………………… 282

第Ⅳ部　EU 立法と基本権

第11章　EU 立法過程における基本権憲章の順守
　　　　　―欧州委員会の取り組みに着目して― ……………… 290
はじめに ………………………………………………………… 290
　第1節　プロディ欧州委員会と基本権憲章
　　　　　―初期の模索 ……………………………………… 292
　　　1　憲章に対する認識 …………………………………… 292
　　　2　憲章の適用の模索 …………………………………… 293
　第2節　バローゾ欧州委員会と基本権憲章（1）
　　　　　―方法論構築の試み ……………………………… 299
　第3節　バローゾ欧州委員会と基本権憲章（2）
　　　　　―方法論の実行 …………………………………… 303
　　　1　方法論の実践に関する2009年4月報告 …………… 303
　　　2　亡命庇護立法と基本権保護 ………………………… 306
　第4節　欧州委員会の取り組みの評価 ……………………… 307
　　　1　イギリス上院の分析 ………………………………… 307
　　　2　欧州議会の市民的自由・司法内務委員会報告 …… 308
おわりに ………………………………………………………… 310

終　章 …………………………………………………………… 318

資　料 …………………………………………………………… 327
参考文献 ………………………………………………………… 333

序章
EU 人権政策の発現
―欧州共同体設立からマーストリヒト条約まで―

はじめに

　1950年代の創設期から60年代にかけてのECを知る人は、現在のEUの活動に目を見張るにちがいない。欧州石炭鉄鋼共同体、欧州経済共同体および欧州原子力共同体の3共同体から開始した欧州統合は、飛躍的な「深化」と「拡大」をみせている。それとともに、EUが人権保護を目的の一つに据えたことに、隔世の感を覚える人もあるかもしれない。換言すれば、設立当初のECは、それだけ人権に関心を払わない機構であった。
　ECが人権を意識する姿勢を示しはじめるのは、およそ1960年代も後半となってからである。1970年代から80年代にかけては、その傾向が強まりをみせた。そして、ECにEUの枠組みを付加した1992年のマーストリヒト条約（EU条約）は[1]、そのような傾向がより明確になった点で、一つの画期をなすものとなった。
　ここでは、上記3共同体の設立当時の状況を顧みながら、マーストリヒト条約に至るまでの経緯を概観したい。

第1節　創設期の欧州共同体と人権

　創設期の欧州共同体が人権に関心を払おうとしなかった一端は、3共同体を設立する各々の条約から読みとることができる。欧州石炭鉄鋼共同体設立条約、欧州経済共同体設立条約および欧州原子力共同体設立条約のいずれに

も、「人権」や「基本的自由」といった言葉が記されていないのである。

　欧州石炭鉄鋼共同体設立条約の前文には、「平和」に言及する記述がいくつかある。「世界平和は、これを脅かす危険に耐えうる創造的な努力によってのみ、守ることができると考え（……）」。あるいは、「組織化された活気ある欧州が文明に寄与できることは、平和的な関係の維持にとって不可欠であると確信し（……）」、と[2]。国家間紛争の可能性を恒久的に無くすることは、2つの世界大戦を経た欧州における最大の課題の一つであった。ECの原加盟国となった6カ国は、疲弊した欧州の再建を、ファシズムの衝撃がいまださめず、しかも欧州大陸が東西に分断した状況の中で開始した。域内の石炭鉄鋼業を最高機関（Haute Autorité）に管理させる試みに[3]、あるいは関税同盟から共同市場を構築していく試みに、諸国は平和への希求を込めていたのである。欧州石炭鉄鋼共同体設立条約が平和に言及していたことは、そのような背景を考慮すれば自然なことであった。

　もっとも、そうであるからこそ、人権や基本的自由に言及しなかったことには違和感が残るというものである。第2次世界大戦の終結期に締結された国際条約は、平和と人権の双方にしばしば触れている。国際連合憲章も例外ではない。1945年6月に世界50余国が採択したこの憲章は、「国際の平和と安全を維持すること」とともに、「人権と基本的自由の尊重を助長奨励することについて国際協力を達成すること」等を国際連合の目的として明記している。国際連合の主要機関である総会や経済社会理事会の規定に「人権および基本的自由」の表現があることも、知られているだろう[4]。このような状況を鑑みた場合、三つの共同体設立条約に人権の言葉がない事実は、際立つものであった。

　この違和感を解消する鍵は、欧州人権条約に見いだすことができる。欧州人権条約は、「世界人権宣言の権利を集団的に実施するための第一歩」（同条約前文）として、1950年に作成された。作成にあたったのは、欧州石炭鉄鋼共同体構想がまだ具体化していない時期の欧州審議会であった。3共同体に参加する諸国は、審議会加盟国として、まずはこの人権条約の義務に服することを重視したのである。そうであるならば、審議会に遅れて設立された3共同体に人権の価値が注入されなかったことも、いたし方がなかったのであ

る[5]。

　ただし、欧州人権条約の作成のみに理由があったわけでもないだろう。設立された共同体に期待されたのは、国家の指図を受けない、共通機関による自律的な運営であった。共同体設立条約の起草者らは、欧州石炭鉄鋼共同体においては最高機関の、また欧州経済共同体では共同体委員会の自律性を確保することに力点をおいた。このような思惑からすれば、人権や民主主義といった規範的な要素は、むしろ共同体の活動にとって足かせとなりえたのである[6]。

　このような趨勢に拍車をかけたのが、欧州防衛共同体の設立構想が頓挫したことであった。欧州石炭鉄鋼共同体に次いで計画された欧州防衛共同体は、欧州6カ国の共同体として初めて人権を意識するものであった。このことは、同共同体の設立条約が「(共同体は、)個人の公的自由と基本的権利を尊重(する)」と明記した点に表れている[7]。さらには、欧州防衛共同体とともに設立を検討した欧州(政治)共同体の設立規程においても、「1950年11月4日にローマで署名された欧州人権条約の第Ⅰ部の規定は、1952年3月20日にパリで署名された付属議定書の規定とともに、この規程の不可分の一部である」という一文を設けたのである[8]。これら二つの共同体は、フランス議会の承認をえることができずに計画倒れとなった[9]。のちに計画される欧州経済共同体において規範的な要素が後退したことは、その反動でもあるだろう。

　しかしそれにしても、3共同体の条約起草者らは、共同体運営における人権保護の含意に全く気付かなかったのだろうか。EU法学者のアルヌール(A. Arnull)によれば、経済統合の深化が個人の基本権を蚕食すると予測した起草者もいた。しかしながら、彼らは少数派であり、予見される問題への対応を条約に反映するには至らなかったと推察するのである[10]。いずれにせよ、発足した欧州経済共同体は、軌道にのっていく。人権保護を意識しない──あるいは意識しないようにふるまう──欧州統合が、ここに船出をみるのである。

　さて、3共同体の創設時において人権の視点を欠いていたことは、EC司法裁判所の判決にも表れるところとなる。ECにとってその司法裁判所は、

国際裁判、行政裁判、憲法裁判および普通裁判の各機能を担う司法機関である。共同体の設立当初からそれは、基幹的な役割を担うことが期待されていた[11]。もっとも、その司法裁判所でさえも、人権への対応は消極的だったのである。1959年のシュトーク（Stork）事件では、欧州石炭鉄鋼共同体設立条約に基づく最高機関の決定が争われた。当該決定が、ドイツ基本法（憲法）の基本権規定と両立するかが問われたのである。1965年のガイトリンク（Geitling）事件においては、最高機関の決定が私有財産の権利を保護するドイツ基本法に違反している旨、申立てがあった。このいずれの事件においても、司法裁判所は、人権侵害の有無を判断しなかったのである。加盟国の国内法を審査する権限を司法裁判所がもたない、という理由からであった[12]。

同様の現象は、欧州経済共同体に関してもみられた。やはり1965年に判決のあったスガーラタ（Sgarlata）事件では、柑橘系フルーツの価格を固定する欧州経済共同体の規則が争点となった。その規則は、司法的救済を受ける権利を生産者から収奪するものであると提起されたのである。この事件においては、司法裁判所は申立てを却下するところとなった。原告が当該共同体の決定に直接かつ個人的に関係していないという理由からであった[13]。

スガーラタ事件においては、司法裁判所の法廷助言者であったレーマー氏（Roemer）が次のように考察している。原告の主張が妥当となりうるのは、欧州経済共同体設立条約が、個人を直接かつ完全に保護している場合のみである。しかしながら、当該条約は、そのような保護を保証していない。司法裁判所が同条約を改定することも、当然にできない。ゆえに司法裁判所は、この点について無力であると理解せざるをえない、と[14]。次節でみるように、EC司法裁判所は、のちに加盟国憲法や欧州人権条約の規定を考慮するようになる。当時はまだ、人権に関心を払えるだけの条件を整えていなかったのである。

第2節　ECにおける人権政策の萌芽

(1) EC司法裁判所の対応

　ECが人権に配慮する兆しをみせるのは、1960年代末のことである。その転機は、EC司法裁判所がいわゆるEC法（共同体法）の優位性を原則化したことによってもたらされた。1962年のコスタ対エネル（Costa v. ENEL）事件において打ち出されたこの原則は、憲法をはじめとする加盟国の国内法よりも、EC法を優位におこうとするものであった。国内法とEC法の相互関係が整理されようとする中で、人権をめぐる曖昧な姿勢を正す必要に迫られるのである。

　EC法の優位性の原則をいかに確立するかは、欧州統合を円滑に進めるうえで不可避の課題であった。しかしながら、ECの法体系は、人権の保護について無言を貫いている。このような状況の下では、加盟国はEC法を受容することに躊躇するだろう。EC法は、国内法が保護する基本権を軽視する危険を秘めているからである。そのような躊躇を拭うために、「個々の加盟国が受け継いできた法的遺産にとって本質的な権利、すなわち人権を、最高の法である共同体の法によって侵害されないように、何らかの形で保護すること」(J. H. H. ワイラー) が要請されたのである[15]。

　EC司法裁判所における最初の変化は、1969年のシュタウダー（Stauder）事件においてみられた。この事件では、対象となる受益者が割引価格でEC産バターを購入できるというドイツの社会保障制度が焦点となった。購入の際に氏名の提示を求められることが、ドイツ基本法の下で享受する基本権の侵害にあたるという主張だったのである。司法裁判所は、ついに次のように言及した。基本権は、「共同体法の一般原則の中に安置されるもの」であり、「（司法裁判所）によって保護されるべきもの」である、と。ECによる人権保護について口を閉ざしていた司法裁判所が、その方針を転換しはじめた瞬間である。

　EC法の一般原則という括りに基本権を位置づけたこと自体は、議論の余地を残している。基本権ないし人権は、固有の規範的意義をもつがゆえに、

国家憲法や国際条約において明記されるのが従来のあり方である。そのような明記がなされない状況下では、人権の強化を図ることは難しいと推測できるのである。とはいうものの、司法裁判所が人権保護の可能性を示したことは、EC人権政策の胎動を告げるものであった[16]。翌1970年のインターナショナル商事 (Internationale Handelsgesellschaft) 事件、1974年のノルト (Nold) 事件ならびに1975年のルティリ (Rutili) 事件等が、新たな見地を拓いていくのである。

インターナショナル商事事件は、輸出業者のための保証金制度を設けたEC規則をめぐるものであった。そのような保証金制度が、ドイツ基本法の下での経済的自由等と矛盾するかどうかが争われたのである。この事件においてEC司法裁判所は、諸権利を保護することは「加盟国に共通する憲法的伝統によって啓発される (inspired by the constitutional traditions common to the Member States)」と述べている。ノルト事件で問題となったのは、石炭の購入を一定の業者に対して禁止するEC委員会の決定であった。判決の中で司法裁判所は、「加盟国が協力しているか、もしくは締約している国際的な人権の条約」は、「共同体法の枠内において従うべき指針 (guidelines which should be followed within the framework of Community law) を提供することができる」とした[17]。

労働者の移動の自由が焦点となったルティリ事件では、さらに欧州人権条約の規定に着目して、これを考察の材料としている。欧州経済共同体設立条約は、移動の自由を保障するものの、他方においては、公共政策の観点からそのような自由を制限することも否定していない (48条3項、現行EU運営条約45条3項)。EC司法裁判所は、この場合の制限を適切に解釈するために、欧州人権条約の条文に言及した。さらには欧州人権条約第4議定書にも触れたのである[18]。

このような司法裁判所の対応が瞭然としていたとはいえない。「加盟国に共通する憲法的伝統」の内容、「従うべき指針」の含意、ならびに欧州人権条約との関係は、いずれも十分に明確なものではなかったと考えられる。このような対応にとどまったのも、それがEC法の優位性原則の産物であることに起因しているだろう。司法裁判所による人権への配慮は、崇高な人権理

念に触発されたものでは必ずしもなかった。それはむしろ、欧州統合の正統性を保持するという現実的な要請を動機としていたのである。

　もっとも、欧州経済共同体設立条約が人権規範に連なる規定を備えていたことを見落とすべきではない。そのような規定には、次のものが含まれていた。国籍に基づく差別を、条約の範囲内で禁止する規定（7条）。農業市場の組織化に向けて、生産者間や消費者間の差別を排除する規定（40条）。労働者の自由移動のために、雇用や報酬といった労働条件を国籍によって差別しないとする規定（48条）。営業の自由を保護するために、他の加盟国国民の活動にかしている制限を緩和していく規定（52条）。同一の労働に対しては、男女を問わず同額の賃金を支払うとする規定（119条）等である。これらの規定は、人権規範に連なりはするものの、大方、経済分野の範疇に偏在したものである。その意味では、個人の不可侵の権利としての人権を謳うものではない。しかしながら、これらの規定が、欧州経済共同体のあるべき態様を司法裁判所に垂範した可能性はあっただろう[19]。

　司法裁判所が人権への関心を示したことは、先にみたように、優位性原則が確立したことの帰結であった。ただし、人権保護に向けた土壌が1950年代の共同体設立条約に内包されていなかったともいいがたい。ECの人権政策は、このような法的状況の下で開始されようとした。

(2)　ECの加盟国と政治的機関による人権への傾注

　EC司法裁判所による方針の転換と前後して、加盟国やEC機関においても人権保護に向けた気運は高まりをみせた。加盟国の首脳会議は、各種宣言の採択を通じて人権への配慮を示そうとした。たとえば、1972年のパリ宣言を通じて、加盟国首脳らは、ECの発展の源泉を「民主主義、意見の自由、人と思想の自由な移動、自由選挙による代表を通じた人々の参加におく」ことを決意している。あるいは、1978年のコペンハーゲン宣言において首脳らは、「法、政治および道徳の秩序の尊重」に加えて、「代表民主制、法の支配、社会的公正および人権尊重の原則の順守」や「自由な意見表明と人権保護手続を確保する多元的民主制の必要性」を確認した。表現は多様であるが、いずれも人権や民主主義の要素を強調する内容となっている[20]。

　欧州議会、委員会および理事会というECの政治機関も、同様の姿勢を追

求するようになった。その典型的なものは、1977年の共同宣言である。この共同宣言において、3機関は、基本権、とりわけ「加盟国の憲法と欧州人権条約に由来する権利の保護」を「何よりも重要」であるとした。また、自らの権限を行使し、かつECの目的を遂行するにあたっては、「そのような権利を尊重し、かつ尊重し続ける」と決意したのである[21]。

　加盟国首脳およびEC機関が人権を強調するに至った背景も、EC司法裁判所の場合と似たものである。すなわち、ECにおいては、関税同盟から共通通商政策への統合の深化、ならびに共通農業政策等の実施をみていた。ECの活動の影響を直接的に受けるようになった加盟国国民に対して、民主主義や人権尊重を誓約しなければならない状況におかれたのである。このような動向を的確に指摘した人物は、チンデマンス（L.Tindemans）である。ベルギー首相の任にあった彼は、1975年のEC首脳会議に提出した著名な報告の中で、次のように述べている。「個々の国家のみではもはや保護できなくなった、欧州の人々の権利が保護されるべきである。（……）。(EC)機関の権限が徐々に強化されているがゆえに、経済的社会的権利を含む権利および基本的自由を承認かつ保護する必要が提起されよう。同盟は、人権保護を政治的目標に据えることだろう」[22]。チンデマンスは、欧州統合の展開がECの人権政策を不可避的に要請することを認識していたのである。

　もっとも、統合の深化だけがEC人権政策を要請したわけではない。それ以外にも要因はあった。ECへの加盟を志向したギリシャ、スペインおよびポルトガルの政治体制は、民主主義の観点からはいまだ脆弱であると考えられていた。途上国の「独裁」政権にECが開発援助を行なうことは、世論の批判を浴びつつあった。あるいは、カーター（J. E. Carter）アメリカ大統領の「人権外交」が注目を集めたように、人権や民主主義といった価値観の比重が国際社会において高まりをみせていた。ECと加盟国は、共同市場の構築という観点のみならず、拡大政策、開発政策および対米関係の脈絡からも、人権を意識する環境に身をおくことになったのである[23]。

　EC人権政策を構築することにとりわけ積極的となったのは、欧州議会であった。欧州議会は、3共同体の創設当初より「総会」として活動していたものの、諮問的機能を担うにすぎなかった。しかしながら、ECの意思形成

や予算編成への発言力をもつにつれて、あるいは、その議員らが加盟国国民によって直接的に選出される中で[24]、人権や民主主義の要素をECの運営に連結させる役割を見いだしたのである。

　欧州議会が担った先駆的な役割の一例として、『欧州同盟を設立する条約』案を挙げることができる。この条約案は、欧州同盟（the European Union）の設立を目指して欧州議会が1984年2月に採択した文書である[25]。同案において、欧州議会は、次のような一連の規定を挿入していた。第1に、同盟は、個人の尊厳を順守し、かつその管轄内において基本権と自由を保護すると述べる規定である[26]。第2に、加盟国憲法と欧州社会憲章に由来する経済、社会および文化的権利も、権限の範囲内で保護するという規定である[27]。第3に、欧州人権条約、欧州社会憲章、国連自由権規約および社会権規約に加入する決定を、同盟は5年以内に下すという規定である[28]。そして第4に、民主主義の原則と基本権を尊重しない加盟国には、同盟が一定の政治的制裁を加えるとする規定である[29]。これらの規定において言及される欧州社会憲章は、社会的権利の保護を目的として、1961年に欧州審議会において作成された文書である。それは後に、いくつかの議定書を付随させるばかりか、90年代半ばには大幅な改定をみることになる[30]。同様に、1976年に発効した国連の自由権規約と社会権規約にも言及している。このように条約案は、加盟国憲法および欧州人権条約のほか、欧州社会憲章や国連の人権条約に至る文書まで広く射程に入れようとするものであった。そのうえで、これらの文書に欧州同盟として加入し、場合によっては加盟国に政治的制裁を科すことまで構想したのである。

　この条約案は、加盟国ならびに他機関の支持をえることができず、事実上の廃案となった。しかしながら、同案に設けられた規定は、全面的とはいえないまでも検討され、ある程度の実現をみている。EUの管轄内における基本権の保護は、2000年のEU基本権憲章の起草へと結実した。EUが欧州人権条約に加入するという実験は、欧州憲法条約とリスボン条約によって許可されるところとなった。加盟国に対する政治的制裁という発想も、より早期のアムステルダム条約において採用されたのである[31]。これらの変化のすべてが欧州議会の独創によっているわけではない。とはいうものの、1980年

代の早い時機において、ECにおける人権保護の包括的なデザインを示したことは認める必要があるだろう[32]。

　欧州議会による条約案の採択から2年の後に、EC12カ国の首脳が歴史的な加盟国間条約に署名している。単一欧州議定書である。欧州統合の加速を目指して作成されたこの議定書には、次の記述が設けられた。「（加盟国首脳は、）加盟国の憲法と法、欧州人権条約および欧州社会憲章で承認されている基本的権利、とくに自由、平等、社会的公正に基礎をおく民主主義を推進するために協働することを決意（する）」[33]。1980年代においても、ECが独自の人権文書をもつには至っていなかった。ECによる人権保護は、それゆえに、加盟国と審議会の法的体制にいまだ大きく依存する状況であった。しかしながら、ドイツ連邦憲法裁判所の1986年10月の判決に象徴されるように、加盟国の国内裁判所は漸進的に、条件つきではあれ、ECの人権保護に理解を示し始めていた[34]。基本権や民主主義の文字がECの基本条約で言及されたことは、すでに30年の歴史を数える欧州統合が新たな段階に入ったことを裏付けるものであった。

第3節　マーストリヒト条約と人権保護

　ECによる人権保護の一つの画期をなしたのが、マーストリヒト条約である。ECにEUの枠組みを付加するこの条約は、単一欧州議定書では前文の言及にとどまっていた基本権を、本文の中で明記することになった。同条約はさらに、EU市民権を創設した。社会政策をEU（EC）として実施することも視野に入れるようになった。

(1)　基本条約への人権規範の注入——F.1条

　マーストリヒト条約本文の規定には、基本権に言及する箇所がいくつかある。その中でも核心的なものと位置づけられる条項が、「同盟は、欧州人権条約によって保障される基本権、ならびに加盟国に共通の憲法的伝統から生じるような基本権を、共同体法の一般原則として尊重する」と述べるF.1条である。EC法の一般原則という概念は、司法裁判所の判例によって確立しつつあった。この概念が、基本条約の、しかも共通規定において導入された

第 3 節　マーストリヒト条約と人権保護　11

のである。
　マーストリヒト条約は、本来から存在する三共同体に加えて、共通外交・安全保障政策および司法内務協力を制度化するものであった。そのために、同条約の共通規定は、これら三つの「柱」のいずれにも等しく適用されると錯覚するかもしれない。しかしながら、この F.1 条がもたらす効果を把握することは、見かけほど容易ではない。というのも、マーストリヒト条約の L 条が、司法裁判所の管轄権を限定しているからである。同条は、次のように述べている。
　「欧州共同体設立条約、欧州石炭鉄鋼共同体設立条約および欧州原子力共同体設立条約の規定で、欧州共同体司法裁判所の権限ならびに権限の行使に関するものは、この条約の以下の規定についてのみ適用される。
　（a）　欧州共同体設立のための欧州経済共同体設立条約、ならびに欧州石炭鉄鋼共同体設立条約と欧州原子力共同体設立条約を改定する規定、
　（b）　K.3 条 2 項 (c) の第 3 段、
　（c）　L 条から S 条まで。」
L 条の中で「この条約」とあるのは、マーストリヒト条約のことである。K.3 条は、司法内務協力の分野における理事会の行動を規定する。L 条から S 条は、条約の最終規定である。そこでは、EU の基本条約の改定手続き、EU の新規加盟の手続きおよび同条約の発効要件等が規定されているのである。この L 条の規定により、司法裁判所の管轄権は、3 共同体の設立条約の改定、司法内務協力における理事会の行動および最終規定の他は、マーストリヒト条約においてほとんど行使されえないことが察せられるだろう。そうであれば、F.1 条は、人権分野における広範な権限を EU に付与するものとはいえないことになる。それはむしろ、EC 法の一般原則としての基本権の位置づけを、EU において再認するにすぎない規定なのである[35]。
　しかしながら、たとえそうであれ、EC 法の一般原則としての基本権尊重を基本条約で明記したことは画期的であった。この概念は、アムステルダム条約からニース条約へと継承されていく[36]。しかも、興味深いことに、EC 設立条約を EU の枠組みへと解消し、かつ基本権憲章に法的拘束力を与えるリスボン条約の下でも、「同盟法の一般原則」として残存するのである[37]。

EUの基本条約が改定を重ねる中にあって、この概念は、EUが人権に傾注すべき根拠を絶えず提供するものとなる。

(2) 開発協力政策、共通外交・安全保障政策および司法内務協力

マーストリヒト条約は、さらに、開発協力政策、共通外交・安全保障政策および司法内務協力という3つの政策分野において人権に触れている。EUの開発協力政策は、欧州経済共同体による新興アフリカ諸国との経済協力として始まって以来の歴史がある[38]。その開発協力政策について、マーストリヒト条約は、途上国の持続可能な開発や世界経済への参加を、加盟国の政策を補足するという位置づけの下で進めるとしている。ここにおいて、「人権と基本的自由を尊重すること」が、「民主主義および法の支配を発展、強化すること」とともに、寄与するべき目標に据えられている[39]。

共通外交・安全保障政策は、従来は欧州政治協力として進められてきた対外協力枠組みをEUの基本条約に包摂したものである。この政策の目標として、やはり「人権と基本的自由を尊重すること」が掲げられた。「同盟の共通の価値、基本的利益および自律性を擁護すること」や「同盟および加盟国の安全を強固にすること」等とともに、である[40]。

司法内務協力は、同条約によって新たに制度化が図られた分野である。これは、移民政策、民事・刑事の司法協力および対外国境の管理等を、EUに共通の関心事として遂行しようとするものである。この分野においては、「1950年11月4日の欧州人権条約、ならびに1951年7月28日の難民の地位に関する条約を順守しながら問題に取り組むものとする」という記述が設けられた。欧州人権条約と難民条約への言及がなされたのである[41]。

開発協力政策は、ECの枠組みにおいて実施される。政策の遂行過程における欧州委員会と欧州議会の関与は全般的に活発である。それに対して、共通外交・安全保障政策と司法内務協力は、政府間協力の色彩が濃い制度的特徴をもっておりEC機関の関与はより限定されるだろう。このような権限の配置をうけて、EC/EU人権政策の在りようは多元性を増すことになる[42]。

(3) EU市民権の創設

マーストリヒト条約の下でEU市民権が創設されたことも触れなければならない。その創設を通じて、「加盟国国民の権利と利益の保護を強化するこ

第3節　マーストリヒト条約と人権保護　13

と」が試みられたのである[43]。

　マーストリヒト条約は、加盟国の国籍を保有するすべての人をEU市民であると規定した。そのうえで、同条約に基づいて権利を享受し、あるいは同条約の下で義務を負うものとしたのである。これらの権利の行使について取り決めるのは、欧州議会、理事会および委員会の3機関である。同条約は、EU市民が享受する権利を列挙しつつ、EUの決定があれば権利を強化および追加できるとしたのである[44]。なお、次のアムステルダム条約は、EU市民権は国家の市民権を補足するものであると言明している。国家の市民権に代替するものではない旨を、ここに確認したのである[45]。

　EU市民が享受する権利として、マーストリヒト条約は、次のものを挙げた。加盟諸国の国内を自由に移動し、居住する権利。他の加盟国に居住する場合に、当該国の地方選挙および欧州議会選挙に投票し、あるいは立候補する権利。自国が代表をおかない第三国において、いずれかの加盟国の外交領事機関による保護を、当該加盟国の国民に等しい条件で受ける権利。欧州議会に請願する権利。欧州議会が任命するオンブズマンに申立てる権利、以上である[46]。

　EU市民権の中には、マーストリヒト条約以前から導入が図られたものがある。自由移動の権利は、その代表的なものである。他方では、アムステルダム条約が、さらに以下の権利を加えた。EU公認の言語でEU機関に手紙を書き送り、それと同じ言語で回答を受ける権利。ならびに欧州議会、理事会および委員会の文書を入手する権利がそれである[47]。

　欧州委員会による2008年の報告によれば、すでに延べ820万人が他国に居住する権利を行使している。約60名もの市民が、国籍国以外の欧州議会選挙で近年立候補するようにもなった。あるいは、年間1,000件余の請願が欧州議会に宛てられている。そのオンブズマンにも、4,000件近い申立てがあるという[48]。

　欧州委員会は、EU市民権の存在を知る加盟国国民は確実に増えているとする。ただし、権利の内容をより人々に周知させることは、今後の課題となろう。EU市民権について欧州委員会が挙げる課題は、多岐にわたっている。移動および居住権の保護を、加盟国に徹底させる必要があること。地方

選挙に立候補する際の負担をいかに軽減させるかも検討しなければならないこと。あるいは、外交および領事的保護についても、これを強化する広範な余地があること。その一方において、加盟国の国籍をもたない少数者が市民権の恩恵に浴せないことも、深刻な道義的問題を孕んでいるとしている[49]。

(4) EU の社会政策

マーストリヒト条約では、社会政策も構想された。EC と加盟国は、同条約を締約する以前から、欧州社会基金を通じて職業訓練と雇用を支援する等していた。1985 年の域内市場白書によって経済統合を深化させようとする中、各国の社会政策を調整する必要が認識されたのである[50]。

このような認識は、1980 年代末に『労働者の基本的社会権に関する共同体憲章』を採択したことに、すでに表れている。労働者の権利を含む社会権の保護については、欧州社会憲章という先駆的な文書が 1960 年代初頭に作られてはいた。しかし先述のように、これは、EC とは別組織である欧州審議会の文書であった。そのために、EC として独自の社会憲章を準備しようとしたのである。マーストリヒト条約が「高水準の雇用と社会的保護を促進すること」を EC の任務に加えたのは、そのような意向によるものであった[51]。

EC/EU の社会政策は、『社会政策に関する協定』をマーストリヒト条約に付属することで歩を進めた。この協定は、雇用、生活条件と労働条件の改善、社会保護の健全化、労使間対話、人的資源の開発、排除の解消等を推進することを EC および加盟国の目的と位置づけた。さらに、特定の政策課題については、理事会の特定多数決を通じた効果的な対応を試みたのである[52]。

この協定に参加することを、イギリスの保守党政府は拒絶した。協定が条約の本文から切り離されたのは、そのためである。この協定が実質的に EU の基本条約に組み込まれたのは、アムステルダム条約によってである。すなわち、1997 年に同国で成立した労働党政権が、EC 設立条約に社会政策規定が組み込まれることを可能にしたのである[53]。

EU の社会政策も、継続的な課題となっている。2000 年 3 月のリスボン欧州理事会は、雇用問題をはじめとする社会的問題に対応することに労力の大

半を費やした[54]。同年12月のニースにおける欧州理事会は、『欧州の社会的アジェンダ』を承認することになった。これは、完全雇用、技術革新による雇用機会の増大、労働者の流動性の創出、経済および通貨統合の活用、人口の高齢化への対応、社会的結束の強化およびEU加盟候補国への政策支援を目指すものである[55]。やはり同年に起草されたEU基本権憲章も、経済的および社会的権利に類される諸権利を含んでいる[56]。

おわりに

　本章では、欧州の3共同体として出発したECが、規範としての人権に傾注し、その保護に取り組もうとする経緯をみてきた。その経緯を顧みれば、EUにおける人権政策の発現は、およそ必然性と革新性の両方から説明することができる。必然性の観点からいえば、それは、欧州統合の正当性を維持するために不可避のものであった。EC司法裁判所による方針の転換、ならびに加盟国首脳とEC機関による人権の強調は、ECに対する人々の信頼を保ち、あるいは加盟国間の結束を強めるために要請された。欧州統合の「深化」と「拡大」を進める中にあって、こうした要請が生まれる公算は、本来的に高かったと推察できるのである。しかしながら、必然性のみでは説明できない要素もある。EU市民権やEU社会政策への着想は、欧州統合の正当性を擁護するのみでは容易には生まれてこないだろう。一般通念からいえば、市民権概念は、現代世界にあっては国家の枠組みにおいてのみ有効である。経済統合機構として出発したEC/EUが新たな地平を見いだせたのは、このような伝統的な理解に固執しなかったがゆえであると捉えられる。

　さて、マーストリヒト条約はいわば、従来の3共同体に the European Union の枠組みを付加する試みであった。次のアムステルダム条約は、マーストリヒト条約が創設した枠組みを基盤としながら、EC/EUの制度改革や活動分野の整理を図るものであった。そのアムステルダム条約は、本書の関心からもさらなる展開をみせている。同条約は、たとえば、差別と戦うというEUの姿勢を明確にした。EUは、国籍に基づく差別については、これを禁止するように努めてきた。そのような差別は、国境のない域内市場を形

成するうえでの決定的な障害になる、という見地からである。アムステルダム条約は、EC 設立条約に次の条文を設けることによって、差別の問題により包括的に対応しようとした。「この条約の他の規定に抵触しないかぎりにおいて、かつ、この条約が共同体に与える権限内において、理事会は、委員会の提案に基づき、かつ欧州議会への諮問の後、性別、人種もしくは民族的出自、宗教もしくは信条、身体的障害、年齢もしくは性的指向に基づく差別と戦うための適切な行動を、全会一致で議決する」[57]。この条文に基づいて EU と加盟国は、雇用、職業、教育および社会保障等における差別の解消に取り組む姿勢をみせている[58]。

差別への対応とあわせて確認するべきは、アムステルダム条約が、人権尊重と民主主義に一般的に言及する条文を設けたことである。「同盟は、加盟国に共通する原則である自由、民主主義、人権と基本的自由の尊重および法の支配に基づいて設立される」と述べるこの条文は[59]、EU 条約の一般規定の中で導入された。しかも興味深いことに、この条文は、「共同体法の一般原則」に言及する前出の条文と併記されたのである。「共同体法の一般原則」の条文は、EU による人権の司法的保護を基本条約において公式に認めようとするものであった。それに対して、新しい条文は、加盟国がもつ人権や民主主義といった価値を、政治的な規範として広く EU に取り込むものとみなせるのである。

本書第 I 部では、アムステルダム条約によるこれらの展開のうち、後者の「加盟国に共通する原則」に言及する条文にまずは注目したい。この条文は、次の第 1 章でみるように、激しい論争を呼び起こす原因の一端を担うことになる。それにもかかわらず、それは、ニース条約の下でも一文字たがわず継承される。そればかりか、欧州憲法条約とリスボン条約において発展的な再編をみるのである[60]。差別に対する取り組みについては、人種差別および外国人排斥問題を事例として、第 2 章と第 3 章で取り上げた。

1) EU の構造については、凡例を参照されたい。
2) 欧州石炭鉄鋼共同体設立条約前文 1 段および 2 段。EC/EU の基本条約は、EU 法の検索システムである EUR‐Lex (http://eur‐lex.europa.eu/en/index.htm) の

Treaties から入手できる。欧州石炭鉄鋼共同体設立条約の邦訳には、金田近二編『国際経済条約集』ダイヤモンド社、1965年がある。
3) 欧州石炭鉄鋼共同体設立条約は、「最高機関は、その委任された任務を遂行するために、かつ本条約に定める条件の下で、決定を行な（う）」としたうえで、決定がその全体について拘束力をもつことを明記していた（14条）。
4) 国連憲章前文、1条、13条、55条、62条、68条、76条参照。
5) ただし、フランスは、欧州審議会の原加盟国ではあったものの、1974年まで欧州人権条約には加入していない。
6) See, Kevin Featherstone, "Jean Monnet and the 'Democratic Deficit' in the European Union," *Journal of Common Market Studies*, Vol. 32, No. 2, 1994, pp. 149-170 がある。
7) 欧州防衛共同体設立条約3条1項。
8) 欧州（政治）共同体規程3条。see also, Pierre Pescatore, "The Context and Significance of Fundamental Rights in the Law of the European Communities," *Human Rights Law Journal*, Vol. 2, No. 3-4, 1981, pp. 295-296.; Andrew Charlesworth and Holly Cullen, *European Community Law*, Pitman Publishing, 1994, p, 99.
9) 詳細は、辰巳浅嗣『EUの外交・安全保障政策』成文堂、2001年、第2章を参照されたい。
10) Anthony Arnull, *The European Union and its Court of Justice*, Oxford University Press, 1999, p. 203.; Paul Craig and Gráinne de Búrca, *EU Law : Text, Cases and Materials, third edition*, Oxford University Press, 2003, p. 318.
11) 大谷良雄『概説EC法』有斐閣、1982年、125-126頁。
12) Lammy Betten and Nicholas Grief, *EU Law and Human Rights*, Lomgman, 1998, pp. 54-55.; Sionaidh Douglas-Scott, *Constitutional Law of the European Union*, Longman, 2002, pp. 437-438, Craig and de Búrca, *op. cit*., pp. 319-320.
13) Betten and Grief, *op. cit*., p. 55.; Douglas-Scott, *op. cit*.
14) Betten and Grief, *op. cit*.
15) Joseph H. H. Weiler, *The Constitution of Europe : "Do the new clothes have an emperor?" and other essays on European integration*, Cambridge University Press, 1999, p. 24. 訳出に際しては、ジョゼフ・H・H・ワイラー（南義清、広部和也、荒木教夫訳著）『ヨーロッパの変容：EC憲法体制の形成』北樹出版、1998年、37頁を参考にした。以上の脈絡については、次の文献も参照されたい。Takis Tridimas, *The General Principles of EC Law*, Oxford University Press, 1999, p. 204.: Douglas-Scott, *op. cit*., pp. 434-435.
16) 以上の展開については、See, Charlesworth and Cullen, *op. cit*., p. 100.; Trevor C.

Hartley, *The Foundations of European Community Law*, Fourth Edition, 1998, p. 133.; Betten and Grief, *op. cit.*, p. 56-57.; Trimidas, *op. cit.*, pp. 204-205.; Arnull, *op. cit.*, p. 204.; Henry G. Schermers and Denis F. Waelbroeck, *Judicial Protection in the European Union*, Sixth Edition, Kluwer Law International, 2001, p. 39.; Dounglas-Scott, *op. cit.*, p. 438.; Amanda Gilman, "Fundamental Rights," in Jorge Juan Fernández García, Jess E. Clayton and Christopher Hobley (eds.), *The Student's Guide to European Integration*, Polity Press, 2004, p. 107.; Craig and de Búrca, *op. cit.*, p. 321.

17) See, Charlesworth and Cullen, *op. cit.*, pp. 100-102.; Gilman, *op. cit.*, pp. 107-108.; Trimidas, *op. cit.*, pp. 205-206.; Arnull, *op. cit.*, pp. 204-205.; Craig and de Búrca, *op. cit.*, pp. 322-325.; Schermers and Waelbroeck, *op. cit.*, p. 39.; Hartley, *op. cit.*, pp. 133-134.; Weatherill, *op. cit.*, p. 69.

18) *Ibid*.

19) See e. g., Pescatore, *op. cit.*, pp. 296-298. 欧州経済共同体設立条約の条文番号は、当時のものである。

20) これらの宣言の全文は、Christian Duparc, *The European Community and human rights*, Commission of the European Communities, October 1992, Annex に掲載されている。

21) "Joint Declaration by the European Parliament, the Council and the Commission," O. J. No. C103, 27 April 1977, p. 1.

22) "L'Europe des citoyens" dans *Rapport sur l'Union européenne, dans Bulletin des Communautés européennes*, Supplément 1/76, 1976.

23) Karen E. Smith, *European Union Foreign Policy in a Changing World*, Polity, 2003, pp. 101-107. カーター大統領の人権外交については、石井修「米国の人権外交の理念と現実」『国際問題』363 号、1990 年 6 月、29-34 頁。; 有賀貞編『アメリカ外交と人権』日本国際問題研究所、1992 年参照。以上の脈絡を、より広範な一体感形成の過程として説明するものに、Andrew Williams, *EU Human Rights Policies : A Study in Irony*, Oxford UP, 2004, chap. 7 がある。

24) 欧州議会の議員は、各加盟国において直接普通選挙によって選出される。このような選出形態は、世界で唯一である。欧州議会は、EU の立法過程に参画し、あるいは欧州委員会の活動を統制する等、EU の活動に不可欠の存在となっている。EC における欧州議会の発言力の強化ならびに同議会の選挙制度の変容については、金丸輝男『ヨーロッパ議会』成文堂、1982 年。; 福田耕治『EC 行政構造と政策過程』成文堂、1992 年。; 児玉昌己『欧州議会と欧州統合』成文堂、2004 年参照。

25) *Draft treaty establishing the European Union*, O. J. No. C77, 19 March 1984.

26) *Ibid.*, Art. 4 (1).
27) *Ibid.*, Art. 4 (2).
28) *Ibid.*, Art. 4 (3).
29) *Ibid.*, Art. 4 (4) and Art. 44.
30) See, Betten and Grief, *op. cit.*, pp. 42-52.
31) 以上の展開は、本書第1章、第7章および第10章の主題となっている。参照されたい。
32) 1989年4月に欧州議会は、『基本的権利および自由の宣言』を採択した。この宣言は、法的な価値をもたない文書ではあるが、のちに起草される基本権憲章の規定の走りともいえるものを含んでいる。環境保護や消費者保護に関する権利は、その一例である。さらには、適用分野、権利と自由の制限、保護の程度および権利の濫用について規律するこの宣言の最終規定（25条-28条）は、基本権憲章の一般規定（51-54条）の原型を提示するものであったといえる。European Parliament, *Resolution adopting the Declaration of Fundamental rights and freedoms*, O. J. No. C120, 12 April 1989.
33) 単一欧州議定書前文3段。
34) ドイツ連邦憲法裁判所は、1986年10月22日の判決において、EC司法裁判所が人権を保護しているかぎりその審査権を行使しない旨述べている。以前に同憲法裁判所は、EC法の優位性を原則認めながらも、EC法が同国の基本法に定める基本権と抵触する場合には優位性を許容しない可能性があることを示唆していた。これは、ゾーランゲ（Solange）判決として知られる1974年5月29日判決の中で示唆されたものである。1986年の上述の判決は、それに対応してゾーランゲⅡと呼ばれることがある。齊藤正彰「国法体系における憲法と条約（3）」『北法』北海道大学、51巻3号、2000年参照。
35) See, Nanette A. Neuwahl, "The Treaty on European Union : A Step forward in the Protection of Human Rights?" in Nanette A. Neuwahl and Allan Rosas (eds.) *The European Union and Human Rights*, Martinus Nijhoff, 1995, pp. 13-16.
36) アムステルダム条約によって、この概念は、EU条約6条2項に移入された。なお、アムステルダム条約は、EU条約46条（d）を新たに規定することによって、共通外交・安全保障政策と司法内務協力（後者は、同条約によって「刑事問題における警察・司法協力」へと再編された）へのEU司法裁判所の管轄権の範囲を拡大させた。Bruno de Witte, "The Past and Future Role of the European Court of Justice in the Protection of Human Rights," in Philip Alston (ed.) with Mara Bustelo and James Heenan, *The EU and Human Rights*, Oxford University Press, 1999, p. 866.; Arnull, *op. cit.*, p. 210.; Koen Lenaerts and Eddy Eddy de Smijter, "A "Bill of Rights"

for the European Union," *Common Market Law Review*, No. 38, 2001, pp. 276-277.
37) 法的拘束力のある憲章を初めて構想したのは、欧州憲法条約案を作成した「欧州の将来に関する諮問会議」である。この諮問会議の作業部会は、憲章の法的効果に向けて一般原則概念は障害にはならないと結論した (*Rapport final du Groupe de travail II*, CONV354/02, Bruxelles, 22 octobre 2002, pp. 9-10)。このような結論は消極的な意味合いをもつが、逆に、この概念を残すことを積極的に評価する見解もある。それによれば、当該概念は、基本権の内容が硬直化することを回避するうえで有効となりうる。See, Jacqueline Dutheil de la Rochère, "The EU and the Individual : Fundamental Rights in the Draft Constitutional Treaty," *Common Market Law Review*, Vol. 41, 2004, p. 354. 諮問会議の構成と活動については、本書第7章参照。
38) 新興アフリカ諸国との経済協力については、1970年代半ば以降に更新が重ねられたロメ協定が最も知られている。ただし、経済協力の試みは、早くも1960年代にはみられた。高島忠義『ロメ協定と開発の国際法』成文堂、1991年、第1章および第2章参照。
39) マーストリヒト条約によって改定されたEC設立条約130u条。
40) EU条約J.1条。
41) EU条約K.2条。
42) ただし、司法内務協力へのEC機関の関与は、その後、アムステルダム条約およびリスボン条約を契機に強まりをみせた。アムステルダム条約は、マーストリヒト条約によって「第3の柱」に包含された民事・内務問題を、「第1の柱」ECに移管させた。さらに、リスボン条約は、残された「刑事問題における警察司法協力」を、「刑事における司法協力」と「警察協力」の分野に整理したうえでEC設立条約の後継条約であるEU運営条約の中で規定させている。アムステルダム条約2条15パラグラフ、ならびにリスボン条約2条67および68パラグラフ参照。
43) EU条約B条。
44) マーストリヒト条約によって改定されたEC設立条約8条から8e条。
45) アムステルダム条約によって改定されたEC設立条約17条1項。
46) 注43参照。
47) アムステルダム条約によって改定されたEC設立条約21条および255条。
48) *Report from the Commission : Fifth Report on Citizenship of the Union* (*1 May 2004-30 June 2007*), COM (2008) 85final, Brussel, 15 February 2008.
49) *Ibid*.
50) この点については、たとえば、チャールズ・グラント（伴野文男訳）『EUを創った男：ドロール時代十年の秘録』日本放送出版協会、1995年、58-60頁参照。
51) マーストリヒト条約によって改定されたEC設立条約2条参照。

52) See, *Agreement on social policy concluded between the Member States of the European Community with the exception of the United Kingdom of Great Britain and Northern Ireland*.
53) アムステルダム条約によって改定された EC 設立条約XI編1章「社会規定」を参照されたい。
54) 会議の閉会時に公表された議長総括（*Presidency Conclusions of Lisbon European Council*, 23 and 24 March 2000）の約7割が、当該議題に関するものに割かれている。
55) "European Social Agenda," *Presidency Conclusions of Nice European Council meeting*, 7, 8 and 9 December 2000, Annex I.
56) EU 基本権憲章については、本書第7章および第8章を参照されたい。
57) アムステルダム条約によって改定された EC 設立条約13条。リスボン条約では、EU 運営条約19条がこれを継承している。
58) 差別と戦うために設けられた EC 設立条約規定については、次の文献を参照されたい。竹中康之「EU における障害者差別禁止法制の展開と課題」『ワールドワイドビジネスレビュー』3巻2号、2002年。：引馬知子「「雇用均等一般枠組指令」の障害規定と EU 加盟国への移行」『世界の労働』57巻7号、2007年。
59) アムステルダム条約によって改定された EU 条約6条1項。
60) この過程については、本書第9章で触れている。

第 I 部
アムステルダム条約以降の EU 人権政策

第1章
加盟国に対する EU の早期警戒・制裁制度
―EU 条約 7 条をめぐって―

　　　　　　は　じ　め　に

　序章で触れたように、アムステルダム条約は、「同盟は、加盟国に共通する原則である自由、民主主義、人権と基本的自由の尊重および法の支配に基づいて設立される」と述べる条文を新設した。EU 条約 6 条 1 項としてである[1]。この条文が、司法的保護ではなく、むしろ政治的規範としての人権や民主主義を念頭においたものであることも、先に簡単に言及した（序章「おわりに」参照）。しかしながら、アムステルダム条約による展開は、以上にとどまらない。その次の EU 条約 7 条において、これらの原則に「重大かつ継続的な違反 (a serious and persistent breach)」をみせる加盟国に、EU として一定の制裁を科す制度を導入した。すなわち、EU 加盟国として当該国が享受する権利の一部を、EU として停止することが可能となったのである（EU 条約 7 条 1 項-5 項）。本章では、この制裁の制度に焦点を当てて、この制度が導入された経緯を概観し、かつ若干の展望を試みるものとしたい。
　EU 条約 7 条の制度をみるうえでは、2 点ばかり確認しておくべきことがある。まず、アムステルダム条約に次ぐニース条約が、さらに新しい条項を設けて早期警戒を制度化した点である。これは、簡潔にいえば、「（加盟国による）重大な違反が生じる明確な危険 (a clear risk of a serious breach)」を EU として確認し、当該国に勧告を行なえるようにしたものである（同 7 条 1 項。1 項の新設にしたがい、本来の 1 項-5 項は、2 項-6 項へと繰り下げられた）。これらの制度を規定する各々の条項を、本章では以下「制裁条項」「早期警戒条

項」と呼ぶものとする。

　第2には、これら二つの条項のうち制裁条項と類似するものが、すでに他の国際機構に存在している。欧州審議会の条項がそれである。欧州審議会の設立条約である1949年の欧州審議会規程は、「すべての加盟国は、法の支配、ならびに管轄権内のすべての者が人権および基本的自由を享受するという原則を受諾しなければならず、かつ、審議会の目的の実現に向けて誠実および効果的に協働しなければならない」と規定する[2]。そのうえで、この規定に「重大に違反する（seriously violate）」加盟国については、審議会の最高決定機関である閣僚委員会がその代表権を停止するものとし、審議会からの脱退も求めるものとするのである[3]。アムステルダム条約で導入された制裁条項と近い趣旨のものといえるだろう。

　もっとも、欧州審議会は、前述の条項をその設立時から備えている。EUの場合は、そうではない。1950年代の3共同体設立後、約40年という相当の年月が経過した後に導入されたのである。また、審議会の場合、対象国の処分に公式に関わるのは、加盟国政府を代表する閣僚委員会に限られる[4]。しかしEUにおいては、関与する機関は政府を代表する理事会のみではない。本章でみるように、欧州委員会や欧州議会も関与する。したがって、制裁や早期警戒に向けては、より多元的な力学が働くことも考えられるのである。以上を考慮すれば、EUの制裁条項は、審議会の制度を模倣したものとは単純にはいえないだろう。ここではむしろ、制裁条項と早期警戒条項の新設が、経済統合の機構から出発したEUの質的変化を表徴するものと捉えたい。

　このような点を想起しながら、本章では、EU条約7条がもつ含意に接近するものとする。構成は、以下のとおりである。まず、7条が備える双方の条項自体を概観する（第1節）。次に、アムステルダム条約において制裁条項が導入される過程、ならびにニース条約において早期警戒条項が設けられる過程を省察する（第2節および第3節）。そのうえで、これら二つの条項が適用される可能性について若干の展望を行なう（第4節）[5]。

第1節　制裁条項と早期警戒条項の概要

(1) 制裁条項の概要

アムステルダム条約によって導入された制裁条項は、およそ4つの局面よりなる。

第1に、EU条約6条1項に掲げる「加盟国に共通する原則」に違反する加盟国があることを、EUとして確認する局面である。違反の確認に向けて提案を発することができるのは、加盟国の3分の1か、もしくは欧州委員会である。ゆえに、27カ国のEUであれば、9カ国で提案することが認められる。あるいは、欧州委員会が、単独で提案することも可能である。場合によっては、9加盟国以上の加盟国と欧州委員会の共同提案という形式もありえよう。いずれにせよ、そのような提案を受けた理事会が、「重大かつ継続的な違反」の存在を確認する。これが、第2の局面である[6]。

この局面において留意するべきは、違反を確認する理事会は、「国家元首または政府首脳から組織される理事会」となっていることである。EUにおいて理事会は、通常、各加盟国の閣僚によって組織される[7]。しかしながら、加盟国の違反は、きわめてデリケートな問題となりうる。それゆえに、この問題については閣僚ではなく、特別に首脳の次元で協議されるべきとする認識があったと推察できるのである。対象国政府を招いて意見を提出させること、ならびに首脳次元の理事会が全会一致で確認することを要請しているのは、決議そのものがもつ政治的重要性を鑑みた結果であると思われる[8]。

さらに、理事会が違反の存在を確認するうえでは、欧州議会の同意をえることが必要とされている。EUの意思決定に当たり欧州議会の同意を要請する機運は、1980年代以降に高まりをみせた。1986年の単一欧州議定書は、ECへの新規加盟を承認し、あるいは域外国および国際機構と連合協定を締結するに際しては欧州議会の同意が必要であるとした[9]。マーストリヒト条約も、欧州委員会の任命、構造基金の定義、ならびに欧州中央銀行システム定款の部分的改定等において同意を要請するようになっていた[10]。違反を確

認する理事会に向けてやはり同意を必要としたのは、このような機運の延長にあるものと位置づけることができる。諮問的機能を担うにすぎなかった欧州議会は、欧州統合の深化とともにその権限を強化しつつあった。EU条約7条は、加盟国への制裁の是非を市民的見地から検討するために欧州議会の関与を求めたことになる。

以上の段階を経て理事会が制裁の内容を特定するのが、第3の局面となる[11]。理事会は、対象国がEU加盟国として享受する権利を、どのように停止するかを決めるのである。先の局面においては、理事会は、全会一致で決議する必要があった。それに対して、この局面においては、特定多数決によって決議することが可能とされている[12]。

停止可能性のある加盟国の権利として、7条は、「理事会における投票権を含む、条約によって加盟国に当てられる特定の権利」と述べている。したがって、理事会における投票権を含みはするが、それに必ずしも限定されないことが明らかとなる。EU条約も、あるいはEC設立条約（現EU運営条約）も、国家がEU加盟国として享受する権利を列挙しているわけではない。しかしながら、これら基本条約の下で、加盟国が広範な権利を享受しているだろうことは想像がつく。欧州委員会委員長および欧州理事会常任議長の任命権や、あるいはEU次元における各種基金の配分決定権といったものは、そのほんの一部であろう[13]。もっとも、いかなる権利が停止されるにせよ、権利停止処分を受けた国家は、停止期間中も加盟国としての義務だけは負い続けなければならないとする[14]。

そして、残る最後の局面が、処分を取り消すか、あるいはその内容を変更する手続きである。この局面で行動する機関も、第3の局面と同様に理事会である。理事会は、「状況の変化に応じて」特定多数決によって決議することになる[15]。

制裁条項には以上の局面があるものの、そのいずれにおいても、当該国政府の代表は、理事会の決定には関与することが許されない[16]。なお、同条において欧州議会は、過半数の議員が出席する中3分の2以上の賛成票をもって議決することが求められる[17]。

(2) 早期警戒条項の概要

　早期警戒条項は、EU が「(加盟国による) 重大な違反が生じる明確な危険」のあることを確認して、当該国に適切な勧告を宛てようとするものである。

　勧告に向けた提案を行なえるのは、加盟国の3分の1、欧州議会あるいは欧州委員会である。場合により、やはり、これらが共同で提案することもあるだろう。提案には、理由が付される必要がある。そして、提案をうけた理事会が、やはり欧州議会の同意をえた後、その構成員の5分の4の多数決をもって危険の存在を確認し、当該国に勧告を宛てるのである。なお、このような確認を行なう前に、理事会は、当該国から事情を聴取しなければならない。また、同じ手続きにしたがって、理事会は、「独立した人物」に対して、当該国の状況についての報告を提出するように要請することも可能であるとされる[18]。

　理事会は、危険を確認する根拠が存続していることを、定期的に証明しなければならない。当該国が理事会での採決に加われないこと、ならびに欧州議会が総議員の過半数かつ3分の2以上の賛成で議決することは、制裁条項の場合と同じである[19]。

　以上が、早期警戒条項の概要である。制裁条項に比べると、EU のより俊敏な対応を想定しているといえるであろう。このことは、当該国からの事情聴取やいわゆる賢人報告を想定していることから読みとれるのである。とはいうものの、早期警戒条項において EU の俊敏性を最も表しているのは、理事会の票決方式である。制裁条項の場合は、理事会において、当該国の政府代表を除くすべての構成員の合意が必要であった。換言すれば、理事会での議決に賛成しない加盟国が1カ国でもあれば、違反の存在が確認されることはなかった。しかしながら、それに対して早期警戒条項においては、理事会は、その構成員の5分の4の多数決で議決する。賛成しない加盟国が数カ国あったとしても、8割を超える数の加盟国が支持すれば、早期警戒が実施される展望が開けるのである。8割を超える支持を集めることは、容易ではないだろう。しかしながら、制裁条項のように全会一致を求めるよりは、柔軟に行動できるようになる。

もっとも、早期警戒条項では、このような俊敏性のみが意識されているわけでもない。この条項において欧州議会は、制裁条項では享受していない提案権限を行使できることになった。早期警戒条項で提案権限をえたことにより、欧州議会の役割は、議決の段階から発議の段階へと拡張したのである。このような役割の拡張は、EU 市民の利益をくみとる欧州議会の機能と調和するものといえる。

　以上の概要をもつ制裁条項と早期警戒条項が、EU 条約 7 条として EU の基本条約に盛り込まれたのである。それでは、次に、これらの条項がいかなる過程を経て設けられたかをみていこう。

第 2 節　アムステルダム条約における制裁条項の導入

　人権や民主主義を軽視する加盟国がある場合に EU として対応するという構想は、遅くとも 1980 年代には存在していた。そのような認識の原形は、欧州議会が 1984 年 2 月に採択した『欧州同盟を設立する条約』の草案にみることができる。この草案の 4 条 4 項は、次のように述べている。「民主主義の原則もしくは基本権に対する加盟国の重大かつ継続的な違反がある場合、この条約の 44 条の規定にしたがって罰則を科すことができる」。そのうえで、同条約の 44 条に、EC の主要機関が罰則を決定する手続きが設けられているのである[20]。本書の序章でみたように、1980 年代から 1990 年代にかけての EU では、人権への関心が高まりをみせていた。そのような中、EU とその加盟国は、途上国や EU 加盟候補国に対して、いわゆる人権コンディショナリティを実施するようになった[21]。当時には、EU 加盟国自らも、EU の枠組みにおいて一定の原則に服するべきとする認識が共有されつつあったのである。

　欧州議会が採択した草案は、加盟国や他の EC 機関の支持をえることができなかった。そのために、この草案が法的拘束力をもつには至らなかった[22]。しかしながら、加盟国に対する EU の制裁という構想は、退勢しなかったのである。直接の好機は、マーストリヒト条約の改定に向けた再検討グループの結成によって訪れた。1995 年 6 月のことである[23]。再検討グルー

プの議長を務めたスペインのウェステンドルプ（C. Westendorp）欧州問題担当相は、欧州議会において次のように明言した。来たる新条約には、「重大な人権侵害をはたらいた加盟国が、EUによってその権利の停止もしくは除名の処分を受ける手続き」を盛り込むべきである、と[24]。同年9月に提出した中間報告では、再検討グループは、以下のように提言している。「欧州の建設と拡大が進む中、基本的権利は、EU・加盟国間の関係において、また加盟国と個人の間の関係においても、十分に監視されるべき喫緊の課題である」[25]。そのような認識から、「基本権や民主主義の原則を侵害する加盟国の諸権利を停止するための、あるいは場合によっては当該国を除名するための条文を導入するべきである」としたのである[26]。

　このような再検討グループの提言は、加盟国政府にも受容されるところとなった。ベルギー政府は、同年8月という早い段階において、「（アムステルダム条約の採択に向けた）加盟国政府間会議が（……）制裁を科す仕組みの導入を通じて市民権の拡大を実現できるように、わが国は準備を進めている」と声明した[27]。そのベルギー政府は、オランダおよびルクセンブルク両政府と共同で翌1996年の政府間会議に覚書を提出したのであるが、そこには次の記述があった。「加盟国が人権侵害を持ち逃げする（get away with）ことは、許されるべきではない。（新しい）条約では、加盟国としての権利の一部を停止しうる罰則の規定を設けるべきである」[28]。アムステルダム条約の起草期に理事会の議長国を務めたイタリア、アイルランドおよびオランダのいずれの政府も、制裁条項を設ける構想を撤回しようとはしなかった[29]。制裁条項は、こうして導入されるに至ったのである。

　制裁条項を設ける合意が政府間会議で達成されたことは、EUにおける人権保護の要請という観点から意義のあるものであった。人権や民主主義の原則に違反する加盟国がEUによって処罰される可能性が、ここに初めて公式化されたからである。開発政策や拡大政策を含む対外政策の実施に際して、EUは、EUの加盟候補となっている諸国や途上諸国に対し人権保護を約束させてきた[30]。自らもこれを約束することによって、そのような姿勢が一定の正当性と一貫性をもつことになるのである。もっとも、制裁という制度がどこまで実践的であるかは、疑問の残るところであっただろう。というの

も、前節でみたように、違反加盟国への制裁内容は、たしかに欧州議会の同意をえた理事会の特定多数によって決定される。しかしながら、その前提として、理事会が違反の存在を全会一致で確認しておくことが必要となるのである。違反の疑いのある対象国は、たしかに票決に加わることはできない。とはいうものの、問題の性格がデリケートであるがゆえに、当該国を除く他のすべての国の間でさえ、全会一致を達成することは難しいと推測できるのである。

　このような制度的な困難さについては、中・東欧諸国に対して EU が展開する拡大政策を想起してみるとよい。EU 条約には、「欧州のすべての国」が EU 加盟を申請できるとする規定がある[31]。アムステルダム条約は、この規定に加筆して、「(EU 条約の) 6 条 1 項に定める原則を尊重する欧州のすべての国」が加盟を申請できるとしたのである[32]。6 条 1 項に定める民主主義や人権尊重といった原則は、同項によれば、「加盟国に共通のもの」であった。したがって、そのような原則を潜在的な加盟国である加盟申請国に共有させようとする発想は、自然であるのかもしれない。とはいえ、このように加筆したことからは、人権や民主主義といった原則をむろん順守できているという、既存の加盟諸国の自負心も読みとることができるのである。原則に対する重大な違反が起こるとすれば、それは、民主国家としての経験が浅い将来の加盟国によるものであるに違いない、と。加盟国は、自国が制裁条項の対象国になるという想定をもってはいなかったと思われるのである。

　制裁条項を設けることについては、明確に反対する見解もあった。欧州議会に議席をもつ「諸民族の欧州」グループのベルトゥ (G. Berthu・フランス) 共同代表の主張は、そのような見解の一つである。ベルトゥ共同代表は、「アムステルダム条約の起草者たちは、民主主義が不十分な欧州の諸機関に権限を譲渡できるかどうかというギャンブルを楽しんでいる」とした[33]。このグループによれば、制裁条項は、EU が各種の差別と戦うことを規定する EC 設立条約 13 条 (現 EU 運営条約 19 条) と同様に、フランス憲法に矛盾するものであった。ゆえに、彼らからみれば、当該条項は「国家主権の思想の本質を奪うもの」となる[34]。しかしながら、このような見解は、加盟国においても、あるいは EU 機関においても多数派を構成しえなかった。制裁条項

の導入はたしかに、人権と民主主義の原則を EU 内外にアピールするための有益な手段となりうる。とはいえ、それに基づいて制裁が加えられる可能性は無きに等しいだろう。制裁条項の導入に加盟国が合意した背景には、そのような見通しがあったと捉えられる。

第3節　ニース条約における早期警戒条項の導入

1　オーストリア自由党の政権参加

　ニース条約において早期警戒条項が導入されたことは、オーストリアの政治情勢をうけたものであった。同国において、極右政党とされるオーストリア自由党（Freiheitliche Partei Österreichs）の政権参加が決定的になったのである。1998 年前半期に理事会議長国を務めた同国は、その3年前に EU に加盟して以降、他の加盟国からの信用をえつつあった。それだけに、ナチスドイツの賛美者が率いる政党が入閣したことは、他の加盟国に衝撃を与えたのである[35]。オーストリアを除く当時の EU14 カ国は、2000 年1月、議長国ポルトガルの声明を通じて制裁を科すことを決断した。オーストリアとの二国間での政治的接触を拒否することや、あるいは国際機構の役職選挙に際してはオーストリア人候補を支持しないことが、そのような制裁の内容となった[36]。ゆえに、この制裁は、EU として実施する体裁を装いながらも、実質的には二国間の次元によるものであった。14 カ国が理事会議長国の声明の下で同時に制裁を行なったことは、政治的には効果があったと思われる。しかしながら、それは、EU 条約7条を適用しない——すなわち EU 機関の関与を排除する——、国家間次元における制裁であった。

　このような状況下で興味深い動きをみせたのは、欧州議会である。翌2月に欧州議会は、450 票近い賛成票によって、制裁を7条に基づいて実施するべき旨を決議したのである[37]。採決の場には、欧州委員会のキノック（N. Kinnock）副委員長が同席していた。圧倒的な賛成票を前に副委員長は、委員会が7条に基づいて役割を担う意思をもつことを表明したのである[38]。

　オーストリアへの制裁は、しかし結局、国家間の次元において継続されるにとどまった。制裁は、14 カ国により、半年にわたり継続された。そして、

制裁を解除することも、14カ国の政府間合意に基づくものであった。より早期の制裁解除を求める加盟国政府もあったようであるが、14カ国の名で解除を宣言したのは同年9月のことであった。14カ国は、欧州人権裁判所裁判長への委託を通じて、3名からなる賢人委員会を選任していた。解除の宣言は、この賢人委員会がパリで採択した勧告にしたがう形式でなされたのである[39]。解除を宣言する際に14カ国は、「オーストリア自由党について、ならびに同党がオーストリア政府に与える影響について、われわれは引き続き注意を払う所存である」と声明した[40]。この声明は、オーストリアの内政をEUに共通の関心事とするものであったといえる。しかしながら、7条に関していえば、同条に基づいて発議を行なう動きは、加盟国からも、あるいは欧州委員会からもみられなかったのである。

加盟国および欧州委員会が7条の適用の回避を試みたことには、オーストリアへの温情があったと考えられる。もっとも、温情のみではなかったであろう。7条に基づいて同国の権利を停止すれば、EUの円滑な運営に支障をきたす可能性がある。場合によっては、加盟国間に甚大な禍根が残ることになり、以後の欧州建設に向けて否定的な影響を与えかねないのである。人権と民主主義の原則を繰り返し強調するEUにとって[41]、極右とされる政党の政権参加はたしかに容認できないはずである。実際、加盟国政府代表の会合の席において、オーストリア代表が人権と民主主義の順守を誓約しなければならない場面もあった[42]。しかしながら、同国への制裁は、結局は国家間の次元にとどまることになった。そこにおいて図られたのは、7条に基づく法的な解決ではなかった。むしろ、法的な解決を回避するための政治的な対応がなされたのである。

ニース条約における早期警戒条項の導入は、このような状況の中で要請された。導入の可能性を唱えた一人には、欧州委員会でEUの制度改革を担当するバルニエ（M. Barnier）委員がいた。ニース条約のための加盟国政府間会議に出席したバルニエ委員は、加盟国による違反の危険を監視する手続きに言及した。委員はさらに、「（この手続きは）特定の状況のみにではなく、一般的に起こりうる状況も視野に入れたものとなるべきである」と述べることになった。オーストリアのような事例への対応のみに限定するべきではな

いことを示唆したのである。バルニエ委員の提唱には、欧州議会のフォンテーヌ（N. Fontaine）議長が即座に支持を表明した。理事会議長国ポルトガルの下では、加盟国政府間会議の準備会合が組織されていた。その準備会合は、制裁をめぐる理事会の採決制度を特定多数決制に一本化することを検討しはじめた。早期警戒条項の導入は、このようにして現実味を帯びていった[43]。

2 導入の検討過程
(1) 欧州議会案

早期警戒条項の導入を初めて具体的に提案したのは、欧州議会である。欧州議会は、2000年4月13日、内部組織である制度問題委員会の報告に基づいて、EU の制度改革に関する決議を採択した。その中で、EU 条約7条を改定することに触れたのである[44]。

もっとも、精確にいえば、欧州議会の改定案は、早期警戒の手続きを新たに設けるものではなかった。それは、アムステルダム条約によって設けられた制裁条項の実効性を高めようとするものだったのである。提案の要点は、次の三つとなろう。第1に、現行の7条において理事会が確認するのは「重大かつ継続的な違反」となっている。欧州議会の提案では、それが「重大な違反」となっている。つまり、「継続的な」という記述が削除されている。第2に、違反を確認する理事会が、全会一致ではなく5分の4の多数決によって議決できるとしていることである。第3に、現行条文では、提案権限を享受するのは、加盟国の3分の1か、欧州委員会であった。提案ではさらに、欧州議会も提案できることになっている[45]。これらの点から、提案がもつおよその方向性をくみ取ることができる。すなわち、重大な違反であるならば、それが継続的でなくとも——むしろ、継続する前に—— EU として迅速に対応する必要がある。そして、そのような対応のためには、理事会の全会一致を要件とするべきではない。加えて、加盟国国民を直接に代表するわれわれ欧州議会も発議権を享受して然るべきである。提案には、このような視点が反映されたと推察することができる[46]。

(2) ベルギー政府案

ベルギー政府は、自らが作成した改定案を同年5月5日の加盟国政府間会議に提出した。欧州委員会のバルニエ委員は、「特定の加盟国において民主主義が危機的な状況になった場合の注意喚起の仕組み」について、各国に意見を求めていた。欧州委員会スポークスマンによると、ベルギー政府案は、これに対する回答を試みるものであった[47]。

『アジャンス・ヨーロッパ』紙の報道によれば、ベルギー政府案は、従来の制裁条項に次の二つの要素を加えた内容である。まず挙げられるのは、早期警戒を実施する可能性である。そこにおいては、「加盟国に共通する原則」に加盟国が違反する脅威（threat）を、理事会が特定多数決で確認するとしている。さらには、観察報告の機会を与える等、制裁の対象となりうる国が手続きに参加する視点が付加された。早期警戒の意識をもちながら対象国を関与させることで、制裁の効果を高めようとするものといえる。このような観点は、従前の7条には欠落していたものである[48]。

(3) オーストリア政府案

オーストリアも改定案を作成している。同国のシュッセル（W. Schüssel）首相が、6月6日の政府間会議に提出したのがそれである。先述した国家間次元での制裁が発動される中での提出であった。改定案は、手続きを警戒および制裁の実施という2段階に分けようとするものである[49]。

その概要は、次のとおりである。まず、警戒段階において協議を要請できるのは、加盟国の3分の1か、もしくは欧州委員会である。要請に基づいて協議した首脳の理事会が、違反が起こる危険を全会一致で確認するのである。もっとも、その一方において、閣僚からなる通常の理事会が、当該国に対して特定多数決で適切な勧告を宛てることもできるとする。このような段階を経て制裁を実施するには、欧州委員会か加盟国の3分の1が、違反の存在を客観的に証明できなければならない。理事会は、当該国を事情聴取した後に、特定多数決によって制裁の決定を下すことが可能になる[50]。

この提案の特徴は、以下のようである。第1に、違反が起こる危険を、首脳次元の理事会の全会一致で確認するように求めていることである。第2に、違反の存在は「客観的に証明」されなければならないとしていることで

ある。これらの特徴をもつオーストリア政府案は、制裁の効果的な実施を重視するベルギー政府案をけん制するものといえなくもない。理事会の全会一致を堅持したこと、ならびに「客観的な証明」が必要であるとしたことは、現に科されている自国への制裁が不当であることも示唆しているからである。

以上にみた欧州議会、ベルギー政府およびオーストリア政府の提案は、加盟国政府間会議の準備組織によって検討された。当時においては、7条の改定に消極的な加盟国政府もあった[51]。それでも、理事会議長国を担当したポルトガルとフランスの下で、この課題は継続的に審議されたのである[52]。早期警戒条項を設けることに最終的に合意したのは、2000年12月のニース欧州理事会においてであった。

このような帰結は、理事会議長国の任にあったポルトガルおよびフランス両国の率先によるところが大きいと察せられる。ただし、欧州議会が改定の過程に密接に関わっていたことも留意しなければならないだろう。加盟国政府間会議には、欧州議会代表として欧州人民党のブロク議員（E. Brok、ドイツ）が参加した。そのブロク議員は、当該領域において欧州議会が発議権を享受することを求めた[53]。欧州議会においては、当時起草がなされていたEUの基本権憲章を、EU条約7条に連結させようとする構想さえあった[54]。この構想は、議長国フランスの賛同をえることができなかった[55]。しかしそれでも、民主主義と人権をめぐる欧州議会の要請は、改定に一定の影響を与えたと考えられるのである。

EU条約7条の改定は、以上のように進められた。アムステルダム条約における制裁条項の新設は、制裁の可能性については実質的に排除しながらも、人権尊重や民主主義といった原則に向けた合図をEUとして送る機会となっていた。その意味において、同条項は、経済統合機構の殻を脱しようとする――EUにおいて長期的に醸成されていた――意欲を反映していたといえる。その一方で、ニース条約において早期警戒条項を導入したことは、オーストリア国内の政治動向を直接的にうけたものであった。いわば予期されない改定だったのである。早期警戒条項の導入に際しては、各国政府ならびにEU機関から意見が収集された。欧州議会の提案からは、欧州議会が発議

権を享受し、理事会の票決方式に5分の4多数決を導入することが反映された。ベルギー政府の提案によって、「違反の危険」にEUとして効果的に対応する必要性が認識された。オーストリア政府案については、一概には評価できないものの、ベルギー政府案を牽制する意図をおそらくは含んでいた。もっとも、それと同時に、オーストリア政府案は、EU条約6条1項に照らした加盟国の行動が客観的に証明されるべきであることをあらためて認識させることにもなったのである。

早期警戒条項には、「理事会は、確認を行なう根拠が継続して存在することを、定期的に証明する」の一文が挿入された[56]。この一文は、同国政府の提案と調和するものであったとみなせるだろう。

第4節　制裁条項と早期警戒条項の適用可能性

アムステルダム条約によって設けられた制裁条項は、前節でみたように、「極右」政党の入閣を許したオーストリア政府には適用されなかった。制裁条項の適用が容易ではないことは、制度上のみならず、国家間政治の力学という観点からも明らかになりつつある。

それでは一体、制裁条項と早期警戒条項は、どの程度適用される可能性があると考えられるのか。本節では、イタリアの事例に触れた後、EU条約7条に関する欧州委員会のコミュニケーションに着目する。これらを通じて、適用可能性についての若干の展望を示すことにしよう。

1　イタリア政府への疑い

オーストリア自由党事件以後にEU条約7条の適用について論議をよんだのは、イタリアの事例であった。EU加盟国の首脳がニース条約に署名して間もない、2001年5月のことである。イタリアの総選挙で勝利した中道右派は、北部同盟（Lega Nord）を政権運営に参加させつつ、ベルルスコーニ（S. Berlusconi）を首相に就任させることで調整に入った。この北部同盟は、排外主義的な色彩の濃い政党として同国の内外で知られていた。また、ベルルスコーニが所有するフィニンベスト社は、テレビ、広告および出版業界の

かなりのシェアを握っており、政治的権力からのメディアの独立が浸食される可能性があった。このような状況が、民主主義と人権の尊重を含む「加盟国に共通する原則」に違反していると疑われたのである[57]。

　イタリアへの制裁をEUとして発動するべきであるという主張は、ベルギー政府や欧州緑の党においてみられた。たとえば、ベルギーのミシェル（L. Michel）外相は、北部同盟は人種差別主義の政党であると位置づけた。そのうえで、自国が理事会議長国となる2001年後半期には、イタリアへの発動を検討すると明言したのである[58]。欧州緑の党は、ベルルスコーニの「個人的な利益」は、EU条約の原則と「明らかに矛盾する」とした。そのうえで、同党は、イタリア国内における報道状況を監視するように、欧州委員会のモンティ（M. Monti）競争政策担当委員に要請したのである。そのような中で7条に言及したのは、同党のホータラ（H. Hautala）共同議長である。欧州議会議員でもあるホータラは、7条の適用も辞さない旨を表明して、同国の組閣を批判したのである[59]。

　しかしながら、イタリアへの発動の可能性に言及したのは、一部の加盟国や欧州政党に限られるようであった。その前年にオーストリアへの二国間制裁を率先したフランスのシラク（J. Chirac）大統領、欧州議会のフォンテーヌ議長、さらにはベルルスコーニの政敵といわれる欧州委員会のプロディ（R. Prodi）委員長でさえも、ベルルスコーニが首相に就任したことを歓迎したのである[60]。当時の理事会議長国であったスウェーデンにおいては、リンド（A. Lindh）外相が「彼の就任を祝福する気にはなれない」と発言した。しかしながら、議長国としては、イタリアの選挙結果と組閣を静観する姿勢を示したのである[61]。イタリアに対する制裁は、EUどころか、二国間の次元においても科されない情勢であった。

　EUの首脳の多くがオーストリアの場合ほどには憂慮しなかったことが、制裁が検討されなかった背景として考えられる。北部同盟は、オーストリア自由党に比べると排外主義的な傾向をもたない。あるいは、イタリアの新政府における北部同盟の影響力も、オーストリア政府におけるオーストリア自由党ほどは強くはないだろうというわけである。さらには、先進国首脳会議（G8）が近くイタリアで開催されることになっていた。したがって、同国政

府との摩擦は極力避けたいという判断もあったと考えられるのである[62]。

　イタリアへの制裁が検討されなかったことに憤慨したのは、容易に想像できるように、オーストリア関係者である。自国への制裁は半年以上も継続した一方で、イタリアについては黙認されたのも同様であった。彼らにしてみれば、納得がいかなかったであろう。彼らの感情を増幅させたのが、フランスのモスコビシ（P. Moscovici）欧州担当相の会見であった。モスコビシは、「イタリアの状況は、オーストリアと比較することができない」としながらも、「イタリアは民主国であり、選挙も民主的に実施された」と発言したのである[63]。この発言には、オーストリア選出のボッゲンフーバー（J. Voggenhuber）欧州議会議員が反応した。議員は、「わが国も同様に民主国家である」とした。そのうえで、「オーストリアをアルプスの向こう側にある奇怪な小国として理解することは、わが国への侮辱である」と声明したのである[64]。このような応酬は、加盟国への制裁という問題が新たにEUの争点となったことを示すものであった。

2　EU機関の認識—欧州委員会のコミュニケーションから—

　以上にみるように、EU条約7条は、潜在的な適用対象国の関係者を神経質にさせる規定となっている。一般的にいえば、民主主義と人権は普遍的な原則である。これらの原則に対する違反は、許容されるものではない。しかしながら、EUにおいてこれらの原則は、そもそも、EU自らの政策の正当性を保つために要請された経緯がある。このような中では、特定の加盟国に制裁を科すことも、あるいは科そうとしないことも、加盟国間の結束を脅かす要因となる。同条の存在は、加盟国とEUにとって両刃の剣となりうる規定なのである。

　このような性格の7条に関して欧州委員会が認識を公にしようとしたのは、2003年10月のことであった。『欧州同盟条約7条についてのコミュニケーション』を発表したのである[65]。「同盟が基礎をおく価値の尊重と推進」の副題をもつこのコミュニケーションにおいて、欧州委員会は、作成目的を次のようにまとめた。第1に、数年後に予定されている東欧および地中海諸国へのEU拡大によって、加盟国間の文化的、社会的および政治的多様性が

さらに高まる。そのために、EUの価値観を擁護する準備が必要になったとする。第2に、EC/EUは、対外関係においても、その価値観を促進するようになった。その結果として、自らの域内政策と対外政策の一貫性を高めていくべき状況になったとするのである。欧州委員会は、さらに第3に、加盟国とEUの関係者ならびに市民が、7条の下での加盟国の義務を十分に理解していないことを挙げた。このような背景から、同条の手続きを進めるための条件を考察しなければならず、共通の価値を推進する措置を明確にする必要もあるとした[66]。

　コミュニケーションの本文において、欧州委員会は、7条と関わる広範な疑問に言及している。すなわち、7条の適用対象となりうる加盟国の行為にはどのようなものが含まれうるのか。適用に際して理事会と欧州議会はいかなる役割を担うことが期待されるのか。7条を適用するための本質的な条件とはどのようなものか。いかに当該国を監視し、かつ専門知識を集積するのか。EU機関と加盟国はどのように協働するべきか。欧州審議会の協力をどのようにえるべきか。市民社会といかに対話するか、等である。わずか十数ページの分量にこれだけの項目が詰められており、特段深い分析が行なわれているわけではない。しかしそれでも、7条に関する欧州委員会独自の認識を、簡潔でありながらも明らかにしようとしたことは注目に値する。同条の範囲がEC/EU法の対象分野に限定されないと明言していることは、とりわけ興味深い。「(ECの) 司法裁判所は、加盟国が共同体法の一般原則としての基本権を尊重する義務を負うことを常に確認している。しかしながら、このような義務は、国内において共同体法が適用される局面についてのみ負うものである。(……) 同盟に新たな権限を与える7条は、同盟法を実施する加盟国に基本権を尊重させるという従来の権限とは異なるものである」、と[67]。このような記述は的確である。背景には、司法裁判所がもつ従来の司法権限と7条の意義が混同されている現状があるのだろう。同条は、EC/EUによる従来の実践とは異なる脈絡をもっている。コミュニケーションの記述により、同条のもつ意義が再認されることになる。

　制裁条項にいう「加盟国による重大かつ継続的な違反」、ならびに早期警戒条項にいう「加盟国による重大な違反が生じる明確な危険」に該当しう

条件をそれぞれ考察していることも興味深い。欧州委員会によれば、7条は、「加盟国に共通する原則」を定める6条1項とともに読み解くべきである。その帰結として、危険および違反の概念は、特定の状況を念頭におくものではなく、より体系的な問題に関わるとみなす必要があるとする。このように認識したうえで、「明確な危険」に該当しうる立法措置の諸例、「重大な違反」を構成しうる目的と結果の両面性、ならびに「継続的な違反」が確認されうる国際的状況等に論及しているのである[68]。

　しかしながら、このコミュニケーションの最も肝要であるのは、以上とは別のところにある。すなわち、それは、7条に基づく制裁の実施に欧州委員会が否定的な見解を示していることである。その結論において、コミュニケーションは以下のように述べる。「欧州委員会は、価値観を重視するこのEUにおいては、7条にしたがって処罰を下すことは不必要であろうと確信する」、と[69]。コミュニケーションは、このように確信する根拠を示していない。とはいえ、同条を適用することに欧州委員会が積極的ではないことは、その本文から看取できる。「理事会は、制裁を科すことができるだけで、科す義務を負っているわけではない」[70]。このように吐露していることは、そのような委員会の姿勢を物語るものといえる。

　欧州委員会が示すこうした姿勢は、7条が慎重に取り扱われるべき規定であることを裏付けている。EUは、早期警戒条項を、あるいは制裁条項さえも、欧州委員会の関与なく適用することが常に可能である。たしかに欧州委員会は、制裁と早期警戒のいずれの手続きにおいても発議権を享受する。しかしながら、発議権は、加盟国や――早期警戒に限定されるものの――欧州議会も享受するところとなっており、欧州委員会が独占しているわけではない。そのためにEUは、理論的には、欧州委員会の関与なく制裁を科せる制度的配置をもつのである。もっとも、たとえこのような状況であるにせよ、欧州委員会が7条の適用に積極的ではないことの影響はあるだろう。とりわけ、少数にとどまらない加盟国が、欧州委員会の姿勢を支持すると思われる。それらの諸国としては、7条は、EUの基本条約の中で「安置」されているだけで足りるからである。アンタッチャブルな7条であることが最大の政治的効果をもちうるから、とも別言できるだろう。加盟国間の結束を重視

する観点からも、このような意識は広く共有されると考えられる。

ただし、制裁の発動に消極的であることは、7条の手続きが進行しないことを直截に意味するものではない。「加盟国による重大かつ継続的な違反」の確認に向けては、加盟国の3分の1か、あるいは欧州委員会がこれを発議することができる。「重大な違反が生じる明確な危険」の確認にいたっては、さらに、欧州議会にも発議が認められている。ゆえに加盟国は、自国の体面を保つという理由から、自国以外の加盟国、欧州委員会もしくは欧州議会に発議させないように注意しなければならないのである。注意を要するという点でいえば、EUに近年加盟した国はもちろん、伝統的な加盟国も例外ではない。現にイタリアのベルルスコーニ首相によるメディアの統制については、その後、欧州議会が取り上げている。2003年1月に採択した『EUにおける基本権の現状に関する決議』において、欧州議会は、「メディアおよび広告市場の大半が1名の人物によって統制されているイタリアの状況」を懸念した。加えて、このような状況を、EUによる制裁の対象となりうる「重大な違反として想起」したのである[71]。

この決議を受けて司法内務委員会は、早期警戒条項に規定される発議権を行使するように欧州議会に要請した[72]。要請は受理されなかったようであるが、このような動きは今後、いずれの加盟国であるかを問わず観察される可能性がある。7条を展望するには、その適用の有無のみならず、同条が加盟国の行動をいかに抑止するかという観点に立つ必要も出てこよう。

おわりに

EUの基本条約に制裁条項が設けられたことは、EU次元における人権重視の趨勢をうけたものであった。制裁条項が設けられた時機は、見方によっては半端である。欧州統合過程の画期をなすマーストリヒト条約ではなく、次のアムステルダム条約によって設けられているからである。制裁条項を設ける構想は、しかしながら、遅くとも1980年代にはあった。その実現に向けた政治的条件が、アムステルダム条約で満たされたとみるべきである。また、対外政策の正当性を保持する観点からすれば、途上国や加盟申請国にコ

ンディショナリティを導入したことが同条項の新設を後押しした側面も軽視できないのである[73]。

　制裁条項と対照的な背景をもつのが、早期警戒条項であった。それは、EU加盟14カ国によるオーストリアへの制裁という経験がなければ、おそらくは設けられなかった条項である。EU条約7条の規定は、このように、脈絡を異にする両条項によって構成された。

　ニース条約に次いで発効したリスボン条約は、7条を抜本的には修正していない。制裁条項と早期警戒条項をワンセットとして一カ条に規定する形式は、したがって、リスボン条約によって定着したとみてよい。ただし、若干の修正はなされている。加盟国による違反ならびに違反のある危険は、ニース条約までは EU条約6条1項に掲げる原則に対するものと想定されていた。それがリスボン条約では、EU条約2条に言及される価値に対するものとなっている。前者の原則は、「加盟国に共通する原則」として「自由、民主主義、人権と基本的自由の尊重および法の支配」を挙げるものであった。それに対して、後者のいう価値とは、リスボン条約によって改定されたEU条約2条によれば、「人の尊厳、自由、民主主義、平等、法の支配の尊重、および少数者に属する人々の権利を含む人権の尊重」である。つまるところ、リスボン条約を契機として、「人の尊厳」と「平等」の言葉が従来の原則に加わった。さらには、尊重するべき「人権」は、「少数者に属する人々の権利」を含むことが明記された。その結果、「EUの価値」は、「加盟国に共通する原則」に比べるとイメージしやすい内容となっている[74]。

　制裁条項に基づいて制裁が発動される可能性は、今後も低いと理解せざるをえない。ただし、早期警戒条項に依拠する「明確な危険」が確認される可能性は、それよりは高いかもしれない。しかしながら、いずれにせよ、EU条約7条は、人権や民主主義を順守するように加盟国に一定の緊張を強いる点において看過できない規定である。その意味において同条は、EU次元で醸成される政治的規範に加盟国を従わせる効果を生むものと捉えることができる。

1) EU条約6条1項は、2007年のリスボン条約によって加筆修正されたうえで、EU

条約2条へと移動した。詳細は、本書第9章を参照されたい。
2) 欧州審議会設立規程3条。
3) 同上、8条。
4) 同上。閣僚委員会については、本書第5章も参照されたい。
5) EU条約7条に連動する基本条約の規定に、EC設立条約309条、欧州石炭鉄鋼共同体設立条約96条および欧州原子力共同体設立条約204条がある。これらの規定は、EU条約7条に基づく理事会の決定を各々の共同体で実施させるためのものである。リスボン条約の下でいまだ効力をもつのは、欧州原子力共同体設立条約204条のみである。
6) アムステルダム条約により改定されたEU条約7条1項。
7) マーストリヒト条約により改定されたEC設立条約146条。同条は、リスボン条約によってEU条約16条2項へと移行した。
8) 首脳次元の理事会と類似するものに、欧州理事会がある。当時の7条が、欧州理事会ではなく首脳次元の理事会を要請したことについては、別に考察する余地がある。なお、リスボン条約は、違反を確認する理事会を欧州理事会に変更した。同条約によるEU条約7条の変更については、本章「おわりに」参照。
9) 単一欧州議定書により改定された欧州経済共同体設立条約237条および238条。
10) その他、同条約は、欧州中央銀行への特殊任務の授与、欧州議会直接普通選挙の規定および結束基金の設置に際して欧州議会の同意を要請している。以上、マーストリヒト条約によって改定されたEC設立条約（旧欧州経済共同体設立条約）105条6項、106条5項、130d条、138条4項および158条2項。条文番号は当時による。
11) 違反の確認と制裁内容の特定を別個に捉える視点については、Trevor C. Hartley, *The Foundations of European Community Law*, Fourth Edition, Oxford University Press, 1998, p. 296.; Lammy Betten and Nicholas Grief, *EU Law and Human Rights*, Longman, 1998, pp. 134-135を参照されたい。
12) アムステルダム条約により改定されたEU条約7条2項1段。
13) See, Amaryllis Verhoeven, "How Democratic Need European Union Members Be? Some Thoughts After Amsterdam," *European Law Review*, Vol. 23, June 1998, pp. 222-223.
14) アムステルダム条約により改定されたEU条約7条2項2段。
15) 同上、7条3項。
16) 同上、7条4項。
17) 同上、7条5項。
18) ニース条約により改定されたEU条約7条1項。早期警戒手続きが同項に導入されたことをうけて、7条のそれまでの1項から5項は、2項から6項へと移行した。

19) ニース条約により改定されたEU条約7条5項および6項。
20) *Draft treaty establishing the European Union*, O. J. No. C77, 19 March 1984, Art. 4 (4) and Art. 44. この草案の全貌とECにおける意義については、谷本治三郎「欧州同盟設立条約草案における立法過程」『日本EC学界年報』7号、1987年、47-62頁に詳しい。
21) EUによる政治的コンディショナリティについては、本書第5章を参照されたい。
22) もっとも、この草案の意義は、フランスのミッテラン大統領らの理解をえることとなり、単一欧州議定書におけるEC制度改革の一因となった。鷲江義勝「制度改革で欧州統合を離陸させる」金丸輝男編『ヨーロッパ統合の政治史』1996年、第10章参照。
23) 再検討グループは、加盟国外相代理15名、欧州委員会代表1名および欧州議会代表2名という18名から構成された。*Europe Daily Bulletins*（*Agence Europe*）, No. 6491, 31 May 1995.
24) *Europe Daily Bulletins*, No. 6528, 24 July 1995.
25) "Progress Report from the Chairman of the Reflection Group on the 1996 Inter-governmental Conference," *Europe Documents*（*Agence Europe*）, No. 1951/1952, 27 September 1995.
26) *Ibid*.
27) *Europe Daily Bulletins*, No. 6535, 3 August 1995.
28) "Memorandum from Belgium, the Netherlands and Luxembourg in preparation for the IGC," Conference of the Representatives of the Governments of the Member States, CONF 3844/96, Brussels, 5 May 1996, Annex II, para. 2. 1.
29) See, *Europe Daily Bulletins*, No. 6751, 19 June 1996; No. 6835, 18 October 1996; No. 6928, 6 March 1997.
30) 加盟候補国や途上国に対する要請については、本書第4章を参照されたい。
31) マーストリヒト条約によって新設されたEU条約O条。古くは欧州石炭鉄鋼共同体設立条約98条および欧州経済共同体設立条約237条に、この記述がある。
32) アムステルダム条約によって改定されたEU条約49条。
33) *Europe Daily Bulletins*, No. 7103, 20 November 1997.
34) *Europe Daily Bulletins*, No. 7131, 5 January 1998.
35) たとえば、「「極右政権」に欧州強い懸念」『毎日新聞』2000年1月28日朝刊6頁。；「オーストリア、対外信頼失墜」『日本経済新聞』2000年1月31日朝刊9頁参照。オーストリア自由党が躍進する背景については、Max Riedlsperger, "The Freedom Party of Austria: From Protest to Radical Right Populism," in Hans-Georg Betz and Stefan Immerfall (eds.), *The New Politics of the Right: Neo-Populist Parties*

and Movements in Established Democracies, Macmillan, 1998, pp. 36-39 参照。
36) "Statement from the Portuguese Presidency of the EU," Lisbon, 31 January 2000.
37) 賛成票が447であったのに対して、反対17票、棄権45票であった。"European Parliament resolution on the result of the legislative elections in Austria and the proposal to form a coalition government between the ÖVP (Austrian People's Party) and the FPÖ (Austrian Freedom Party)," minutes of 3 March 2000.
38) *Europe Daily Bulletins*, No. 7648, 4 February 2000.
39) 賢人委員会委員を務めたは、フィンランド前大統領のアハティサーリ氏 (M. Ahtisaari)、欧州人権委員会前副委員長のフロバイン氏 (J. Frowein)、ならびにスペイン前外相で欧州委員会前委員のオレハ氏 (M. Oreja) である。オレハ氏は、欧州審議会の事務局長も歴任した。See, *Report by Martti Ahtisaari, Jochen Frowein, Marcelino Oreja*, adopted in Paris on 8 September 2000.
40) *Europe Daily Bulletins*, No. 7798, 14 September 2000.
41) 本書序章および第2章参照。
42) たとえば、一般理事会において、同国のフェレロワルトナー (B. Ferrero-Waldner) 外相は次のように言明したという。「EUが単なる共同市場や単一通貨の共同体ではないことは、十分に承知している。それは、共通の価値と原則を順守する共同体でなければならない」。*Europe Daily Bulletins*, No. 7655, 15 February 2000.
43) 以上の動向については、see, *Europe Daily Bulletins*, No. 7655, 15 February 2000 ; No. 7657, 17 February 2000 ; No. 7663, 25 February 2000.
44) "European Parliament resolution containing the European Parliament's proposals for the Intergovernmental Conference (14094/1999 - C5 - 0341/1999 - 1999/0825 (CNS))," 13 April 2000, para. 36. see also, "The European Parliament's position on EU institutional reform," *Europe Documents*, No. 2188/2189, 28 April 2000.
45) *Ibid*.
46) *Ibid*.
47) *Europe Daily Bulletins*, No. 7711, 6 May 2000.
48) *Ibid*.
49) *Europe Daily Bulletins*, No. 7731, 6 June 2000.
50) *Ibid*.
51) 中でも、デンマークは改定に全面的に反対したと報道されている。See, *Europe Daily Bulletins*, No. 7733, 8 June 2000 ; No. 7828, 25 October 2000.
52) たとえば、フェイラ欧州理事会に提出された議長国報告は、違反の危険を確認する要件として「10分の9の多数決」を挙げる等、具体的な内容を盛り込んでいる。Conference of the Representatives of the Governments of the Member States, *Inter-*

governmental Conference on Institutional Reform : Presidency Report to the Feira European Council, CONFER4750/00, Brussels, 14 June 2000, p. 116, note 1.

53) E. g., *Europe Daily Bulletins*, No. 7797, 13 September 2000.
54) *Europe Daily Bulletins*, No. 7812, 4 October 2000 ; No. 7813, 5 October 2000.
55) 同国のモスコビシ（P. Moscovici）欧州担当相は、連結すべきは基本権憲章ではなく、従来と同様にEU条約6条であることを示唆した。*Ibid.*
56) ニース条約により改定されたEU条約7条1項2段。
57) この点について、日本では次のように報じられた。「「メディア王」として知られる（ベルルスコーニ）元首相が今回の総選挙で政権を奪還すると国営テレビ（……）も影響下に置くため、地上波テレビ放送の9割以上を独占する状況になることを問題視する声が高まっている」（『日本経済新聞』2001年4月21日朝刊6面）、「移民受け入れやEUの権限強化に異議を唱えるイタリアの北部同盟が（……）ベルルスコーニ新政権下の議会運営でキャスティングボートを握る見通しになった。北部同盟はベルルスコーニ氏に主要閣僚ポストや連邦制導入を要求、EUや近隣諸国にも波紋が広がりそうだ」（同5月17日8面）。
58) *Guardian*, 12 May 2001.
59) *European Report*, 16 May 2001.
60) E. g., *Agence France Presse*, 15 May 2001. フランスのシラク大統領が率先した要因を、同国の国内政治と関連づける研究がある。Michael Merlingen, Cas Mudde and Ulrich Sedelmeier, "The Right and the Righteous? European Norms, Domestic Politics and the Sanctions Against Austria," *Journal of Common Market Studies*, Vol. 39, No. 1, pp. 59-77.
61) *Deutsche Press-Agentur*, 15 May 2001.
62) Eg., *AFX European Focus*, 14 May 2001.
63) *BBC monitoring Europe*, 17 May 2001.
64) *Ibid.*
65) Commission of the European Communities, *Communication from the Commission to the Council and the European Parliament : on Article 7 of the Treaty on European Union. Respect for and promotion of the values on which the Union is based*, COM (2003) 606final, Brussels, 15 October 2003.
66) *Ibid.*, pp. 3-4.
67) *Ibid.*, p. 5.
68) *Ibid.*, pp. 7-8.
69) *Ibid.*, p. 12.
70) *Ibid.*, p. 5.

71) "European Parliament resolution on the situation concerning basic rights in the European Union (2001) (2001/2014 (INI))," provisional edition, 15 January 2003, point 58. この決議は、司法内務委員会のスウィーベル委員 (J.Swiebel・欧州社会党・オランダ) の報告に基づくものであった。賛成 274 票、反対 269 票および棄権 14 票という僅差での可決であった。採択をめぐる議会内の動向については、*Europe Daily Bulletins*, No. 8380, 17 January 2003 参照。
72) *European Report*, No. 2806, 27 September 2003.
73) 第三国に対する EU のコンディショナリティについては、本書第 4 章を参照されたい。
74) 「EU の価値」については、本書第 9 章を参照されたい。

第2章
欧州人種主義・外国人排斥監視センターの設置と機能

はじめに

　1998年1月にEUは、ECの枠組みにおいて欧州人種主義・外国人排斥監視センター（European Monitoring Centre on Racism and Xenophobia、以下「監視センター」とする）を設置した。その目的は、EUと加盟国が、人種主義、外国人排斥あるいは反ユダヤ主義といった問題に対応するうえでの諸々のデータを収集、分析および提供させることにある。現代の欧州では、移民、ユダヤ教徒あるいはロマ等への差別が根強く、それはしばしば、彼らへの暴力として発現する。さらには、イスラム急進派の活動は、イスラム系市民および居住者への嫌悪感を高めているのである。本章では、EUが監視センターの設置を通じていかなる対処を試みたのかを概観することにしたい。

　監視センターは、EUが運営するエージェンシーの一つとして設置された。ここでいうエージェンシーとは、広義には、通常の省庁組織の外部にありながら統治的機能の一部を担う機関を指す。委員会（commission）および評議会（board）のほか、それは、公務機関（authority, service, office）や監査機関（inspectorate）の形態をとるものである。このような機関が存在する意義は、一般的に、省庁組織の作業量を軽減できることに求められる。あるいは、専門家を中心に技術的な問題を円滑に処理できることや、政治的圧力を回避できることにも利点を見いだせるだろう[1]。

　EUがエージェンシーを組織することには、さらなる利点が考えられる。複数の国家よりなるEUにおいては、EU機関による政策の一貫性と中立性

を確保することが課題となってきた。加盟国の国民が EU の組織と活動を十分に理解していないことも指摘されてきた。欧州委員会によれば、エージェンシーは、こうした状況を改善するうえでも期待されるのである[2]。

EU が組織するエージェンシーは、監視センターが設置された 1998 年当時において、すでに 20 近くを数えていた。その先駆的な機関は、1975 年に設置された欧州職業訓練開発センターと欧州生活・労働条件改善基金である。これらを第 1 世代のエージェンシーとすると、他のエージェンシー群は、1990 年代初頭に訪れた「共同体行政のエージェンシー化」の潮流を受けたものである。ゆえに、第 2 世代として位置づけることが可能であろう。これらのエージェンシーは、多様な政策領域において一定の役割を担っている。欧州委員会にしたがえば、その役割は次の 4 つに類型化できる。すなわち、(a) 域内市場を円滑化すること、(b) 情報の収集と提供を行なうこと、(c) 社会的対話を欧州規模で進めること、および (d) 専門分野においてEU 諸機関を補佐することである。監視センターは、欧州環境庁や欧州薬物・薬物依存監視センター等とともに、(b)、すなわち情報の収集と提供を行なう役割を担うものとして位置づけられている（2010 年 1 月現在のエージェンシーの設置状況は、本書巻末資料 2 を参照いただきたい）[3]。

本章では、エージェンシーとしての監視センターの性格に留意しながら、それが EU 域内の人権問題にどのように関われるのかという点に焦点を当てたい。そのために、次の構成にしたがい考察を進めることとする。まず、監視センターが設置された経緯を確認する（第 1 節）。次に、その役割と組織形態を分析する（第 2 節）。最後に、監視センターによって作成された報告書等を通じて、その活動の一端を概観する（第 3 節）。

第 1 節　監視センター設置の経緯

監視センターが設置された背景には、EU 域内における人種主義と外国人排斥の高揚がある。EU 諸機関は、こうした動きへの懸念を随時表明し、その対策を加盟国に求めてきた。1986 年 6 月には、欧州議会、理事会、同理事会で会合する加盟国政府代表、および欧州委員会が、連名で宣言を発布し

第2章　欧州人種主義・外国人排斥監視センターの設置と機能　51

ている。(1)人種、宗教、文化、社会あるいは民族上の相異を背景とする不寛容、敵意および暴力を強く非難する、(2)外国人を排斥する行為に反対する、(3)こうした問題の共同の解決に向けて、あらゆる措置をとるべきである、(4)すでに実施されている改善策を今後も継続する、(6)人種主義と外国人排斥の危険をすべての市民に知らしめ、かつ、あらゆる差別形態を解消する必要があるという内容であった[4]。

1990年6月には、理事会およびそこで会合する加盟国代表が、人種主義および外国人排斥と戦うために、加盟国が立法措置またはその他の措置をとるべきことを確認した。ここにおいて強調されたのは、権利が侵害されたと主張する個人の申立てについてである。すなわち、このような申立てを規定する欧州人権条約25条をはじめ、国連の人種差別撤廃条約14条ならびに自由権規約第一選択議定書を受諾する決意を示すこととなった[5]。

1990年代になると、雇用や労働環境をはじめとする社会分野において差別が顕著であることも認識されるようになった[6]。こうした状況を受けて、1994年6月のコルフ欧州理事会は、問題に対応しうるエージェンシーの新設に向けて諮問委員会を任命するはこびとなったのである[7]。諮問委員会の委員長には、人種差別反対運動の専門家であるフランス人のカーン氏（J. Kahn）が就任した。氏はのちに、監視センターの一機関である管理評議会の初代議長となる人物である（同評議会については、第2節を参照のこと）。

設置にあたって念頭におかれたのは、既存のエージェンシーである欧州薬物・薬物依存監視センターであった。諮問委員会のカーン委員長によると、「超国家的あるいは司法的な機関ではなく、むしろ、薬物・薬物依存監視センターのような番犬（watch dog）の役割を果たす機関」を志向したことになる[8]。ここに、EUが当該分野に「進出」することの困難さが示されているといえるだろう。加盟国の多くが、EUに問題解決の糸口を求めていたことはたしかである。しかし問題の解決に向けて、EUがトップダウン型の人種差別撤廃政策を実施することには否定的だったのである。

設置にこぎつけるには、次のような課題もあった。第1に、EU加盟国以外の諸国も加盟する欧州審議会と、機能上、重複しうることである。人種主義や外国人排斥の問題は、人権問題の一環として、すでに審議会によって着

手されていた。そのために、あえて新たな機関を設ける必要はないという不要論も根強くあったのである。第2には、EC/EU として新機関を設置するにあたり、法的根拠が必ずしも十分ではなかったことである。当時効力をもっていたマーストリヒト条約は、司法内務協力の目的を K.1 条においてたしかに規定していた。しかしながら、K.1 条は、「第3の柱」である司法内務協力分野における規定である。そのために、「第1の柱」EC の枠内において活動するエージェンシーを設置するための根拠として適切ではないと考えられたのである[9]。

　以上の課題は、次のような形で克服されることになった。欧州審議会との機能の重複については、諮問委員会が、新しいエージェンシーはその活動分野を EU の権限の範囲内に限るものとした。そのうえで、欧州審議会の活動と競合するのではなく、むしろ相互に補完する役割を担わせてはどうかと提言したのである[10]。最終的には、欧州審議会によって任命された者が新機関の運営に公式に関わることで妥結した（この詳細は後述する）。法的根拠の問題に関しては、人種差別を禁止する規定を EU の基本条約に盛り込んだうえで、あらためてその規定を根拠に据えることが理想的であった。このような認識から、諮問委員会は、次のアムステルダム条約に向けた 1996 年の加盟国政府間会議に対して、差別禁止条項を設けるように要請したのである[11]。そのような要請は、新しい EC 設立条約 13 条が設けられることによって[12]、ある程度は実現するはこびとなった。ここである程度というのは、EC 設立条約 13 条が「（人種や宗教に基づく）差別と戦う」という表現にとどめているからである。この表現は、「差別を禁止する」と謳う場合と比べて、法的な意味において明確さに欠けるであろう[13]。しかしいずれにせよ、諮問委員会では、エージェンシーの設置をアムステルダム条約の発効まで待つべきではないという見方が強かった。その結果、マーストリヒト条約の下で当時効力をもっていた EC 設立条約の二つの条文を、設置のための暫定的な根拠とする旨発案された。機をみて、設置規則を改定すればよいこととしたのである。二つの条文のうちの一つは、共同市場の運営にあたり EC の行動が必要な際に適当な措置をとるという EC 設立条約 235 条の規定である（同条は、アムステルダム条約によって EC 設立条約 308 条へと番号が変更された後、

第2章　欧州人種主義・外国人排斥監視センターの設置と機能　53

リスボン条約によって EU 運営条約 352 条に継承されている)。あと一つは、欧州委員会がその任務の遂行にあたり必要な情報収集と検証を行なえるとする EC 設立条約 213 条のそれである（同様に、アムステルダム条約によって 284 条となり、リスボン条約によって EU 運営条約 337 条に引き継がれている)。これら双方の規定は、エージェンシーを設置する際にしばしば根拠として用いられたものである[14]。

　1996 年 6 月のフィレンツェ欧州理事会は、以上の経緯をうけて、人種主義および外国人排斥問題の分野におけるエージェンシーの新設に基本合意した[15]。もっとも、当時はまだ、これを EC の枠内で設置することに否定的な加盟国があった。保守党が政権を担っていたイギリスである。イギリスは、当該分野の問題は EC の枠外において、つまり「第 3 の柱」である司法内務協力において対応されるべきであると主張していたのである。しかしながら、翌 1997 年 5 月に労働党政府が成立することによって、同国は、EU 次元での問題の解決に寛容な姿勢を示すようになった。監視センターの設置は、加盟国のこのような変化も追い風となったのである[16]。

　EU においてエージェンシーの本部は、いわゆるブリュッセルへの権力集中を緩和する方針から、欧州各地に散在している[17]。たとえば、欧州環境庁はコペンハーゲン、欧州医薬品評価庁はロンドン近郊のカナリーウォーフ、域内市場調整局はスペイン南東部のアリカンテに本部がある。このような傾向をくんで、監視センターの本部は、EU 加盟後間もないオーストリアの首都ウィーンにおかれることとなった[18]。

　以上のように、監視センターの設置は、人種主義・外国人排斥に取り組むという EU の長期的な構想を反映していた。もっとも、アムステルダム条約の発効を待たずに設置した点では、現実的な要請に迅速に対応しようとする姿勢が感じられるものでもあった。

第 2 節　役割と組織

　それでは、監視センターに与えられた役割とその組織はいかなるものであろうか。次に概観してみよう。

(1) 役 割

まず役割に関してであるが、欧州人種主義・外国人排斥監視センターの設置を決定した1997年6月2日の理事会規則には[19]、以下の記述がある。「(センターの) 主な目的は、共同体とその加盟国が、各々の権能の範囲内において円滑に措置を取りあるいは方針を決めることを可能にするように、人種主義、外国人排斥および反ユダヤ主義の事象についての客観的で確実かつ比較可能な欧州次元でのデータを提供すること」である[20]。監視センターは、そのために、「これらの(人種主義、外国人排斥および反ユダヤ主義という)事象の状況と展開を研究し、その原因、成り行きおよび影響を分析し、これらへの実効的な対策を考案する」[21]ことになる。

このような研究、分析および考案を行なううえでの任務として、次のものを挙げている。

(a) 加盟国、EC機関、国際機関およびNGOsの科学的研究からえることのできるデータを含む、情報とデータを収集、記録および分析すること、

(b) 情報提供機関間の協力を推進すること、ならびに、これらの機関のデータベースを計画的に活用すること、

(c) 欧州議会、理事会もしくは欧州委員会の要請に基づいて、科学的な研究と調査、予備的検討およびフィージビリティ調査を実施すること。進行中の研究やその他の諸活動(会議、セミナー、出版)、とりわけ「人種主義と外国人排斥に関する欧州情報ネットワーク」内で連携する機関のそれについて考査すること。専門家会議およびアド・ホックな会議等を取りまとめること、

(d) 文書を公開し、情報活動を推進し、科学的研究を奨励すること、

(e) ECと加盟国に提言を行なうこと、

(f) 情報の整合性を高める指標と基準を設定することによって、EC次元におけるデータの比較可能性、客観性および確実性を確保すること、

(g) EC域内における人種主義と外国人排斥の現状、参考にしうる対策の実施例および監視センター独自の活動について年次報告を作成すること、

(h) 「人種主義と外国人排斥に関する欧州情報ネットワーク」を設けて運営すること、

(i) 人種主義や外国人排斥の問題に携わる社会的な連携団体、研究機関、適当な公共機関およびその他の人物や団体が参加する、定期的な討議フォーラムを開催し奨励すること[22]。

上記 (c) と (h) が言及する「人種主義と外国人排斥に関する欧州情報ネットワーク」は、ラグゼン (Raxen) と略称されている。これは、国内フォーカル・ポイントとして指定された各加盟国の国内機関ないし団体との協力を通じて、問題の解決に向けた欧州次元のネットワークを構築する試みである。国内フォーカル・ポイントは、公募に応じた総計 21 の公的ないし民間団体の中から、監視センター職員、専門家および欧州委員会代表によって合計 15 の団体が選定されることとなった。表 2-1 は、2002 年度の国内フォーカル・ポイントを一覧にしたものである。この一覧において明らかであるのは、選定されたフォーカル・ポイントが、公的機関から NGOs まで多様である点である。各ポイントとの契約期間は 1 年であり、最長 3 年まで更新することができる。監視センターは、このラグゼンを中核とするネットワーク

表 2-1　各加盟国の国内フォーカル・ポイント（2002 年時点）

加盟国	名称
ベルギー	機会平等・人種主義防止センター（CEOOR）
デンマーク	デンマーク民族平等評議会（NEL）
ドイツ	欧州移民研究フォーラム（efms）
ギリシャ	アンティゴネ情報文書センター
スペイン	平和・軍縮・自由運動（MPDL）
フランス	異文化間関係開発エージェンシー（ADRI）
アイルランド	人種主義・異文化主義諮問評議会（NCCRI）、平等協会（EA）
イタリア	対新生諸国開発協力（COSPE）
ルクセンブルク	移民労働者支援協会（ASTI）
オランダ	オランダ人種主義・外国人排斥監視センター（DUMC）
オーストリア	ルートビヒ・ボルツマン人権研究所（BIM）
ポルトガル	ヌメナ人文・社会科学研究センター
フィンランド	フィンランド人権連盟
スウェーデン	EXPO 基金
イギリス	人種平等委員会（CRE）

出所：EUMC, *Annual Report 2002*, pp. 7-8.

を重視している。その稼働状況は、年次報告の対象となる[23]。

監視センターに課せられる任務は、このように、人種主義、外国人排斥および反ユダヤ主義の事象に関わる問題のデータを蓄積および分析することをはじめ、広範に及ぶものとなっている。任務の遂行に際しては、個人のデータが保護される旨も確認された。理事会規則5条によると、監視センターは、1995年10月に欧州議会と理事会が採択したデータ保護指令（95/46/EC）に則ってデータ保護のためのルールを策定する。そのルールが順守される状況は、EUオンブズマンによって適宜監督されるのである。国境を越えた次元における個人情報の保有は、その主体が人権に関わる機関であるがゆえに、なおさら慎重であることが求められるのである。

なお、監視センターの運営費は、ECの一般予算のほか、協力関係にある加盟国国内機関および国際機関の負担金、自発的な寄付からなるとされている[24]。

(2) 組　織

監視センターは、管理評議会（Management Board）、執行評議会（Executive Board）および長官（Director）の3機関により運営される。

(i)　管理評議会

管理評議会は、監視センターの最高決定機関である。年次行動計画と予算の決定、年次報告、総括および見解の採択ならびに長官の任命を行なう。評議会は、各加盟国、欧州議会および欧州審議会によって個別に任命された独立した人物に、欧州委員会の代表1名が加わって組織される。したがって、15カ国当時のEUでは、18名から構成されることになる。すべての構成員は、人権および人種問題の分野での実務経験が必要である。構成員には、代替要員を任命することが認められる[25]。

(ii)　執行評議会

執行評議会は、管理評議会から委任をうけた業務を執行する機関である。管理評議会において議長を務める1名、副議長を務める2名、および彼らを除く最大3名の管理評議会の構成員からなる。欧州審議会によって任命された者と欧州委員会代表は、この3名に含まれる必要がある[26]。

(iii) 長　官

　長官は、欧州委員会の提案に基づいて、管理評議会により任命および解任される。任期は4年であり、再任が可能である。上述した監視センターの役割の実施状況、年次活動計画の準備と遂行、年次報告の準備、職員および日常業務の事項に責任をもつ[27]。長官は、執行評議会の会合に出席しながら、監視センターの行政全般を統括することになる。行政職のスタッフは、約30名である。この数は、他のエージェンシーと比較してやや少ないといわれる[28]。

　以上の3機関の構成には、いくつかの特性がある。第1に、欧州審議会によって任命された者が、管理評議会および執行評議会の双方において正式な構成員となっていることである。ただし、審議会によって任命される者には、監視センターの予算決定権は付与されない。このような組織の在りようは、EUと審議会が1998年12月に締結した『欧州人種主義・外国人排斥監視センターと欧州審議会の密接な協力を進めるための欧州共同体および審議会間の協定』によるものである[29]。協定の概要は、次のとおりである。第1に、長官と欧州審議会事務総局が、定期的に接触する。第2に、EUと審議会は、機密扱いではないあらゆる情報およびデータを共有する。第3に、審議会の内部組織である「人種主義と不寛容に対抗する欧州委員会」と監視センターが、相互に諮問する機会を定期的にもち、かつ共同行動を実施する。第4に、審議会の事務局長が、前出「人種主義と不寛容に対抗する欧州委員会」の構成員の中から管理評議会の構成員を任命する、以上のようである[30]。監視センターの活動は、すでに触れたように、審議会のそれと重複する可能性がある。審議会によって任命された者が監視センターに参画することは、そのような場合に対応するための一策だったのである[31]。

　第2に、長官および管理評議会議長が、監視センターの双頭としての地位にあることである。たとえば、センターが作成し公表する各種の報告書は、しばしば、彼ら両人の名によって序文が述べられる。このような特徴は、ある意味において、エージェンシーとしての監視センターの活動が、特定の人物の手腕に過度に依存しないための制度的な工夫となっている。しかし別の側面からみれば、両者の責任分担は、不明確にもなりえよう。ちなみに、管

理評議会の議長は、2004年6月に選出されたアイルランド人のクリクレー氏（A. Crickley）で3代目となった（初代は、先述のようにカーン氏である）。長官は、ドイツで雇用・社会問題相を務めたビンクラー氏（B. Winkler）が二期目を務めている。

監視センターの機関にみられる第3の特徴は、センターが、欧州委員会との密接な関係の下にあることである。監視センターの活動は、欧州委員会総局の管轄と多分に関わりうる。EUが差別と戦うことは、前出のとおりEC設立条約で明記している。そのために、監視センターには、委員会の雇用・社会問題担当総局や司法内務担当総局と協働することが求められる。監視センターの運営費は、主にはECの一般予算に負っている。ゆえに、運営費の獲得に向けては、委員会の財政管理総局と交渉する必要が出てくる。あるいは、人種や外国人についての市民意識を改善する鍵として、教育分野での取り組みが挙げられる。したがって、監視センターがこの分野で活動を展開するのであれば、委員会の教育・職業訓練総局の協力を仰ぐことにもなるだろう。先にみたように、欧州委員会は、監視センターの管理評議会および執行評議会の構成員1名を独自に任命することができる。任命された1名は、欧州委員会の代表として、委員会総局と監視センターの活動を調整し、連携を図ることが求められる[32]。

監視センターは、第4に、他のエージェンシーがもつ諮問機関をもたない。前出の欧州医薬品評価庁には、人体用医薬品委員会および動物用医薬品委員会という二つの専門家委員会が設置されている。あるいは、欧州訓練基金は、総勢250名の専門家により構成される勧告フォーラムを擁している[33]。監視センターがこのような諮問機関を備えていない理由として、前出の国内フォーカル・ポイントとの関係を重視していることが考えられる。国内フォーカル・ポイントを接点としてネットワークの構築を試みるのであれば、諮問機関を別に組織する必要はないかもしれないからである。しかしながら、監視センターが扱う人種主義、外国人排斥および反ユダヤ主義という問題分野には、中立的かつ慎重に接近することが必要である。そのような観点からすれば、客観的で科学的な活動を保持できるという諮問機関の利点も、ゆくゆくは考慮されることになるだろう[34]。

監視センターの組織上の特性としては、以上のとおりである。もっとも、他のエージェンシーとの比較の観点から、これらの特性をより精緻に分析する余地は残っている。欧州委員会は、2001年7月の『欧州ガバナンス白書』において、エージェンシーの意思決定方式について一部見直しの方針を固めている[35]。欧州委員会は、さらに、2002年12月のコミュニケーション『欧州規制エージェンシーに向けた施策枠組み』において、エージェンシーの機能強化や行政責任の明確化を重視することとなった[36]。本章では、これらの課題に立ち入ることはしない。しかしながら、取り組む分野がデリケートなこともあり、監視センターの役割と組織は、常に欧州委員会による再検討の潜在的な対象となっていることを付言しておきたい。

第3節　監視センターの活動
―各種の報告書を中心にして

　科学的な研究等に基づいて情報とデータを蓄積および分析することは、すでにみたように、監視センターに課せられた主な任務の一つである。そこで本節では、監視センター自身により、あるいはその率先にしたがい作成される各種の報告書に注目する。そのうえで、これらの報告書においていかなる内容のデータ蓄積および分析がなされているのかをみてみたい。
　作成された報告書は、監視センターの公式ウェブサイト上（http://www.eumc.eu.int）において、2004年までに20点以上が公開されてきた。報告書の目的は幅広く、報告の手法もさまざまである。すなわち、問題状況の把握につとめる報告から、意識調査の実施と結果に関する報告、さらには問題解決のモデルを提示する報告まで多岐にわたっている。問題状況を把握するための報告は、移民労働者、ユダヤ、イスラム、あるいはロマ等、差別意識や嫌悪感が抱かれる傾向のある対象を特定して、これを調査するものである。報告の焦点が、メディアやスポーツといった特定分野に当てられることもある。意識調査については、EU次元での世論調査であるユーロバロメーターとリンクした報告等がみられる。解決のモデルを提示する報告としては、各加盟国の差別禁止法制を比較分析することによって、効果的な処方の導出を

試みるものもある。

報告書のこのような多様性を考慮しつつ、以下では、2002年から2004年にかけて作成および公開された5つの報告書を紹介しよう。『マスメディアの人種主義と文化的多様性』、『EU加盟国における差別禁止法制』、『差別をなくす：ロマの女性と健康管理の充実』、『移民・少数者・雇用』および『2002-03年期のEUにおけるユダヤ人差別の状況』がそれである。これらの報告書の概要は、次のようなものとなっている。

(1) 『マスメディアの人種主義と文化的多様性』(2002年2月)[37]

この報告書は、マスメディアにおける人種差別の問題を取り上げたものであり、オランダ・ユトレヒト大学欧州移民・エスニック関係研究センターのテルバル氏（J. ter Wal）の監修による。「EU加盟国における研究状況および良き実践の概観：1995-2000年」の副題がある。

総計465頁よりなる報告の構成は、次のようなものである。まず、第1部において、研究の目的、進め方、現状報告、データを比較する際の注意事項を確認している。第2部は、各加盟国より報告を受けた結論部となっている。各国よりえたデータの比較が困難であり、かつメディアが特定の政治的見解と連結しやすいものであるという結論が、ここでは提示される。そのうえで、一般的な総括を行なっている。第3部では、監視センターによる勧告を掲載している。勧告の対象は、研究者、メディア関係者および政策立案者である。第4部は、各加盟国からの報告の全文である。各国にそれぞれ20頁前後が割かれている。報告者は各国毎に異なるものの、当該国国民によって作成されたものでは必ずしもないようである。第5部では、付録として、報告にあたっての方法論的枠組み、理論的アプローチ、分析方法および参考文献紹介を収めている。

(2) 『EU加盟国における差別禁止法制』(2002年)[38]

「人種的および民族的出自、あるいは宗教と信条に関する加盟国の差別禁止法制と理事会指令との比較」という副題が示唆するように、本報告書は、EU法の視点から人種、民族および宗教に関する加盟国の差別禁止法制を比較分析したものである。ベルギーのブリュッセルに本部をおく移民政策グループの指導のもとで作成された。準備には、数名の移民問題専門家がたずさ

第2章　欧州人種主義・外国人排斥監視センターの設置と機能　　61

わったとしている。

　副題が言及する理事会指令は、差別との戦いについてのEC設立条約13条を根拠としてEU全域で実施されているものである。アムステルダム条約によって導入された同条により、ECは、その権限内において、「性別、人種もしくは民族的出自、宗教もしくは信条、身体的障害、年齢もしくは性的指向」に基づく差別と戦う行動をとることができる。この報告書は、同条に基づいて採択された人種民族均等待遇指令43/2000号と均等待遇枠組み指令78/2000号に着目して、各国の法制との比較を試みている。

　この報告書は、各加盟国において調査された結果を網羅しており、それぞれ概ねA4版で30-50枚の量である。もっとも、報告として結論や総括を掲載しているわけではない。

(3)　『差別をなくす：ロマの女性と健康管理の充実』(2003年7月)[39]

　欧州各地には、少数者であるロマの共同体がある。彼らがおかれている状況への対応は、基本的権利や社会的公正を重視するEUの試験的事例となりうるものである。このような認識から、本報告書は、あまり注目されてこなかったロマの女性の健康管理に焦点を当てている。作成を動機付けたのは、欧州安全保障協力機構 (OSCE) の少数民族弁務官事務所による研究成果であったとする。この事務所は、2000年3月の『OSCE域内のロマおよびシンティの現状に関する報告』において、公共利益の観点から同様の問題提起を行なっていた。そこで監視センターは、同事務所のほか、欧州審議会の移民・ロマ部局等とも協力しながら、より踏み込んだ調査を行なったのである。

　この報告書は5部よりなり、合計して120頁余である。第1部では、当該問題に対する加盟国市民の関心の低さを指摘したうえで、健康管理に関する加盟国の施策、ならびに関連データの収集の重要性を確認している。第2部では、健康管理に関してロマが受ける差別的状況を、病気予防、出産および育児の局面毎にまとめている。第3部では、住居や教育等に関する法的あるいは社会的な保護の現状を調査している。第4部から第5部にかけては、事態を改善するための戦略と勧告を提示する内容となっている。

(4) 『移民・少数者・雇用』(2003年10月)[40]

「欧州同盟の15カ国における排除、差別とその廃絶」の副題をもつ本報告書は、雇用分野において移民と少数者が受ける差別を扱ったものである。オーストリアのウィーンを拠点におく国際移民政策開発センターが手がけた。総頁数は、約120頁である。

内容は、3部構成である。第1部では、データを比較する際の方法論的課題を指摘している。すなわち、「移民」と「少数者」の定義や、それらに関する政策手法をめぐって加盟国が異なるアプローチをとっている現状を確認している。ここでいう政策には、移民政策、統合政策および民族的少数者政策等と称されるものが含まれる。第2部では、まず、移民および少数者に属する人々の雇用実態を調査している。人口統計学的観点からデータを収集したうえで、職業、教育と雇用の関連、給与所得、労働条件、インフォーマル部門の各々の項目を分析しているのである。次に、雇用の際に彼らが受ける差別についての基本的データ、申立てのあった苦情および苦情が処理される状況を紹介している。そして最後に、特定の加盟国における成功事例を紹介しつつ、状況の改善に向けた戦略を提言している。第3部では、データの比較作業が容易ではないことを想起しながらも、EU諸機関および加盟国に勧告を行なっている。

(5) 『2002-2003年期のEUにおけるユダヤ人差別の状況』(2004年)[41]

欧州ではいまだユダヤ人に対する差別が根強いという認識から、監視センターは、「ラグゼン・ネットワークの国内フォーカル・ポイントからの情報に基づいて」の副題をもつ同報告書を作成した。

この報告書も、3部構成である。第1部では、国内フォーカル・ポイントによる関連データの取りまとめが行なわれている。これらのデータは、「ユダヤ人差別を潜在的に助長する加盟国法制」および「データと情報」に区分されたうえで、加盟国毎に集積されている。頁数は170頁ほどである。第2部では、第1部において提示した各種データの質と有効性について、当該分野の専門家であるポラック氏(A. Pollack)が解析を加えている。第3部では、ユダヤ人差別に関する現状を改善するための提言を、センター自らが行なっている。さらに付録として、各種参考文献および参考ウェブサイトのリ

第 2 章 欧州人種主義・外国人排斥監視センターの設置と機能　63

ストを掲載し、データを類型化するにあたっての指針も明記している。

　報告書の概要は以上のとおりであるが、多くの報告書が収集データの比較に苦慮した記述をもつことでは共通している。このことは、報告書の信頼性という観点からは看過できないであろう。というのも、そこには、何を調査の対象とするのかをめぐる国内フォーカル・ポイント間での認識の隔たりが暗示されているからである。欧州の人種差別問題を研究するマイアー氏（R. Maier）は、人種主義の語一つにも多様な意味合いがあると指摘する。すなわち、「意見、冗談、思想、理論あるいは論説等、ある人種に対する嫌がらせの風潮を生む信条」、「雇用における、あるいは警察による不平等な取り扱いといった人種差別の形態」あるいは「個人への襲撃からジェノサイドまでを含む、人種主義に基づいた攻撃的な行為」といったように、それは、信条、形態および行為を含むさまざまな要素から構成されるのである[42]。人種主義のみならず、外国人排斥、差別あるいは少数者といった概念をいかに定義するかは、将来的にも課題になるであろう。

　その一方で、監視センターのような機関があるからこそ収集や分析が容易に進んだデータもあると察せられる。この点について象徴的であるのは、先にみた報告書『移民・少数者・雇用』である。そこにおいては、以下のようなデータを加盟国別に閲覧することができる。①移民、外国人および民族的少数者等の推定人口、ならびに、それが当該加盟国の全人口に占める割合、②第三国国民の居住人口、その出身国の内訳および公的に認知されている少数者のリスト、③移民および少数者の就業率、およびその下位集団別の就業率、④③と同様の失業率、⑤就業分野および職種の内訳、⑥差別の現状に対する分析ないし研究の進ちょく状況、⑦差別や不平等に関する苦情を受理する機関と団体、それらの名称および対象領域ならびに受理した件数や内容、以上である。もちろん、データの収集と分析が容易になっただけでは、現状は改善しない。肝要であるのは、各国の関係機関と団体が、このようなデータを自国の政策決定に際していかに活用できるかである。監視センターは、そのための環境を整える一つの手段にすぎない。各国の関係機関と団体による活用の有無が問われることになる。

おわりに

　本章では、ECが欧州人種主義・外国人排斥監視センターを設置する経緯をみた後、その役割と組織を概観し、さらには各種の報告書を通じてセンターの活動の一端をみた。監視センターの設置は、人種差別、外国人排斥および反ユダヤ主義といった問題にECとして対応するためのものであった。センターは、そのために、これらの事象についてのデータを提供する任務を負うことになったのである。欧州審議会によって任命された者が組織運営に加わること、長官および管理評議会議長という双頭体制の下で活動すること、ならびに、欧州委員会との密接で多元的な協働が要請されること等が、このセンターの組織上の特性であった。センターによって、もしくはその率先により作成される各種の報告書は、多様な構成をとっており、加盟国にとっては貴重なデータを入手する機会が供されるものであった。他方では、データを比較することが困難であるという本質的な課題が浮き彫りとなっている。このような課題は、東欧・地中海諸国のEU新規加盟にともない、より深刻なものとなったであろう。

　このような監視センターについては、第三者評価が行なわれているので紹介しておこう。評価を行なったのは、イギリスのセブンオークスを本拠とする戦略・評価サービスセンターである。この評価は、欧州委員会の依頼によるものであり、2002年5月に公表されている[43]。

　評価の項目は多岐にわたるものの、指摘された点は以下のように集約できる。その第1は、監視センターの機能が全般的に散漫ではないかというものである。本章でみたように、センターは、情報とデータの収集、記録および分析、情報提供機関間の協力の推進、科学的な研究と調査、情報ネットワークの運営、フォーラムの定期開催等、その目的を達成するために広範な任務を負っていた。戦略・評価サービスセンターによれば、これらの任務のいくつかを放棄し、データの収集や解析といった機能に特化することが適切である。かつ、それと並行して、データに詳細な定義を付し、あるいはギャップ分析を実施することを推奨している。

第2は、組織運営が非効率であるという指摘である。この点は、EUが東欧および地中海の新規加盟国を迎えることにより、さらに重みを増すだろう。加盟国数の増大は、管理評議会の人的規模を拡大させる。そのために、同評議会におけるコンセンサスの達成がより困難となるのである。戦略・評価サービスセンターによれば、このような事態の改善に向けては、管理評議会の役割を縮小し、かつ、執行評議会の役割を強化することが必要である。それとともに、管理評議会および執行評議会の両方において多数決制度を大幅に導入しなければならないとする[44]。また、長官と管理評議会議長の双頭体制下にある監視センターにおいて、責任の所在を明瞭にするべきであるという指摘も付される[45]。

第3は、監視センターを設置する法的根拠が、その活動範囲を制限しているというものである。監視センターの活動は、EUの政策分野と多分に関わっている。EU域内における人の自由移動、メディア、教育、職業訓練、青少年育成および雇用問題を含む社会政策ならびに文化政策等が、それに含まれうる。ゆえに、そのような現状を鑑みて、アムステルダム条約によって新設された「差別と戦う」ための条項（EC設立条約13条、前出）を法的根拠に加える必要がある。そのうえで、欧州人権条約およびEU基本権憲章と密接な関係を構築していくことが活動の幅を広げうると提言している[46]。

欧州委員会は、戦略・評価サービスセンターの評価を参照にしながら、2003年8月に監視センター改革案を作成することを決めた[47]。この改革案がいかなる内容のものであれ、以上にみた評価とともに、次の点を想起しなければならない。それは、人種主義や外国人排斥の問題に対する政策合意が、統合が深化したEUにおいてさえ、いまだほとんど成立していないようにみえることである。監視センターが安定した活動を続けるには、高度の中立性を維持していく必要がある。そうでなければ、この種のエージェンシーは、いかに加盟国間の合意に基づいて設置されたにせよ、正当性を十分に確保していくことは難しい。実際、次のような出来事があった。センターの管理評議会は2002年、外部委託により作成されたある調査報告書について、公表の決定を保留した。その理由が不明瞭であったことから、政治的に偏向した決定ではないかと疑われたのである[48]。

このような状況を踏まえつつ、2003年12月にブリュッセルで開催された欧州理事会は、監視センターを新たな「人権庁 (a Human Rights Agency)」に改造することで一致した[49]。この新しいエージェンシーは、EU 基本権庁として出発することになる。次章では、この基本権庁の設置に向けた動向と、それを支える理論の一つである「開かれた調整の方式」について、みてみることにしたい。

1) See, Giadomenico Majone, "The Credibility Crisis of the Community Regulation," *Journal of Common Market Studies*, Vol. 38, No. 2, 2000, p. 290.
2) EU 公式ウェブサイト内の "Les Agences de la Communauté européenne," http://europa.eu.int/agencies 参照。2004年4月1日閲覧。この点については、Damien Geradin and Nicolas Petit, "The Development of Agencies at EU and National Levels: Conceptual Analysis and Proposals for Reform," *Jean Monnet Working Paper 01/04*, 2004, pp. 36-38. も参照されたい。EU のエージェンシーを一般的に論じた文献には、次のものがある。R. H. Lauwaars, "Auxiliary Organs and Agencies in the E. E. C.," *Common Market Law Review*, Vol. 16, No. 3, 1979.; Koen Lenaerts, "Regulating the Regulatory Process: "Delegation of Power" in the European Community," *European Law Review*, Vol. 18, 1993.; Alexander Kreher, "Agencies in the European Community: A Step toward Administrative Integration in Europe," *Journal of European Public Policy*, Vol. 4, No. 2, 1997.; Majone, *op. cit*.; Edoardo Chiti, "The Emergence of a Community Administration: the Case of European Agencies," *Common Market Law Review*, Vol. 37, 2000.; Ellen Vos, "Reforming the European Commission: What Role to Play for EU Agencies?," *Common Market Law Review*, Vol. 37, 2000.
3) *Ibid*.
4) "Declaration against racism and xenophobia," O. J. No. C158, 25 June 1986.
5) "Resolution of the Council and the representatives of the Governments of the Member States, meeting within the Council of 29 May 1990 on the fight against racism and xenophobia," O. J. No. C157, 27 June 1990, para. 2.
6) "Resolution of the Council and the representatives of the Governments of the Member States, meeting within the Council of 5 October 1995 on the fight against racism and xenophobia in the fields of employment and social affairs," O. J. No. C296, 10 November 1995.

第 2 章　欧州人種主義・外国人排斥監視センターの設置と機能　　67

7)　*Presidency Conclusions of Corfu European Council, 24-25 June 1994*, Ⅲ-1.
8)　*European Report*, No. 2049, 14 June 1995 ; No. 2132, 16 May 1996. see also, *Europe Daily Bulletins*, No. 6623, 9 December 1995.
9)　*Ibid*.
10)　*Ibid*.
11)　*Ibid*.
12)　本章で以下しばしば紹介する同条は、リスボン条約によって EU 運営条約 19 条へと引き継がれている。
13)　竹中康之によれば、EC 設立条約で差別の禁止が明記されなかったのは、EU 司法裁判所が当該条項の直接適用性を認定する可能性を回避するためであった。竹中康之「EU における障害者差別禁止法制の展開と課題」『同志社大学ワールドワイドビジネスレビュー』3 巻 2 号、2002 年、51 頁。
14)　Geradin and Petit, *op. cit*., pp. 42-43.
15)　*Presidency Conclusions of Florence European Council, 21-22 June 1996*, Ⅲ.
16)　See, *European Report*, No. 2229, 4 June 1997.
17)　"Historique," in" Les Agences de la Communauté …," *op. cit*.
18)　各エージェンシーの所在地については、本書巻末資料 2 を参照されたい。
19)　"COUNCIL REGULATION (EC) No 1035/97 of 2 June 1997 establishing a European Monitoring Centre on Racism and Xenophobia," O. J. No. L151, 10 June 1997. 以下では、この規則を「1997 年 6 月 2 日理事会規則」と表記する。
20)　1997 年 6 月 2 日理事会規則 2 条 1 項。
21)　同上 2 条 2 項。
22)　同上。
23)　European Monitoring Centre on Racism and Xenophobia (EUMC), *Annual Report 2001 : Diversity and Equality for Europe*, Office for Official Publications of the ECs November 2002, p. 89.
24)　1997 年 6 月 2 日理事会規則 12 条 4 項。
25)　同上 8 条。
26)　同上 9 条。
27)　同上 10 条。
28)　EU のエージェンシーに勤務するスタッフは、2000 年時点において総勢約 1,000 名と推計される。Philipp Steinberg, "Agencies, Co-Regulation and Comitology- and what about politics?: a critical appraisal of the Commission's White Paper on Governance," *Jean Monnet Working Paper 06/01*, 2001, p. 13.
29)　Council Decision of 21 December 1998, O. J. No. L44, 18 February 1999, pp. 33-

68   第Ⅰ部　アムステルダム条約以降の EU 人権政策

36.
30) *Ibid*.
31) 理事会規則、前掲、8条2項。
32) 以上の点は、Steinberg, *op. cit*., pp. 13-14 を参考にした。
33) 欧州訓練基金ウェブサイト (http://www.etf.eu.int) 内の "Advisory Forum" を参照されたい。
34) 監視センターを改造した EU 基本権庁は、このような諮問機関として科学委員会を備えている。基本権庁については、本書第3章第4節を参照されたい。
35) Commission of the European Communities, *European Governance : A White Paper*, COM (2001) 428Final, Brussels, 25 July 2001, pp. 23-24.
36) Commission of the European Communities, *The Operating Framework for the European Regulatory Agencies*, COM (2002) 718final, Brussels, 11 December 2002.
37) EUMC, *Racism and Cultural Diversity in the Mass Media : an overview of research and examples of good practice in the EU Member States 1995-2000*, Vienna, February 2002.
38) EUMC, *Anti-discrimination Legislation in EU Member States : a comparison of national anti-discrimination legislation on the grounds of racial or ethnic origin, religion or belief with the Council Directives*, Vienna, 2002.
39) EUMC, *Breaking the Barriers : Romani women and access to public health care*, Vienna, 2003.
40) EUMC, *Migrants, Minorities and Employment : exclusion, discrimination and anti-discrimination in 15 Member States of the European Union*, Vienna, 2003.
41) EUMC, *Manifestations of Antisemitism in the EU 2002-2003 : based on information by the National Focal Points of the EUMC-RAXEN Information Network*, Vienna, 2004.
42) See, Robert Maier, "Does a supranational Europe stimulate and/or combat racism?" in The Evens Foundation (ed.), *Europe's New Racism : Causes, Manifestations and Solutions*, Berghahn Books, 2002, p. 86.
43) Centre for Strategy and Evaluation Services (CSES), *Evaluation of the European Monitoring Centre on Racism and Xenophobia : Final Report*, Employment and Social Affairs of European Commission, May 2002, pp. 80-81.
44) *Ibid*., pp. 87-88.
45) *Ibid*., pp. 54-56.
46) *Ibid*., pp. 7-8. 欧州人権条約については、EC/EU として同条約に加入する試みが進められている。本書第10章参照。EU 基本権憲章は、EU にとって初めての独自

第 2 章　欧州人種主義・外国人排斥監視センターの設置と機能　69

の権利憲章であり、広範な権利を保護している点が特徴である。同第 7 章および第 8 章参照。

47) COM (2003) 483final, 5 August 2003.
48) ベルリン工科大学附設の反ユダヤ主義研究センター（以下「研究センター」とする）は、監視センターの委託を受けて反ユダヤ主義に関する報告書を作成した。このような報告書は通常、監視センターのウェブサイトにおいて遅滞なく公表されるものの、管理評議会は当該書の公表を許可しなかったのである。フィナンシャル・タイムズ紙の取材に対して、研究センターのベッツェル氏（J. Wetzel）は次のようにコメントした。「われわれは報告書において、イスラム教徒の青年団が反ユダヤ主義に加担したと結論づけた。しかし他方、監視センターは、イスラムという理由から差別されている彼らを保護するキャンペーンを行なっていたと聞いている」。氏のコメントから、保護の対象に指定した団体が別の差別に加わっていた事実を監視センターが懸念した、と推察された。Bertrand Benoit and Silke Mertins, "Brussels urged to publish report on anti-Semitism," *Financial Times*, 25 November 2003. see also, Bertrand Benoit, "EU racism group shelves anti-Semitism study," *Financial Times*, 22 November 2003.

　以上の疑惑について、一部の欧州議会議員と欧州政党は、そのウェブサイトにおいて当該書を公表した。「人々に公表しないことは、公平性に欠く。検閲じみた情報操作ではなく、透明性と開放的な討議を確保することこそが民主主義には必要である」というのがその理由であった。Greens/European Free Alliance, "Cohn-Bendit met en ligne le rapport controversé sur l'anti-sémitisme dans l'Union européenne," www.greens-efa.org/fr, 2004 年 8 月 1 日閲覧。

　対して、監視センターのケロック（J. Kellock）報道官は、公表しない根拠として(1) 調査期間の短かさゆえに報告内容の精度に問題がある、(2) 報告書における「反ユダヤ主義」の定義が不明確であるという 2 点を指摘した（Europe Daily Bulletins, No. 8591, 25 November 2003）。管理評議会のパーキス議長（B. Purkiss、当時）は、「評議会が研究センターの仕事を不十分と判断したことは遺憾である」と述べるとともに、別の報告書である『2002-2003 年期の EU におけるユダヤ人差別の状況』にその成果が取り入れられた旨を明らかにした（EUMC Media Release, "EU anti-racism body rejects allegations of "shelved" anti-Semitism report –Report to be published in early 2004," 26 November 2003）。なお、この報告書は、本章第 3 節でも紹介している。

49) "Conclusions des représentants des états membres réunis au niveau des chefs d'état ou de gouvernement à Bruxelles le 13 décembre 2003," *Conclusions de la présidence, Counseil européen de Bruxelles 12 et 13 décembre 2003*.

第3章
EU 基本権庁の活動基盤と EU 人権保護
―「開かれた調整の方式」を手がかりにして―

はじめに

　前章でみた欧州人種主義・外国人排斥監視センターは、EU 域内における人種主義、外国人排斥および反ユダヤ主義の問題に、EU として寄与する試みであった。しかしながら、EU が寄与するべき人権問題は、人種主義をはじめとする当該領域に限定されるものではない。たとえば、子どもと女性に対する虐待や人身売買に対応する必要性は、国際人権団体のほか、欧州議会によってもしばしば提起されるところとなっていた[1]。そのような状況を改善するために、2003 年 12 月のブリュッセル欧州理事会は、欧州人種主義・外国人排斥監視センターを新たな人権庁（a Human Rights Agency）へと改造する計画を打ち上げたのである。これをうけて設置されたのが、EU 基本権庁（European Union Agency for Fundamental Rights）であった。

　欧州人種主義・外国人排斥監視センターを顧みれば、その目的は、「人種主義、外国人排斥および反ユダヤ主義の事象についての欧州次元でのデータを提供する」ところにあった[2]。それに対して、基本権庁を設置する EU 理事会規則によれば、基本権庁の目的は次のようである。「共同体の関係機関、組織および部局、ならびに共同体法を実施する場合の加盟国が、各々の権能の範囲内において基本権を十分に尊重する行動をとるか、あるいは行動の方針を定める際に、基本権に関する支援を行ない、かつ専門知識を供与することである」[3]。この目的からは、EC 機関および「EC 法を実施する場合」の加盟国を、より広い人権保護の見地から補助しようとしていることが読み取

れる[4]。

　しかしながら、基本権庁は、結局のところ、基本権に関する支援と専門知識の供与を目的としているわけである。このことから、執行的ないし強制的な権限を行使する機関ではないことが推察できるだろう。それでは、同庁に期待される役割とはいかなるものであるのか。本章は、基本権庁の設置に理論的な基盤を提供した「開かれた調整の方式」に着目して、この問いに接近するものである。

　「開かれた調整の方式（Open Method of Coordination, 以下では OMC という略称を用いることがある）」は、政治学と政策学において発達した理論である。そこにおいては、個々の利害をもつ行為主体が共通の目標をいかに設定し、かつ達成していくかが関心となる。そして、そのための有益な手段として、良い実践の事例の共有、相互学習の実施、目標を達成する水準の設定（ベンチマーキング）、あるいは同位者間での圧力行使（ピア・プレッシャー）等を実行することに着目するのである。EU においてこの方式は、固有の含意をもちながら、その雇用政策や経済政策に導入されてきた。ここで固有の含意と述べるのは、すでに EU が、共同体方式（Community Method）を備えることと関係する。共同体方式とは、加盟国から高度に自立した EU 機関が法的拘束力のある諸決定を下す方式であった[5]。他方において、「開かれた調整の方式」の導入に際しては、加盟国からの EU 機関の自立性は副次的に問われるにすぎない。「開かれた調整の方式」で焦点となるのは、あくまでも、そのような目標を達成する主たる行為主体としての加盟国（およびその下位機関）の認識と行動である。EU 機関の活動は、共通目標の達成に向けた政治的環境をいかに整えるかという一点に絞られる。したがって、この方式においては、EU 機関が下す決定の法的拘束力の有無は、とくには執着されないと考えられるのである。そうであれば「開かれた調整の方式」を EU の政策に導入することは、結果として、二つの異なる政策手段を併存させる状況をもたらすことになる[6]。

　以下では、この「開かれた調整の方式」の見地から基本権庁の役割定立に寄与したドシュッテル（O. de Schutter）の議論に着目するところから始めたい。ベルギーの人権法学者であるドシュッテルは、欧州委員会所管の「基本

権に関する独立した専門家のEUネットワーク」(以下、「専門家ネットワーク」とする。このネットワークについては後述する)の幹事を務める等、当該分野でのEUの取り組みを牽引してきた。そこで本章では、まず、EUの人権保護の現状をドシュッテルがどのように認識しているかを確認する(第1節)。次に、ドシュッテルが行なった提言を要約する(第2節)。そのうえで、ドシュッテルが幹事を務めた専門家ネットワークが、OMCをどのように実践したかを検証する(第3節)。そして最後に、基本権庁においてこの方式がどのように取り入れられたかを、欧州人種主義・外国人排斥監視センターから同庁への改造を決議した理事会規則を用いて分析するものとする(第4節)。

第1節　EU人権政策をめぐるドシュッテルの現状認識

ドシュッテルは2004年、『ジャン・モネ作業ペーパー』誌上に「開かれた調整の方式を通じたEU基本権憲章の実行」と題する論文を発表した[7]。この論文において氏がいわんとしたことは、その題名に表れている。EU基本権憲章の実効性を高めるには、「開かれた調整の方式」を利用することが有益であるとするのである。EU基本権憲章は、EUが独自に備える初めての基本権目録である。それは、伝統的な自由権のみならず、EU市民権や社会権も個人の基本的権利として明記する。これらの権利をEUにおいて効果的に保護していくうえで、ドシュッテルはOMCに着目するのである。

本節では、ドシュッテルがいかなる認識の下でOMCを提唱するのかを概観したい。

1　伝統的視点

ドシュッテルによると、EUにおける基本権保護を特徴づけてきたのは、二つの異なる視点であった。その第1は、氏が伝統的視点と呼ぶものである。この視点においては、EUにおける受動的あるいは防御的な性格が強調される。以下のような論理である。個人は、元来、近代国家としての加盟国の法秩序の下で基本権を享受してきた。そのような中、加盟国がその権限を

第3章　EU基本権庁の活動基盤とEU人権保護　73

EUに譲渡すれば、基本権が保護される水準は低下する危険を負う。そこでEUにおいてはEU司法裁判所が、基本権をEC法の一般原則として位置づけることに注力した。EU司法裁判所は、ECの二次立法の解釈を通じて、一定の基本権を保護するようにEU諸機関に求めるようになったのである。このような状況は、EU司法裁判所の命令にEU諸機関が応じるという構図を成立させる。その結果、EC/EUの法秩序においては、基本権に対する意識が受動的なものとなってきた[8]。

　ドシュッテルによれば、EUにみられるこのような様相が、いくつかの傾向をもたらしている。基本権が外部からの制約という観点で捉えられていることは、そのような傾向の一つであるとする。基本権を保護するという行為は、普遍的な目標として追求されて然るべきものである。しかしながら、EU機関においては、それは目標ではなく、むしろ順守するべき制約として理解されてしまう。このような意識を広める一助となったのが、ECの欧州人権条約加入に関してEU司法裁判所が発した意見であった。1996年に発せられたそれは、次のような言及をともなっていた。「(EC設立)条約のいかなる規定も、人権に関するルールを制定し、あるいは当該分野に関する国際協定を締結する全般的な権限をEC諸機関には授与していない」。EU司法裁判所が言及したのは、あくまでも、全般的な権限としてのECの権限である。ECの権限を個別的に言及したのではない。しかしながら、司法裁判所の意見は、EC/EUが本来授与されている個別的な権限を軽視する風潮に与してしまった。人権問題を解決する能力をEC/EUがもたないと曲解される一因となってしまったのである[9]。

　EUおよび加盟国関係において基本権保護の在りようが不明瞭になっていることは、さらなる傾向である。この傾向は、EU機関の権限が強化される状況下にあって基本権への配慮が不足してきたことに起因する。マーストリヒト条約は、たしかに人権尊重を謳ってはいたものの、人権保護の水準を向上させるような規定を欠いていた。しかしながら、EUのような国際統合の機構が基本権と無縁でいることは、本質的に不可能である。このような考えは特殊なものではなく、欧州経済共同体の設立当初より留意されていたことである。すなわち、国際労働機関 (International Labour Organization) の専門

家委員会は、1950年代当時、『欧州経済協力の社会的側面』と題する報告書をまとめていた。その内容は、欧州における経済統合が競争力を強め、ひいてはそれが社会的水準を改善しうるという、全体としては楽観的なものであった。とはいうものの、そのような楽観論に彩られた報告書でさえ、一定の労働基準に関する社会的平等が予め確保される必要性を喚起していた。同一労働に対する男女間の賃金格差、ならびに有給休暇の取得をめぐる労働基準が、それである。

EUにおいては、その後、漸進的ながらも顕著な経済統合をみた。EC設立条約も、共同体の目的に「高水準の社会的保護」等を掲げるようになった。それでも、EU司法裁判所の判例によれば、このような目的が達成されるのは、あくまで「共同市場および加盟国の経済政策の進歩的な接近」という手段によってでしかない。ドシュッテルによれば、このような判例は、経済統合と基本権の密な関係性を看過していることになる[10]。

基本権が「市場の自由」に従属する立場におかれていることも、EU基本権保護の現状を映し出している。たとえばEU司法裁判所は、EC設立条約が明示しない社会権を保護することに、積極的な姿勢を示してはこなかった。それでも司法裁判所は、共同体の管轄である物の自由移動、サービスの自由および競争政策に対する加盟国の介入には理解を示してきた。国家は一定の社会権を保護し、あるいは社会的目的を遂行する責任があるという見地からである。この点自体は、たしかに歓迎するべきであるとする。しかしながら、司法裁判所によると、そのような介入は、あくまで、加盟国が基本権保護の義務を尊重する程度に応じたものでなくてはならない。したがって、加盟国による積極的な保護は、EUの法秩序における「市場の自由」としばしば競合してしまうという[11]。

このような状況をうけて、基本権は、「市場の自由」を効果的に推進する要素ではなく、むしろ、それに対する潜在的な障害として把握されてしまっているのである[12]。ドシュッテルの憂慮は、EUが2000年に起草した基本権憲章を顧みれば、たしかにより実感できるものとなろう。なぜならば、セシル・ロベール（Anne-Cecile Robert）も指摘するように、基本権憲章において保護される社会権は、加盟国の国内法や欧州審議会の社会憲章におけるそ

れを十分には包摂していないようにみえるからである。いわく、社会保障の権利は、「社会保障給付および社会福祉サービスを受ける権利」に縮小されている。労働権は、労働に「従事する権利」ならびに「無償の職業紹介サービスを受ける権利」へと限定されている。あるいは、住宅権は「住宅扶助を受ける権利」に弱められているのである[13]。さらには、アルハデフとサマー (G. Alhadeff＝S. Summer) の分析によれば、基本権憲章の社会権規定は、「…を承認し、かつ尊重する ('recognizes and respects')」という文句でしばしば結ばれている。このような文句の表現は、法的に不明瞭なものであり、解釈の余地を広く残すものとなっている[14]。基本権憲章の曖昧な記述は、たしかに、基本権と「市場の自由」の関係を不明瞭なものにしていると考えられる[15]。

2　代替的視点

　第2の視点は、上にみた伝統的視点に代替するものである。そこにおいては、EUの基本条約の改定を通じて伝統的視点を超克することが図られる。

　ドシュッテルは、このような基本条約の改定については二つの方策があるとする。一つは、基本権の保護を、EC/EU法に基づいて行動する加盟国の法的義務とするような改定である。アメリカ合衆国は、同国憲法の修正14条に「適正な手続き条項 (Due Process Clause)」を設けている。それによって同国では、各州における基本権保護の強化を円滑に模索することができるのである。これと似た試みは、EU諸機関にも適用できるかもしれない。たとえば、EU条約6条1項は、民主主義や人権および基本的自由の尊重等を「加盟国に共通する原則」として位置づけているのである。もっとも、同46条の規定にしたがえば、EU司法裁判所は、6条1項の規定に関していかなる管轄権も行使することができない。したがって、これを行使できるように条約を改定すれば、EUの受動的な姿勢を改善できる可能性が生まれるとする[16]。

　あと一つは、いわゆる柔軟性条項を活用する試みである。EC設立条約308条によれば、ECは、共同市場の運営に際して「共同体の目的のいずれかを達成するために共同体の行動が必要であると立証」され、かつ「本条約

がこのための必要な権限を定めていない場合」に適切な措置をとることができる。しかしながら、ECの目的を列挙するEC設立条約2条は、基本権を推進することに何ら言及していない。そこで、その推進を同条が掲げる目的に含めることにより、保護を強化する足がかりをえることになるのである[17]。

これらのいずれの方策も、超国家的な人権保護政策の賛同者には歓迎されるに違いない。そして欧州憲法条約やリスボン条約も、彼らの期待を支持しているようにみえる。これらの条約においては、人権や民主主義といった価値に関するEU司法裁判所の管轄権を、明確には制限していない。EUの目的は「平和、その価値およびその人民の幸福を促進すること」にあると述べる条文もある（欧州憲法条約Ⅰ-3条、リスボン条約によって改定されたEU条約3条）。したがって、柔軟性条項に依拠する形で、EUが、その価値である人権を強化していくことは可能性としてありうるのである。しかしながら、これらの条約が早期に発効するかは、当時において未定であった。仮にそれが発効したとしても、OMCの有効性が失われることはない。このような認識からドシュッテルは、所与の法的状況における人権水準の改善に期待したのである[18]。

伝統的視点でも、あるいは代替的視点でもない第3の視点は、以上の背景をうけて提起されることになる。この第3の視点の概要と、そこからどのようにOMCが導出されるのかを次にみてみよう。

第2節　ドシュッテルの提言
―第3の視点として

第3の視点は、伝統的視点と代替的視点の中間に位置するものである。すなわち、EUによる基本権保護をさらに進めるには、伝統的視点を放棄することが要請されるものの、それは、代替的視点が想定する基本条約の改定がなくとも不可能ではないとする。ドシュッテルは、このような視点に向けてもつべき認識として、5つほど挙げている。それらは、およそ以下のようである。

第1は、EUにおいて権利の保護は、柔軟性条項に執着しなくとも強化できるという認識である。柔軟性条項は、前節で触れたように、EUの人権政策にとって鍵となるものであった。しかしながら、実際には、柔軟性条項以外の条項も、保護の強化に向けた法的根拠として足りうるものである。その典型となるのが、EC設立条約13条である。「人を人種あるいは民族の出自に関わらず平等に取扱う原則を実施する指令（2000/43/EC）」、「雇用および職業に際して平等に取扱うための一般的枠組みを設定する指令（2000/78/EC）」ならびに「物およびサービスへのアクセスに際しての男女平等原則を実施する指令に向けた提案（COM（2003）657final）」は、同条を根拠として制定ないし策定されているのである[19]。

　法的根拠となりうる条項は、EC設立条約13条の他にもある。「同盟市民とその家族が加盟国の領域内を自由に移動および居住する権利に関する指令（修正提案COM（2003）199final）」を採択する法的根拠となったのは、EC設立条約18条2項であった。「（第三国国民の）家族の再結合への権利に関する指令（2003/86/EC）」の法的根拠は、同63条である。さらには、「企業の転属があった場合の従業員の権利保護に関する加盟国法を接近させることについての指令（2001/23/EC）」は同94条を、「個人データの処理に際しての個人の保護およびデータの自由移動に関する指令（「個人データ保護指令」、95/46/EC）」は同95条を、あるいは、「労働時間の組織化の特定の側面に関する指令（2003/88/EC）」は同137条2項を、それぞれ法的根拠としている。このような事実から、柔軟性条項のみが権利保護に向けた法的根拠ではないことを、あらためて想起するのである[20]。

　第2には、EU諸機関が、現行の法的枠内であっても積極的な姿勢を示すことができるという認識である。このような姿勢は、最低の人権保護水準に向けて加盟国が「競い下げている」場合にさえ、示されうるという。この「競い下げ（'a race to the bottom'）」という表現は、たとえば、複数の国家が相互に見計らって社会的ダンピングを実施する場合を指す。あるいは亡命庇護に積極的であった国家が、他の国家と協調して消極的になってしまう場合がそうである。このような「競い下げ」行為は、国家政府にとって、たしかに魅惑的な選択肢であるにちがいない。模範的ではない他国の状況は、政府

にとって、人権水準の低下を自国の人々に受容させるための恰好の材料となるからである。しかしながら、ドシュッテルによれば、社会的ダンピングや亡命庇護に関する「競い下げ」は、EU 諸機関が介入することによって緩和することもあった。こうした事例を、単純に他の人権分野に応用することはできない。とはいえ、少なくとも、EU が介入の能力をもちうることは確認するべきであるとする[21]。

　第 3 は、より高水準の基本権保護を念頭においた EU の立法を、あらためて要請するものである。このような要請は、上記の第 2 の指摘と密接に関連しているが、さらに、EU の司法裁判所による救済を EU の立法によって補足する観点が重視される。EU の立法に際して事前対策を徹底することにより、EU としての人権保護を確実なものにしようとする観点である。

　ドシュッテルによれば、EU 司法裁判所による人権保護が不徹底なものであることは、これまでもしばしば露呈してきた。2003 年のリンドクビスト（Lindqvist）事件は、表現の自由の観点から、前出の個人データ保護指令の合法性を争うものであった。判決において司法裁判所は、この指令が、それを国内法化する加盟国に裁量の余地を広く残す内容であることを認めた。国内法化に際して基本権は、各国の自発的な配慮に委ねざるをえないとしたのである。あるいは、1999 年のアルバニイ（Albany）事件は、EC 競争政策において社会権の保護のあり方を問うものであった。司法裁判所は、労使間合意に基づいて国家機関が年金の強制加入を決めたことについて、共同市場における競争を妨害したことにはならないと述べた。とはいうものの、その根拠が労働権の一部である「集団取引への権利」にあるのか否かまでは、明らかにはしなかったのである。こうした司法的帰結は曖昧であり、回避しなければならない。そのためにも、EU 法が人権にもたらしうる影響に関しては、あらかじめ立法の際に厳正に考慮するべきであるとする[22]。

　第 4 に、補完性の原理と比例性の原理は、EU 諸機関が負うべき義務を明確にしたうえで解釈されるべきであるという認識である。補完性と比例性は、マーストリヒト条約以降に導入され、いまや EU の基礎を構成する原理となっている。しかしドシュッテルは、少なくとも基本権の保護にかぎっては、これらの原理に過度に忠実である必要はないとする。これらの原理に鑑

みて基本権保護が消極的になるべきではないという見地からである。

　ドシュッテルによれば、このような見地を強調するべき典型は、亡命庇護および移民に関する政策であった。EC設立条約の規定に基づいて、ECは、亡命申請者の受入れや第三国国民の難民認定を行なう際の基準を決定することができる。しかしながら、同条約の規定によれば、ECが決定できるのは「最低限の基準」にすぎない（63条）。結果として、基本権憲章において保障される庇護への権利（18条）も、不十分な効果しかもちえないことになる。これと同様の問題は、社会政策に関してもみられるという。労働者の健康と安全を守るための労働環境の改善や、あるいは労働条件等について、ECは、指令を採択することができる。しかしながら、そのような指令は、「各加盟国が用いる条件と技術的ルールに配慮」した、あくまでも「漸進的な実施に向けての最低限の要求」なのである（EC設立条約137条2項（b）、EU運営条約では同条は153条に移行した）。そのために、基本権憲章において保護される「企業内において情報と協議を受ける労働者の権利」（憲章27条）、「団体交渉および行動への権利」（同28条）および「不当な解雇の場合の保護」（同30条）等の効果も満足できないものとなる。補完性および比例性の双方の原理は、EUへの権限集中を抑制し、あるいは各国の多様性を確保するうえではたしかに不可欠である。重要であるのは、これらの原理と基本権保護を均衡付けることなのである[23]。

　第5には、EU法と国際人権法をより一貫させることの重要性が喚起される。ここでいう国際人権法とは、国際連合や欧州審議会の枠内において効力をもつ人権文書のことである。EC設立条約には、加盟国が1958年1月1日以前――すなわち、EC（当時は欧州経済共同体）設立条約および欧州原子力共同体設立条約が発効する以前――か、もしくはEU加盟前に締結していた第三国との協定を規律する規定がある（EC設立条約307条、EU運営条約では351条がこれを継承する）。しかしながら、それでも加盟国は、EU法と人権文書が各々に定める義務のいずれを優先するのかしばしば困惑してきた。アムステルダム条約に付属する『欧州同盟加盟国の国民のための亡命に関する議定書』と国連の『難民の地位に関するジュネーブ条約』の関係は、その一例であった。あるいは、基本権憲章の社会権に関する諸規定と、欧州

審議会の改訂欧州社会憲章ならびに国連社会権規約の関係についても同様であったという。

このような状況に際して、ドシュッテルは、加盟国の困惑を解消させる糸口を EU 基本権憲章に見いだしている。その 52 条には、憲章および欧州人権条約の権利の法的一貫性を保持しつつ、EC/EU 法が欧州人権条約の保護水準を超えることを許容する規定がある。つまるところ、欧州人権条約以外の人権文書を解釈する際にも、基本権憲章の同条を準用すればよいという提言である。国際人権法との一貫性を高めることは、EU が各種の人権文書への加入を模索するうえでも有益である。それはまた、加盟国による人権文書への加入を促すことにもなるとする[24]。

以上の 5 つにわたる認識を通じて、基本権は、EU の基本条約を改定せずとも強化される可能性が生まれるのである。基本条約を改定する作業は、大変な時間と労力を要するものである。しかもそれは、実現する時期も、あるいは実現する成否さえも分からない状況下で進めなければならない[25]。ドシュッテルの提言は、条約が改定されることへの期待を排除するものではない。そのような期待と並行して、地道に基本権保護を進める姿勢にもあらためて価値を見出すものと捉えられる。

結論において、ドシュッテルは、基本権分野への OMC の導入を、次のように述べて推奨する。OMC は、①経済的自由と基本権の双方の保護を均衡するための手段となりうる、②加盟国の姿勢を正しながら、EU 域内の人々がさらなる利益を享受するための手段にもなりうる、③ NGOs や市民団体の活発な参加を通じて、多様な次元における情報の交換と共有を進めることを可能にするのである、と[26]。このような言説は、OMC への期待を否応なしに高めるものである。しかしながら、氏は、その論文において OMC の実践には触れていない。そこで、次に、氏が中心的な役割を担った専門家ネットワークの活動に焦点を移したい。それによって、OMC がどのように実践されうるかをみることにする。

第3節 「開かれた調整の方式」による基本権の強化
——専門家ネットワークを中心にして

1 ネットワークの結成

「基本権に関する独立した専門家の EU ネットワーク（EU Network of Independent Experts on Fundamental Rights）」が組織される契機は、欧州議会が2001年7月に採択した決議にあった。『欧州同盟における基本権の状況（2000年）』と題する決議において、欧州議会は、基本権分野に関する「高度な専門知識を獲得」し、「基本権憲章が定める各権利の実行に関する評価を受け取る」ためのネットワークを要請したのである[27]。実際に組織化を担ったのは、欧州議会の委託を受けた欧州委員会であった。翌2002年9月に、欧州委員会は専門家ネットワークを発足させて、以下の任務をこれに負わせたのである。第1に、基本権憲章に定める各々の権利の適用状況を評価する年次報告を作成すること。第2に、要請があった場合には、基本権に関する特定の情報ならびに意見を欧州委員会に提供すること。第3に、EU の基本権政策の発展にあたり、欧州議会と欧州委員会を補助すること、以上であった[28]。ネットワークの運営には、欧州委員会の司法内務総局があたることになった。

専門家ネットワークは、加盟国が各1名を任命する当該分野の専門家によって構成される。したがって、2002年の発足時には、15名であった。中・東欧諸国への EU 拡大により、2004年には25名となっている[29]。

ドシュッテルは、ベルギー政府により任命されて、専門家ネットワークのコーディネーターを務めることになったのである。専門家ネットワークがOMC の活動に取り入れていることは、氏が中心的な役割を担っていることと無関係ではないであろう。とはいうものの、上述の欧州議会決議は、次のように記している。「（ネットワーク設置により）欧州議会は、国内法、（EU）司法裁判所および欧州人権裁判所の判例法、ならびに加盟国の国内裁判所および憲法裁判所の注目に値する判例法での展開を考慮に入れた評価を入手することができ（る）」と[30]。このような記述は、加盟国の国内法や裁判所の

判例法を重視する手法が、欧州議会決議の段階で念頭におかれていたことを示している。したがって、基本権分野にOMCを導入することの重要性は、EUの次元においてすでに共有されつつあったともいえるのである。ドシュッテルは、そのような中でOMCの実践に着手した。

2　専門家ネットワークの実践

それでは、専門家ネットワークは、OMCをどのように実践しようとしたのであろうか。ネットワークが作成した2002年度年次報告である『欧州同盟とその加盟国における2002年時点での基本権の状況に関する報告』[31]から、その手がかりを探してみよう。

実践に向けては、まず、同ネットワークの構成員間において一連の前提条件が確認されている。それは次のようなものである（以下の太字の箇所は、報告の記述に倣っている）。

・評価の基準を統一するために、現状および率先されている試みを分析するに際しては、各国について収集したデータの**比較可能性**を確保するものとする。

・各国の立法、ルールの制定および判例とともに、関係機関の**実施状況**も評価する。さらには、当該政策の効果や他の政策への影響を評価するために**指標**を用いるものとする。

・**EU諸機関**の政策を明確にすることに加えて、**加盟国**の相互学習を促すことを重視するものとする。

・調整作業には、実践状況を比較することや経験を交換することが含まれる。さらには、勧告と指針を定めることにより、あるいは関係機関が最良の実践を試すことにより監視を行なう必要性が含まれるものとする[32]。

このように、データの比較可能性、関係当局の実践および指標といったものに主眼をおく条件となっているのである。もっとも、それとともに、年次報告は、条件に合致するデータであっても万能な指標となりえない旨を確認する。たとえば、「警察による不適切な取扱いを申立てる件数」が増加したことは、警察の行為が悪化したことの証左であるとは単純にはいえない。というのも、そのような件数の増加は、申立て手続きの質や件数の記録方法に

も依存するからである[33]。他方、上にみた諸条件を満たすために国家機関や民間団体との協力を重視していることは特徴的である。この点について、年次報告は次のように述べている。「比較可能で正確かつ客観的な情報を専門家ネットワークが管理するとしても（……）その情報を解釈し、かつ一定の指針づくりに向けた議論は、他の行為主体との協働をもって可能となる」[34]。このような視点は、NGOsや市民団体の積極的な参加を期待するドシュッテルの考えに則している。

次に確認されるのは、具体的にいかなるデータを収集するのかである。データの内容は、何よりも、憲章に規定される権利、自由および原則に関わるものでなければならない。この前提に立ちながら、収集するべきデータを以下のように類型化している。第1に、国際裁判における各種の判例法および国際統制機関による観察である。これは、専門家ネットワークによる作業の方向性を、国際連合の諸機関、国際労働機関および欧州審議会等の活動と調和させるためである。第2に、加盟国国内における立法、ルールの制定および判例である。これらを通じて、国内次元における展開に注意が及ぶことになる。第3に、加盟国機関による実施の状況である。これに関する情報は、NGOs、労働組合あるいは経営者団体等により、必要であれば会合の場を設けて収集される。さらに、たとえば警察監督評議会、刑務所、顧問評議会、プライバシー保護機関、オンブズマンといった公的機関による前進報告や、国際機関に提出された国家報告も参考の対象になるとする。第4に、専門家ネットワークの構成員が関心をもつ事項である。これは、上記の第1から第3までデータについて調査を遂行する彼らに、その関心を表明できる機会を与えようとするものである。

以上にみたデータは、基本的に一年間の単位で収集整理される。通常は、毎年1月から12月までの12カ月間であり、翌年の1月以降に編集作業をもつとしているのである[35]。収集されるデータが膨大な量となりうることが予測できるが、この点については次の基準にしたがってデータの取捨が行なわれる。まず、データの焦点が、EU法の実施をめぐる加盟国の行為に当たっているか否かである。この基準は、基本権憲章の規定はEU法を実施する加盟国に宛てられると述べる、憲章の一般規定を意識したものである[36]。ある

いは、複数の加盟国で類似した行為が観察されているか否かという基準、もしくは逆に、各国の行為にみられる不一致や矛盾が顕著であるか否かという基準も提示されている。さらには、国家間比較の参照にはなりえないデータであっても、注目に値するものであれば記録されることがある。特定の国家による、いわゆる最良の実践が、その例に該当するとしている[37]。

専門家ネットワークは、このような条件や基準に照らして OMC の実践を試みたのである。その対象は、基本権憲章が規定する権利、自由および原則であるから、実際には憲章の条文毎にデータをまとめることになる。それでは、これらのデータは実際いかなる内容となるのであろうか。やはり 2002 年度報告から、任意に「人間の一体性への権利」と「環境の保護」についてのデータを取り上げてみてみよう。

3 OMC のデータ概要:「人間の一体性への権利」と「環境の保護」を事例にして

「人間の一体性への権利」は、基本権憲章 3 条において保護されている。「環境の保護」は、憲章 37 条に規定がある。そのために、双方ともに、OMC による調査報告の対象となっている。

(1) 人間の一体性への権利

「人間の一体性への権利 (droit à l'intégrité de la personne ; right to the integrity of the person)」とは、耳慣れない表現であるかもしれない。この権利について、憲章 3 条は、次のような規定となっている。「1. すべての者は、その身体的および精神的一体性を尊重される権利をもつ。2. 医療および生物学の分野では、とくに次のことが尊重されなければならない。(a) 法によって定められる手続きにしたがった、当事者による、自由で情報を与えられたうえでの同意があること、(b) 優生学的措置、とりわけ人々の淘汰を目的とするそのような措置を禁止すること、(c) 人体およびその一部を利得の源とすることを禁止すること、(d) 人間のクローン再生を禁止すること」。つまり、同条は、生命倫理の観点から基本権を保護しようとするものである。

専門家ネットワークは、まず、同条 2 項が述べる上記 (a) から (d) までの項目を、この権利の基幹的要素と位置づける。そのうえで、同様の要素

第 3 章　EU 基本権庁の活動基盤と EU 人権保護　85

をもつ欧州審議会文書に言及するのである。ここでは、そのような審議会文書として、1997 年 4 月の『人権および生体医学に関する条約』、同条約に追加された 1998 年 1 月の『人間のクローン再生の禁止に関する追加議定書』ならびに 2002 年 1 月の『人間の臓器および組織の移植に関する追加議定書』を挙げている。これらの文書の概要に加えて、EU 加盟国の署名および批准の状況をまとめている[38]。

　このような手順を踏んだうえで、各国毎に報告を行なっているのである。たとえば、上記の (a)、すなわち、当事者の同意を尊重するという要請に対応するかたちで「患者の権利」の項目を設定している。その中で、ベルギーにおける「患者の権利法」およびフランスにおける 2002-303 号法の制定、ポルトガル上訴裁判所の判決、ならびに同国の生命科学倫理評議会の意見を取り上げることになる。続いての項目は、救命措置を患者が拒否する場合の各国での対応状況についてである。これは具体的には、「エホバの証人」信徒による輸血の拒否をめぐるものである。が、患者の権利という視点から、現代欧州では避けて通れない人権問題として理解されている。報告では、ベルギーの生命倫理諮問委員会の意見、スペインの憲法裁判所判決ならびにフランスのパリ行政控訴院の判決を紹介するのである[39]。

　さらに取上げるのは、クローン技術の研究と、それを用いた治療に関してである。これは、上記 (d)「人間のクローン再生の禁止」の範疇に入る問題であろう。ここでは、以下のようなデータを列挙している。スペインにおけるオンブズマンへの申立て、ルクセンブルク国家倫理委員会の意見、ドイツ連邦議会による幹細胞法の採択、フィンランド議会の憲法委員会報告、フランス議会による生命倫理法の制定論議、ギリシャ議会の 3089/2002 号法採択、生体バンクについてのデンマーク作業委員会の報告、イタリア議会における受精補助法の制定論議等である。結論として、すでにみた審議会の諸文書が解釈の余地を残すために、各国による対応の状況もきわめて多様になっている旨を確認している[40]。

　なお、翌 2003 年度の報告では、臓器売買に焦点を当てている。臓器売買を禁止することは、上記 (c)「人体を利得の源とすることの禁止」に該当するという判断からである。ここでは、ギリシャの取り組みが紹介されてい

る。そのうえで、EU条約の根拠規定から各加盟国の刑事法を接近させる必要性まで、幅広い考察を加えている[41]。

(2) 環境の保護

「高水準の環境保護および環境の質の改善は、同盟の政策に組み込まれ、かつ持続可能な開発の原則にしたがい確保されなければならない」。基本権憲章37条は、このように簡潔な内容である。もっとも、EUが環境保護をすでに重視していることは、EC設立条約2条、6条あるいは174条が言及するとおりである[42]。専門家ネットワークの2002年度報告は、欧州人権条約の判例を紹介することから始めている。欧州人権条約に基づいて設置される欧州人権裁判所は、スラムの住民がおかれる劣悪な環境を同条約の違反であると認定したことがある。夜間における飛行機の騒音を、人権の見地より問題視したこともある。このような点を顧みながら、環境保護が基本権の一部であることを最初に確認する[43]。

次に分析の対象として、4つの項目を設定している。「情報を入手する権利と環境問題に参加する権利」と題する項目では、オーフス条約を分析している[44]。デンマーク港湾都市の名を冠するこの条約は、国連の欧州経済委員会が採択した文書であり、『環境問題における情報の入手、意思決定における公衆の参加および司法へのアクセスに関する条約』が正式名称である。この条約は、環境問題へのより民主的な対応を目的として2001年10月に発効した。EUは、報告の作成当時、オーフス条約にECとして加入することを試みていた。最終的には2005年2月に批准が完了して、加入を実現させている[45]。

「憲法による環境の保護」の項目では、加盟国の憲法における環境保護の規定を紹介している。フィンランド憲法20条、ギリシャ憲法24条、ベルギー憲法23条、スペイン憲法45条、ポルトガル憲法2条および66条が当該規定として挙げられている。フィンランド憲法に関しては、当該規定がダム建設の中止を命じる根拠となった事例として紹介されている[46]。

「刑事法による環境の保護」では、重大な環境犯罪に対する各国の刑事罰が主題となっている。ここでとくに注目しているのは、EUの司法内務協力における「刑事法を通じた環境保護に関する理事会枠組み決定（2003/80/

第3章　EU基本権庁の活動基盤とEU人権保護　87

JHA)」である。この理事会枠組み決定は、環境犯罪に該当する犯罪行為をリストアップしたうえで、適切であれば各国における処罰の体制を強化しようとするものである。報告では、この枠組み決定の法的根拠、採択過程、概要および政策課題を考察した。また、同様の目的をもつ欧州審議会文書との比較研究も行なっている[47]。

最後の「インセンティブ手法による環境の保護」の項目では、当該領域の動機付けとして二つの実践例を紹介している。一つは、いわゆる環境税についてである。ここでは、ドイツにおける取り組みを挙げている。あと一つは、公共調達の契約条件に環境保護を含めるものである。報告では、フィンランドの自治体によるこのような試みをめぐるEU司法裁判所の判断を紹介している[48]。

翌2003年度の報告においても引き続き、重大な環境犯罪の処罰やオーフス条約に関する項目を設けることになった[49]。その意味では、一定のフォローアップも実施していると捉えることができる。

「人間の一体性への権利」と「環境の保護」のデータは、以上のような構成となっている。このような情報が、基本権憲章1条から50条までの50ヵ条について逐一分析され、掲載されているのである。総計では、2002年度の報告でA4版230頁、2003年度で130頁、2004年度で80頁ほどの情報量となる。専門家ネットワークの実践は、限られた人的および財政的資源の下でデータの編集を行ない、かつそれを公開するという作業の継続性が特徴となっているのである。関係機関、団体および個人が一定のルールに基づいて編集されたデータを不断に共有できることの意義は、小さくはないであろう。さらに想起するべきは、OMCがあくまで拘束力の弱いツールである点である。憲章の規定を解釈し、あるいは憲章と欧州人権条約との法的関係を明確にするうえで、強固な拘束力を発するツールは必ずしも要請されていない。関係機関の拒否反応を惹起しかねないからである。逆に、科学的知見に基づいて改善を求めるOMCは、人権問題を過度に政治化させない点において有用な方策であると考えられている[50]。

第4節　基本権庁の設置と OMC の導入可能性

　欧州人種主義・外国人排斥監視センターを人権庁に改造する基本合意は、2003年12月の欧州理事会によって達成されていた[51]。この合意をうけて、司法内務理事会は『欧州同盟の基本権庁を設置する理事会規則』を採択した[52]。欧州委員会からの発議にしたがい[53]、欧州議会、経済社会委員会および地域委員会の意見が考慮されたうえで、その規則は2007年2月に採択されたのである。EU 基本権庁は、ここに、人種主義と外国人排斥の監視に特化していた監視センターの発展的な改造を試みるものとなった。

　基本権庁の目的を定めたのは、この理事会規則である。それによると、基本権庁の目的は、「共同体の関係する機関、組織および部局、ならびに共同体法を実施する場合の加盟国が、各々の権能の範囲内において基本権を十分に尊重する行動をとるか、あるいは行動の方針を定める際に、基本権に関する支援を行ない、かつ専門知識を供与すること」とされた[54]。そのうえで、理事会規則は、基本権庁の任務を次のように列挙した。

　(a)　加盟国、EU 機関、EC/EU の組織および部局、研究センター、国家機関、非政府組織、第三国および国際機関によって、ならびに、とりわけ欧州審議会の管轄機関によって基本権庁に伝達される研究および監視の結果を含む、関連性があり、客観的かつ信頼性のある比較可能な情報とデータを収集、記録および分析し、普及させること、

　(b)　欧州委員会および加盟国と協力しながら、欧州次元のデータの比較可能性、客観性および信頼性をより高めるための方式と基準を開発すること、

　(c)　基本権庁の優先課題と年次作業計画にとって適切であり、かつそれらと調和している場合には、欧州議会、理事会もしくは欧州委員会の要請に基づいて、科学的な研究と調査、予備的研究および実行可能性に関する研究を実施し、これらに協力し、あるいは奨励すること、

　(d)　基本権庁が自ら率先して、あるいは欧州議会、理事会もしくは欧州委員会の要請に基づいて、EU 機関および共同体法を実施する場合の加盟国

第3章　EU 基本権庁の活動基盤と EU 人権保護　89

に対して、特定の主題に関する結論と意見を作成し、公表すること、
　(e)　基本権庁の活動分野を対象とする基本権問題についての年次報告を、良い実践の事例を強調させながら公表すること、
　(f)　基本権庁の分析、研究および調査に基づく主題報告を公表すること、
　(g)　基本権庁の活動についての報告を公表すること、
　(h)　基本権に対する公衆の意識を高め、かつ同庁の作業に関する情報を積極的に広めるために、伝達の戦略を開発し、市民社会との対話を進めること[55]。

　基本権庁の任務は、以上のように多様であることがお分かりいただけよう。もっとも、基本権庁は、これらの任務を無制約に遂行するわけではない。むしろ、さまざまな制約に服しつつ活動することになる。たとえば、以上の任務に際して、同庁は、欧州委員会の立法発議や、あるいは立法手続きの中で EU 諸機関がとる立場に対して意見等を表明することができる。しかしながら、そのような行動が許されるのは、同庁を設置する理事会規則によれば、欧州議会、理事会もしくは欧州委員会のいずれかの要請がある場合に限られてしまうのである[56]。あるいは、EU 機関の行為の合法性についても、EC 設立条約 230 条に則して EU 司法裁判所が対応するのであれば、基本権庁は意見等を表明することができない。同様に、加盟国による条約義務の不履行という問題についても、これに排他的に対応できるのは欧州委員会であり、やはり基本権庁は意見等を表明できないとされるのである[57]。

　基本権庁にかせられる制約は、以上にとどまらない。中でも重い制約と思われるのは、基本権庁が、その中期活動計画を自ら策定できないことである。すなわち、多年次枠組みと呼ばれる同庁の中期 6 カ年活動計画を承認するのは、司法内務理事会である[58]。これにより、活動計画がたとえ「欧州議会の決議等に由来する志向性を考慮して」策定されようが[59]、同庁の活動の大枠は、司法内務理事会の構成員である加盟国政府によって固められるのである。

　たとえばデンマークのコペンハーゲンを本拠とする欧州環境庁（European Environment Agency）では、その内部機関である管理評議会が多年次活動計画を採択している[60]。そのような点を考慮すれば、基本権庁がとりわけ意識

的に理事会の統率下におこうとされていることが明らかである。EUにおける基本権保護を、加盟国がそれだけデリケートに扱いたいと考えているのだろう。

いずれにせよ、上に列挙した基本権庁の任務の多くは、OMCの発想を反映したものとなっている。上記の（a）は、一定の条件を満たす情報とデータの収集や分析という、OMCの骨格をなす作業である。欧州委員会および加盟国と協力して欧州次元のデータの質の向上を目指す（b）もそうである。さらには、研究や調査を実施および奨励等する（c）、結論と意見をEUおよび加盟国機関に発する（d）、ならびに良い実践の事例を重視する（e）もまた、OMCの発想を取り入れたものとなっている。基本権庁におけるこのような任務の態様は、その前身である欧州人種主義・外国人排斥監視センターを踏襲していた。前章でみたように、監視センターは、外国人差別の状況に関するデータを各国毎にまとめて公表する等していたのである。しかしながら、監視センターが目的としたデータの収集と分析は、あくまでも人種主義、外国人排斥および反ユダヤ主義の問題分野に限られていた。基本権庁では、より広範な基本権が活動の対象となっている[61]。加えて、上記（d）にあるように、特定の主題に関する結論や意見を、基本権庁が自ら率先して公表できるのは──先述の制約はあるものの──興味深いことである。このような目的と任務の下で、基本権庁は、より徹底したOMCを実践することが期待されるのである。

欧州人種主義・外国人排斥監視センターが設置された際に、一部の関係者は冷めた反応をみせていた。彼らによれば、監視センターは、欧州審議会の二番煎じであった[62]。基本権庁の設置過程においても、欧州審議会や欧州安全保障協力機構（OSCE）との役割上の重複が指摘されている[63]。EUの枠内のみならず、これらの国際機構の活動に照らして独自の機能を担いうるかも焦点となる。

おわりに

EU基本権庁は、その前身である欧州人種主義・外国人排斥監視センター

に比して、より広範な基本的権利に対応するために設置された。ただし、監視センターと同様に、執行権限や強制権限を付与せずして、である。そのような基本権庁を理論的に支えうるのが、「開かれた調整の方式」であった。ドシュッテルが当該分野での導入を率先した「開かれた調整の方式」は、データの共有や相互学習に着目することを通じて、関係機関の自発的な行動を促すものであったといえる。この方式は、人権保護の専門家よりなるネットワークによって実践が試みられた。欧州憲法条約の発効が展望できない中で——つまり現行の法的枠組みの「改善」を見込めない中で——人権水準の向上に尽力する観点が、強調されたのである。基本権庁にも、そのような観点が継承されたと捉えられる。

　もっとも、人権分野における「開かれた調整の方式」の成否は、EU 機関および加盟国機関の自発性に大方依存している。より確実な成果を期待できる政策手段は、従来から実践されている共同体方式ということになろう。この点は、EU でも適切に認識されている。欧州委員会は、2001 年 7 月に『ガバナンス白書』を公表した[64]。この白書によれば、「開かれた調整の方式」は一般的に、共同体の目的や EU 諸機関の権限関係を不明確にする側面をもつ。したがって、この方式は、共同体方式による立法行動が可能である場合には用いられるべきではない。それは、共同体の行動に「代替するのではなく、それを補充するべき」方式として捉える必要があるとするのである[65]。EU および加盟国の関係機関に対する OMC の影響力は、法的拘束力をもたないがゆえに弱く、しばしば皆無でさえあるだろう[66]。しかしながら、OMC が無用の試みであると断じることも尚早である。これら二つの方式を、個別の状況に柔軟に対応する、相互補強的な位置づけにおくことが現段階では適切であると考えられる。

　人権分野における具体的な対応を EU に求める声は、ますます高まりをみせている。そのような傾向の中では、基本権庁に対して、場合によってはその能力を超えた期待が寄せられる。市民を無差別に攻撃するテロ行為は、いかなる場合であれ許されるものではない。もっとも、その一方ではテロの容疑者や関係者に対する権利の侵害が問題にもなっている。国際人権団体アムネスティ・インターナショナルのオウスチン（D. Oosting）EU 支部長は、こ

の脈絡において、基本権庁への強い期待を表明したのである[67]。とはいうものの、このような課題において基本権庁に与えられる権限は、現時点では限られたものである。同庁としては、まずは人権団体をはじめとする関係者の信頼をえていくことが肝要となろう。

1) See e. g., Committee on Citizens' Freedoms and Rights, Justice and Home Affairs, *Report on the situation as regards as fundamental rights in the European Union (2002) (2002/2013 (INI))*, Rapporteur : Fodé Sylla, Final A5-0281/2003 REV1, 21 August 2003.
2) 本書第2章第2節 (1) 参照。
3) "Council Regulation (EC) No168/2007 of 15 February 2007 establishing a European Union Agency for Fundamental Rights," O. J. No. L53, 22 February 2007, Art. 2. 以下では、この規則を「2007年2月15日理事会規則」と表記する。
4) 「EC法を実施する場合の加盟国」という概念は、EU司法裁判所の判例において重視されてきたものである。この概念については、本書第7章注11を参照されたい。
5) 共同体方式は、本来、決定の発議機関である欧州委員会とその討議採択機関である理事会の協働によって特徴づけられてきた。より近年においては、欧州委員会と理事会のほか、EU司法裁判所や欧州議会を備えるEUが、加盟国政府の相互協力という次元を超えて政策決定を行なう方式であると捉えられる。共同体方式については、辰巳浅嗣『EU欧州統合の現在』創元社、2004年、8頁参照。
6) EUの雇用政策および経済政策におけるOMCの導入については、次の文献を参照されたい。富川尚「首脳会議の制度化と連合的リーダーシップ (Coalition Leadership)」『同志社法学』52巻4号、2000年；庄司克宏「EUにおける経済政策法制と裁量的政策調整 (the Open Method of Coordination)」『横浜国際経済法学』12巻1号、2003年；福田耕治「欧州憲法条約とEU社会政策における「開放型調整方式 (OMC)」」『ワールドワイドビジネスレビュー』6巻1号、2005年；Claudio M. Radaelli, "The Open Method of Coordination : A New Governance Architecture for the European Union?," Preliminary Report, Swedish Institute for European Policy Studies, 2003 ; Sabrina Regent, "The Open Method of Coordination: A New Supranational Form of Governance?," *European Law Review*, Vol. 9, No. 2, 2003 ; Burkard Eberlein and Dieter Kerwer, "New Governance in the European Union : A Theoretical Perspective," *Journal of Common Market Studies*, Vol. 42, No. 1, 2004 ; Dermot Hodson and Imelda Maher, "Soft Law and Sanctions : Economic Policy

Coordination and Reform of the Stability and Growth Pact," *Journal of European Public Policy*, Vol. 11, No. 5, 2004 ; Stijn Smismans, "EU Employment Policy: Decentralisation or Centralisation through the Open Method of Coordination?," *EUI Working Paper LAW No. 2004/1*, European University Institute, 2004 ; David M. Trubek, Patrick Cottrell and Mark Nance, ""Soft Law," "Hard Law," and European Integration : Toward a Theory of Hybridity," *Jean Monnet Working Paper 02/05*, 2005.

7) Olivier de Schutter, "The Implementation of the EU Charter of Fundamental Rights through the Open Method of Coordination," *Jean Monnet Working Paper 07/04*, 2004. なお、ドシュッテルには次の研究がある。あわせて参照されたい。Olivier de Schutter, Notis Lebesiss and John Paterson (eds.), *Governance in the European Union*, Office for Official Publications of the European Communities, 2001.; Olivier de Schutter, "La garantie des droits et principes sociaux dans la Charte de droits fondamentaux de l'Union européenne," dans Jean-Yves Carlier et Olivier de Schutter (dir.), *La charte des droits fondamentaux de l'Union européenne*, Bruylant, 2002.; Philip Alston and Olivier de Schutter (eds.), *Monitoring Fundamental Rights in the EU: The Contribution of the Fundamental Rights Agency*, Hart Publishing, 2005.

8) *Ibid.*, p. 3.

9) *Ibid.*, pp. 4-5. ドシュッテルが引用する EU 司法裁判所の意見（Opinion 2/94 [1996] ECR-I-1759, note 2) は、欧州人権条約への EC の加入をめぐる理事会の意見要請に同司法裁判所が応じたものである。EC 設立条約によれば、想定される協定が EC 設立条約と両立するか否かについて、理事会、欧州委員会もしくは加盟国は、同司法裁判所の意見をえることができる（EC 設立条約 228 条 6 項）。裁判所の意見が否定的である場合は、当該協定が発効するには EU 条約の改定に関する EU 条約 N 条にしたがう必要があるので（同項）、この意見は拘束的なものといえる。なお、ニース条約によって、欧州議会も意見をえることが可能になった（EC 設立条約 300 条 6 項）。リスボン条約では、EU 運営条約のみならず、EU 条約との両立についても意見をえることができる（現 EU 運営条約 218 条 11 項参照）。ドシュッテルが引用した意見の全文は、欧州統合の歴史資料を所蔵する電子図書館「ヨーロピアン・ナビゲーター European Navigator」(http://www.ena.lu/) で 2010 年 2 月 1 日現在閲覧することができる。

10) *Ibid.*, pp. 5-8. 共同体の目的を、EC 設立条約はその 2 条において掲げている。同条は、リスボン条約によって、実質的には EU 条約 3 条に置き換わっている。

11) *Ibid.*, pp. 8-11.

12) この点は、別の論者によっても指摘されている。see, Nicholas Bernard, "A 'New

Governance' Approach to Economic, Social and Cultural Rights in the EU," in Tamara Hervey and Jeff Kenner (eds.) *Economic and Social Rights under the EU Charter of Fundamental Rights*, Hart Publishing, 2003, pp. 253-254.

13) Anne-Cecile Robert, "Une Charte cache-misère," *Le Monde Diplomatique*, décembre 2000. 憲章における「労働への権利」をめぐっては、さらに、小林勝「欧州連合基本権憲章について」『中央学院大学法学論叢』14 巻 1・2 号、2001 年、308-310 頁を参照されたい。

14) Giampiero Alhadeff and Suzanne Summer, "A Clarion Voice for Human Rights," in Kim Feus (ed.) *The EU Charter of Fundamental Rights : Text and Commentaries*, Federal Trust, 2000, p. 184. see also, Keith D. Ewing, *The EU Charter of Fundamental Rights : waste of time or wasted opportunity?*, The Institute of Employment Rights, 2002.

15) 「市場の自由」ないし「経済的自由」と基本権の相互関係については、あわせて次の文献を参照されたい。小場瀬琢磨「EU 域内市場の基本的自由の基本権への収斂化」『早稲田法学会誌』55 巻、2005 年 ; Miguel Poiares Maduro, "Striking the Elusive Balance Between Economic Freedom and Social Rights in the EU," in Philip Alston (ed.) with the assistance of Mara Bustelo and James Heenan, *The EU and Human Rights*, Oxford University Press, 1999.

16) De Schutter, *op. cit*., pp. 12-13. ここで言及されている EU 条約 6 条 1 項および 46 条は、ニース条約が効力をもっていた当時のものである。EU 条約 6 条 1 項における「加盟国に共通する原則」は、リスボン条約によって「EU の価値」(EU 条約 2 条)へと再構成された。EU 条約 46 条は削除された。「加盟国に共通する原則」から「EU の価値」への再構成については、本書第 9 章参照。

17) *Ibid*., pp. 13-16. EC 設立条約 308 条の規定は、リスボン条約では EU 運営条約 352 条として継受されている。EC 設立条約 2 条は、実質的には EU 条約 3 条へと置き換わっている。

18) *Ibid*.

19) *Ibid*., pp. 17-19. EC 設立条約 13 条は、EU 運営条約では 19 条に継承されている。

20) *Ibid*. EC 設立条約 18 条、63 条、94 条、95 条および 137 条は、各々 EU 運営条約 21 条、78 条 (および 79 条)、115 条、114 条および 153 条に継承されている。

21) *Ibid*., pp. 19-21.

22) *Ibid*., pp. 21-29.

23) *Ibid*., pp. 29-31. 補完性の原理と比例性の原理は、EC 設立条約 5 条に規定されていた。リスボン条約によって、これらの原理は、EU 運営条約 5 条等において引き続き規定されている。

24) *Ibid.*, pp. 31-36. 1997年12月のルクセンブルク欧州理事会は、世界人権宣言50周年を迎えるにあたり、すべての人権条約と議定書に加入するよう加盟国に求めている ("Declaration by the European Council at the beginning of the year of the 50th anniversary of the Universal Declaration of Human Rights," Bulletin of the European Union, December 1997, I-21, para. 6)。各種の人権文書に対する加盟国の加入状況については、本書巻末資料3を参照されたい。

25) 実際、欧州憲法条約という形でのEUの基本条約の改定は、フランスおよびオランダにおける国民投票の結果をうけて実現しなかった。

26) De Schutter, *op. cit.*, pp. 39-42.

27) *European Parliament resolution on the situation as regards fundamental rights in the European Union (2000)*, 2000/2231 (INI), 5 July 2001, para. 9.

28) 欧州委員会司法内務総局のウェブサイト (http://europa.eu.int/comm/justice_home/cfr_cdf/index_en.htm) より。2005年8月1日閲覧。

29) より正確には、25名の正式な構成員にアシスタント・コーディネーターが加わることになる。構成員の名簿は、同上のウェブサイトの 'Who does What?' において公表されている。

30) *European Parliament resolution on the situation...., op.cit.*, para. 9.

31) EU Network of Independent Experts on Fundamental Rights, *Report on the Situation of Fundamental Rights in the European Union and Its Member States in 2002*, http://europa.eu.int/comm/justice_home/cfr_cdf/doc/rapport_2002_en.pdf. 2004年8月1日閲覧。

32) *Ibid.*, pp. 26-27.

33) *Ibid.*, p. 27, note 59.

34) *Ibid.*, p. 27.

35) *Ibid.*, p. 28.

36) もっとも、憲章の規定は、EU法を実施する加盟国のほか、EU機関にも宛てられる。憲章51条1項。

37) EU Network of Independent Experts on Fundamental Rights, *Report on the Situation of Fundamental Rights..., op. cit.*, p. 28.

38) *Ibid.*, pp. 38-39.

39) *Ibid.*, pp. 39-41.

40) *Ibid.*, pp. 42-44.

41) EU Network of Independent Experts on Fundamental Rights, *Report on the Situation of Fundamental Rights in the European Union in 2003*, http://europa.eu.int/comm/justice_home/cfr_cdf/doc/report_eu_2003_en.pdf,pp.129-134.

42) これらの条文は、EU 運営条約では 11 条および 191 条等に継承されている。
43) EU Network of Independent Experts on Fundamental Rights, *Report on the Situation of....in 2002, op. cit.*, pp. 227-228.
44) *Ibid.*, p. 228.
45) オーフス条約への EC の加入については、see, Alexandre Kiss, "Environmental and Consumer Protection," in Steve Peers and Angela Ward (eds.), *The EU Charter of Fundamental Rights : Politics, Law and Polity*, Hart Publishing, 2004, pp. 255-257.
46) EU Network of Independent Experts on Fundamental Rights, *Report on the Situation of ....in 2002, op. cit.*, p. 229.
47) *Ibid.*, pp. 229-230. この枠組み決定は、2003 年 1 月に採択されている。O. J. No. L29, 5 February 2003.
48) *Ibid.*, p. 230.
49) EU Network of Independent Experts on Fundamental Rights, *Report on the Situation of ....in 2003, op. cit.*, pp. 129-134.
50) 福田、前掲論文、14-16 頁参照。
51) 本書第 2 章「おわりに」ならびに本章「はじめに」参照。
52) 注 3 参照。
53) COM (2005) 280, Brussels, 30 June 2005.
54) 2007 年 2 月 15 日理事会規則 2 条。
55) 同 4 条 1 項。
56) 同 4 条 2 項。
57) 同上。
58) 同上 5 条 1 項。
59) 同 5 条 2 項 (c)。
60) "Regulation (EC) No401/2009 of the European Parliament and of the Council of 23 April 2009 on the European Environment Agency and the European Environment Information and Observation Network (Codified version)," O.J.No. L126, 21 May 2009, Art. 8.
61) 2007 年 2 月 15 日理事会規則 3 条 2 項によれば、任務の遂行にあたり基本権庁は、EU 条約 6 条 2 項に定める基本権を参照する。EU 条約 6 条 2 項に定める基本権とは、「欧州人権条約によって保護されるような基本権、ならびに加盟国に共通する憲法的伝統に由来するような基本権」を指している。EU 条約 6 条 2 項は、リスボン条約によって 6 条 3 項に移行した。
62) 詳細については、本書第 2 章第 1 節を参照されたい。

63) イギリス影の内閣のブラディ (G. Brady) 欧州担当大臣によれば、基本権庁は、価値のある目的をもつ一方で、「不経済な重複 ('wasteful duplication')」の典型として認識されている。"Alarm over plan for new EU rights watchdog," *The Daily Telegraph*, 5 April 2005.
64) "Gouvernance Européenne: un Livre Blanc," COM (2001) 428final, Bruxells, 25 julliet 2001.
65) *Ibid.*, pp. 21-22.
66) See e. g., Daniel Wincott, "The Governance White Paper, the Commission and the Search for Legitimacy," in Anthony Arnull and Wincott (eds.) *Accountability and Legitimacy in the European Union*, Oxford University Press, 2002, pp. 390-391.
67) *European Report*, No. 2966, 31 May 2005.

第II部
国際社会における EU 人権政策の展開

第4章
第三国への政治的コンディショナリティの導入

はじめに

　人権の尊重や民主主義といった価値観を対外的に推進する手段の一つに、政治的コンディショナリティと呼ばれるものがある。この政治的コンディショナリティ（以下「コンディショナリティ」とする）は、欧米先進国が途上国に対して行なう開発援助の脈絡で用いられてきた。人権保護や民主化に傾注する途上国への開発援助は、増額するか、あるいは少なくとも維持する。逆に、これらを侵害および抑圧する途上国には、開発援助を停止する。開発援助の他にも、経済協力等を実施する条件としてこれらの価値観を重んじる場合もある。コンディショナリティの図式を単純化すれば、このようになるだろう[1]。

　欧米先進国がこうしたコンディショナリティを試みる背景としては、いくつかを挙げることができる。カーター米大統領による「人権外交」が象徴するように、先進国は、対外関係において人権や民主主義といった規範を考慮する傾向にあった[2]。テレビ報道の開始と普及は、途上国の「独裁」政権がもたらす「害悪」を先進国の人々にうったえるようになった[3]。ソビエト連邦の解体は、旧来の社会主義的統治が限界であったことを露呈しつつ、「基本的自由と民主主義」をより普遍化させる効果をともなった[4]。援助疲れの言葉が示すように、非効果的な開発援助に政策変更をせまるようにもなった[5]。先進諸国によるコンディショナリティの試みは、これらの動向が複合した帰結であるといえるのである。本章は、これらの背景に立ち入るもので

第4章　第三国への政治的コンディショナリティの導入　101

はない。あるいは、コンディショナリティの正当性や、それが途上国に与える影響を分析するものでもない[6]。本章は、EU がコンディショナリティの導入をどのように試み、あるいは実現させたのか、という一点のみに着目するものである。

　EU によるコンディショナリティの導入を概観するうえでは[7]、いくつかの前提に留意しなければならない。たとえば、EU による導入の試みは、途上国への開発援助および協力の脈絡にとどまらず、より近隣の諸国との関係においてもなされている。その転機は、「ベルリンの壁」の消滅を目撃した冷戦の終結直後に訪れることになった。EU への加盟を模索しはじめた中・東欧および地中海諸国に対して、EU は、少数者の保護ならびに司法機関の独立性の保持を含む、人権状況や統治体制の改善を要求し、これを加盟のための一条件とした。あるいは、政府首脳が大量虐殺行為を指導した一部の旧ユーゴスラビア諸国に対しても、暫定統治機構や国際裁判所の活動への協力を関係構築の条件とした。欧州を取り巻くこのような環境が、EU の政策に反映するところとなったのである。以下において本章が、途上国ではなく、域外諸国を指す第三国という言葉を用いるのは、このような状況によるものである。

　さらなる前提は、次のようなものである。すなわち、EU は、高度な超国家性を帯びている一方で、先進国家として定義できる組織体ではいまだないことを確認する必要がある。EU の意思決定には、EU の諸機関に加えて、そこに直接的および間接的に代表される加盟国も関わる[8]。それゆえに、EU と加盟国が一致団結したコンディショナリティの導入に至ることは、容易ではないのである。しかも、コンディショナリティは、本来的に戦略性を帯びる政策手段である。それゆえに、民主主義や人権の価値を無条件に促進することが、EU とそのすべての加盟国にとって常に利益になるとはかぎらない。中国天安門事件や東ティモールの独立への対応をめぐっては、加盟国間はおろか、EU 内部でも見解の対立があった[9]。あるいは、フランスやイギリスが、旧植民地諸国との独自の関係を保持する観点から EU の行動を制約することも考えられる。EU のコンディショナリティは、このような脆弱性を内包しているようにみえるのである。

これらの前提を念頭におきながら、本章では、まず、第三国との協定に設けられた"人権条項"に焦点を当てて、1990年代前半までのEUが人権をどのように重視したかをみる(第1節)。次に、1990年代半ば以降のEUが、コンディショナリティをどのように強化したのかを、第三国との広範な関係から接近する(第2節)。そして最後に、アフリカ諸国やカリブ海諸国との間で締結したコトヌー協定を題材にして、EUによるコンディショナリティがどのように徹底されたのかを検証してみたい(第3節)[10]。

第1節　コンディショナリティの発端
―第三国との協定における人権条項の挿入

1　人権尊重の明記

EC/EUによる人権保護の萌芽が1960年代末から1970年代にみられたことは、本書の序章で触れたとおりである。顧みれば、まずはEC司法裁判所による法的保護への着手があった。そして、他のEC機関と加盟国首脳も人権を強調するようになったのである[11]。このような変化は、EC/EUの対外政策にも反映された。その明らかな指標は、第三国の人権保護と民主化を促すためにECが計上する予算である。1978年の時点において、その予算額は年間20万エキュであった。それが、1993年には約4,500万エキュへと大幅な増額をみている[12]。人権に対するEC/EUの姿勢は、単一欧州議定書からマーストリヒト条約にかけて強まりをみせた。その傾向は、やはり第三国との関係にも表れた。EUが第三国との間で締結する協力協定が、その典型である。EUは、協力協定の締結に際して、人権の尊重に言及する条項を協定に設けることを求めた。第三国が受諾することをもって、こうした条項が盛り込まれていくのである。

人権条項の原初的な形態は、第4次ロメ協定に見出すことができる。アフリカ西部・トーゴの首都を冠するこの協定は、アフリカ、カリブ海および太平洋諸国群 (the group of African, Caribbean and Pacific States) ――頭文字にしたがいACPと呼称されている――の各国を一方の当事者、ならびにECおよびその加盟国をもう一方の当事者として、1989年12月に締結された[13]。

第4章　第三国への政治的コンディショナリティの導入　103

この協定の5条が、EUが締結した第三国との協定としては初めて、その本文において人権に言及したのである。言及した内容は、次のようなものであった。「(両当事者間の) 協力は、その主役で受益者でもある人間を中心に据える開発を志向するものとし、したがって、あらゆる人権が尊重および促進されなければならない。協力の実行は、人権を尊重することが偽りなき開発の基本的要因であると認められ、かつ、協力自体がこれらの権利の推進に寄与するものとして考えられるという、積極的な展望と結びつくものである」[14]。さらに、この脈絡において「開発の政策と協力は、基本的人権の尊重およびその享受と密接に関連づけられる」としたのである[15]。この協定を締約したACP諸国は、1976年の初代ロメ協定時から5割増えて、69カ国を数えていた[16]。欧州投資銀行および欧州開発基金等を通じた開発援助の総額も、初代協定の時から3倍以上の伸びをみせていた[17]。EUによる開発協力の基盤をなすこの協定に、人権保護の要素が注入されたのである。

翌1990年4月にECは、アルゼンチンとの間で『貿易および経済協力のための枠組み協定』を締結した。この協定にも、人権に言及する条項がみられる。「共同体およびアルゼンチン間における協力の結合ならびに本協定全般は、共同体とアルゼンチンの対内的および対外的政策を啓発する、民主主義の諸原則と人権の尊重に基礎をおくものとする」という条項である[18]。このような文面は、第4次ロメ協定のそれに比べると簡素ではある。もっとも、人権とともに民主主義の原則に言及したことは新しい点であった。同様の文面をもつ条項は、ウルグアイやパラグアイとの新しい協定にも順次設けられていった[19]。

2　本質的要素と不順守条項の一括挿入

第4次ロメ協定の人権条項も、あるいはアルゼンチン等との協定における人権条項も、宣言的ないし意思表明的なものであるといってよい。人権を尊重しない場合―ならびにアルゼンチン等との協定については「民主主義の諸原則」を尊重しない場合も―の具体的な対応について、人権条項は、何ら記述していないからである。しかしながら、次第にECは、そのような場合にとりうる対応を視野に入れることになる。その兆候は、1991年11月のEC

開発相理事会が採択した決議より察せられる。すなわち、『人権、民主主義および開発についての決議』において、理事会は、「重大かつ継続的な人権侵害、あるいは民主化過程の深刻な中断」をみる場合には、ECとして「適切な対応を考慮しなければならない」としたのである[20]。

このような意志を実行しようとしたのが、1992年5月のEC理事会であった。第三国と締結する協定の中に、随時、「本質的要素条項 (essential element clause)」と「不順守条項 (non-compliance clause)」の双方を挿入することを宣言したのである[21]。前者の本質的要素条項は、特定の原則を尊重することを、協定の本質的要素として締約当事者に義務づけるものである。ここでいう特定の原則には「人権と民主主義原則の尊重」が含まれるが、世界人権宣言等の国際人権文書が確認する諸原則をも含みうるとする。さらには、欧州安全保障協力会議 (CSCE) 加盟国と協定を締結する場合には、同会議において過去に採択されたヘルシンキ最終議定書ならびに欧州パリ憲章等の文書にも当該条項が言及することになる。後者の不順守条項は、本質的要素条項で明記される義務を当事者が順守しない場合を想定したものである。すなわち、不順守条項によれば、一方の当事者は、他方の当事者がそのような義務を順守していないと判断することができる。そして、そのような判断を行なった当事者には、他方の当事者に対して「適切な措置」をとることが認められる、とするのである[22]。

EC理事会は、当事者がとることができるという「適切な措置」の内容にも触れた。そのような措置の最後の手段として、「当該協定を停止すること」に言及したのである[23]。しかしながら、締約当事者が一定の条件の下で協定を停止できることは、『条約法に関するウィーン条約』によって、すでに国際的な規範となっていた[24]。この、1980年に発効をみたウィーン条約によれば、協定の目標や目的の実現にとって本質的な規定に違反することは、協定自体に対する重大な違反であるとみなされる。そのうえで、かような違反があった場合には、当該協定の当事者は、協定を打ち切り、あるいはその運用を停止するための根拠をえるとするのである[25]。ウィーン条約がこのような規定をもっていたにもかかわらず、EC理事会は、協定の停止可能性をあらためて確認した。そうすることによって、締結相手国によるウィーン条約

加入の有無や、同条約への留保事項に関わりなく協定を停止することを可能にしたと捉えられる[26]。

1992年2月に署名されたマーストリヒト条約では、開発協力に関する編が新たに設けられた。その中に、次の記述がある。「(開発協力の) 分野における共同体の政策は、民主主義の発展および定着という一般的目標、ならびに人権と基本的自由の尊重という一般的目標に寄与するものとする」[27]。アムステルダム条約にも引き継がれるこの記述は[28]、ECがその開発政策において不順守条項を導入する試みを正当化するものとなった。

1992年5月のEC理事会の合意に基づいて本質的要素条項と不順守条項を挿入することは、アルバニアとの『貿易、通商および経済協力協定』をはじめ、バルト三国やスロベニアと締結した協力協定において実行された[29]。さらには、将来のEU加盟を視野に入れた『欧州協定 (Europe Agreement)』においても、このような方針は継承される。ルーマニア、ブルガリア、スロバキアおよびチェコ等との間で締結された欧州協定において、やはり本質的要素と不順守条項の双方が設けられたのである[30]。もっとも、欧州協定とそれ以前に締結された協定とでは、不順守条項の内容に相違がみられる。欧州協定以前の協定では、「協定の本質的な規定への重大な違反があった場合には、協定を即座に停止する権限を当事者が留保する」という文面であった。それに対して、欧州協定では、協定の停止可能性には言明せずに、「必要な措置をとる」旨を記述するのみなのである[31]。このような不統一性があるものの、第三国との協定における人権条項の挿入は、ECによるコンディショナリティの開始を告げる契機をなすものとなった。

第2節　1990年代後半期におけるコンディショナリティの強化

前節においてみたように、ECによるコンディショナリティは、人権条項を挿入するという形態をもって1990年代前半に顕現した。本節では、1990年代半ば以降の展開を多面的にみていくが、まずは、人権条項の文面を統一する試みに触れることにしよう。

1 人権条項の文面の統一

　本質的要素条項と不順守条項を一対の条項として挿入しはじめたことが、1990年代前半の動向であった。しかしながら、異なる記述をもつ不順守条項が並存する状況であったうえ、不順守条項を解釈する宣言の有無もまちまちであった。このような状況の改善に向けて、欧州委員会は1995年5月、『共同体および第三国間の協定への民主主義原則と人権尊重の挿入に関するコミュニケーション』を理事会と欧州議会に提出した[32]。コミュニケーションの中で、欧州委員会は、ECのアプローチの「一貫性、透明性および可視性」を向上させるために、ならびに「第三国の警戒を解く」ために、人権条項の記述を統一していくことを提案したのである[33]。

　提案の概要は、次のとおりである。欧州委員会は、まず、協定の前文において「人権と民主主義的な価値」と「両当事者に共通の普遍的および地域的文書」に言及するものとし、そのうえで、本質的要素を定義するX条、協定の執行停止についてのY条、ならびにY条に関する解釈宣言を挿入するべきであるとした。X条およびY条は、1992年5月の理事会の宣言を踏襲するものであるが、不順守条項に該当するY条については注文が付された。すなわち、「特別の緊急事例」である以外は、状況を検証するための情報を協定の連合理事会に供与するものとし、かつ「適切な措置」を採択する際には、協定の運営を害しないことを優先しながら、相手国の要請があれば当該問題を協議の対象に含める。このような記述を提案したのである[34]。

　さらに、Y条についての解釈宣言に関しては、「特別の緊急事例」および「適切な措置」が意味するところは両当事者間で確認するべきとした。特別の緊急事例は、一方の締約当事者による協定の甚大な違反がある場合を指す。そのうえで、ここでいう甚大な違反とは、（1）一般的な国際法規では許容されない形で協定を拒絶すること、ならびに（2）X条を含む協定の本質的要素に違反することであるとした。適切な措置は国際法にしたがって採択するものとし、特別の緊急事例の場合には、問題の解決に向けて相手当事者が関与する余地を認めたのである[35]。

　以上の欧州委員会提案を初めて活用した例は、ACP諸国との協定であった。欧州委員会が提案を行なった時、ECは、第4次ロメ協定を更新するた

めの交渉をACP諸国と進めていた最中であった。交渉の結果締結された『第4次ロメ協定を改定する協定』（以下、「改定第4次ロメ協定」とする）においては、欧州委員会の提案を反映する形で不順守条項が設けられたのである[36]。同様の試みは、他の協定に際してもなされることとなった。そのような協定には、独立国家共同体（CIS）諸国との『連携および協力協定』、イスラエル、モロッコ、チュニジア、エジプトおよびヨルダン等、地中海沿岸諸国との『欧州および地中海協定』、メキシコとの『経済的連携、政治的調整および協力協定』、チリ、カンボジアおよびバングラデシュとの『協力協定』ならびに韓国との『枠組み協定』が含まれることになった[37]。

興味深いのは、南米南部共同市場との間で締結した『地域間枠組み協力協定』である。メルコスールの名称で親しまれるこの共同市場は、南米の地域的国際機構として、その加盟国であるブラジル、アルゼンチン、ウルグアイおよびパラグアイとともに当該協力協定の締約当事者となっていた。その帰結として、これら4加盟国に加えて、メルコスール自らも、かの「適切な措置」の潜在的な対象として位置づけられたのである[38]。EUがメルコスールに対して「適切な措置」をとることは、現実的ではないだろう。協定の本質的要素に違反するに足る力を、メルコスールは実質的にもたないからである。とはいうものの、少なくとも理論上は、EUのコンディショナリティが、第三国のみならず第三の国際組織をも射程したことになる。

先述のように、欧州委員会は、人権条項の文面を統一する試みは第三国の警戒を解くことに資するとしていた。たしかに、文面統一の試みが貫徹されるのであれば、協約関係にあるすべての第三国と同等の規範を共有できることになる。第三国との協定に対する人権条項の政治的正当性も高まるであろう。しかし他方では、欧州委員会の提案は、第三国との柔軟な協力関係を阻害する可能性も出てくる。実際、オーストラリアとの間で経済協力協定を締結する計画があった。しかしながら、同国における原住民の保護の状況についてEU内で批判があったために、協定の締結を延期せざるをえなかったのである[39]。第三国と協約する目的は、一般的に、経済的利益を促進することから外交関係を強化することまでさまざまであろう。提案に基づくEUの規範的試みは、場合によっては、このような協定本来の諸目的と競合するよう

になったのである。

2 対外援助と人権

　以上にみた展開は、第三国との協力協定における人権条項をめぐるものであった。しかしながら、人権条項を重視する傾向は、協力協定にとどまらなかった。経済援助をはじめとする各種の対外援助の脈絡でも、人権条項が設けられていくのである。1996年6月にEU理事会は、バルト3国を除く旧ソビエト連邦諸国ならびにモンゴルの経済改革を援助することを決定した。この援助は、人的資源の開発、企業の再構築およびインフラ整備を中心に、同年から1999年にかけて最大約22億エキュを拠出するものである[40]。その決定を定めるEC規則には、次の条項が設けられたのである。「援助協力を続けるための本質的な要素が欠如する場合、とりわけ民主主義原則と人権への違反がある場合には、（EUの）理事会は、委員会からの提案に基づき、特定多数決によって、連携する国家への支援に関する適切な措置をとることができる」[41]。

　理事会は、1996年7月に、地中海諸国の経済社会改革に財政および技術援助を行なうことも決定している[42]。その決定を定める規則にも、以下の条文がある。「この規則は、本質的な要素をなす民主主義原則、法の支配ならびに人権と基本的自由の尊重を基礎とするものであり、これらの要素に違反する場合には、適切な措置をとることが正当化される」[43]。旧ソ連諸国向けの規則と地中海諸国向けのそれとでは、記述が若干異なっている。後者の記述では、法の支配に言及しながらも、その一方では、「適切な措置」をとるためのEUの手続きを明記していないのである。しかしながら、いずれの条項も、すでにみた本質的要素条項と不順守条項を簡潔にしたうえで、双方の趣旨が合同したものである点では共通しているのである[44]。

　1990年代半ばになって初めてEUが対外援助を開始したわけではない。それ以前から援助自体は実施している。たとえば、ハンガリーおよびポーランドへの経済援助に着手したのは、1989年である[45]。あるいは、ソビエト連邦の経済改革に対する援助も――結果的に同国が解体する直前となったが――1991年に決定された[46]。しかし、これらの援助の実行に向けたEUの

規則には、上にみたような類の条項は設けられてはいない。対外援助に関するEUの規則において人権条項が設けられるのは、1990年代半ば以降の特徴であった[47]。

3　EU加盟申請国および近隣国へのコンディショナリティ

EUは、EU加盟申請国を含む、より近隣の諸国との関係においても、コンディショナリティの要素を付加している。

加盟申請国との関係については、いわゆるコペンハーゲン基準から加盟パートナーシップに至る脈絡を捉えることが肝要である。コペンハーゲン基準は、1993年6月のコペンハーゲン欧州理事会が公表した、加盟に向けた基準である。そこにおいて欧州理事会は、次のように表明した。「(EUに) 加盟するために、加盟候補諸国は、安定した制度を備えることによって、民主主義、法の支配、人権および少数者の尊重とその保護、機能する市場経済の存在、ならびに欧州同盟内で競争の重圧と市場の力に立ち向かう力量を保証できなければならない」[48]。市場経済に対する統治能力をもつだけでは不足であり、「民主主義、法の支配、人権および少数者の尊重とその保護」を安定的に保証することを、加盟条件の一つとしたのである。新規加盟に向けて条件が設定されうることは、1992年のマーストリヒト条約が示唆するところであった。同条約には、次の一文が設けられていたのである。「加盟条件ならびに同盟が基礎をおく諸条約への適合については、加盟国と加盟申請国の間で合意されるべきものとする」[49]。加盟申請国は、自国の国内法を、ECにおいて蓄積された法──アキ・コミュノテール (acquis communautaire) と称される──にしたがわせなければならない。それとともに、EUは、当該国の制度が人権および少数者保護を保証できるのかどうか監視しようとしたのである。

加盟パートナーシップは、加盟候補国として認定された諸国の国内制度をコペンハーゲン基準に到達させるための戦略として、EUが1998年に率先したものである。それは、各候補国の優先課題をEUが明確にしたうえで、その解決に向けた財政支援を行なおうとするものであった。この場合の優先課題は、欧州委員会の提案に基づく、特定多数決で議決するEU理事会によ

って設定されるのである[50]。設定された優先課題は、候補国毎に短期的課題および中期的課題を定めながら、各国が改善するべき人権問題を具体的に列挙するものであった。たとえば、候補国であるチェコ、ブルガリアおよびハンガリーについては、少数者であるロマのおかれている状況を改善することを課題とした。スロバキアに対しては、さらに、少数者言語を保護することが不可欠であるとした。あるいは、ルーマニアには、短期的には孤児と病臥者ならびにロマがおかれる状況の改善が必要であるとしながら、中期的課題として警察の非武装化も求めたのである[51]。

他の近隣諸国への対応の例は、トルコ、CIS諸国および旧ユーゴスラビア諸国等に関して観察することができる。トルコは、1960年代からEUへの加盟を模索していたものの、1990年代後半までは候補国にさえ認定されなかった[52]。そのトルコに対して、EUは、同国軍隊への文民統制が十分ではないこと、拷問と強制失踪が継続していること、手続きを無視した司法裁判が行なわれていること、新聞メディアへの検閲を実施していること、少数者の認定形態が不適切であること、キプロス問題の解決に消極的であることを問題視した[53]。CIS諸国については、国内の反政府勢力に不当な武力行使を行なったこと、あるいは行政府が国会機能を停止させたこと等の理由から、協力協定の締結を延期することを決めたことがある。協定を締結しないこと自体が、人権と基本的自由を軽視した代償であるという合図を示そうとしたのである[54]。

しかしながら、これらの諸国にもましてEUの試金石となったのは、旧ユーゴスラビア諸国への対応であった。ユーゴスラビア連邦が分裂解体する過程では、国連やEUは、大量虐殺、少数者の抑圧および強姦等を止めさせることができなかったといわれる[55]。そのような中、EUは、当該諸国の秩序再建への財政支援等に際してさまざまな条件を提示したのである。1997年4月にEU理事会は、「条件を全く順守しない場合には、我々との協約は停止されうる」と述べながら、対象となる条件の一覧を公表した[56]。難民の帰還機会の確保、国際法廷への協力、民主主義改革ならびに人権保護、自由かつ公正な普通選挙の実施、少数者に対する差別の解消、メディアへの不干渉、経済改革への着手、近隣諸国との明白なる協力、デイトン協定と諸国間合意

第4章　第三国への政治的コンディショナリティの導入　111

表4-1　旧ユーゴスラビア諸国への財政支援に向けた条件

適用対象	条件
すべての国	1. 避難民（国内移民を含む）と難民が本来の居住地に帰還できる実質的な機会を確実に与えて、これを明白な形で実施すること。公共機関による嫌がらせとそれについての黙認をなくすこと、 2. EU加盟国内に非正規に滞在する自国民の帰国を許可すること、 3. 和平のための一般枠組み協定（GFAP）に調印した諸国は、諸協約の下での義務、とりわけ戦争犯罪者を裁判する国際法廷との協力に関する義務を遵守すること、 4. 民主的な改革を進め、人権および少数者の権利について常識的な基準を満たすことを確約すること、 5. 自由で公正な選挙を、成人の市民による普通および平等な秘密投票によって適宜行なうこと。さらに、選挙結果を十分かつ適正に履行すること、 6. 公的機関が少数者を差別的に扱い、嫌がらせを行なうという状況をなくすこと、 7. 自立的なメディアを差別的に扱い、嫌がらせを行なうという状況をなくすこと、 8. 経済改革の第一段階（民営化計画、一定の価格統制の撤廃）を実行すること、 9. 近隣諸国と友好的で協力的な関係を明白な形で築くこと、 10. スルプスカ共和国・ユーゴスラビア連邦共和国間の合意ならびに連邦・クロアチア間の合意を、デイトン和平協定と両立させること。
クロアチア	1. 東スラボニア協定の下での義務を遵守し、かつ国連東スラボニア暫定統治機構（UNTAES）および欧州安全保障協力機構と協力すること、 2. クロアチア・スルプスカ共和国間の関税国境を開放すること、 3. ボスニア系クロアチア人に十分な圧力をかけて、ヘルツェグ・ボスナ構造を解決させ、連邦の建設および運営に協力させること。真に団結したモスタル会議を開催し、モスタル統一警察部隊（UPFM）を活動させること。ボスニア系クロアチア人の戦犯容疑者が裁判を受けるように、政府が影響力を行使すること。
ボスニア・ヘルツェゴビナ	1. 憲法に定める制度を機能させ、ボスニア・ヘルツェゴビナとしての対外貿易・関税政策を策定すること、 2. 国内における人、物および資本の自由移動に向けて実質的な措置を取ること、 3. ブルチコ問題等については上級代表に協力すること、 4. 真に団結したモスタル会議を開催し、UPFMを活動させ、かつ連邦を運営すること。上級代表事務局がGFAPの精神と字義に反すると判断するすべての構造を解体すること。ボスニア人の戦犯容疑者が国際法廷で裁判を受けることに協力すること。
ユーゴスラビア連邦（後のセルビアとモンテネグロ）	1. ボスニア系セルビア人に圧力をかけて、憲法が定める制度の構築と憲法規定の実施に協力させること。ボスニア系セルビア人の戦犯容疑者が国際法廷で裁判を受けるように、政府が影響力を行使すること、 2. 領域内のコソボの地位について、コソボ系アルバニア人と実質的な対話を続けること。遵守の状況は、交渉期間を通じて継続的に監視するものとし、また支援の一部を進めるかどうかは、地域次元での意志表明次第とする。 　上記の条件に加えて、これらの条件を満たすための協約を結び、政治経済改革の分野で明確な成果を生む必要があり、政府はこれらの目的のために尽力することを約束しなければならない。近隣諸国と協力しながら、開放的で良好な関係を築く準備が必要である。 　同国には、以下の特別の条件を設けるものとする。 　高度な自治権をコソボに与えること。「高度な自治権」は、政府およびコソボの政治勢力の間での相互協定において定義される。当事者は、少数者の権利を当然に尊重する、平等な法的枠組みの確立を試みるべきである。

出所："Conclusions du Conseil sur le principe de conditionnalité régissant le développement des relations de l'Union européenne avec certains pays de l'Europe du Sud-Est," Bulletin UE, 4-1997.

の両立性の確保が、そのような条件として設定されている。実に広範な内容をともなっているといえる（表4-1を参照のこと）。

　もっとも、理事会は、広範な条件を提示しただけではない。特定の国家については、これらの条件に加えて、個別の条件をかした。表4-1においては、一部の政治勢力を国家運営に協力させること、警察活動を強化すること、あるいは国内の少数者に自治権を与えること等への言及がみられる。いずれも、通常であれば、国家が独自に実行の是非やその内容を決定する事項である。国家を再建する過程にあった旧ユーゴ諸国のコンディショナリティの例は、他の地域および諸国に対する同様の例とは単純には比較できない。しかしながら、それでも、これらの内政事項を財政支援等の実施条件と連結させたことは、1990年代後半期にみられた顕著な展開であった。

第3節　コンディショナリティの徹底
　　　　　──ACP諸国とのコトヌー協定から

　EUのコンディショナリティが1990年代全体を通じて拡充の一途をたどったことを、前節までで明らかにした。しかしながら、ACPと称されるアフリカ、カリブ海および太平洋諸国群との関係ほど拡充された事例は、他には見当たらない。第4次ロメ協定から改定第4次ロメ協定にかけてのコンディショナリティの変化についてはすでに触れた。EUとその加盟国は、その後、2000年6月に『アフリカ、カリブおよび太平洋諸国群の加盟国を一方の、ならびに欧州共同体とその加盟国をもう一方とする連携協定』[57]を、ACP77カ国との間で締結した。本節では、この協定──アフリカ西部ベナンの港湾都市コトヌーで署名されたことから、コトヌー協定と通称される──を取りあげ、ACP諸国へのコンディショナリティがどのように徹底されたかをみていきたい。主に注目する要素は、三つある。

1　「適切な措置」に向けた手続きの整備
　第1の要素として挙げられるのが、一方の当事者が「適切な措置」をとる手続きを、コトヌー協定が整備したことである。「適切な措置」をとる手続

第4章　第三国への政治的コンディショナリティの導入　113

きは、前節でみたように[58]、改定第4次ロメ協定において新設された不順守条項でも規定があった。コトヌー協定は、この手続きを協議手続き（consultation procedure）と名づけて精ちにしたのである。コトヌー協定の協議手続きは、一方の当事者をEU（正確にはEC）とその加盟国、ならびにもう一方の当事者をACP各国としたうえで、次の概容となっている。

　まず、協議手続きの流れを規定している。すなわち、当事者間の定期的な政治的対話にもかかわらず、一方の当事者が人権の尊重、民主主義の原則および法の支配に由来する義務を負えていないと他方の当事者によってみなされる場合、後者は、両者が納得できる解決を模索するという観点から、検証のために必要な関連情報を前者とACP-EC閣僚理事会に提出する。そのうえで両当事者が、「適切な次元かつ形態において」、事態の改善のためにとりうる措置を協議するのである[59]。

　協議は、招集の後15日以内に始めるものとし、かつ相互の合意に基づいて、違反の性質や重大性に応じて最長60日間続けられる。協議を通じて両当事者が納得できる解決を見いだせないか、あるいは協議が拒絶される場合、もしくは「特別の緊急事例」である場合に、「適切な措置」がとられることになるのである。そのような措置は、とるべき事由が解消すれば迅速に停止するべきであるとする[60]。

　次に規定するのは、すでに言及のあった「特別の緊急事例」の場合である。コトヌー協定によれば、このような事例は、本質的要素である人権の尊重、民主主義の原則および法の支配のいずれかに対する「とくに重大かつ甚だしい違反がある例外的な事例」を指す。この事例に該当する場合には、協議を省略して「適切な措置」をとることができるである。この手続き──特別緊急手続き（special urgency procedure）と呼ばれる──にうったえる当事者は、時間的余裕のない場合を除いて、相手当事者およびACP-EC閣僚理事会に対して事情を通知しなければならない[61]。

　いずれの場合であれ、「適切な措置」は、国際法にしたがう必要があり、違反の程度に比例したものでなければならない。また、措置を策定するに際しては、当該協定の適用を中断することはできるかぎり避けることが求められる。したがって、協定を停止することは、最後の手段として理解されるべ

きとされる[62]。

コトヌー協定では、このように、協議の開始期限と継続期限の双方を明記している。かつ、相手当事者と協議する手続きとともに、協議しない場合の対応も併記したものとなっている。人権や民主主義の侵害がある場合の対応を、より具体的に想定することになったといえるのである。

以上の手続きについて、いくつかの点を補足しておこう。まず、協議手続きが「当事者間の定期的な政治的対話 (political dialogue)」と関係づけられていることである。この政治的対話と呼ばれるものは、改定第4次ロメ協定をもって正式に実施されるようになった。しかしながら、改定第4次ロメ協定は、対話の目的やその対象となりうる分野を明記してはいなかった。あるいは、そもそも、対話を実施することの是非も両当事者の裁量に委ねる状況だったのである[63]。コトヌー協定は、これを定期的に実施するとしたうえで、その目的、対象となる事項、対話の焦点、実施様式、ならびに対話に際しての地域的組織および市民組織との連携等を、広く規定している[64]。この脈絡において、政治的な対話には「人権尊重、民主主義の原則、法の支配および良い統治」に関する「定期的な開発評価」が包含されることになったのである[65]。コトヌー協定では、協議手続きを進める前段階の局面として、この政治的対話が重視されることになりそうである。

協議手続きにおける ACP-EC 閣僚理事会の役割について、コトヌー協定が十分に記載していないことも留意しなければならない。ACP-EC 閣僚理事会は、前述の政治的対話を率先するほか、コトヌー協定の方針を採択し、あるいはその規定を実施する決定を下すなど、同協定を運営するうえで基幹的な機能を担うと想定される[66]。しかしながら、協議手続きにかぎっていえば、この閣僚理事会には積極的な役割を期待していないようにみえるのである。協議の参加者を関係当事者に限定するのは、問題の性質上、仕方のないことではあろう。しかしながら、協議手続きにおいては、検証のために必要な情報を同理事会に受理させるのみであり、それ以上の言及は何らなされていない。「特別の緊急事例」の場合に至っては、理事会は、その事情を通知されるのみである。さらにいうなれば、一方の当事者は、時間的余裕がないと判断すれば、これを通知する義務さえ免除される[67]。理事会に積極的な役

割を担わせようとしないのであれば、その一因は、EU側の思惑にあるだろう。コンディショナリティを効果的に実行するには、関係当事国との二者間においてのみ協議をもつことが最適である。閣僚理事会が関与すれば、このような協議形態を保持できなくなる可能性がある。

2 不順守条項に基づく「適切な措置」の採択

第2の要素として、EUが「適切な措置」を実際にとるようになったことを指摘したい。コトヌー協定の一方の当事者であるEUとその加盟国が、他方の当事者であるACP各国の行動について、同協定の不順守条項を適用しはじめたのである。

最初に適用したのは、ハイチに対してであった。EU理事会と欧州委員会は、ACP-EC閣僚理事会のEC側の代表として、2001年2月にハイチ政府に書簡を宛てている。この書簡によれば[68]、EUは当初、コトヌー協定の本質的要素条項にしたがい、同国上院選挙をめぐる選挙法違反に注目していた。2000年7月12日の宣言において違反の疑いがある旨を表明した後、EU理事会は、ハイチ政府を招いて協議することを決定した。9月26日からブリュッセルで始まった協議では、ハイチの外相が自国政府の立場と現状を説明したものの、EU理事会は満足できる解決を見いだすことができずに翌2001年1月に協議を終了した。それとともに、不順守条項に言及される「適切な措置」をとる決定を下したのである。書簡によれば、適切な措置をとる決定は、以下のような内容であった。(a) 欧州開発基金からの4,440万ユーロ分の融資計画を凍結する、(b) 構造調整プログラムおよび食糧の安全等に寄与する直接的援助を中止する、(c) 欧州開発基金における残余金の投入先を、ハイチの人々のより直接的な利益となる計画へと切り替える、(d) 次期欧州開発基金の計画をハイチ政府とともに検討する準備があるが、資金の配分にはEU理事会の決定が条件となる、以上である[69]。EU理事会は、この決定は同年12月まで効力をもつとする一方で、更新することもありうるとしたのである[70]。

続いて適用の対象となったのは、フィジーである。EUが同国大統領に宛てた書簡案によれば[71]、同国では、民主的に選出された政府が不法に転覆さ

れ、憲法が廃止される出来事があった。EU の招へいによって 2000 年 10 月から始まった協議では、同国の暫定政府が憲法の見直し、18 カ月以内の民主的選挙の実施、および責任者に対する裁判の実行について約束した。その後に EU は、事態に一定の改善をみたことを歓迎しながらも、次のような「適切な措置」をとった。それは、自由かつ公平な選挙と正当な政府の樹立が確認できないかぎり、欧州開発基金の融資を中止するというものであった[72]。

このような事例は、ほかにもある。詳細を紹介する余裕はないものの、EU は、たとえばコートジボアールやジンバブエに対して、同様の措置をとることを決定している。コートジボアールに関しては、「大統領および議会選挙の公開性の欠如、ならびに民主主義への移行期における市民への暴力」（同国首相および開発計画相への書簡より）が問題視された[73]。ジンバブエについては「暴力の拡大、反政府勢力への脅迫、ならびに自立的な報道機関への嫌がらせ」（同国大統領への書簡より）が関心をひいたのである[74]。

以上にみた適用事例に共通するのは、とられた「適切な措置」の多くが、欧州開発基金の凍結を意味していることである。コトヌー協定が最後の手段として協定の停止を想定していることを鑑みれば、これらの措置は軽微なものにとどまっているといえる。しかしながら、以上にみた事例は不順守条項を実際に適用したものであり、適用に向けた過程にある案件を含めると、その数はさらに膨らむ。政府の転覆が発生した中央アフリカに関する欧州委員会提案をはじめ[75]、ギニア[76]、ギニアビサウ[77] およびトーゴ[78] 等についても、EU は適用を模索しているのである。

EU 理事会は、コトヌー協定を契機として、意思決定のための内部手続きを変更した。新しい内部手続きによれば、同理事会は、協定を停止する場合を除き、「適切な措置」を特定多数決で可決できるようになった[79]。適用事例の発生とその潜在的件数の多さは、EU 内における意思決定の効率化にも負っているようにみえる。

3　良い統治の不順守条項への連結

いわゆる良い統治（good governance）の概念を不順守条項と連結しつつあることが、第 3 の要素として挙げられる。

第4章　第三国への政治的コンディショナリティの導入　117

　EUは良い統治の概念をその対外政策に取り込みつつあったが[80]、ACP諸国との協定の中で初めてその概念への言及がなされたのは、改定第4次ロメ協定においてであった。「…開発政策および協力は、基本的人権の尊重と享受、民主主義の諸原則の承認と適用、ならびに法の支配と良い統治の強化と密接に結合したものである。人々が開発の過程に真の意味で参加できるために（…）個人と団体によって率先される役割および可能性が承認される。この脈絡では、良い統治が、協力の実行に向けた特別の目標となる」[81]。この言及からは、良い統治が人権や民主主義原則と結合したものであることや、開発に向けた人々の参加という観点において良い統治が重視されうることが読みとれる。改定第4次協定は、さらに次のようにも述べていた。「ACP諸国における人権を促進し、かつ、民主化、法の支配および良い統治を強化する策をとるための資金が供与される」、と[82]。この場合、資金を供与する主体はECであると想定できる。しかしながら、それ以上の記述は、改定第4次協定にはみられなかった。改定第4次協定における言及は、宣言的な色彩が濃く、その定義も十分には試みられなかったといってよい。コトヌー協定では、このような状況からの変化がみられるのである。

　その要点は、以下のとおりである。まず、良い統治の定義をより積極的に試みている。「人権、民主主義原則および法の支配を重視する政治的状況という脈絡において、良い統治は、平等で持続可能な開発の目的に向けて人間、自然、経済および財政の諸資源が透明かつ説明責任を負える形で管理されていることである」とするのが、それである[83]。加えて、良い統治に向けては、「公的機関の次元における明瞭な意思決定手続き、透明かつ説明責任を負える制度、諸資源の管理と配分に際しての法の卓越性、ならびに、汚職を防止しかつそれと戦う政策を導入し実施する能力の向上」が必要であるとする[84]。このような記述にしたがえば、良い統治とは、人権や民主主義原則を重視するという従来の方針を変更するものではない。「明瞭な意思決定手続き」や「透明かつ説明責任を負える制度」を要請している点で、それは人権や民主主義原則と相関していることが読みとれるのである。そうであるとすれば、良い統治は、概念上国家政府をはじめとする公的機関の責任範囲を従来よりも拡大するものとみなせよう。

次には、良い統治が、コトヌー協定の基本的要素 (fundamental element) を構成することが示される。「(ACP および EU 間の) 連携を補強する良い統治は、この協定の当事者による対内的および国際的な諸政策を補強するものであり、この協定の基本的要素を構成する」、と。さらに、「汚職の原因となる贈収賄を含む、汚職の重大な事例がある場合のみを、そのような基本的要素の違反に該当するものとする」と述べた。汚職の重大な事例がある場合に限り、これを基本的要素の違反に当たるとしたのである[85]。

つまるところ、コトヌー協定は、良い統治を上記のように定義し、かつ基本的要素として位置づけたうえで、「汚職の重大な事例」を同協定の不順守条項と連結させたのである。EU が経済政策および計画に財政支援を行なう場合にそのような事例があれば、当事者間の協議において提起される。協議を通じて両当事者が納得できる解決をみないか、もしくは協議が拒絶されることがあれば、一方の当事者が「適切な措置」をとるとするのである[86]。

良い統治の中でも「汚職の重大な事例」の場合が協議の対象となったのは、EU が汚職をとくに問題視しているからである。EU では汚職と戦う必要性は、1990 年代を通じて認識されていた。国境なき域内市場が成立するにつれて、あるいは EC の財政規模が拡大することによって、汚職や不正行為という従来の問題がより深刻に認識されたのである[87]。コトヌー協定を通じた財政支援の局面で汚職への対応を策定したことには、こうした背景があった。ACP 諸国との関係についての 1998 年 3 月のコミュニケーションで、欧州委員会は、次のように述べている。「汚職は、開発一般および良い統治を妨げる主たるもの (main obstacle) である」[88]。そして、「汚職がみられる環境においては、契約履行の質の低下、国家の経済的資源の縮小、透明性、平等、法の支配および参加の概念の軽視、内外からの投資意欲の減退、経済改革の停滞、ならびに組織犯罪の常態化を容易に生む」ことになる、と[89]。EU 側のこうした認識に基づいて、良い統治は基本的要素となり、とりわけ重大な汚職の事例について不順守条項と連結されたのである。

良い統治に関する不順守条項も、やはり適用されるところとなっている。2001 年 7 月に EU 理事会は、協定の当事者であるリベリアと協議することを決定した。EU は、人権活動家を脅迫し、あるいは隣国シエラレオネの反

第4章　第三国への政治的コンディショナリティの導入　119

政府軍を支援した同国を、協定の本質的要素の見地から問題視した。それとともに、国家財政の透明性が極端に低下した状況は「汚職の重大な事例」に該当しうると判断したのである[90]。

11月に開かれた協議において、EU側は、リベリア政府が提示した改善計画を検討した。しかしながら、好ましい成果が後に報告されなかったという理由から、EU理事会が翌年3月、「適切な措置」として欧州開発基金を凍結する決定を下したのである。EU側が同国外相に宛てた書簡によれば、措置をとった主な理由は、同国による人権尊重と民主主義原則の違反に関するものであった。しかしながら、「燃料、木材およびコメに対する公共会計の管理が、依然として不透明である」という理由も掲げられた。このような見地から、EUは、本質的要素としての人権と民主主義とともに、基本的要素としての良い統治の違反を理由として不順守条項の適用に踏みきったのである[91]。

以上にみたように、コトヌー協定においてEUは、ACP諸国へのコンディショナリティを徹底する姿勢を明らかにした。制度的には、不順守条項に基づいて「適切な措置」をとるための手続きを整備することになった。そのうえで、一定のACP諸国に対しては、協議を経て当該措置を決議しはじめたのである。また、良い統治という新しい要素が、コンディショナリティに付加された。中でも、汚職については不順守条項と連結され、「適切な措置」の対象として位置づけられたのである。

コトヌー協定を契機としてコンディショナリティを徹底する姿勢は、欧州議会や欧州に拠点をおく多数の人権団体によって支持された[92]。他方において、それは、ACP諸国政府の抵抗にあった。彼らは、協議手続きを整備し、あるいは良い統治概念を重視することは、いずれも国家主権原則と相容れず、各国の開発における格差を助長しかねないと主張した[93]。その結果、良い統治については本質的要素ではなく基本的要素にとどめるなど、ACP諸国の要求は一部受容された[94]。もっとも、コトヌー協定を通じてコンディショナリティを強化するというEUの方針を、ACP諸国は撤回させるには至らなかった。

おわりに

　本章では、EU がコンディショナリティをどのように導入しようとしたのかをみてきた。EU と加盟国は、第三国と締結する各種の協力協定に人権条項を設けることにより、人権や民主主義原則の対外的な推進を図った。人権条項は、本質的要素条項と不順守条項という一対の形態をとった。それは、人権尊重、民主主義原則および法の支配等を協定の本質的要素と位置づけながら、これらの要素に違反する協定相手国に「適切な措置」をとることを制度化するものであった。それは、文面が統一されるなど普遍化され、EU 加盟候補国や旧ユーゴ諸国といった近隣諸国への独自のコンディショナリティと並行する形で強化された。

　EU がコンディショナリティを徹底する動向は、とりわけ ACP 諸国との関係において観察できた。コトヌー協定の不順守条項は、「適切な措置」をとるための整備された手続きを定めることになり、実際にこれを適用する事例もみられた。さらに、良い統治を協定の基本的要素としたうえで、人権や民主主義原則への違反があった場合とあわせて、重大な汚職の場合にも「適切な措置」を講じうることになったのである。

　歴史を紐解けば、コンディショナリティは、欧州諸国にとっての伝統的な外交手段であった。欧州諸国は、近隣諸国に対して、16 世紀には宗教上の少数者の権利を、あるいは 19 世紀には民族的少数者の権利を保護することを要求した。18 世紀の後半には諸国は、「宗教の自由」を尊重していないという理由からルーマニアの国家承認を延期したこともある[95]。ひるがえって現代では、不順守条項を根拠とした「適切な措置」を EU として実施するようになった。国家ではなく、「超国家的」な機構が実施主体となっているのである。そうであるならば、EU 加盟国は、その決定権限を EU へと譲渡することにより、人権や民主主義といった規範を域外諸国に知らしめつつあると捉えることができる。EU のコンディショナリティは、その意味において近代欧州史の一つの転換期にあることを例証している。

　コンディショナリティは、従前の対外関係に人権や民主化という観点を持

ち込もうとするがゆえに、それを主導する側にも道徳上の自律を要請することになる。また、オーストラリアとの協定については本章でも触れたが、その締結が棚上げされたことは示唆的である。EUは、コンディショナリティが経済的利益や安全保障上の利益と調和しない場合であっても、それを貫徹することができるのか。貫徹できないようであれば、コンディショナリティを実施する正当性は、相応に低下せざるをえない。

　コンディショナリティの正当性という点では、これをEUの域内における人権保護と調和させていく必要もある。たとえば、EUは、加盟候補国や近隣諸国に対して、少数者を保護するように求めてきた[96]。しかしながら、EU加盟国の大半は、『地域あるいは少数者の言語のための欧州憲章』を締約していない。この憲章が欧州審議会において採択されたのは1992年11月であるが、採択から5年を経ても、この憲章を締約したEU加盟国は15カ国（当時）中2カ国にとどまっていた。1995年2月に採択された『民族的少数者の保護のための欧州枠組み規約』にも、多くの加盟国が締約していない現状があった[97]。少数者の保護の例にとどまらず、対外的な要請と域内における対応をどのように整合化させるのかが問われることになる。

1) Gordon Crawford, *Foreign Aid and Political Reform : A Comparative Analysis of Democracy Assistance and Political Conditionality*, Palgrave, 2001.
2) アメリカの「人権外交」は、1970年代以降に本格化したといわれる。石井修「米国の人権外交の理念と現実」『国際問題』363号、1990年、29-38頁。；有賀貞「アメリカ外交における人権」有賀貞編『アメリカ外交と人権』日本国際問題研究所、1992年、1-20頁。
3) たとえば、ウガンダのアミン政権に開発援助を続けたことが、当時の欧州では非常に問題視されたという。Eibe Riedel and Martin Will, "Human Rights Clauses in External Agreements of the EC," in Alston, Philip (ed.) with Mara Bustelo and James Heenan, *The EU and Human Rights*, Oxford University Press, 1999, p. 723.
4) この点を論じた Francis Fukuyama, *The End of History and the Last Man*, Free Press, 1992（フランシス・フクヤマ、渡部昇一訳『歴史の終わり』三笠書房）は、世界的なベストセラーになった。
5) K.トマチェフスキー（宮崎繁樹・久保田洋監訳）『開発援助と人権』国際書院、1992年、第1章。；大平剛『国連開発援助の変容と国際政治』有信堂、2008年、第2

章および第3章。
6) コンディショナリティの正当性や途上国への影響については、さまざまな角度から議論されている。大別すると、コンディショナリティの導入が途上国の主権を侵害する(内政干渉論)、コンディショナリティの二重三重の運用基準がその正当性を担保しえない(政策ツールとしての非汎用性)、人権尊重や民主主義原則の規範は地域によって多様であり、画一のものではない(価値の相対性)といった議論がある。リー・クアンユー(古川栄一訳)「人権外交は間違っている」『諸君!』1993年9月号、140-149頁。;アマルティア・セン(石塚雅彦訳)『自由と経済開発』日本経済新聞社、2000年。;井上達夫「リベラル・デモクラシーと「アジア的価値」」大沼保昭編著『東亜の構想』筑摩書房、2000年。; Jack Donnelly, *Universal Human Rights in Theory and Practice*, Cornell University Press, 1989.; Martha Meijer (ed.), *Dealing with Human Rights: Asian and Western Views on the Value of Human Rights*, HOM: Utrecht, 2001を参照されたい。
7) 本章におけるEUの用語法については、本書の凡例を参照されたい。
8) 辰巳浅嗣編著『EU欧州統合の現在』創元社、2004年、第2部参照。
9) See, Álvaro de Vasconcelos, "Portugal: Pressing for an Open Europe," in Christopher Hill (ed.) *The Actors in Europe's Foreign Policy*, Routledge, 1996, pp. 276-279.; Toby King, "Human Rights in European Foreign Policy," *European Journal of International Law*, vol. 10, No. 2, 1999, pp. 322-323 and p. 332.
10) 本章の論題と関わる先行研究には、次のものがある。大隈宏「「政策対話」をめぐる南北間の確執」『国際法外交雑誌』87巻3号、1988年、259-292頁。;大隈宏「ロメ協定と人権コンディショナリティ」成城大学法学会編『21世紀を展望する法学と政治学』信山社、1999年、441-504頁。;前田啓一『EUの開発援助政策』御茶の水書房、2000年。; Steven Weber, "European Union Conditionality," in Jürgen von Hagen (Acting ed.), *Politics and Institutions in an Integrated Europe*, Springer, 1995, pp. 193-220.; Barbara Brandtner and Allan Rosas, "Human Rights and the External Relations of the European Community," *European Journal of International Law*, vol. 9, No. 3, 1998, pp. 468-490.; Manfred Nowak, "Human Rights 'Conditionality' in Relation to Entry to, and Full Participation in, the EU," in Philip Alston, *op. cit*., pp. 687-698.; Marco Giorello, "The Clauses of Democratic Conditionality in the European Union's External Relations," in Carol Cosgrave-Sacks (ed.), *Europe, Diplomacy and Development*, Palgrave, 2001, pp. 79-95.
11) 本書序章第2節参照。
12) Daniela Napoli, "The European Union's Foreign Policy and Human Rights," in Nanette Neuwahl and Allan Rosas (eds.), *The European Union and Human Rights*,

Martinus, 1995, pp. 305-306.
13) 最初のロメ協定は、1976年に締結された。それから3度の更新を重ねたのが第4次ロメ協定である。ACP諸国との協力協定は、ロメ協定以前からヤウンデ協定等が存在していた。拙稿「対途上国政策」辰巳編著、前掲書、208-214頁参照。

ところで、ECがその加盟国とともに第三国との協定の当事者となる場合、ECが当事者としてどこまで権能をもつかが問われる。多くの協定では、この点を最低限明らかにするために、EC側の当事者を「欧州共同体設立条約に由来するように、各々の権能の領域にしたがい共同体あるいはその加盟国、もしくは共同体およびその加盟国とする」ことが確認される。後述するメルコスールとの『地域間枠組み協力協定』等についても同様である。注38) 参照

14) "Fourth ACP-EEC Convention signed at Lomé on 15 December 1989," O. J. No. L229, 17 August 1991, Art. 5 (1). 丸カッコ内は本書筆者による。以下同じ。
15) Ibid.
16) 1976年の締結に加わったACP諸国は、46カ国であった。
17) 第1次ロメ協定の際は約35億エキュ、第4次ロメ協定では120億エキュであったという試算がある。Martin Holland, *The European Union and the Third World*, Palgrave, 2002, p. 43, Table1. 4.
18) "Framework Agreement for trade and economic cooperation between the European Economic Community and the Argentine Republic," O. J. No. L295, 26 October 1990, Art. 1.
19) See, "Framework Agreement for cooperation between the European Economic Community and the Eastern Republic of Uruguay," O. J. No. L94, 8 April 1992, Art. 1.; "Framework Agreement for cooperation between the European Economic Community and the Republic of Paraguay," O. J. No. L313, 30 October 1992, Art. 1.
20) Bulletin of the European Communities, November 1991, pp. 122-123. para. 6 and 7.
21) *Council Declaration of 11 May 1992*, 6326/92 (Press 71G).
22) Ibid. see also, Riedel and Will, *op. cit.*, pp. 726-732.
23) Ibid.
24) 『条約法に関するウィーン条約』は、国際連合条約法会議において作成された文書であり、条約法の基本規則を定めている。広部和也「条約法に関するウィーン条約」小田滋・石本泰雄編集代表『解説条約集』第9版、三省堂、2001年、173頁。
25) *Vienna Convention on the Law of Treaties*, Vienna, 23 May 1969, Art. 60. 英語版および仏語版の全文が、国連条約集のサイト (http://treaties.un.org) において閲覧できる。

26) Giorello, *op. cit.*, pp. 82-83.
27) マーストリヒト条約によって新設された EC 設立条約 130u 条 2 項。
28) アムステルダム条約によって改定された EC 設立条約 177 条。
29) 次の協定の 1 条および 21 条を参照されたい。"Agreement between the European Economic Community and the Republic of Albania, on trade and commercial and economic cooperation," O. J. No. L343, 25 November 1992.; "Agreement between the European Economic Community and the Republic of Latvia on trade and commercial and economic cooperation," O. J. No. L403, 31 December 1992.; "Agreement between the European Economic Community and the Republic of Estonia on trade and commercial and economic cooperation," O. J. No. L403, 31 December 1992.; "Agreement between the European Economic Community and the European Atomic Energy Community, of the one part, and the Republic of Lithuania, of the other part, on trade and commercial and economic cooperation," O. J. No. L403, 31 December 1992.; "Cooperation Agreement between the European Economic Community and the Republic of Slovenia," O. J. No. L189, 29 July 1993.
30) "Europe Agreement establishing an association between the European Economic Communities and their Member States, of the one part, and Romania, of the other part," O. J. No. L357, 31 December 1994, Art. 6 and 119.; "Europe Agreement establishing an association between the European Communities and their Member States, of the one part, and the Republic of Bulgaria, of the other part," O. J. No. L358, 31 December 1994, Art. 6 and 118.; "Europe Agreement establishing an association between the European Communities and their Member States, of the one part, and the Slovak Republic, of the other part," O. J. No. L359, 31 December 1994, Art. 6 and 117.; "Europe Agreement establishing an association between the European Communities and their Member States, of the one part, and the Czech Republic, of the other part," O. J. No. L360, 31 December 1994, Art. 6 and 117.
31) *Ibid.*
32) *Communication de la Commission sur la Prise en Compte du Respect des Principes Démocratiques et des Droits de l'homme dans les Accords entre la Communauté et les Pays Tiers*, COM (95) 216final, 23 mai 1995.
33) *Ibid.*, p. 12.
34) *Ibid.*, pp. 12-13.
35) *Ibid.*, p. 13.
36) 366a 条の新規挿入によって設けられた。"Agreement amending the Fourth ACP-EC Convention of Lomé signed in Mauritius on 4 November 1995," O. J. No. L156,

第4章　第三国への政治的コンディショナリティの導入　125

29 May 1998, para. 67.
37) See e. g. *Communication from the Commission to the Council and the European Parliament : To prepare the fourth meeting of Euro-Mediterranean foreign ministers 'Reinvigorating the Barcelona Process'*, COM (2000) 497final, 6 September 2000. see also "Meshing Human Rights in with the Maastricht Treaty," *European Report*, 29 April 1995.
38) 当事者の定義について、『地域間枠組み協力協定』は、メルコスール側の当事者を「メルコスール設立条約にしたがって、メルコスールないしその当時諸国を指す」とした（32条）。この協定では、基礎条項と不順守条項は、それぞれ1条および35条として設けられている。See, "Interregional Framework Cooperation Agreement between the European Community and its Member States, of the one part, and the Southern Common Market and its Party States, of the other part - Joint Declaration on political dialogue between the European Union and Mercosur," O. J. No. L69, 19 March 1996, Art. 1 and 35.
39) オーストラリアとは、当時において共同宣言を採択するにとどまっている。*Agence France Presse*, 6 May 1997.; *Europe Daily Bulletins*, No. 7395, 2 February 1999.
40) "Council Regulation (Euratom, EC) No. 1279/96 of 25 June 1996 concerning the provision of assistance to economic reform and recovery in the New Independent States and Mongolia," O. J. No. L165, 4 July 1996.
41) *Ibid.*, Art. 3 (11).
42) "Council Regulation (EC) No. 1488/96 of 23 July 1996 on financial and technical measures to accompany (MEDA) the reform of economic and social structures in the framework of the Euro-Mediterranean partnership," O. J. No. L189, 30 July 1996.
43) *Ibid.*, Art. 3.
44) このような条項は、他にも、旧ユーゴ諸国への援助に関する2000年の理事会規則等に見いだせる。"Council Regulation (EC) No.2666/2000 of 5 December 2000 on assistance for Albania, Bosnia and Herzegovina, Croatia, the Federal Republic of Yugoslavia and the Former Yugoslav Republic of Macedonia, repealing Regulation (EC) No. 1628/96 and amending Regulations (EEC) No. 3906/89 and (EEC) No. 1360/90 and Decisions 97/256/EC and 1999/311/EC," O. J. No. L306, 7 December 2000, Art. 5 (1).
45) See, "Council Regulation (EEC) No. 3906/89 of 18 December 1989 on economic aid to the Republic of Hungary and the Polish People's Republic," O. J. No. L375, 23 December 1989.

46) See, "Council Regulation (EEC, Euratom) No. 2157/91 of 15 July 1991 concerning the provision of technical assistance to economic reform and recovery in the Union of Soviet Socialist Republics," O. J. No. L201, 24 July 1991.
47) なお、対外援助は EC のみでなく、EU の枠組みでも実施されている。その場合も、EC による実施の場合に類似する条項を設けている。たとえば、理事会は 1997 年 4 月、共通外交・安全保障政策の枠内において、パレスチナ機構のテロ対策を援助する統一行動 (joint action) を採択した。ここにおいても、同機構が人権尊重を保証できない場合に援助計画を停止する旨を明記している。"97/289/CFSP: Joint Action of 29 April 1997 adopted by the Council on the basis of Art. J. 3 of the Treaty on European Union on the establishment of a European Union assistance programme to support the Palestinian Authority in its efforts to counter terrorist activities emanating from the territories under its control," O. J. No. L120, 12 May 1997, Art. 1 (5).
48) *Conclusions de la présidence -Copenhague, les 21 et 22 juin 1993*, SN 180/1/93 REV1, p. 25.
49) マーストリヒト条約によって新設された EU 条約 O 条（現 49 条）。アムステルダム条約による同条の改定については、本書第 1 章第 2 節参照。
50) "Council Regulation (EC) No 622/98 of 16 March 1998 on assistance to the applicant States in the framework of the pre-accession strategy, and in particular on the establishment of Accession Partnerships," O. J. No. L85, 20 March 1998, Art. 1 and 2.
51) たとえば、ハンガリーの優先課題は、"Council Decision of 6 December 1999 on the principles, priorities, intermediate objectives and conditions contained in the Accession Partnership with the Republic of Hungary," O. J. No. L335, 28 December 1999 の Annex に掲載されている。他の候補国の課題も、同様に O. J. No. L335, 28 December 1999 に収録されている。
52) EU がトルコを加盟候補として認定したのは、1998 年 12 月である。トルコが加盟申請を行なったのは 1987 年 4 月であるから、認定までに 10 年を要したことになる。
53) *Regular Report from the Commission on Turkey's Progress towards Accession*, COM (1998) 711final, 17 December 1998, pp, 10-22.
54) Peter Gowan, "Commonwealth of Independent Sates," in Desmond Dinan (ed.), *Encyclopedia of the European Union*, Updated Ed., L. Reinner Publishers, 2000, pp. 89-90. see also, "EU strategy for relations with Newly-Independent States," *European Report*, 10 June 1995.
55) 千田善『ユーゴ紛争はなぜ長期化したか』勁草書房、1999 年参照。

第4章　第三国への政治的コンディショナリティの導入　　127

56) "Conclusions du Conseil sur le principe de conditionnalité régissant le développement des relations de l'Union européenne avec certains pays de l'Europe du Sud-Est," Bulletin of the European Union, April 1997.
57) "Partnership Agreement between the members of the African, Caribbean and Pacific Group of States of the one part, and the European Community and its Member States, of the other part, signed in Cotonou on 23 June 2000," O. J. No. L317, 15 December 2000.
58) 本章第2節1参照。
59) "Partnership Agreement between the members of...," *op. cit*., Art. 96 (2) (a). ACP-EC 閣僚理事会は、ロメ協定に基づいて設置される機関であり、一方において EU 理事会と欧州委員会の構成員、他方において ACP 各国政府の構成員からなる。ロメ協定の方針や、同協定の規定を実施する決定を採択する等の役割を負う。*Ibid*., Art. 15.
60) *Ibid*.
61) *Ibid*., Art. 96 (2) (b).
62) *Ibid*., Art. 96 (2) (c).
63) 改定第4次ロメ協定が改定前の第4次ロメ協定の中に設けた条項は、次のような記述であった。「(ACP-EC) 閣僚理事会は、詳細な政治的対話を指揮する。この目的のために、締約当事者は、効果的な対話を確保するために自ら組織する」。"Agreement amending the Fourth...," *op. cit*., para. 12.
64) "Partnership Agreement between the members of...," *op. cit*., Art. 8.
65) *Ibid*., Art. 8 (4).
66) 注59参照。
67) 「特別緊急手続きにうったえる当事者は、時間なき場合はさておき (unless it does not have time)、他方の当事者と (ACP-EC) 閣僚理事会に事情を通知するものとする」とある。"Partnership Agreement between the members of...," *op. cit*., Art. 96 (2) (b).
68) "Letter to be addressed to the Government of Haiti," O. J. No. L48, 17 February 2001, p. 32.
69) *Ibid*.
70) "Council Decision of 29 January 2001 concluding the consultation procedure with Haiti under Article 96 of the ACP-EC Partnership Agreement," O. J. No. L48, 17 February 2001, p. 31. コトヌー協定は、当時において未発効であったものの、2000年7月の ACP-EC 理事会において、当該協定の先行的な実施が合意されていた。以下にみる事例についても同様である。*Ibid*.

71) "Draft letter to the President of the Republic of the Fiji Islands," O. J. No. L120, 28 April 2001, p. 34.
72) "Council Decision of 4 April 2001 concluding the consultation procedure with the Republic of the Fiji Islands under Article 96 of the ACP-EC Partnership Agreement," O. J. No. L120, 28 April 2001, p. 33.
73) "Council Decision of 25 June 2001 concluding consultations with Côte d'Ivoire under Article 96 of the ACP-EC Partnership Agreement," O. J. No. L183, 6 July 2001, pp. 39-41.
74) "Council Decision of 18 February 2002 concluding consultations with Zimbabwe under Article 96 of the ACP-EC Partnership Agreement," O. J. No. L50, 21 February 2002, p. 65.
75) *Communication from the Commission to the Council concerning the opening of consultations with the Central African Republic under Article 96 of the Cotonou Agreement*, COM (2003) 222final, 28 April 2003.
76) *Communication from the Commission to the Council concerning the opening of consultations with the Republic of Guinea under Article 96 of the Cotonou Agreement*, COM (2003) 517final, 26 August 2003.
77) *Communication from the Commission to the Council concerning the opening of consultations with Guinea-Bissau under Article 96 of the Cotonou Agreement*, COM (2003) 824final, 26 January 2004.
78) *Proposal for a Council Decision concluding consultations with Togo under Article 96 of the Cotonou Agreement*, COM (2004) 576final, 31 April 2004.
79) "Accord interne entre les représentants des gouvernements des États membres, réunis au sein du Conseil, relatif aux mesures à prendre et aux procédures à suivre pour la mise en oeuvre de l'accord de partenariat ACP-CE," Journal Officiel No. L317, 15 décembre 2000, annexe, pp. 376-382.
80) EUによる良い統治概念の推進については、see Weber, *op. cit.*, p. 207.; Martin Holland, *European Union Common Foreign Policy : From EPC to CFSP Joint Action and South Africa*, Macmillan Press, 1995, pp. 130-131.
81) "Agreement amending the Fourth...," *op. cit.*, para. 5.
82) *Ibid*.
83) "Partnership Agreement between the members of...," *op. cit.*, Art. 9 (3).
84) *Ibid*.
85) *Ibid*.
86) *Ibid*., Art. 97.

87) アムステルダム条約が次の条項を EU 条約に設けたことは、この脈絡を象徴している。「(市民に安全を提供するという EU の) 目的は、(…) テロリズム、人身売買、児童虐待、不法な薬物の売買、不法な武器の売買、汚職および不正行為をはじめとする犯罪を、組織犯罪であるか否かを問わず予防およびこれと戦うことにより達成される。(以下略)」(29 条 2 段)。EU の 1990 年代における汚職防止の試みについては、拙稿「EU における反汚職 (anti-corruption)」『ワールドワイドビジネスレビュー』(同志社大学) 3 巻 2 号、2002 年参照。
88) *Communication from the Commission to the Council and the European Parliament : Democratisation, the rule of law, respect for human rights and good governance : the challenges of the partnership between the European Union and the ACP States*, COM (1998) 146final, 12 March 1998, p. 8.
89) *Ibid.*, p. 9.
90) 拙稿、「EU における反汚職」前掲論文、91-92 頁。
91) 同上。
92) See, *Europe Daily Bulletins*, No. 6859, 23 November 1996.: *Europe Daily Bulletins*, No. 7078, 13 October 1997.; European Parliament, *Report on the Commission Communication entitled 'Democratisation, the rule of law, respect for human rights and good governance : the challenges of the partnership between the European Union and the ACP States (COM (98) 0146-C4-0390/98)*, (Rapporteur : Fernando Fernández Martín) A4-0411/98," 9 November 1998, p. 7, para. 28.
93) E. g., *Europe Daily Bulletins*, No. 7403, 12 February 1999.; *Europe Daily Bulletins* No. 7573, 15 October 1999.; *European Report*, No. 2381, 13 February 1999.
94) *Europe Daily Bulletins*, No. 7592, 13 November 1999.
95) 田畑茂二郎『人権と国際法』日本評論新社、1952 年、第 2 章。see also Weber, *op. cit.*, pp. 196-199.; Stephen Krasner, *Sovereignty : Organized Hypocrisy*, Princeton University Press, 1999, chap. 3 and 4.
96) 本章第 2 節参照。
97) 以上の点を指摘するものとして、see Gaetano Pentassuglia, "The EU and the Protection of Minorities : The Case of Eastern Europe," *European Journal of International Law*, vol. 12, no. 1, 2001, pp. 35-37.

第5章
欧州審議会との相互関係の展開

はじめに

　EU のように、加盟国のすべてか、もしくはその大半が欧州諸国からなる国際機構はいくつか存在する。欧州安全保障協力機構はその代表的なものであるし、北大西洋条約機構もこの範疇に該当するであろう。もっとも、EU の人権政策という関心からいえば、現在 47 カ国が加盟する欧州審議会 (Council of Europe、以下「審議会」とする) の存在を軽視することはできない。かの欧州人権条約や欧州社会憲章をはじめとする人権文書の多くは、審議会を運営母体としているからである。

　審議会は、欧州石炭鉄鋼共同体の設立からさらに 3 年を遡る、1949 年 8 月に設立された[1]。欧州人権条約は、その審議会諸国が加入することにより 1953 年に効力をもった[2]。審議会諸国は、欧州人権条約を通じて「世界人権宣言が定める権利を集団的に実行する、初めの一歩」(同条約前文) を進めようとしたのである。EC/EU が欧州人権条約と密接な関わりをみせたことは、偶然ではない。欧州人権条約の諸権利、ならびに同条約に基づいて設置される欧州人権裁判所 (および欧州人権委員会)[3] の判例は、人権の目録をもたなかった EC/EU が示唆をえる源泉であった[4]。あるいは、民主主義と人権尊重を重視するようになった EC/EU にとっては、その加盟候補国が加入を終えておくべき対象でもあった[5]。リスボン条約の発効下にある現在では、EU が法人格をもつ主体として欧州人権条約に加入する展望が開けている[6]。

　欧州人権条約ばかりではない。労働者の権利を含む社会的権利を広範に保

護しようとする欧州社会憲章は、1965年に発効をみた。国連の社会権規約が発効する10年以上前のことである。この社会憲章も、EC設立条約（現EU運営条約）本文で言及される等、EUが長年参考にしてきた文書である。審議会は、現代欧州における人権法体系の最大の発信源となってきた。

しかしながら、審議会の活動とEUの総体的な関わりについては、これまで注目されてこなかった。EUの基本条約が「共同体は、審議会とのあらゆる適切な協力形態を設ける」、「共同体と加盟国は、教育分野において、第三国および欧州審議会をはじめとする国際機構と協力を進める」等と述べているに関わらずである[7]。審議会には、その設立以来二つの機関がある。各国外相とその代理からなる閣僚委員会、ならびに各国議員の代表が一堂に会する議員総会（正式には「諮問総会」）である。これらの機関が中心となって[8]、法律、経済、文化、科学および社会の広範な事項に関して長年活動してきた[9]。審議会はたしかに、運営予算の規模や職員数の点において、EUとは比較にならない[10]。とはいうものの、以下にみるように、そのような状況にあって興味深い相互関係を築いてもいるようなのである。

両機構の関係を俯瞰するために、本章では、まず、これらの機構の創設期から1970年代までの動向をまとめる（第1節）。そのうえで、1980年代以降、とりわけ東西冷戦の終結過程における展開をみる（第2節）。そして最後に、1990年代後半に提起されたトルコにおけるオジャラン裁判の問題を事例にして、両機構の関係にさらに接近するものとする（第3節）。

第1節　1970年代までの相互関係
　　　　　―史的概観

1　欧州3共同体の設立と欧州審議会

欧州審議会とEUの相互関係は、EUにとって初めての共同体である、欧州石炭鉄鋼共同体の設立時より構築が試みられた。当時の審議会は、すでに、国際労働機関、欧州経済協力機構（1961年に経済協力開発機構へと改組される）および国連教育科学文化機関（ユネスコ）等と公式の関係を結んでいた[11]。しかしながら、1950年代の西欧6カ国が欧州諸共同体を設立しよう

とした際には、審議会はより敏感な反応を示したようである。

フランスのシューマン外相による1950年5月に発表した『シューマン計画』は、欧州石炭鉄鋼共同体の設立を構想するものであった。審議会の議員総会は、その年の8月に『石炭鉄鋼分野における機関創設に関する勧告』を採択している。審議会にとって、同共同体の最高機関は注目するべき対象であった。議員総会は、適宜、同共同体について決議を準備したが、その多くは最高機関の活動を焦点とするものであった[12]。

議員総会による決議の対象は、欧州防衛共同体（および欧州政治共同体）の計画にも及んだ。『欧州軍に関する勧告』(1950年11月)、『欧州防衛共同体に関する勧告』(1952年5月)、『欧州政治共同体の地位に関する勧告』(同)、『欧州政治共同体に関する勧告および決議』(1953年5月)が、そのような決議に含まれるだろう。西欧6カ国は、欧州防衛共同体の計画が挫折した後、欧州経済共同体と欧州原子力共同体の設立へと行動した。議員総会は、それに呼応して、やはり以下のような決議や勧告を準備したのである。『西欧の経済統合に関する勧告』(1955年7月)、『ユーラトムおよび共同市場等に関する決議』(1957年5月)、『欧州の共通外交政策、諸組織の合理化およびユーラトム等に関する決議』(同10月)、『欧州の経済的結合に関する勧告』(1959年4月)等である[13]。

議員総会が採択する決議や勧告は、国連総会のそれと同様に、それ自体では何ら法的拘束力をもつものではない。しかしながら、審議会では、各国の代表からなる閣僚委員会も、欧州石炭鉄鋼共同体が審議会との関係に配慮するべき旨を決議している[14]。審議会は、このように、6カ国による共同体の設立に特別の注意を払っていたと考えられる。

他方において、欧州3共同体のいずれの設立条約も審議会との関係に言及したことは、以上のような審議会側の意識に配慮した結果と思われる。欧州石炭鉄鋼共同体設立条約は、その本文で「欧州審議会に対する共同体諸機関の関係は、本条約議定書に定める条件の下で確保する」と述べた[15]。そのうえで、『欧州審議会との関係についての議定書』において、次のように規定した。第1に、石炭鉄鋼共同体の共同総会（後の欧州議会）の構成員は、審議会議員総会構成員による兼任が望ましい。第2に、共同総会は、その活動

について議員総会に年次報告を行なう。第3に、石炭鉄鋼共同体の最高機関は、その一般報告を、審議会の閣僚委員会および議員総会に提出する。第4に、最高機関は、閣僚委員会の勧告に対する処置について回答する、というものである[16]。欧州経済共同体設立条約および欧州原子力共同体設立条約の双方は、「共同体は、欧州審議会とのあらゆる適切な協力形態を確立する」と述べて、審議会と協力を進める旨を明記した[17]。欧州経済共同体設立条約発効後の1959年8月には、欧州経済共同体委員会と審議会の諸機関が相互協力を行なうについて合意することになった[18]。

欧州3共同体を発足させた6カ国は、すべて審議会の原加盟国であった[19]。したがって、これらの共同体に参加しなかった審議会諸国——イギリス、デンマーク、ギリシャ、アイルランド、トルコおよびオーストリア等が該当する——との経済関係をいかに調整し保持するかが実際的な課題であった。両機構における当時の焦点は、経済関係にいまだ限定されるものであった。

2 両機構の相互関係の交錯

東西冷戦構造の下において、審議会とECは、いずれも、「西側」であるアメリカ合衆国の陣営に属していた。そのために、両機構は基本的に協調関係にあり、相互に深刻な対立を惹起する要因は見当たらなかった。しかしながら、優れて良好な関係を築いていたともいいがたい。それは、以下の理由による。

まず、EC側の関係者は、ECによる欧州統合の深化に期待する一方で、欧州地域における審議会の役割を評価していなかったふしがある。この点は、超国家主義的な統合を目指したECと、従来の伝統的な国際機構たらんとした審議会という対照性に集約できるだろう。ECには、経済分野における共通政策の実施という目標を達成するために、国家主権の制限を辞さない覚悟がみられた[20]。対して、審議会には、そのような覚悟はみられなかった。閣僚委員会の表決は、すべての加盟国代表による全会一致が原則であった[21]。常設の事務局が設置されたものの、行政権限を享受するEC委員会のような機関ではなかった。議員総会も、国際議会の様相を呈するものではあ

ったが、先にふれたように、その決議には法的拘束力がなかったのである[22]。イギリスのとある外交官は、審議会を次のように評している。「審議会は、ついに設立された。ただし、それが効果的な権限をもたないという条件の下においてである」[23]。他方において、欧州統合の父と称されるフランスのジャン・モネ（J. Monnet）は、審議会の存在だけでは「統合へのチャンスは遠のいていくばかり」であったと回想している[24]。EC本部の設置場所についても、6カ国は、審議会本部があるストラスブールに執着しなかった節がある[25]。欧州統合の計画に魅了された人々にとって審議会の役割が不十分であったことは、容易に想像できるのである。

両方の機構にみられたこのような相違は、人的資源の面においても表れた。活動の場を審議会からECへと自発的に移した者もいたのである。その典型は、欧州経済共同体の設立に寄与したベルギーのスパーク（P.-H. Spaak）元首相であった。国連総会の初代議長としても著名なスパークは、その後、審議会議員総会の初代議長の任にあった。しかしながら、欧州石炭鉄鋼共同体設立の際に、彼は次の言葉を残して議長の任を辞しているのである。「議員総会は、この歴史的契機において、閣僚委員会を超越してこなければならないはずであった。（…）しかしながら、この総会のどこに行動の余地があるというのか。話の分かるお方がいらっしゃらない。いらっしゃるのは軽薄な演説をする方ばかりだ。（…）残念なことではあるが、この総会には、欧州を統一させるという関心がもはや存在していない」[26]。議員総会を批判するとともに、審議会の政治的な限界を彼がすでに看取していたことを示唆するものといえよう。欧州経済共同体の設立時より30年にわたりEC委員会事務局長を務めたノエル（Emile Noël）氏も、元は議員総会の書記官であった。欧州石炭鉄鋼共同体の設立後には、ノエル氏も、欧州防衛共同体関係の文書を起草する憲法委員会に従事するようになったのである[27]。

第2には、欧州統合の方向性とメンバーシップについて、イギリスと一部のEC加盟国の間に見解の不一致があった。イギリスは、審議会の原加盟国であったものの、3共同体のいずれにも参加しなかった。参加しないどころか、欧州防衛共同体設立条約がEC6カ国によって署名された直後には、欧州石炭鉄鋼共同体、欧州防衛共同体および欧州政治共同体を、審議会に管理

させる計画さえ表明したのである[28]。イギリスのイーデン（A. Eden）外相は、自らの名前を冠するこの計画を通じて、「単に超国家的な共同体をつくるという6カ国の目的を、欧州の統一を守る必要と調整させるのを助け」ようとした[29]。この計画は、欧州防衛共同体の挫折により実現させる必要がなくなった。しかしながら、イギリスはその後も、欧州自由貿易連合の設立を率先する等、ECの通商政策とは同調しない姿勢を示したのである。

　このような情勢の中で両者の架け橋たろうと努めたのが、EC加盟国と欧州自由貿易連合加盟国をすべて包含する審議会であった。議員総会は、1960年9月に、共同市場（を企図するEC）と自由貿易連合は関税同盟を結成するべきであると決議している[30]。ECと自由貿易連合が並存する状況を放置することは、欧州の政治経済全体にとって好ましくないという認識からであろう。イギリスを含む一部の欧州自由貿易連合諸国は、その後、EC加盟を模索するようになる[31]。このような変化を受けて、議員総会は、翌1961年9月に『欧州の経済関係に関する勧告』を採択した。その中で、ECと自由貿易連合の歩み寄りを歓迎したのである[32]。もっとも、イギリスの加盟申請をフランスのドゴール（C. de Gaulle）大統領が頑なに拒否したのは、その直後であった。このようなドゴールの判断は、ECとの関係に配慮しようとした審議会に影響したであろう。議員総会は、1963年9月に、『現代欧州の問題状況における議員総会の任務に関する勧告』を採択した。しかしながら、この勧告では、まるで腫れ物に触るかのように、ECと欧州自由貿易連合の関係に言及することを避けている[33]。

　第3に、議員総会とEC共同総会（後の欧州議会）という二つの国際議会的機関を両機構は有していたものの、それらの相互関係も微妙であった。これら二つの機関は、緊張関係にありながらも、一体となって欧州諸国の結合に与する機能を担ってきたと考えられる。緊張関係という観点からまずいえるのは、双方の役割が競合しうることである。たしかにそれらの機関は、享受する権限を異にしている。議員総会は、完全に諮問的な機関であるといえる。その活動は、審議会においても、あるいはその加盟諸国に対しても法的な効果をもたない。構成員は、主には出身国議会から派遣されるにすぎず、加盟国の国民が彼らを直接に選出しているわけでもない[34]。対して、共同総

会は、1970年代以降ECの立法と予算決定に積極的に参画し、欧州委員会の選任過程においても一定の役割を担いつつあった。あるいはそれは、構成員が加盟国の有権者により直接選出されることを通じて、市民的利益を担保する機関を目指していたのである。このように、二つの機関には本質的な相違があるのだが、国際議会的な機関が同じ西欧地域に併存する事実を看過することはできない。二つの機関を疎遠にする契機は、たとえば、元フランス外相で共同総会議長も歴任したシューマン（R. Schuman）がもたらしたかもしれない。双方の機関は、年に一度、合同会議を開いていた。その合同会議にシューマンは、EC委員会代表が出席することを奨励したという[35]。ECと審議会の対話をより開放的かつ効果的にすることが目的だったのだろうが、シューマンの判断は、二つの議会的機関の関係を相対的に後退させた。双方は1969年11月、合同会議の開催時間を短縮し、かつ共同総会による年次報告を中止することに合意している。このような合意は、双方の議会の関係が停滞していたことを例示するものである[36]。

　もっとも、双方の議会的機関には、有機的な関係もあった。議員総会が共同総会の着席形態を模倣したことは、その一例である。共同総会では、出身国別や氏名順ではなく、党派毎に着席することが慣行化していた。議員総会は、このような形態を1964年に導入している[37]。党派を単位とする政治活動の存在を議会制度の一要素とするのであれば、共同総会は、自らが育んだ議会的要素を議員総会に「輸出」したことになる。逆に、議員総会が共同総会に直接の影響を与えた事例は、簡単には見当たらない。しかしながら、だからといって何の影響も与えなかったとみるのは早計であろう。著名な国際統合論者であるハース（E. B. Haas）は、議員総会を、次のように述べて重視した。「（議員総会における討議は、）審議会の加盟国政府、北大西洋条約機構、欧州経済協力機構およびECの政策に影響を与えることはほとんどなかったものの、議員総会の構成員である国会議員が、彼らの閣僚によって検討されることの少ない諸決定を国際的次元で統制を試みることができる歴史的な機会を初めて提供したのである」[38]。前出のシューマンは、審議会を「思想の実験室」と表現したことがあるが[39]、これは議員総会の成果を念頭においたものであろう。あるいは、イギリスの政治家たちを欧州という政治的枠組み

に取り込んだ見地から、審議会を評価する見解もみられる[40]。脱国境的な政党活動の主な発信源は共同総会であっただろうが、議員総会もまた、欧州諸国が結束する基盤を提供したと考えられるのである（その現代的な展開は、本章第3節で触れる）。

以上にみたように、審議会とECの両機構は、真っ向から対立するような関係ではなかった。とはいえ、とりたてて緊密な協力を進めたわけでもなかったようにみえる。ECに比べると、審議会は、西欧地域において地味な存在であった。しかしながら、そのような存在であったからこそ、ECの活動を西欧全体の利益と調和させるような役割を自覚していた側面もあったと思われる[41]。もっとも、1980年代の後半以降に観察されはじめる両機構の連携化の萌芽は、1970年代にはみられていた。審議会とECの双方に加盟していない近隣諸国への対応が、それである。冷戦終結後の中・東欧諸国は、審議会に加盟することを初めのステップとして、これを達成したうえでEU加盟を目指した。このような手順は、すでにポルトガルとスペインについて両機構が実践したものである。両機構は、民主的国家としての基盤が不十分であると判断した両国を、まずは1976年から翌年にかけて審議会に加盟させた。その後、1986年1月にEC加盟を認めている[42]。1990年代以降にEUが実施した拡大政策は、10カ国もしくはそれ以上の国家の加盟過程を進めるという数的な観点から、あるいは旧共産主義国がその大半を占めていたという体制変動的な意味においても、未曾有の経験であった。イベリア半島にある2カ国の審議会およびECへの加盟過程は、このような拡大を円滑に進めるための前例となりえたのである。

第2節　審議会・EU関係の緊密化
　　　　―1980年代後半以後

前節でみたように、両機構は、1950年代からある程度の関係を築いてはいた。しかしながら、両機構の関係がより明白に緊密化するのは、1980年代後半である。ECは、域内市場白書と単一欧州議定書の実行を通じて、市場統合を深化させ、あるいはその政策決定方式の効率化を進めるようになっ

た[43]）。審議会は、そのような EC の変化を監視し、場合によっては EC との連携を強める必要が出てきたのである。EU に非加盟の審議会加盟国は、その必要性をなおさら感じていただろう。さらに、東西冷戦の終結が生んだ中・東欧諸国による「欧州への回帰」の潮流は、EC あるいは審議会としてではなく、むしろ欧州として対応するべき課題となった。両機構の関係の緊密化は、こうした状況の下でみられることになった。

1 新しい相互関係の幕開け

　両機構の関係における新たな契機は、欧州委員会のドロール（J. Delors）委員長と審議会のオレハ（M. Oreja）事務総長による書簡の交換がもたらした。EC とその加盟国が単一欧州議定書の発効を待っていた、1987 年 6 月のことである[44]）。書簡を通して、両名は、審議会・EC 間の交流、とりわけ審議会・欧州委員会間のそれを進めることで合意した。具体的には、閣僚委員会と欧州委員会の間で活動報告を相互に実施すること、閣僚委員会の会議に欧州委員会委員が出席すること、審議会事務局と欧州委員会が協議の場をもつこと、同事務局の職員が欧州委員会の作業部会に参加すること等である[45]）。さらに、1989 年 3 月には、4 者会合（Quadripartite Meeting）を両機構間で開催することが気まった[46]）。ここでいう 4 者とは、審議会事務総長、閣僚委員会議長国、欧州委員会代表および EC 理事会議長国であり、これらが定期的に会合をもつことになったのである。こうして開始された一連の関係は、書簡が交換された年を冠して「1987 年の取り決め（1987 Arrangement）」と称される。この取り決めが、以後の両機構間関係の基調をなすのである。

　審議会においては、『欧州の建設における審議会の今後の役割に関する宣言』の採択が転機を物語っている。1989 年 5 月に閣僚委員会が採択したこの宣言は、「欧州共同体の拡大および深化という新たな活力には、審議会は欧州共同体との協力の強化をもって呼応しなければならない。そして、この呼応は（…）プラグマティックになされる必要がある」と表明するものであった[47]）。同年 10 月の『審議会 40 周年における国境横断的な欧州協力に関する宣言』では、さらに次のように表明した。「審議会は、国境横断的な協力を行なう諸機関、国家政府および地方自治体の間における情報交換を活性化

第5章　欧州審議会との相互関係の展開　139

し、かつ、国境横断的な事業の発展を阻害するすべての障壁を漸進的に除去するために欧州共同体との協力を模索する」[48]。情報交換や障壁の除去等、開かれた欧州の構築に向けて実践性を意識した宣言であった。

　審議会は、従来の活動地域である西欧諸国に加えて、自らへの加盟を果たしつつあった中・東欧諸国の人権状況にも関心をもつようになった[49]。1993年10月にウィーンで開いた第1回首脳会議では、この脈絡に関連して、「適切な法構造の確立と行政関係者の訓練は、中・東欧諸国の経済的および政治的移行を成功させる基本条件であると考える」と宣言した[50]。そして、そのために「欧州同盟と連携しながら中・東欧への支援計画を発展および調整することが、大変に重要である」としたのである[51]。ストラスブールで開かれた1997年10月の第2回首脳会議は、宣言と行動計画を採択した。宣言においては、EUおよび欧州安全保障協力機構との協力が進んでいることを歓迎した。そのうえで、行動計画の「人種主義、外国人排斥、反ユダヤ主義および不寛容との戦い」に関する章を中心に、EUとの協力を重視することを確認したのである（中・東欧への支援計画および人種主義問題をめぐる協力については後述する）[52]。

　EUの側においても、審議会との協力をより意識するようになった。欧州委員会のドロール委員長は、議員総会での1989年9月の演説で次のように述べた。「平和、繁栄および自由の欧州を創造するという人々の決意を、われわれは尊重する。審議会は、指導的役割をもってこの壮大な任務を全うすべきである。欧州委員会は協力を惜しまない」[53]。欧州議会もやはり、1993年12月に採択した『審議会と欧州同盟の関係に関する決議』の中で、両機構の協力が強化されることを求めたのである[54]。

　しかしながら、このような中でとくに留意するべきは、欧州理事会の動向であろう。欧州理事会は、加盟国首脳ならびに欧州委員会委員長からなる機関である。その議長は6カ月毎に交代するものの、EUの中・長期的な課題を明確および共有するという固有の役割を担ってきた[55]。その欧州理事会が、審議会との協力の必要性にしばしば言及するようになったのである。たとえば、1994年12月のエッセン欧州理事会は、人種主義および外国人排斥の問題についてさらなる協力を要請した[56]。1996年12月のダブリン欧州理

事会は、「審議会は、人権基準と多元的民主主義を促進する重大な役割を担っている」と総括した。そのうえで、人権と民主主義に向けて審議会の専門知識と仕組みを最大限に活用することは有益であると述べている[57]。あるいは、1999年10月のタンペレ欧州理事会は司法協力について、2000年6月のフェイラ欧州理事会はロシア・チェチェン紛争への対応について、やはり審議会との協力を重視したのである[58]。

以上のように、両機構は、さまざまな分野における相互協力の必要性を強調するようになった。ただし、実際の協力については、EU側が多少消極的であった感がある。というのも、冷戦終結後の審議会議員総会には、EUの拡大政策に干渉する傾向があったからである。この点を先に触れておこう。

議員総会による干渉は、EUがその基本条約の改定に着手した頃に観察できる。アムステルダム条約を起草するために召集されていたEUの加盟国政府間会議に対して、議員総会は、審議会加盟がEU加盟に向けた前提条件であると明記するように勧告した。議員総会は、また、EUが司法内務協力、文化、教育および科学技術政策を遂行するに際しては、長年審議会において蓄積されている欧州審議会アキ（acquis of the Council of Europe）を考慮するべきであるとした。審議会と競合するような民主主義体制をEUは確立すべきではないとも述べて、EUの制度構築の方向性にさえ関与しようとしたのである[59]。

このような干渉が顕著であったのは、EU拡大政策の脈絡においてであった。議員総会は、中・東欧諸国のEU加盟を早期に実現させようと、EUに圧力をかけるようになったのである。1997年11月に採択した『欧州同盟の拡大に関する勧告』を通じて、それは、次のように主張した[60]。(1) 審議会加盟の事実がEU加盟のための政治的基準を満たしている証左である、(2) EUは、可能な限り多くの加盟申請国と加盟交渉を開始するべきである、(3) 議員総会がすでに拡大に関するフォーラムとして機能しているので、EUは新たなフォーラムを設ける必要はない、と[61]。前章でみたように、加盟申請国に対してEUは、1993年6月のコペンハーゲン基準に次ぐ政治的基準を設けようとしていた。そのような状況においては、新規加盟に向けた審査は不要であるとさえいいたげな議員総会の勧告は、EUの方針と両立し

ないばかりか、EU の警戒さえ呼んだであろう。1990 年代に審議会は中・東欧諸国への拡大を急激に進めたが、それは、議員総会における当該諸国構成員の比率を高める結果となった[62]。EU が設ける加盟基準は、彼らにとって、自国の円滑な EU 加盟を阻害する試みとして時に映っただろう。EU は、議員総会で醸成されたこのような政治的変化を敏感に読み取ったと思われる。

2　4者会合の成果

　両機構間の協力は、このように、EU の消極的姿勢を含みつつ展開をみた節がある。そうした展開の中で、EU が審議会の文書を参考にしながらその拡大政策を遂行したことは注目するべきである。1997 年に欧州委員会は、『アジェンダ 2000』と題するコミュニケーションを公表している[63]。そこでは、たとえば加盟候補国ブルガリアについて、次のような記述をみることができる。「ブルガリアは、1992 年に審議会に加盟し、同年 9 月に欧州人権条約とその第 1 議定書、第 2 議定書および第 11 議定書を批准した。(…) 同国は、審議会の枠組み条約である少数者保護に関する条約に署名していないものの、署名の意思を示している」(「ブルガリアの欧州同盟への加盟申請に関する意見」より)[64]。審議会文書への加入状況が、EU 加盟に向けた一つの示標として活用されたのである[65]。

　このような状況において両機構の協力を率先したのが、前出の 4 者会合であった。1989 年 7 月にパリで開かれたのを皮切りに、この会合は、2000 年 3 月までに 15 回にわたって開催されたのである（表 5-1）。第 5 回と第 6 回の間に 3 年間と半年ほどの空白期があるが、これは EU 側の説明によると、出席予定者が多忙であり、スケジュールが調整できなかったためである[66]。とはいえ、欧州委員会の事務局長が閣僚委員会の会議に同席するなどして、対話の場は保持されたという[67]。1995 年 1 月のサンテール (J. Santer) 欧州委員会の発足を機に、4 者会合は再度定例化した[68]。第 8 回以降は、半年毎の開催となり、開催の頻度が高まった[69]。

　4 者会談は、意見の表明と交換にとどまらず、両機構による政策の具体的な調整を含むものとなった[70]。そうしてもたらされた会合の成果には、以下

表 5-1　4者会合の開催状況（2000 年 3 月まで）

	開催年月日	開催地	審議会側　上段：閣僚委員会議長国　下段：事務総長	EU 側　上段：理事会議長国　下段：欧州委員会	主題
第1回	1989/7/11	パリ	ストルテンベルグ（ノルウェー外相）ラルミエール	デュマ（フランス外相）ドロール（委員長）	中・東欧諸国への対応、人権、社会的権利、環境汚染
第2回	1990/3/24	リスボン	ピニェイロ（ポルトガル外相）ラルミエール	コリンズ（アイルランド外相）ドロール（委員長）	中・東欧諸国への共同の対応策、欧州人権条約へのECの加入
第3回	1990/10/7	ベニス	ガッティ（サンマリノ外相）ラルミエール	デミケリス（イタリア外相）ドロール（委員長）	中・東欧諸国の民主化と市場経済化への支援、欧州安全保障協力会議過程、活動の相補性と一貫性の確保
第4回	1991/5/15	ストラスブール	アンデルソン（スウェーデン外相）ラルミエール	ポース（ルクセンブルク外相）ウィリアムソン（事務長）	両機構の拡大（ECが当事者である）連合協定への審議会の関与、監督者および教師への共同訓練計画の可能性、バルカン紛争、ソ連の民主化、ECの審議会加盟の可能性
第5回	1991/11/20	ストラスブール	フェルバー（スイス外相）※1　ラルミエール	ファンデンブルック（オランダ外相）ウィリアムソン（事務長）	中・東欧諸国への支援、人権問題一般、バルカン紛争
第6回	1995/4/7	パリ	ミヘリデス（キプロス外相）タルシュス	ラマスール（フランス欧州相）ファンデンブルック（対外政策担当）	「1987年の取り決め」の強化、中・東欧諸国の審議会への加盟、文化、オーディオビジュアルおよび教育における相互協力

第5章 欧州審議会との相互関係の展開　143

第7回	1995/11/6	マドリード	ジェレネフ（チェコ外相）タルシュース	ヴェステンドロプ（スペイン欧州相）オレハ（文化・オーディオビジュアル担当）	「1987年の取り決め」の強化、中・東欧および旧ソ連諸国の民主化、EUにおける基本条約の改定、欧州・地中海会議の準備、人種主義・外国人排斥問題への対応
第8回	1996/10/23	ストラスブール	カルラス（エストニア外相）タルシュース	ミッチェル（アイルランド欧州相）ファンデンブルック（対外政策担当）	「1987年の取り決め」の強化、中・東欧および旧ソ連諸国の民主化、ベラルーシ情勢、中・東欧諸国のEU加盟への対応、審議会の対応、人種主義・外国人排斥問題
第9回	1997/4/28	ルクセンブルク	ハロネン（フィンランド外相）タルシュース	ファンニルロー（オランダ外相）サンテール（委員長）※2	EU基本条約の改定に向けた加盟国政府間会議の成果、審議会の第2回首脳会議の準備、中・東欧および旧ソ連諸国への支援、公衆衛生、文化、教育および司法内務分野における協力、欧州・地中海諸国の発展に関する共同融資、旧ユーゴスラビア諸国の民主化、アルベニア情勢
第10回	1997/9/15	ブリュッセル	モスコビシ（フランス欧州相）タルシュース	ポース（ルクセンブルク外相）ファンデンブルック（対外政策担当）	アムステルダム条約の内容と発効後の相互協力、EU加盟候補国の民主化、バルカン紛争、アルバニア情勢、審議会の第2回首脳会議の準備、人種主義・外国人排斥問題
第11回	1998/4/1	ストラスブール	シェーファー（ドイツ対外相）タルシュース	ヘンダーソン（イギリス欧州相）ファンデンブルック（対外政策担当）	EU加盟交渉の開始、中・東欧諸国への共同支援計画、旧ユーゴ諸国の審議会加盟、教育、司法内務および人種主義・外国人排斥問題における協力、近隣諸国の法体制
第12回	1998/10/7	ストラスブール	パンパンドレウ（ギリシャ外相代理）タルシュース	フェレーロ・ヴァルドナー（オーストリア外相）ファンデンブルック（対外政策担当）	相互協力に向けた調整、EU加盟交渉、ロシアおよびカフカス諸国への共同支援、第三国の死刑制度、審議会の少数民族保護枠組み条約の発効、ギリシャ正教会との協力

回	日付	場所	出席者		議題
第13回	1999/2/10	ストラスブール	ベレニ（ハンガリー外相代理）ダルシュニュス	フェアホイゲン（ドイツ対外相）ファンデンブルック（対外政策担当）	EU基本権憲章、審議会50周年、審議会社会開発基金へのECの加入、コソボ問題、スポーツとドーピング、ボスニア・ヘルツェゴビナの審議会加盟、共同支援プログラム、クロアチア、アルバニアおよびモルドバの民主化、審議会・欧州人種主義監視センター間の協力
第14回	1999/10/6	ストラスブール	アスグリムソン（アイスランド外相）シュイメール	サン（フィンランド欧州相）パッテン（対外政策）	共同支援計画の再検討、審議会と欧州委員会の相互協力に関する共同宣言、EU基本権憲章、死刑制度の廃止、コソボでの両機構の活動、安定条約、両機構の拡大
第15回	2000/3/14	ストラスブール	キット（アイルランド外相代理）シュイメール	セイシャスダコスタ（ポルトガル欧州相）パッテン（対外政策）	チェチェンにおける人権侵害、EU基本権憲章起草過程への審議会のオブザーバーの派遣、審議会のECの加入、共同支援計画銀行へのECの加入、共同支援計画

出所：Bulletin of the European Communities, Bulletin of the European Union, Europe Daily Bulletins および European Report に基づいて作成。
※1 ウグラス（スウェーデン外相）が同席した。
※2 ファンデンブルック（対外政策）が同席した。

第5章 欧州審議会との相互関係の展開　145

のものがある。
(1) 共同支援の実施
　1993年から翌94年にかけて、両機構は、EU・欧州審議会共同支援計画 (Joint EU/Council of Europe Programmes) の名目で、司法制度等の改革を行なうアルバニアやバルト3国に共同支援を実施した[71]。両機構は、さらに1993年12月に、中・東欧諸国の民主化を支援するための会議を共同で開催した。これを受けて、4者会合は、より広範な支援の共同実施を図るようになったのである。第7回会合において、両機構は、ウクライナとロシアを支援対象に含めることで合意した。第8回会合では、支援計画の実施状況を確認したうえで、これを継続することで合意した。次の第9回会合では、司法改革と報道機関の自立性の向上を支援するために、モルドバに実施することを決定した。支援の対象は、以後、ボスニア・ヘルツェゴビナやカフカス3国へと広げられた。対象分野も、司法改革や少数者保護等の従来の領域から、汚職や組織犯罪への対策、生命倫理等の領域へ拡張されていったのである[72]。
　1998年時点における支援計画の実施状況と予算規模は、欧州委員会によれば、表5-2のとおりである。翌年には、1,319万ユーロが予算として計上された。その負担内訳は、審議会が539.65万ユーロ、EUが779.35万ユーロである[73]。
(2) 人種主義と外国人排斥の問題への対応
　1997年6月に、EUは、ECのエージェンシーという形で「欧州人種主義・外国人排斥監視センター」(以下「監視センター」とする)を設置することを決定した。その名称どおり、人種主義や外国人排斥の問題を監視することが目的である。監視センターの最高決定機関である管理評議会の構成員には、審議会が任命した1名が加わることになったが、このような制度的形態の実現にも4者会合が寄与している[74]。
　1995年6月のカンヌ欧州理事会は、当該問題について両機構が協働的に対応する必要性を提起した[75]。そこで第8回会合において、監視センターの運営への審議会の参加可能性が検討された。第9回の際に、審議会の任命者が管理評議会の一構成員となることで両機構が合意したのである[76]。第13

表5-2 共同支援計画の実施と予算 (1998年時点)

対象国	支援目的	期間(年月)	予算(万ユーロ)	負担内訳 審議会	負担内訳 EU (同左)
アルバニア (第3次)	法制度改革、行政組織の強化	－(※)	172.5	41	131.5
グルジア、アゼルバイジャン、アルメニア	法制度改革、人権保護、報道機関の自立化	－	54	27	27
ウクライナ (第2次)	法制度、地方政府、法執行体制の改革	1997.2-1998.6	92.7	40.3	52.4
ウクライナ (第3次)	同上	1997.12-1999.10	76	26.2	49.8
ロシア (第2次)	連邦構造の強化、人権保護、法制度改革	1997.2-1999.1	255.1	136.9	118.2
ロシア (第3次)	同上	－	195	95	100
モルドバ	法制度改革、報道機関の自立化	1997.9-1999.3	28.6	13.8	14.8
エストニア、ラトビア (第2次)	少数者保護	1997.6-1998.6	50	10	40
ポーランド、ハンガリー等 PHARE諸国	汚職対策、組織犯罪対策	－	－	－	－
中欧諸国	少数民族の保護	1996.6-1998.3	38	20	18
中・東欧16カ国	生命倫理	1997-1999	－	－	－

※ 「－」は不明あるいは未定。
出所：RAPID, 23 April 1998, Annex に基づき作成。

回会合では、審議会の内部組織である「人種主義と不寛容に対抗する欧州委員会 European Commission against Racism and Intolerance」と監視センターが相互に協力する旨を確認している[77]。

(3) EU基本権憲章の起草に向けたオブザーバー派遣

1999年6月のケルン欧州理事会は、EU基本権憲章の起草に向けて諮問会議を設置した。諮問会議の構成員は、加盟国首脳、加盟国議会、欧州議会および欧州委員会を代表する60余名であった[78]。審議会は、この諮問会議に2名のオブザーバーを派遣することによって起草過程に関わったのである。1名は欧州人権裁判所のフィシュバッハ（M. Fischbach）裁判官、あと1名は審議会事務局のクリューガー（H. C. Krüger）事務次長であった。

基本権憲章に依拠するEUの人権保護体制の生成が、欧州人権条約を基盤とする従来の体制にどのような影響を与えるかは不透明であった。審議会の派遣は、憲章による新しい体制を欧州人権条約に調和させるためにも不可欠であるとみなされた[79]。このような観点から、4者会合の第14回会合が、審議会によるオブザーバーの派遣に合意したのである[80]。

4者会合の成果としては、以上のように、共同支援の実施、人種主義および外国人排斥という問題への対応、基本権憲章の起草過程への関与等を挙げることができる。もっとも、これらの成果が両機構の協力にいかほどの意義をもっていたかは、あらためて評価する余地がある。たとえば、共同支援を通じて両機構が執行する予算は、表5-2に掲載されている総額で約1,000万ユーロである。その一方で、EUは、中・東欧諸国に対して、単独で年間10億ユーロ以上を投じているのである[81]。あるいは、欧州人種主義・外国人排斥監視センターの最高決定機関である管理評議会には、審議会のみならず、EU各国および欧州議会が各々に構成員を任命することができる。さらには、欧州委員会の代表も加わることができる[82]。そのような中で、審議会任命者の1名が、どれだけ審議会の利益を監視センターの活動に反映できるのかも自明ではないであろう。基本権憲章へのオブザーバー参加についても、同様のことがいえる。諮問会議へのオブザーバーは、審議会のほか、EUの経済社会委員会、地域委員会およびEUオンブズマンによっても派遣されている[83]。大所帯となる諮問会議で、審議会のオブザーバーは存在感を示せた

だろうか。その情景を想像するには、さらなる省察が必要である。

　しかしながら、たとえこのような評価の余地を残すとはいえ、4者会合が両機構の協力を模索するうえで鍵となったことは否定できない。そして、この会合は、出席者の顔ぶれの継続性に何よりも特徴を見出すことができる。審議会の事務総長として、ラルミエール氏（C. Lalumière）は5度、タルシュス氏（D. Tarschys）は8度の出席を数えている。EU側でも、とくにファンデンブルック氏（van den Broek）は、欧州委員会代表として7度、さらには理事会議長国としても出席したことがある。このような継続性は、4者会合の円滑な運営に寄与したと考えられるのである。

　以上において、1980年代後半以降に両機構間の関係が緊密になったことを、4者会合を中心にしながらみてきた。もっとも、以上をもって両機関関係の考察を終えるには、十分ではないように思える。両機構における議会的機関、すなわち審議会議員総会と欧州議会の連携に触れていないからである。これら二つの機関を議会的な機関として括ることに無理があることは、先述のとおりである。しかしながら、それらは、審議会およびEUの相互関係をみていくうえで興味深い行動を示すことがある。

　次節では、議員総会および欧州議会の動きに接近しながら審議会とEUの相互関係を観察したい。事例として取り上げるのは、トルコが、1999年に「テロ組織」の指導者を裁判した問題である。1950年4月から審議会に加盟する同国は、その前年に設立された審議会の原加盟国であるといってもよい存在である。それは、EUとの関係も長く、1959年には早くも、設立直後の欧州経済共同体への准加盟を申請している。その後、欧州経済共同体とトルコは、関税同盟の結成に関する連合協定（アンカラ協定）を締結する等してきた。しかしながら、トルコのEU加盟はまだ実現しておらず、加盟過程の途上にある[84]。このような状況を想起しながら、上記裁判の問題をみていこう。

第3節　トルコ・オジャラン裁判問題への審議会とEUの対応

1　欧州の政治問題としてのオジャラン裁判

　トルコの国内裁判所である国家安全保障裁判所がアブドラ・オジャラン (A. Öcalan) 氏を裁判したことは、同国の国内問題であるとともに、EU諸国も敏感にならざるをえない政治的な問題であった。オジャランは、クルド人民のトルコからの分離独立を唱導して、1970年代にクルド労働者党を結成した。その暴力的な活動によって多数の民間人が死傷したために、トルコやアメリカをはじめとする多数の国家が同党をテロ組織と指定していたのである[85]。

　クルド労働者党の指導者であるオジャランは、トルコの警察によって1999年2月に逮捕された。5月には裁判が始まったのであるが、欧州諸国がその進行を座視できなかったのは、以下の理由による。第1に、500万人とも推計されるトルコ系の移民が、ドイツをはじめとしてEU各地に居住している。クルド系を自称する移民は、西欧地域においては約150万人が居住するといわれており[86]、彼らの一部にとって、オジャランは"祖国の英雄"であった。このことはつまり、裁判の行方しだいでは、彼らが暴徒となる可能性があったことを意味する。実際、オジャランの亡命申請を拒絶し、あるいはその身柄の拘束に協力したとされる欧州諸国の公館を標的にして、彼らは過激な抗議行動をみせていた[87]。オジャランの死刑が執行されるようなことがあれば、その影響はいわずもがなの情勢にあった。欧州諸国は、治安維持の点で不安をもつ状況にあった。

　第2に、オジャランの身柄を最初に拘束したイタリアが、彼の処遇をもてあました末に自国から退去させていた。イタリアは最初、彼の身柄を引き渡すようにトルコから要求された。しかしながらイタリアは、クルド系移民の抗議行動を恐れて、引き渡すことを躊躇した。死刑制度を廃止した国家として、死刑制度を存置するトルコへの引き渡しは理念と道義に適わないという自負もあっただろう[88]。とはいうものの、イタリア製品の不買運動がトルコ

で呼びかけられた頃、イタリアは彼を国外退去処分としたのである。EUでは、このようなイタリアの判断は、必ずしも歓迎されなかった。欧州委員会のパプティス（C. Papoutsis）対外政策担当委員は、オジャランの亡命申請を受理できなかったEU諸国には責任がある、と言明した[89]。EUとその加盟国は、トルコにおける裁判の成り行きを、死刑廃止を唱える立場からも[90]、見守る必要があった。

2 審議会とEUの対応

EUとその加盟国は、以上の理由からオジャラン裁判に関与する動機をえたのであるが、その端緒は、1999年2月のEU一般理事会の活動に表れた。一般理事会は、オジャランがトルコの警察に逮捕された直後に宣言を採択した。そこにおいて、EUはすべてのテロリズムの形態を非難していること、人権の十分な尊重、法の支配および民主主義の規範がテロリズムに対する正当な戦いを導くべきであること、ならびに、オジャラン逮捕後のあらゆる殺害、人質、脅迫および破壊行為をEUは許容しないことを確認した[91]。そのうえで、EUは、「（オジャランが）望めば法的助言をえることができ、国際監視団も裁判に臨席できる、独立した裁判所の下での、法の支配に則った公正かつ開かれた裁判」をトルコ政府が確保することに注目するとしたのである[92]。

一般理事会は、この宣言の中で、死刑に反対する立場を示すことも忘れなかった。「同盟は、それが死刑に厳格に反対であることをあらためて強調する」[93]、と。宣言を結ぶにあたり、それは、次のように述べた。「この問題の解決にトルコが尽力するならば、必ずやそれは、同盟とトルコの関係に好ましい影響を与えることになるだろう」[94]。トルコは、長年にわたりEU加盟を望んできたものの、加盟候補の地位すら与えられていない状況にあった[95]。EUは、裁判の対応しだいでトルコが加盟候補の地位をえることを示唆しつつ、トルコの国内問題であるオジャラン裁判に関与しようとしたのである。

一般理事会の宣言を補助しようと行動したのが、欧州議会ならびに審議会議員総会であった。イタリアがオジャランの身柄を拘束する頃、欧州議会で

は、EU 各国の中道左派政党からなる欧州社会党（当時）が第一党であった。ある報道によれば、同党のグリーン（P. Green）代表は、ストラスブールで開かれた議員総会および欧州議会の合同会議において、この問題に審議会が対応するように求めた[96]。また、議員総会の内部組織である政治問題委員会は、身柄をトルコに引き渡さないイタリアの判断は適切であったと結論し、トルコは死刑廃止のための欧州人権条約議定書（第6議定書）に加入しなければならないとした[97]。イタリアのディーニ（L. Dini）外相が「裁判は、審議会のすべての規約を批准した国家でのみ実施が可能である」と言明できた背景には[98]、グリーン代表や議員総会委員会の行動があったのである。

　トルコの警察によって逮捕された後、オジャランは、マルマラ海のイムラリ島にある施設に収容された。そこにおいて、オジャランは、トルコを相手取り欧州人権裁判所に提訴した。身体の自由を保護する欧州人権条約にトルコが違反したという理由からである[99]。このような状況の中、議員総会議長でイギリス人のラッセル＝ジョンストン卿（Lord Russel-Johnston）は、議員総会に特別委員会を設けて、裁判の進行を監視する計画があると表明した。また、欧州議会においては、その対外政策委員会が、EU 公認の弁護士をオブザーバーとして裁判に参加させることを発案したのである[100]。対外政策委員会の発案は、欧州議会・トルコ議会間で組織される共同議会委員会（Joint Parliamentary Committee）の、欧州議会側の委員長であるダンケルト欧州議会議員（P. Dankert・欧州社会党・オランダ）に送知された。この共同議会委員会を通じて、裁判を行なうトルコに政治的な圧力をかけようとしたのである[101]。

　議員総会と欧州議会においては、さらなる行動が模索された。中でも顕著であったのは、議員総会構成員と欧州議会議員によるトルコへの現地訪問である。たとえば、欧州統一左派党をはじめとする左派政党は、欧州議会の4議員を派遣して、オジャランの弁護人やクルド系政治団体の幹部と会合をもった。4名の議員は、会合を終えた後にブリュッセルで会見し、弁護人による接見が妨害を受けている現状を報告したのである[102]。議員総会の構成員も同様の訪問を行ない、その報告を議員総会のインターネット・サイトで公表した[103]。さらに、欧州議会の一部の会派は、セミナーの開催を通じて啓

発活動を展開した。すなわち、欧州議会の第三党である欧州緑の党が、クルド問題をテーマとするセミナーをストラスブールで主催した。パネリストらは、暴力行為に訴えないようクルド系居住者に求めるとともに、公正な裁判を実施するようにトルコに要請したのである[104]。

　1999年5月に始まった裁判においてトルコ国家安全保障裁判所が判決を下したのは、6月29日のことであった。死刑の判決であったことは、大方予想されたとおりであった。クルド労働者党の別の元幹部が、その直前にすでに死刑判決を受けていたからである[105]。審議会とEUは、オジャランへの死刑判決を非難しながら、死刑の不執行ならびに死刑制度の廃止を要求した。ただし、非難と要求を一辺倒に行なっただけではない。トルコ政府が欧州議会の監視団を裁判に臨席させたことには理解を示したのである[106]。興味深かったのは、前出のラッセル＝ジョンストン卿であった。ラッセル＝ジョンストン卿は、議員総会の役職者であるにもかかわらず、審議会とは別組織であるEUからの監視団の臨席を歓迎したのである[107]。両機構の関係は、それだけ密接なものであった。

　トルコのエジェビット首相は、オジャランに対する死刑判決の後、死刑の執行を回避する意向であることを表明した[108]。このような表明も、やはり予期できたことである。トルコは、1980年代半ば以降、死刑の執行を停止してきた。EUへの加盟を標榜するかぎり、同国が、死刑の不執行を求めるEUの面目を失わせるような行動にでるとは考えられなかったのである。したがって、オジャラン裁判は、欧州諸国にとってたしかに神経質な問題であった。しかしながら、きわめて困難な対応を迫られるほどの案件でもなかったのである。いずれにせよ、当該問題に対応するうえで審議会とEUの制度枠組みが有用であったことは否めない。とりわけ、議員総会と欧州議会でみられた動きは、全欧的な影響をもつ裁判のあり方を方向づけることに寄与したようにみえるのである。欧州議会議員による前出のトルコ訪問は、スペイン、ドイツ、ベルギーおよびイタリアの選出議員よりなっていた[109]。議員総会から訪問を行なった構成員は、スウェーデン人、ポルトガル人、イタリア人およびギリシャ人という顔ぶれであった[110]。欧州緑の党のセミナーには、ベルギー、ドイツ、オーストリアおよびスウェーデン選出の議員らが参

加した[111]。このセミナーにおいて、トルコ系ドイツ人のチェイフン（O. Ceyhun）欧州議会議員は、次のように語っている。「私の出席するこのセミナーには、クルド人も参加している。（個々の立場と関係なく問題意識を共有するという）この事実が、何よりのジェスチャーなのである」[112]。議員総会と欧州議会は、すでに触れたように、審議会およびEUにおける機能や権限を異にする。オジャラン裁判がトルコのEU加盟問題という特殊な脈絡と関わっていることも、先述のとおりである。それゆえに、オジャラン裁判の事例が本章の関心からみてどこまで一般性をもつかはわからない。しかしそれでも、これら二つの議会的機関は、相互に連携しつつ、「欧州の問題」に対処する効果的な方法を示したのである。

おわりに

　本章では、同じ欧州地域の国際機構である欧州審議会とEUが築いてきた相互関係をみた。EUの前身である欧州3共同体は、すでに設立されていた審議会を超克する試みであった。そうであったがゆえに、両機構には緊張関係がみられた。東西冷戦の終結後には、早急な地理的拡大に慎重であったEUが、中・東欧から加盟国を多数迎え入れた審議会を警戒した可能性もあった。また、本章では触れなかったものの、審議会には、防衛安保やエネルギーの分野でEUと利益を異にするロシアが加盟している。今日にあっても、双方の機構は、潜在的な緊張関係を孕んでいるようにみえる。

　しかしながら、そのような状況下においても、両機構は一定の連携をみせてきた。1980年代後半からは、「1987年の取り決め」にしたがう4者会合の定例化を通じて、中・東欧諸国や旧ユーゴ諸国に共同支援を実施し、あるいは人種主義と外国人排斥の問題への協調的な対応を試みるようになった。同様の連携は、「テロ組織」の指導者を裁判するという欧州次元の政治的問題に際しても観察できたのである。

　1950年代に話が遡るが、アメリカの法学者であり『欧州年報 Annuaire européen』の編集委員でもあったロバートソン（A. Robertson）は、6カ国当時の共同体を審議会と対比して《小さな欧州 Little Europe》と表現した。

そして、この小さな欧州が発展すれば、「審議会には何の役割が残るのか」と自問した。彼は、次のような答えを記している。「審議会には、東西2大陣営の敵対化を防ぎ、かつ、小さな欧州の発展を他の欧州諸国と調和させるという重要な任務が残っている。つまるところ、(…) 超国家的な趨勢と国際的なそれとを調停しなければならないという任務である」[113]。

このような氏の自問が現代においていかほどの意味があるのか、という疑念もあるだろう。実際、東西陣営の敵対という状況は、ほぼ終結したといえる。「小さな欧州」も、もはや小さな存在ではなくなった。それは、単に加盟国数の増加にとどまらず、EUの基本条約の重なる改定を通じて、超国家的な統治を試みながら、世界の政治経済に格段の影響を与えるに至っているのである。それに対して、審議会の方は、加盟国数こそ増えたものの、その制度的な配置は設立時から変わっていない。国際社会に与えるインパクトという点でも、それは、EUと比べるべくもないだろう。とはいうものの、それでも、ロバートソンの分析は、現在でも十分に示唆的である。審議会は、欧州人権条約に加えて、同条約を充実させるための14の議定書を備える。さらにそれは、少数者の保護[114]、生命倫理[115]、汚職対策[116]、テロリズムの予防と対策[117]、アンチ・ドーピング[118]、人身売買との戦い[119]、サイバー犯罪対策[120]、文化の保護[121]、動物愛護[122]、高等教育[123]といった広範な分野で活動を展開している。もちろん、これらの活動が、無条件に審議会加盟国を拘束するわけではない。むしろ、これらの活動に関わるのか否かも、各国の自主的な判断でなされるのが現状である。もっとも、たとえそうであるにせよ、これらの活動が継続され、かつ長年にわたり蓄積されるのであれば、欧州地域における規範の態様を変化させることはありうる。EU基本権憲章の解説文 (the explanations) が多数の審議会文書に言及していることは、これを端的に物語っている[124]。審議会の活動は、EUのそれに比べると地味ではあるものの、EU加盟国の統合が円滑に進むための規範的素地を提供しているように考えられる。

1) 欧州審議会は、その設立規程42条にしたがい、7カ国の批准をえて設立をみた。翌1950年までに審議会に加盟した諸国には、ベルギー、デンマーク、フランス、ド

イツ(西ドイツ)、ギリシャ、アイスランド、アイルランド、イタリア、ルクセンブルク、オランダ、ノルウェー、スウェーデン、トルコおよびイギリスがある。その後、1980年代末までに、オーストリア (1956年)、キプロス (1961年)、スイス (1963年)、マルタ (1965年)、ポルトガル (1976年)、スペイン (1977年)、リヒテンシュタイン (1978年)、サンマリノ (1988年) およびフィンランド (1989年) が加盟した。1990年以降の加盟国は、次のとおりである。ハンガリー (1990年)、ポーランド (1991年)、ブルガリア (1992年)、チェコ、エストニア、リトアニア、ルーマニア、スロバキア、スロベニア (以上1993年)、アンドラ (1994年)、アルバニア、ラトビア、モルドバ、マケドニア、ウクライナ (以上1995年)、クロアチア、ロシア (以上1996年)、グルジア (1999年)、アルメニア、アゼルバイジャン (以上2001年)、ボスニア・ヘルツェゴビナ (2002年)、セルビア (2003年)、モナコ (2004年)、モンテネグロ (2007年)。審議会設立規程、欧州人権条約および同条約議定書の全文、ならびに加盟国による批准の状況は、審議会条約局のサイト (http://conventions.coe.int) において閲覧可能である。審議会の拡大過程については、川崎晴朗「欧州評議会 (CE) の加盟国・準加盟国・オブザーバー等について」『外務省調査月報』1997年度3号、49-106頁参照。

2) 欧州人権条約は、審議会加盟国の署名のために1950年11月に開放され、10カ国の批准をもって発効した。同条約59条。
3) 欧州人権委員会は、1994年に採択された欧州人権条約第11議定書により欧州人権裁判所へと統合された。第11議定書は、1998年11月に発効している。
4) 本書序章第3節を参照されたい。
5) 1974年5月のフランスの加入をもって、すべてのEC加盟国が加入をすませた。以降、欧州人権条約加入は、EC/EU新規加盟のための必須の条件とされてきた。
6) 欧州人権条約へのEUの加入については、本書第10章参照。
7) EC設立条約149条3項および303条参照。リスボン条約は、「同盟は、国連機関とその専門機関、欧州審議会、欧州安全保障協力機構および経済協力開発機構とのあらゆる適切な協力形態を設ける」と述べる規定をEU運営条約220条に設けている。
8) 審議会の2機関は、事務局によって補佐される。審議会設立規程10条参照。審議会にはさらに、専門閣僚会議や欧州地方評議会等が設置されている。審議会の組織については、see also, D. W. Bowett, *The Law of International institutions*, fourth edition, Stevens and Sons,1982, pp. 168-80.; *The Europa Directory of International Organizations*, first edition, 1999, pp. 255-256.
9) 欧州審議会設立規程によれば、国家の防衛 (national defence) に関する事項は、審議会の範囲外である (1条d)。換言すれば、国家防衛に関しない事項であれば、

審議会の活動範囲に含まれる可能性がある。
10) たとえば、EU の 1999 年度予算が約 869 億ユーロであるのに対して、審議会の 2001 年度年間予算は約 1.63 億ユーロにすぎない。審議会の財源は加盟国の拠出金であり、フランス、ドイツ、イタリア、イギリスおよびロシア各国が毎年 2,000 万ユーロほどを負担している。EU は、第三国からの関税収入等による固有財源をもつ。また、直接に雇用する職員数は、たとえば欧州委員会の常勤者数が 1 万 5,000 人であるのに対して、審議会では 1,300 名ほどにとどまる。"Adoption of the Council of Europe's 2001 Budget," Council of Europe Press Service, Strasbourg, 14 December 2000 等を参照。2001 年 2 月 1 日閲覧。
11) *Annuaire européen/ European Yearbook*, 1955, pp. 266-268.
12) 議員総会は、以下のような決議を採択している。『最高機関と議員総会の連携に関する決議』(1953 年 1 月)、『最高機関の一般報告に関する決議』(同 6 月)、『最高機関の第 2 回一般報告に関する決議』(1954 年 9 月) および『欧州石炭鉄鋼共同体共同総会の報告に関する決議』(同 12 月)、『最高機関の第 3 回一般報告に関する決議』(1955 年 10 月)。*Annuaire européen/ European Yearbook*, Vol. 1, 2, 3, 4 and 5 参照。
13) *Ibid*. 中原喜一郎「欧州議会と国際政党」『国際政治』第 59 号、1978 年参照。
14) *Resolution adopted by the Committee of Ministers at its 8th Session*, May 1951.; *Annuaire européen/ European Yearbook*, Vol. 1, 1955, p. 272.
15) 欧州石炭鉄鋼共同体設立条約 94 条。
16) *Protocole sur les relations avec le Conceil de l'Europe*, 18 avril 1951. EU 公式サイトの条約アーカイブ (http://europa.eu/abc/treaties/index_fr.htm) より。2001 年 3 月 1 日閲覧。なお、欧州政治共同体の設立規程もまた、審議会との関係を規定している。黒神聰『1953・3・10 欧州政治共同体構想』成文堂、1981 年、第 5 章および付録III参照。
17) 欧州経済共同体設立条約 230 条、および欧州原子力共同体設立条約 200 条。
18) 中原喜一郎「欧州議会の対外関係」『日本 EC 学会年報』第 4 号、1984 年、45 頁。
19) 審議会に非加盟でありながら EC/EU に加盟した例は、現在まで存在しない。
20) たとえば、ジャン・モネやポール・ルテールらが起草した当初の欧州石炭鉄鋼共同体設立案は、次のように結論していた。「コンセンサス作りの障害になっている諸主権国家の固い壁をやぶり、平和に必要な結合に諸国家を引きずってゆく道を開くことが、大前提なのである」。ジャン・モネ (黒木寿時編訳)『EC メモワール：ジャン・モネの発想』共同通信社、1985 年、63 頁。
21) 審議会設立規程 20 条参照。
22) 審議会設立規程 22 条および 23 条参照。

第5章　欧州審議会との相互関係の展開　157

23) Lord Gladwyn, *The European Idea*, Weidenfeld and Nicolson, 1966, p. 48.
24) ジャン・モネ、前掲書、53頁。
25) フランスのシューマン外相によれば、欧州石炭鉄鋼共同体の本拠地を選定する作業は、円滑には進まなかった。結果的には、「アウトサイダーのルクセンブルク」が「このダービーの勝利をとりあえずさらった」のである。ロベール・シューマン（上原和夫・杉辺利英訳）『ヨーロッパ復興』朝日新聞社、1964年、128頁。欧州経済共同体と欧州原子力共同体の本部がブリュッセルにおかれたことも、これと似たような状況であったようである。ダイナンによれば、本拠地選定を協議する加盟国政府間会議が、偶然に当地で開かれたことに由来するという。Desmond Dinan (ed.), *Encyclopedia of the European Union*, updated edition, Lynne Rienner Publisher, 2000, p. 28.
26) "Extracts from a Speech by M. Paul-Henri Spaak to the Consultative Assembly of the Council of Europe on Resigning the Presidency of the Assembly, 11 December 1951," *Documents on International Affairs*, 1951, pp. 153-154. この点さらに、中原「欧州議会と国際政党」前掲論文、145-146頁参照。
27) Dinan, *op. cit.*, pp. 358-359.
28) イーデン計画については、Stanley Henig, *The Uniting of Europe : From Discord to Concord*, Routledge, 1997, pp. 20-21.; Simon Duke, *The Elusive Quest for European Security : From EDC to CFSP*, Macmillan Press, 2000, p. 32. 参照。
29) イーデン（湯浅義正・町野武訳）『イーデン回顧録 I』みすず書房、1960年、39頁。
30) *Annuaire européen/ European Yearbook*, Vol. 6, 1960, p. 381.
31) 自由貿易連合諸国が EC 加盟を望むようになる経緯については、Richard T. Griffiths, "A Slow One Hundred Degree Turn : British Policy towards the Common Market, 1955-60," in George Wilkes (ed), *Britain's Failure to Enter the European Community 1961-63 : The Enlargement Negotiations and Crises in European, Atlantic and Commonwealth Relations*, Frank Cass, 1997, pp. 35-50. 参照。
32) See, *Annuaire européen*, Vol. 7, 1961, pp. 308-311.
33) See, *Annuaire européen*, Vol. 9, 1963, p. 349. 欧州自由貿易連合加盟国には、いわゆる中立主義を採用する国があった。EC 加盟国がアメリカとの軍事同盟を重視していたために、自由貿易連合諸国は EC との協力に消極的であった。Stefan Huber, "The Council of Europe and Concepts of Neutrality," in Stefan Huber and Fried Esterbauer (eds.), *The European Neutrals, the Council of Europe and the European Communities*, Wilhelm Braumüller, 1988, pp. 43-57.
34) 「諮問総会は、各加盟国の議会によってその議員の中から選出されるか、あるい

は各加盟国議会の議員の中から任命される代表者によって構成される」。審議会設立規程 25 条。
35) Hanna Machińska, "The Significance of Co-operation between the Council of Europe and the European Union for Countries Preparing for Membership in the European Union," in Bruno Haller, Hans C. Krüger and Herbert Petzold (eds.) *Law in Greater Europe: Towards a Common Legal Order*, Kluwer Law International, 2000, pp. 296-297.
36) 中原「欧州議会の対外関係」前掲論文、43 頁。
37) Francis Jacobs, Richard Corbett and Michael Shackleton, *The European Parliament*, third edition, Cartermill International, 1995, p. 64.
38) Ernst B. Haas, *Consensus Formation in the Council of Europe*, Stevens & Sons, 1960, p. 12.
39) シューマン、前掲書、100 頁。
40) Dinan, *Encyclopedia of the European Union, op. cit*., p. 102.
41) Arthur H. Robertson, *European Institutions : Co-operation, Integration, Unification*, Stevens and Sons, 1959, p. 76.
42) ポルトガルとスペインの EC 加盟過程については、see, Frances Nicholson and Roger East, *From the Six to the Twelve : The Enlargement of the European Communities*, Longman, 1987.
43) 金丸輝男「市場統一への新たな挑戦―1992 年」金丸輝男編『EC 欧州統合の現在』創元社、1987 年、29-32 頁。
44) "Exchange of letters between the Council of Europe and the European Community concerning the consolidation and intensification of cooperation," O. J. No. L273, 26 September, 1987, pp. 35-39.
45) *Ibid*.
46) Bulletin of the European Communities, March 1989, p. 63.
47) *Declaration on the future role of the Council of Europe in European Construction*, adopted and signed at 84th Session of the Committee of Ministers, 5 May 1989, on the occasion of the 40th anniversary of the Organization.
48) *Declaration on transfrontier cooperation in Europe on the occasion of the 40th anniversary of the Council of Europe*, adopted by the Committee of Ministers, 6 October 1989, at the 429th meeting of the Minister's Deputies.
49) 中・東欧諸国への審議会の関わりについては、小畑郁「欧州審議会の人権保障活動と中東欧」『外国学研究』(神戸市外国語大学) 32 号、1994 年、107-122 頁。; Arie Bloed et al., *Monitoring Human Rights in Europe : Comparing International Proce-*

第5章　欧州審議会との相互関係の展開　159

dures and Mechanism, Martinus Nijhoff Publishers, 1993.
50)　*Vienna Declaration*, 9 October 1993.
51)　*Ibid*.
52)　Second Summit of Heads of State and Government of the Council of Europe, *Final Declaration and Action Plan* (Strasbourg, 10-11 October 1997).
53)　"Address by Mr Jacques Delors to the Council of Europe," Bulletin of the European Communities, September 1989, p. 95.
54)　O. J. No. C20, 24 January 1994.
55)　富川尚「欧州理事会」辰巳浅嗣『EU 欧州統合の現在』創元社、2004年、47-50 頁。リスボン条約が欧州理事会の常任議長職を設ける以前は、議長職は半年毎の輪番制があるのみだった。
56)　See, "Europe and its citizens," *Presidency Conclusions of Essen European Council, 9 and 10 December 1994*.
57)　*Presidency Conclusions, 13 and 14 December 1996*.
58)　*Presidency Conclusions of Tampere European Council, 15 and 16 October 1999*, para. 29.; *Presidency Conclusions of Santa Maria de Feira European Council, 19 and 20 June 2000*, para, 57.
59)　以上、"Recommandation 1279 (1995) relative à la Conférence intergouvernementale de 1996 de l'Union européenne," Texte adopté par l'Assemblée le 27 septembre 1995 (29e séance).; "Résolution 1108 (1997) sur la Conférence intergouvernementale 1996 de l'Union européenne," Texte adopté par l'Assemblée le 28 janvier 1997 (3e séance).
60)　"Recommandation 1347 (1997) relative à l'élargissement de l'Union européenne," Texte adopté par la Commission Permanente, agissant au nom de l'Assemblée, le 7 novembre 1997.
61)　*Ibid*.
62)　議員総会は、中・東欧諸国の審議会加盟に積極的であった。中・東欧諸国からのオブザーバー出席を認めたのは、1989年と早い時期であった。Machińska, *op. cit.*, pp. 298-300.
63)　*Agenda 2000 for a stronger and wider Union*, COM (97) 2000 final, 15 July 1997.
64)　*Commission Opinion on Bulgaria's Application for Membership of the European Union*, COM (97) 2008 final, 15 July 1997.
65)　コミュニケーションの作成に際して、欧州委員会は、審議会の調査資料も参照したといわれる。Machińska, *op. cit*, p. 307.
66)　26th General Report of the European Communities, p. 346.; General Report of the

European Union 1994, p. 364.
67) *Ibid.*
68) 審議会のタルシュス事務総長と欧州委員会のサンテール委員長は、取り決めの内容を 1996 年 11 月に再確認している。General Report of the European Union 1995, p. 285.; *Europe Daily Bulletins*, No. 6850, 9 November 1996.
69) "Joint Council and Commission Conclusions on Arrangement for Cooperation between the European Union and Council of Europe," Bulletin of the European Union September 1996.
70) See, Machińska, *op. cit.*, p. 302.
71) 27th General Report of the European Communities, p. 326.; General Report of the European Union 1994, p. 363.
72) *RAPID*, issued by Commission of the European Communities, 23 April 1998, Annex.
73) *Europe Daily Bulletins*, No. 7406, 17 February 1999.
74) 監視センターの全体像については、本書第 2 章を参照されたい。
75) *Presidency Conclusions of Cannes European Council, 26 June 1995*, III-5.
76) *RAPID*, 23 October 1996.; *RAPID*, 29 April 1997.
77) *Europe Daily Bulletins*, No. 7406, 17 February 1999. この委員会は、審議会首脳会議が採択した行動計画に基づいて、1993 年 10 月に設立されている。
78) 62 名の内訳は、国家首脳 15 名、国家議会 30 名、欧州議会 16 名および欧州委員会 1 名である（代替要員は除く）。議長を務めたのは、ドイツの前大統領で連邦裁判所判事でもあったヘルツォグ（R. Herzog）である。欧州議会の公式サイト「EU 基本権憲章」の "Annexe: Composition de la Convention sur la Charte des droits fondamentaux," http://www.europarl.eu.int/charter/composition_fr.htm において構成員の名簿が公開されている。
79) クリューガー氏によれば、審議会は、EU による憲章の起草に警戒心をもっていた。Hans C. Krüger, "The European Union Charter of Fundamental Rights and the European Convention on Human Rights: An Overview," in Steve Peers and Angela Ward (eds.), *The EU Charter of Fundamental Rights : Politics, Law and Polity*, Hart Publishing, 2004, pp. xvii-xviii.
80) *Europe Daily Bulletins*, No. 7569, 9 October 1999.
81) EU による単独の融資は、主に、「ポーランドとハンガリー：経済転換のための行動（Pologne et Hongrie: Actions pour la Reconversion Économique)」、PHARE と呼称されるプログラムを通じてなされた。Dinan, *op. cit.*, p. 388.
82) 本書第 2 章第 2 節（2）参照。

83) 憲章の起草会議の構成については、本書第7章の注23を参照されたい。
84) トルコは、欧州経済共同体加盟を1987年4月に申請した。1997年12月のルクセンブルク欧州理事会は、同国に加盟資格があることを確認している。EU拡大政策サイト (http://ec.europa.eu/enlargement) の candidate countries より。EU・トルコ関係を分析した先駆的な研究には、Mehmet Ugur, *The European Union and Turkey: An Anchor/Credibility Dilemma*, Ashgate, 1999 等がある。
85) クルド労働者党の指導者としてのオジャランの人物像については、松原正毅「クルド人指導者オジャランとPKK」『中央公論』1995年5月、229-235頁参照。
86) 川上洋一『クルド人 もうひとつの中東問題』集英社、2002年、44頁ほか参照。
87) 抗議行動は、亡命を拒否したギリシャや、逮捕に協力したイスラエルの公館に対してなされたようである。「クルド人 欧州で大使館占拠」『日本経済新聞』1999年2月17日8面、「クルド人3人射殺 イスラエル、在独公館前で」『日本経済新聞』1999年2月18日8面。
88) トルコは、1984年以降死刑を執行していない。しかしながら、同国の刑法は、「その領域のすべてもしくは一部を他国の主権下におこうとした者、独立性を低下させようとした者、国家の一体性を損なおうとした者、あるいは国家の領域の一部をその統治から遮断しようとした者」に死刑を科すことを認めていた。同国は2002年8月に刑法改正により死刑制度を廃止するが、この点は後述する。
89) *Europe Daily Bulletins*, No. 7407, 18 February 1999.; *Europeans*, Electronic newsletter of the Parliamentary Assembly of the Council of Europe, March 1999.
90) 人権団体ハンズ・オフ・カインによれば、当時のEU15カ国はすべて、死刑制度をすでに廃止していた。うち、通常犯罪に関してのみ廃止したギリシャを除く14カ国は、あらゆる場合について廃止している。ハンズ・オフ・カインの公式サイト (http://www.handsoffcain.org) の The present world situation を参照。2002年6月1日閲覧。さらに、拙稿「国際人権と国家の自律性―死刑廃止外交を題材にして―」辰巳浅嗣・鷲江義勝編著『国際組織と国際関係』成文堂、2003年、第1節もあわせて参照されたい。
91) 2161st Council meeting, General Affairs, Luxemburg, 21-22 February 1999, 6119/99 (Presse 44), p. 11.
92) *Ibid*.
93) *Ibid*.
94) *Ibid*.
95) この点については、注84参照。
96) *Europe Daily Bulletins*, No, 7353, 1 December 1998.
97) "Parliamentary Assembly/Political Affairs Committee: Ruling on Öcalan and

Pinochet cases," the Parliamentary Assembly of the Council of Europe, 30 November 1998. 犯罪容疑者の引き渡しについては、審議会の枠内において『引き渡しに関する欧州規約』があった。イタリアの判断の正当性は、この規約に照らして判断された。
98) *Deutsche Presse-Agentur*, 3 December 1998.
99) *Europe Daily Bulletins*, No. 7407, 18 February 1999.; Europeans (Electronic newsletter of the Parliamentary Assembly of the Council of Europe) March 1999. 身体の自由は、欧州人権条約5条において保護されている。
100) *Ibid*.
101) *Europe Daily Bulletins*, No. 7408, 19 February 1999. 手続規則168条から170条までの規定に基づいて、欧州議会は、第三国および他の国際組織の議会的性格を有する機関と定期的な対話の機会をもっている。対話の形式には、共同議会委員会に加えて、議会協力委員会 (Parliamentary Cooperation Committees) と議会間代表団 (Interparliamentary Delegations) がある。これらの委員会および代表団は、さらに、欧州部門および非欧州部門へと分別される。

　共同議会委員会は、EU加盟候補13カ国および欧州経済地域 (European Economic Area: EEA) との間に14の委員会が設置されている。トルコと共同の委員会には、欧州議会側から24名の議員が従事する。議会協力委員会は、ロシアを含む三つを欧州部門として、また非欧州部門として中央アジア各国との間に設けられている。議会間代表団は、欧州においては欧州時湯貿易連合各国と、さらに、非欧州との関係では旧ユーゴ諸国との間に結成される（以上、2001年現在）。Corbett *et al, op. cit*., pp. 145-147.
102) 4名の議員は、マルセット・カンポス (P. Marset Campos・スペイン・欧州統一左派党)、アンドレ・レオナール (A. André-Léonard・ベルギー・欧州自由民主改革党)、サケラリオウ (J. Sakellariou・ドイツ・欧州社会党)、ビンチ (L. Vinci・イタリア・欧州統一左派党) である。*Europe Daily Bulletins*, No. 7420, 9 March 1999.
103) 訪問したのは、ミカエルソン (M. Mikaelsson・スウェーデン)、カルバーロ (L. alvalho・ポルトガル)、ブルネッティ (M. Brunetti・イタリア)、コラカス (E. Korakas・ギリシャ) であった。"Press Release," 7 March 1999. 審議会の公式サイト (http://stars.coe.fr.) より。2000年5月1日閲覧。
104) *Europe Daily Bulletins*, No. 7424, 13 March 1999.
105) 「PKK元司令官に死刑判決」『日本経済新聞』1999年5月21日8面。
106) *Europe Daily Bulletins*, No. 7497, 30 June 1999.
107) Agence France Press, 21 June 1999.
108) 「クルド労働者党党首　死刑回避へ努力表明」『日本経済新聞』1999年12月12日5面参照。

第 5 章　欧州審議会との相互関係の展開　　163

109)　注 102 参照。
110)　注 103 参照。
111)　*Europe Daily Bulletins*, No. 7434, 13 March 1999.
112)　*Ibid*.
113)　Robertson, *op. cit*., p. 75.
114)　本注から注 123 まで掲げるのは、当該活動の基盤となる主たる審議会文書である。『地域言語もしくは少数者言語のための欧州憲章』（1992 年 11 月署名開始、1998 年 3 月発効）、『少数民族の保護のための枠組み条約』（1995 年 2 月署名開始、1998 年 2 月発効）。
115)　『人権と生命医学に関する条約』（1997 年 4 月署名開始、1999 年 12 月発効）、『人間のクローニングの防止についての人権と生命医学に関する条約への付属議定書』（1998 年 1 月署名開始、2001 年 3 月発効）、『臓器移植についての人権と生命医学に関する条約への付属議定書』（2002 年 1 月署名開始、2006 年 5 月発効）、『生命医学研究についての人権と生命医学に関する条約への付属議定書』（2005 年 1 月署名開始、2007 年 9 月発効）、『健康目的のための遺伝子検査についての人権と生命医学に関する条約への付属議定書』（2008 年 11 月署名開始、2010 年 2 月現在未発効）。
116)　『汚職に関する刑事法の条約』（1999 年 1 月署名開始、2002 年 7 月発効）、『汚職に関する民事法の条約』（1999 年 11 月署名開始、2003 年 11 月発効）、『汚職に関する刑事法の条約への付属議定書』（2003 年 5 月署名開始、2005 年 2 月発効）。
117)　『テロ撲滅に関する欧州条約を改定する議定書』（2003 年 5 月署名開始、2010 年 2 月現在未発効）、『テロの予防に関する欧州審議会条約』（2005 年 5 月署名開始、2007 年 6 月発効）、『犯罪からえた収益の洗浄、捜索、差押えおよび押収に関する、ならびにテロ資金に関する、欧州審議会条約』（2005 年 5 月署名開始、2008 年 5 月発効）。
118)　『反ドーピング条約』（1989 年 11 月署名開始、1990 年 3 月発効）、『反ドーピング条約への付属議定書』（2002 年 9 月署名開始、2004 年 4 月発効）。
119)　『人身売買に対抗する行動に関する欧州審議会条約』（2005 年 5 月署名開始、2008 年 2 月発効）。
120)　『サイバー犯罪に関する条約』（2001 年 11 月署名開始、2004 年 7 月発効）、『コンピューター・システムを通じた人種主義および外国人排斥の性質をもつ活動の処罰についてのサイバー犯罪に関する条約への付属議定書』（2003 年 1 月署名開始、2006 年 3 月発効）。
121)　『欧州景観条約』（2000 年 10 月署名開始、2004 年 3 月発効）、『オーディオビジュアル遺産の保護のための欧州条約』（2001 年 11 月署名開始、2008 年 1 月発効）。
122)　『ペット動物の保護のための欧州条約』（1987 年 11 月署名開始、1992 年 5 月発

効)、『実験および他の科学的な目的のために用いられる脊髄動物の保護のための欧州条約を改定する議定書』(1998年6月署名開始、2005年12月発効)、『国際移送中の動物の保護に関する欧州条約』(2001年11月署名開始、2006年3月発効)。
123) 『欧州地域における高等教育についての資格の承認に関する条約』(1997年4月署名開始、1999年2月発効)。
124) EU基本権憲章の解説文による審議会文書への言及については、本書第8章第2節を参照されたい。

第6章
欧州における「テロとの戦い」と人権の保護
――CIAテロ容疑者不法拘禁・移送疑惑への対応を題材にして――

はじめに

　2005年秋に発覚したテロ容疑者の不法拘禁・移送の疑惑は、世界的な波紋を呼ぶに十分なものであった。疑惑を報道したのは、いずれもアメリカに本部がある、ワシントン・ポスト紙、人権団体のヒューマンライツ・ウォッチおよびABCテレビ等である。疑惑の渦中にあったのも、やはりアメリカの、CIA (Central Intelligence Agency、中央情報局) として知られる連邦政府直属の情報機関であった。疑惑には、さらに、一定の欧州諸国も関与したとされた。CIAの主導により設けられた拘禁施設は、東欧の特定の国家にあり、そこでは虐待や拷問が加えられた。他の欧州諸国もまた、CIAによる容疑者の拉致や移送に少なからず協力し、あるいは黙認したというのである[1]。このような疑惑が起こりうる背景には、いわゆる「テロとの戦い」[2]がある。テロを防ぐためにあらゆる手段を講じる国家は、テロ活動への関与が未確定である個人の権利を制限する傾向にある。個人の私的な情報を入手し、あるいは通信内容を傍受することは、その一例であろう。今回の疑惑は、アメリカ軍のキューバ・グアンタナモ基地等における不法拘禁問題とともに、重大な人権侵害に当たる点でひと際論議を呼んだのである[3]。

　欧州審議会（以下「審議会」とする）がこの疑惑に注目したことは自然である。審議会は、半世紀以上にわたり、欧州人権条約を支える制度的枠組みとなってきた。その枠組みの当事国である欧州の諸国が疑惑に関わったと報じられたのであるから、審議会としても、事態の究明に乗り出さざるをえな

かったのである。他方において、EUは、欧州人権条約のような人権文書を本来有していたわけではない。すでにみたように、人権や民主主義といった価値観は、EUの「深化」と「拡大」にあわせて漸進的に重視されるようになったものである。しかしながら、すでにEUは、人権を自らの法の一般原則として位置づけており、あるいは基本権憲章を宣言するに至ってもいる（当時）[4]。ゆえにEUとしても、欧州諸国が関わったとする疑惑を無視することはできなかったのである。とりわけ深刻に捉えられたのは、ポーランドとルーマニアに拘禁施設が存在したという報道であった。報道当時、ポーランドはもはや、EU加盟国の一角を担っていた。ルーマニアも、EUには未加盟ではあったものの、加盟条約の発効を待つばかりの時期にあったのである[5]。

以上の状況を念頭におきながら、本稿では、審議会とEUの両機構が当該疑惑にどのような対応をみせたのかを概観し、かつ、そのような対応について若干の省察を加えたい。ただし、疑惑が流動的な国際情勢の下で発覚したことは留意する必要がある。「テロとの戦い」の名においてアメリカが主導したイラクへの武力行使は、人権法および人道法を含む従前の国際法秩序を混乱させたといわれた[6]。アメリカの対外政策をめぐり二分した欧州諸国は[7]、マドリードやロンドンにおいてテロ行為を経験した[8]。このような様相の中で、「テロ組織」の脱国境的な活動、CIAおよび他の情報機関による活動の拡大、拘禁や移送をめぐる国際人権法のあり方等が関心を集めたのである。本章では、これらを広く射程することはしない。あくまでも、欧州次元における当該疑惑への対応に論点に限定するものである。

第1節　欧州審議会およびEUの疑惑への初動

1　「テロとの戦い」と欧州における人権の認識

上述のような疑惑が起こりうることは、審議会もEUも想定していたことではなかった。とはいうものの、「テロとの戦い」が人権保護に与える影響については、いずれの機構もある程度の認識は示していた。

そのような認識を示す典型的な文書は、審議会の議員総会の『テロとの戦

いと人権尊重』と題する 2002 年 1 月の決議である[9]。決議においては、人権尊重の原則が「テロとの戦い」の文脈においても適用されるべき旨が確認される。そのうえで、審議会加盟国に対して次のような行動を要請したのである。すなわち、容疑者への虐待や不公正な裁判を慎むこと。容疑者を第三国に引渡す場合には、死刑を執行しないように当該国に保証させること。欧州人権条約からの適用除外を自制すること。EU の欧州逮捕状制度に参加する場合であっても、欧州人権条約が定める基本権は尊重すること、等である[10]。国際人権法の伝統的な観点に沿った内容であるといえるものである。

　審議会においては、閣僚委員会も文書を採択している。同年 7 月の『人権およびテロとの戦いについての方針』がそれである[11]。この方針において閣僚委員会は、テロに際しては個人の権利や自由が守られるべきことを強調した。ただし、方針において重視されるのは、テロ容疑者の人権ではなく、テロ行為の潜在的な犠牲者としての市民の権利である。その帰結として、たとえば個人データの保護や、あるいは裁判での弁護権については、一定の条件の下で人権が制限されうると述べるのである[12]。閣僚委員会は、審議会加盟国の外相とその代理よりなる政府間機関である[13]。それゆえに、各国の議員代表よりなる議員総会とはやや異なる人権観が示されたとみなせる[14]。

　EU においても、人権が「テロとの戦い」の影響を受けることは認識されていた。中でも意欲的な分析を行なったのは、欧州委員会所管の「基本権に関する独立した専門家の EU ネットワーク」である。本書第 3 章において紹介したこのネットワークは、EU のテロ対策が惹起する問題を次のように要約している。第 1 に、EU 司法内務理事会によるテロリズムの定義が、欧州人権条約 7 条および EU 基本権憲章 49 条に定められる適法性原則を満たしていないことである。第 2 に、欧州逮捕状および引渡しについての EU 制度が、欧州人権条約に定められる権利を適切に保護できていないことである。第 3 に、EU 加盟国による第三国との司法協力が、当該第三国の人権保護水準を考慮できていないことである。第 4 に、多くの加盟国が、人権に与える影響を評価せずにその情報、警察および司法機関の権限を強化していることである。第 5 に、テロ対策を口実に難民認定と移民許可に消極的になる加盟国が増えたことである。第 6 に、テロ関係資産の凍結および没収に向けた

EUの措置が、欧州人権条約とその議定書が保護する財産権、公正な裁判への権利および推定無罪原則を潜在的に侵害することである。簡略化していえば、以上のような内容である[15]。

　審議会は、テロの防止を目的とする条約を加盟国間で締結する等してテロ対策を進めてきた。やや遡るものの、1970年代後半の『テロリズム抑止に関する欧州条約』は、その代表的なものである。そこにおいては、テロ犯罪者の引渡しを促進するために、政治犯罪とはみなさない犯罪行為がリストアップされたのである[16]。他方において、EUのテロ対策は、より政策志向色が強いものとなる。それは主に、「第3の柱」である司法内務協力の一環として実施される[17]。しかしながら、さらに状況に応じて、「第1の柱」であるECとして、あるいは「第2の柱」共通外交・安全保障政策の枠組みにおいて措置をとることもある。専門家ネットワークの分析では、EUテロ対策のこのような特性が意識される。そうであるがゆえに、実行される政策との関わりの中で人権が考慮される傾向がみられるのである。

　専門家ネットワークの分析は、EUにおいて法的拘束力をもつ性格のものではない。そればかりか、欧州委員会の見解を代表するものでさえない[18]。もっとも、その分析は、2001年9月に発生したアメリカ同時多発テロ事件（9.11事件）から比較的間もない、2002年3月に公表された。したがって、後に本格化するEUおよび加盟国のテロ対策に対して、その分析が一定のインパクトを及ぼしたことはありうる。各国の閣僚よりなるEU司法内務理事会は、毎年作成する人権報告に「テロと人権」の項目を新たに設けた[19]。EU司法裁判所および加盟国の裁判所においては、テロ対策に由来する人権侵害の訴えが相次いだ[20]。専門家ネットワークの分析は、間接的ながらも、これらの動きを支援する役割を担った可能性がある。

　しかしながら、審議会の議員総会にせよ、あるいはEUの専門家ネットワークにせよ、本章が注目する不法拘禁・移送疑惑にみる行動を予見することは困難であったと思われる。換言すれば、予見することが困難である位、通常の人権水準から逸脱した行為であった。疑惑にあるような行動を一部の諸国がとるか、あるいはとることを計画したとしても、これら諸国は、自らの行動や計画が漏えいしないように極力配慮するであろう。

疑惑の発覚をうけて、審議会と EU においては急遽対応を迫られることになる。

2 審議会と EU における疑惑への初動

　審議会において迅速な対応を試みたのは、議員総会であった。議員総会の常設委員会である法律問題・人権委員会が[21]、議員総会議長の注意喚起をうけて早々に、疑惑に関する報告者を任命したのである[22]。報告者は、同委員会のマーティ委員長（D. Marty、スイス、自由民主連合）が兼任することになった。元検察官であり、各国の情報活動にも通じる手腕に期待が寄せられたのである。法律問題・人権委員会は、米軍基地内での虐待問題等について、長らく懸念を表明していた[23]。そのような背景も手伝い、同委員会が積極的な対応を行なうものと予想されたのである。

　この委員会の対応については、次節で触れることにしよう。ここでは先に、議員総会とは別機関である事務総長の対応に触れておきたい。当時審議会事務総長の職にあったのは、イギリス人のデイビス氏（T. Davis）であった。氏は、当該疑惑に関わる質問項目を提示し、これを審議会の各加盟国に回答させようとしたのである。質問項目は、次の 4 つであった。(1) 第三国の機関の活動を自国内において適切に統制しているのか否か、(2) 個人の自由が剥奪されないための措置を適切にとっているのか否か、(3) 第三国の機関により自由を剥奪されたという申立に対して適切に応じているのか否か、(4) そのような自由の剥奪や拘禁者の輸送に官吏が関与したのか否か、関与したのであれば公的な調査を実施しているのか否か、という内容であった[24]。デイビス事務総長が用いた「第三国の機関」という表現が、暗にCIA を指していることは明らかである。事務総長は、これらの項目への回答を促すことにより、人権侵害をもたらす加盟国の対 CIA 協力をけん制したのである。

　事務総長によるこのような対応が興味深いのは、人権侵害疑惑をうけて事務総長が実施した、おそらくは初めての事例だからである。事務総長の設問に回答を与えることは、欧州人権条約の下で加盟国が負う義務とされてきた。同条約 52 条によれば、加盟国は、事務総長の要請があれば「この条約

のすべての規定の効果的な実施を、自国の国内法が確保している様式」を説明しなければならないのである。歴代の事務総長は、この52条の規定をこれまで7回ほど利用してきた。その中には、チェチェン情勢についてロシアに説明を求める等、政治的な問題も含まれていた。しかしながら、これらの事例は、いずれも、疑惑の解明に動機づけられたものではなかったのである[25]。

　審議会事務総長が担う任務の範囲は、明確であるとはいいがたい。この点は、国際連合の事務総長と比較すれば鮮やかになる。両者の間には、たしかに共通点を見いだすことができる。たとえば、その任命手続きに関して、前者は、閣僚委員会の勧告に基づいて議員総会が任命する[26]。対して後者は、国連安全保障理事会のやはり勧告に基づき、その総会によって任命されるのである[27]。あるいは、上述の説明要請に関する前者の権限を、国連の自由権規約と社会権規約が備える後者への報告制度に類することもできるだろう[28]。とはいうものの、前者の役割について、審議会の設立規程は、「事務総長は、（審議会の）事務局の業務について閣僚委員会に責任を負う」と記すにとどまる[29]。「国際平和を脅威すると認める事項について、安全保障理事会の注意を促すことができる」（国連憲章99条）後者に比しても、この記述は簡潔にすぎるのである。このような状況をみた場合、不法拘禁・移送疑惑へのデイビス事務総長の対応は、その本来の任務に一石を投じる可能性を秘めるものと考えられるのである[30]。

　審議会がみせた対応は、以上のようであった。議員総会および事務総長による対応が主なものであったといえる。その一方で、閣僚委員会においては、事態の経過を注視する以上の行動があったようにはみえない。

　他方、EUにおいて最初に動きをみせたのは、欧州委員会で司法内務問題を担当するフラティニ副委員長（F. Frattini、イタリア）である。フラティニ副委員長は、報道において名前が挙がったポーランドおよびルーマニア両政府から聴き取りを行なった。そのうえで、拘禁施設の存在が裏付けられた場合には、EUとして政治的な制裁を科す必要があると表明したのである[31]。ここでいう制裁は、EU条約7条を根拠とするものである。同条によれば、「加盟国に共通する原則」である人権や法の支配に違反した加盟国は、EU

理事会での投票権等、加盟国としての権利が停止されることになる。同条が適用された例は過去になく、今後も適用される可能性は高くはない。とはいえ、欧州委員会副委員長が EU による制裁に言及したことは、それ自体、注目するべきことであった[32]。

　しかしながら、フラティニ副委員長の対応が能動的であったとはいえないであろう。ポーランドおよびルーマニア両政府からの聴取は、これを非公式かつ非公開に行なったにすぎなかった。加えて、両政府がひとたび施設の存在を否定して以降は、欧州委員会が事態解明に向けた権限をもたない旨、繰り返し言明することに終始したのである[33]。このような状況に業を煮やしたのが、欧州議会であった。欧州議会は、みずから対応するべく、議会内に臨時委員会を設けたのである[34]。臨時委員会の任務は、以下の点を解明するために情報を収集および分析することとされた。第1に、CIA 等の第三国機関が、EU 加盟候補国を含む EU 域内において誘拐、不正規移送、秘密施設での拘禁、拷問および残虐、非人道的あるいは品位を傷つける扱いを行なったのか否か。第2に、そのような行ないは、とりわけ以下の各種文書に違反しているといえるのか否か。「加盟国に共通する原則」についての EU 条約6条規定、欧州人権条約の生命に対する権利についての2条規定、同条約の拷問禁止についての3条規定、同条約の自由と安全についての権利に関する5条規定、同条約の公正な裁判についての6条規定、EU 基本権憲章、国連拷問等禁止条約、引渡しおよび相互援助に関する欧州同盟・アメリカ協定、北大西洋条約および他の関連地位協定、国際民間航空機条約。第3に、そのような行ないに EU の市民は関わり、あるいは被害を受けたのか否か。第4に、加盟国と EU 機関の官吏は、個人の自由が不法に剥奪されることに関わり、もしくは共謀したのか否か。以上の情報を収集および分析したうえで、当該案件に関する勧告を欧州議会本会議に提出するものとしたのである[35]。

　以上のような臨時委員会の任務は、しかしながら、調査委員会 (committees of inquiry) が担いうるそれに及ぶものではない。ここでいう調査委員会は、欧州議会が EC 設立条約に基づいて設置するものである。調査委員会には、機密文書を入手し、あるいは関係者を召喚する権限が与えられる[36]。過去においても、牛海綿状脳症問題や EC 輸送システムに関して設置された例

がある[37]。欧州議会においては、疑惑の解明に向けて、この調査委員会の設置を求める声があった。ただし、EC設立条約によれば、そのような委員会は、あくまで、「共同体法の実施について疑いのある違背もしくは瑕疵行政を調査するため」[38]のものである。ゆえに、それは、EC法との関係が必ずしも明確ではない当該疑惑の調査には適さない可能性があった。加えて、調査委員会の設置には、欧州議会の最大会派である欧州人民党・欧州民主党グループの大勢が消極的であった[39]。そのために、機密文書の入手や参考人の召喚についてはEC/EUからの授権を受けない、欧州議会独自の臨時委員会として発足せざるをえなかったのである[40]。

この臨時委員会の委員定数は、46名とされた。委員会の委員長には、ポルトガル選出で欧州人民党・欧州民主党グループに属するコエーリョ議員（C. Coelho）が就任した。報告者に任命されたのは、「欧州議会における社会主義」グループのファーバ議員（G. C. Fava、イタリア）である。欧州議会の第一会派と第二会派にそれぞれ委員長と報告者のポストを配分することにより、政治的な均衡を図ったのであろう[41]。とはいうものの、疑惑の発覚後にファーバ議員は、書面質問を通じて欧州委員会と理事会の対応を問うていた[42]。報告者を任ぜられたのは、そのような行動力ゆえのことでもあった[43]。

こうして審議会の議員総会および事務総長に遅れはするものの、欧州議会も対応に乗りだしたのである。EUの他の機関である欧州委員会や理事会は、基本的には推移を見守ることになった。

第2節　疑惑に関する議員総会と欧州議会の報告

審議会議員総会の法律問題・人権委員会は、『審議会加盟国が関与する秘密拘禁および拘禁者の不法な国家間輸送の疑惑』と題するマーティ委員長の報告を全会一致で採択した。疑惑の発覚から半年を経た、2006年6月のことである[44]。その半年後の2007年1月には、さらに欧州議会の臨時委員会により、ファーバ報告の最終報告書『CIAが拘禁者の搬送および違法な拘禁のために欧州諸国を利用した疑惑について』が採択されている[45]。本節で

は、これら二つの報告に焦点をあててみてみよう。

1 マーティ報告

　まずは、『審議会加盟国が関与する秘密拘禁および拘禁者の不法な国家間輸送』(以下「マーティ報告」とする) をみてみたい。マーティ報告は、11部よりなる。各部は、次のような概要である。この報告は、9.11事件の出来事やキューバ・グアンタナモ基地での人権侵害を想起するものの、アメリカ政府を批判することが目的ではない (第1部)。一定の欧州諸国は、テロ容疑者の移送網や拘禁施設の管理に携わっている可能性が認められる (第2部)。拉致、移送あるいは拷問の疑いのある事例としては、少なくとも9つほどある。その一部の事例の信ぴょう性は、とりわけ高い (第3部)。目撃証言にEU衛星センターから提供されたデータを加味した場合、ポーランドとルーマニアに拘禁施設が存在した公算は大きい (第4部)。ロシアのチェチェン共和国に拘禁施設が存在したという告発もある (第5部)。一部の審議会加盟国政府は、実態調査に消極的である (第6部)。司法機関による調査は、多くの審議会加盟国において進められている。それは、イタリアのミラノ、ドイツのミュンヘンおよびツバイブルッケンにおいて顕著である (第7部)。国家議会による調査は、ドイツとイギリスにおいて活発である。他方、ポーランド議会の調査は非公開であり、ルーマニアでは調査さえ行なわれておらず問題である (第8部)。各国とその情報機関は、法の支配および人権の原則と調和した「テロとの戦い」を遂行するさらなる余地がある (第9部)。アメリカ政府は、国連の拷問等禁止条約をはじめとする国際法上の国家義務から免れようとしている (第10部)。一部の審議会加盟国の行為を人権侵害であると断定することはしない。しかしながら、実態調査が不十分であるという点において、各国はその責任を果たせてはいない (第11部)。マーティ報告は、以上のように、疑惑に関する情報を網羅した包括的な内容となっているのである。

　議員総会は、このようなマーティ報告をうけて決議と勧告を採択している。決議が宛てるのは、審議会加盟国とアメリカである。審議会加盟国に対しては、不法な拘禁や移送を行なう場合はこれを即時に停止すること、その

情報機関の権限を再考しかつその透明化を図ること、疑惑の告発者を保護することと、実態を真摯に調査すること、被害者全員に適切な救済、助言および補償を与えること等を求めた[46]。アメリカに対しては、国際人権の規範および法の支配と調和したテロ対策を遂行すること、被害者に対して公式の謝罪と補償を行なうこと、疑惑の報道に関わったジャーナリストらを保護すること、欧州各国との間の二国間協定をともに見直すこと等を求めたのである[47]。

さらに勧告は、審議会加盟国に一定の行動を促すよう閣僚委員会に要請するものであった。ここでいう行動には、テロ容疑者の人権保護に向けて共通の措置をとり、あるいは第三国との軍事協定に人権条項を挿入することが含まれる。加えて、欧州拷問等防止条約の機密情報規定を修正することや、人権侵害への審議会の対応能力を向上させる必要性にも言及する内容となっている[48]。

2 ファーバ報告

ファーバ欧州議会議員の『CIA が拘禁者の搬送および違法な拘禁のために欧州諸国を利用した疑惑について』(以下、「ファーバ報告」とする) にうつろう。それは、マーティ報告のあとに作成されたこともあり、新しい情報を盛り込んだ内容となっている。たとえば、アメリカが拘禁施設の存在を肯定したのは、マーティ報告後のことであった[49]。ファーバ報告は、これをうけて、施設の詳細をアメリカから聴取しようとしない欧州諸国を非難している[50]。あるいは、国際連合の総会は、強制失踪防止条約を採択した。この条約を早急に批准かつ実行するよう欧州諸国に要請してもいるのである[51]。しかし、そうはいいながらも、全体的にファーバ報告は、マーティ報告の方向性を継承するものとなっている。すなわち、欧州各国における実態調査は概して不十分であるとする。そのうえで、国際法上の義務をより適切に負うように、加盟国とアメリカに求めてもいるのである。

マーティ報告を継承する方向性をもつのは、情報やデータの提供源が限定されていることが大きい。加えて、議員総会の法律問題・人権委員会と欧州議会臨時委員会の間に協力関係があったことも看過できないであろう。双方

第6章 欧州における「テロとの戦い」と人権の保護   175

の委員会の構成員は、少なくとも数回にわたり、相互に出席し、あるいは意見を交換した[52]。そのような関係の構築が、関心と情報の共有に与したと考えられる。

　もっとも、マーティ報告にはない特徴がみられることも事実である。欧州の特定の国家名が明記され、かつその行動等に対する見解が逐一付されていることは、その一つである。たとえば、拘禁施設の存在が疑われたポーランドについては、次のように言及されている。

　・同国の政府が当臨時委員会の活動にきわめて非協力的であったことを非難する、

　・同国の議会が独立した調査を率先しないことは遺憾である、

　・同国の特別情報委員会による調査が聴聞等もなく拙速かつ秘密裏に進められたことを強調する、

　・不正規移送に関わった疑いのある諸国に向かうか、あるいはそれら諸国から飛来したCIA機が11度にわたり同国の空港に寄航したことを懸念する。また、ビシェル・アルラウィ（Bisher Al-Rawi）、ジャミル・エルバナ（Jamil El-Banna）、エルカシム・ブリテル（Abou Elkassim Britel）、カレド・エル・マスリ（Khaled El-Masri）、ビニャム・ムハンマド（Binyam Mohammed）各氏を不正規に移送し、またアハメド・アギザ（Ahmed Agiza）およびムハンマド・エルザリ（Mohammed El Zari）両氏を退去させるためにCIA機が寄航したことを非難する、

　・同国のシマヌイ空港の職員らによれば、2002年から2003年にかけて寄航した6機のガルフストリーム機は通関手続きをとらなかった。さらに、彼らは同機に近づくことを禁止され、高額の着地料が現金で支払われ、情報機関と関係の強い車両が着地を待機していたとのことである。これらの点に留意する、

　・同国の人権NGOsやジャーナリストらが同国政府より情報提供等の協力をえることができないことは遺憾である、

　・以上の状況から判断すれば、秘密の拘禁施設が同国に存在しなかったとは明言できないのである[53]。

　拘禁施設の有無をめぐっては、ルーマニアおよびコソボについても言及が

なされている。テロ容疑者の移送網に直接的ないし間接的に関わった欧州の国家として、イタリア、イギリス、ドイツ、スウェーデン、オーストリア、スペイン、ポルトガル、アイルランド、ギリシャ、キプロス、デンマーク、ベルギー、トルコ、マケドニア共和国、ボスニア・ヘルツェゴビナが挙げられ、これら各国をめぐる動向も分析されている[54]。ファーバ報告は、したがって、情報の集積に重きをおくマーティ報告に比して、より具体的な問題提起を意識した内容となっているのである。

ファーバ報告が臨時委員会の活動の透明化を図っていることにも注目するべきである。委員会の会合に参加した外部者の名簿が、参加要請を辞退した者のそれと合わせて報告に付属された。臨時委員会は、先に触れたとおり、EC 設立条約に基づく正式の調査委員会ではない。ゆえに、会合に参加する是非は、要請を受けた者の任意となる。そのような状況下においてこうした名簿を公開することは、EU 市民や欧州議会への説明責任を保持するという点において有意となりえよう[55]。

しかしながら、ファーバ報告の最も特徴的であるのは、EU が関係加盟国に制裁を科す必要性に言及していることであろう。ファーバ報告によれば、欧州議会は、EU 諸機関に対して「EU 条約7条および他のすべての関連規定を実施する責任を負う」ことを要求する。すなわち、EU の理事会は、「7条にいう加盟国からの聴取と独立的な調査を遅滞なく行なう」べきであり、かつ必要であれば、「(人権に対する)重大かつ継続的な違反があった場合に加盟国に制裁を発動する」べきである、とするのである[56]。EU 条約7条に依拠する制裁については、欧州委員会のフラティニ副委員長も示唆したところではあった。ただし、欧州議会は、EU 市民が直接的に選出した EU 唯一の議会的機関である。その内部の委員会において制裁の可能性が報告されることは、民主主義の未成熟が課題とされる EU において、より重い意味をもつことになる[57]。

3 欧州議会によるファーバ報告の採択

ファーバ報告に対する賛否は、2007年2月に開かれた欧州議会の本会議において割れたものとなった。各会派の代表者が行なったスピーチに、この

点は表れている。

　ファーバ報告に賛同するスピーチには、次のものがあった。「暴力の道具を手にしつつ自由を謳歌することは不可能だ」と述べたのは、「欧州議会における社会主義」グループのクライスル・ドルフラー議員（W. Kreissl-Dörfler、ドイツ）である。彼は、欧州域内における不法な行動が許容されないことを直截に強調している。欧州自由民主連合グループに所属するグアルダンス・カンボ議員（Guardans Cambó、スペイン）は、現在問われているのは欧州の信頼それ自体であるとした。そのうえで、「自由を守るには汚い戦争しかない、という発想には賛成しかねる」と述べた。また、緑・欧州自由連合グループのオズデミール議員（C. Özdemir、ドイツ）によれば、重要であるのは反アメリカ主義を主張することではなく、人権と民主主義に向けた関心をあらためて確認することであった。欧州統一左派・北欧緑左派連合グループのカターニア議員（G. Catania、イタリア）は、「テロとの戦い」において人権が軽視されていることを、帝政ローマ時代の歴史家タキトゥスを引用しつつ牽制した。「荒涼たる世界を作り上げて、それを平和と呼ぼうとする。そのような行ないは、まやかしにすぎない」、と[58]。ファーバ報告が支持されたのは、概していえば、人権侵害を含む事実の究明、被害者の救済、欧州的価値の防衛、およびアメリカと一部の欧州諸国のテロ対策への批判といった観点からであった。

　他方、報告に賛同しない意見は、以下のようである。欧州人民党・欧州民主党グループのガウロンスキ議員（J. Gawronski、イタリア）や「アイデンティティ・伝統・主権」グループのロマニョーリ議員（L. Romagnoli、イタリア）は、拘禁施設の存在等については確証の不足が著しいとし、支持しかねるとした。欧州諸民族同盟のシマンスキ議員（K. Szymanski、ポーランド）は、CIAと協力せざるをえない現状があることを認めて、CIAの行動を暗に肯定した。「独立・民主主義」グループのバッテン議員（G. Batten、イギリス）は、「イスラム原理主義者との戦い」を率先するアメリカには、むしろ謝意を表するべきであると述べた。そのうえで、ファーバ報告は「反アメリカ主義の典型」であり、あるいは「EUが（国家の）権限をさらに収奪する試み」であると位置づけたのである[59]。したがって、報告を裏付ける証拠の

表 6-1　ファーバ報告をめぐる欧州議会議員の投票行動

グループ名（所属議員数※）	賛成	反対	棄権
欧州人民党（キリスト教民主）・欧州民主党（277）	37	182	37
欧州議会における社会主義（218）	191	2	6
欧州自由民主連合（106）	68	8	12
欧州諸民族同盟（44）	0	42	0
緑・欧州自由連合（42）	40	0	1
欧州統一左派・北欧緑左派連合（41）	34	0	3
独立・民主主義（23）	7	13	0
アイデンティティ・伝統・主権（20）	2	4	10
無所属（14）	3	5	5
計（785）	382	256	74

※ 2007年2月14日投票当時の議員数。
出所：Résultat des votes par appel nominal-Annexe, PE385.006 に基づき作成

不足、アメリカおよび欧州諸国によるテロ対策の正当化、イスラム原理主義への嫌悪感等が、報告に賛同しない理由として挙げられたといえる。

　このような意見の相違は、ファーバ報告に対する欧州議会の投票結果にも表われた。712 の投票総数のうち、賛成は 382 票であり、反対は 256 票だったのである[60]。欧州議会の定数が 785 であったため[61]、総議員のほぼ半数が賛成したことになる。しかしながら、反対票が少ないとはいえ、棄権票も別に 74 あったことから、ファーバ報告が圧倒的な支持をえたとは評価できないのである。

　表 6-1 は、ファーバ報告をめぐる出席議員の投票行動を、欧州議会の会派別にみたものである。この表からは、次の二つの点を読みとることができる。

　第 1 に、左派の会派に属する議員は、報告に総じて賛成している。「欧州議会における社会主義」グループ、欧州自由民主連合、緑・欧州自由連合および欧州統一左派・北欧緑左派の所属議員は、人権への一般的な関心が高いようである[62]。加えて、ファーバ報告への支持を通じてアメリカの国際法軽視を批判する向きもあったのであろう。ただし、「欧州議会における社会主義」グループや欧州自由民主連合に反対者ないし棄権者があることにも留意

第6章 欧州における「テロとの戦い」と人権の保護　179

するべきである。というのも、彼らの多くは、ポーランドあるいはルーマニアより選出された議員だったからである[63]。両国は、疑惑を提起した2005年秋の報道において名指しされた当事国であった。疑惑発覚後の政府の対応が不適切であったことも、マーティ報告とファーバ報告の双方により批判されていた。彼らは、人権への理解については自負がありながらも、まさにその人権をめぐって自国が批判されるというジレンマを感じたであろう。

　第2に、欧州議会の最大会派である欧州人民党・欧州民主党グループは、結束した立場を示すことができなかった。たしかにガウロンスキ議員は、同グループのスポークスマンとして反対の姿勢を鮮明にしていた[64]。しかしながら、グループの構成員が投じた256票の3割ほどが、賛成および棄権へと流れたのである。推察するに、欧州人民党・欧州民主党グループに加入する加盟国の中道右派政党は、ファーバ報告がアメリカ共和党政府との関係を悪化させることを懸念した。とりわけ、ドイツ・キリスト教民主同盟とフランス国民運動連合は、対イラク政策をめぐり冷却化したアメリカとの関係を修復するために、ファーバ報告を支持することができなかったのである。とはいうものの、それでも一定の構成員は、ファーバ報告の問題意識を共有した。臨時委員会のコエーリョ委員長やディミトラコプロス副委員長も、その中に含まれていた[65]。

　ファーバ報告は、先述のように、疑惑に関与した加盟国にEUとして制裁を科すことを考慮するように求めていた。しかしながら、制裁の文言は、投票の直前に変更された。欧州議会が期待することは、制裁を科すことではなくなった。EUが「十分な情報を提供するように加盟国に圧力を加える」ことであり、「かつ必要であれば、聴取を開始し独立した調査を実施する」と述べるにとどまったのである[66]。制裁の記述をめぐっては、欧州議会の本会議に向けてさまざまな修正案が出された[67]。そのために、より穏便な表現に変更することにより収拾が図られたものと推察される。結果、穏便な表現となったがゆえに賛成票を投じた欧州人民党・欧州民主党グループの構成員もいたであろう。

　欧州人民党・欧州民主党グループは、加盟国の国内政党を広く、かつ性急といえるほど積極的に加入させてきた。その動機がいかなるものであれ[68]、

グループの結束がときに脆弱になっても不思議ではない。今回の投票行動では、その一端が示されたのである[69]。

第3節　議員総会および欧州議会による疑惑への対応
――省察

1　マーティ報告とファーバ報告の性格

　欧州議会がファーバ報告を採択した経緯は、以上のとおりである。しかしながら、当該分野における欧州議会の行動が、加盟国はむろん、EUの他機関を法的に拘束することはない。一般的に、国家の情報機関の活動は、国家がもつ主権の中でもとりわけ中枢に位置している。経済分野を中心とする主権の譲渡を認めてきたEU加盟国も、さすがに当該分野におけるEUの権能を容易には承認しないだろう。ファーバ報告を採択した欧州議会本会議には、理事会議長国ドイツのグローザー欧州担当相（G. Gloser）と欧州委員会のフラティニ副委員長が同席していた。両人は、理事会と欧州委員会を代表する立場から、ファーバ報告の採択を積極的に評価した。グローザーによれば、ファーバ報告は、「重要な結論と忠告を含んで（いる）」がゆえに、「事態の早急な改善を要請するもの」であった。フラティニは、「加盟国の裁判所と調査組織は、臨時委員会が集積した情報を参考にしつつ事実を解明しなければならない」と述べたのである[70]。とはいえ、両人のコメントは、辞令的な域を出ないものである。先述のように、欧州議会の調査委員会は、EC/EUの授権によって設置されたものではない。そのために、理事会と欧州委員会が――ならびにEU加盟国も――ファーバ報告の内容に拘束されることは、法制度的にありえないことなのである。

　審議会議員総会のマーティ報告についても、同様のことがいえる。マーティ報告は、閣僚委員会が審議会加盟国に一定の行動を促すことを勧告した。しかしながら、議員総会による文書の採択は、それだけでは、いかなる場合であっても法的拘束力をもたない。このことは、審議会の設立以来、一貫して変わらない取り決めとなっている[71]。閣僚委員会の構成員は、ましてや、その情報機関を統括する加盟国政府の代表である。マーティ報告に基づく議

員総会勧告について、閣僚委員会は、「関心をもって留意する」とは回答した[72]。もっとも、実質的にそれは、勧告が留意されるにとどまったことを意味するのである。

このように、ファーバ報告は、EU の他機関と加盟国に何ら法的な影響を与えないものであった。審議会の閣僚委員会およびその加盟国に向けたマーティ報告についても、然りであった。しかも、これらの報告を採択した欧州議会と議員総会は、異なる機構に属していることから、疑惑には個別に対応する結果となった。個別の対応となったことは、疑惑の解明に多角的に接近するうえでは有効であったかもしれない。とはいうものの、実際は、個別に対応せざるをえなかったとみなすことがより精確である。審議会および EU の共通課題に対する行動という観点からすれば、それは非効率的なものであった。

2　議員総会と欧州議会の対応の意味

それでは、審議会議員総会および欧州議会が当該疑惑についてみせた対応は、徒労にすぎなかったのか。必ずしも、そのようには断言できないだろう。それは、以下の理由による。

まず、審議会および欧州議会が対応した事実が、欧州諸国のみならず、アメリカでも報道されたことを軽視するべきではない。たとえば、アメリカのニューヨーク・タイムズ紙（2006 年 6 月 8 日付）は、「CIA の拘禁者移送網につき欧州を糾弾」という見出しでマーティ報告の全容を紹介している。記事の本文においては、マーティ報告が次のように引用されたのである。「報告は、『この非難されるべき移送網を築いたのはアメリカである』と述べている。さらに、『欧州諸国によるきわめて無頓着な共謀なくして、移送網が欧州へと拡大されることはありえない』と主張している」[73]。ロサンゼルス・タイムズ紙も、同日付で「欧州 14 カ国が CIA による誘拐を支援」という見出しの記事を掲載した。ここでも報告が引用されている。「『現時点においておいて確かな証拠は出ていない。（…）しかしながら、テロ活動家やその関係者とみなされた不特定多数の者が、アメリカの機関の名において、あるいはそれに代わって行動する情報機関の下で恣意的かつ不法に逮捕、拘禁およ

び、移送されたことは瞭然としている』と述べている」[74]。ロサンゼルス・タイムズ紙は、ファーバ報告に関しても、「CIA の飛行に関する報告を EU が承認へ」(2007 年 1 月 24 日付)、および「CIA の飛行を許容した欧州 14 カ国が非難された」(2007 年 2 月 15 日付)と報じたのである[75]。このような報道がアメリカの有権者に与えるインパクトは、小さくはないであろう。共和党政権下のアメリカは、「テロとの戦い」を進める中で、国際規範としての人権に配慮する余裕がなかったかもしれない。であれば、そのような配慮に欠けていることを欧州の公的な機関が気づかせた――もしくは、気づかせようとした――ことにも、幾許かの意味があったと考えられるのである。

　第 2 に、国内の次元における当該疑惑への対応を支援する効果がある。ここでも、いくつかの例を挙げておこう。イギリス下院には、当該疑惑に示される問題関心を共有する超党派グループがある。このグループのプレスリリースやファーバ報告によれば、グループに所属する下院議員らは、マーティ氏およびファーバ氏と積極的に情報交換を行なっているのである[76]。あるいは、イタリアでは、ミラノ検察局が、同国の情報機関関係者およびアメリカ国籍の CIA 関係者計 30 余名を起訴した。同検察局の検察官は、起訴に先立って、やはり欧州議会臨時委員会と綿密な意見交換を行なっている[77]。さらに、人権団体のアメリカ自由人権協会 (ACLU) は、受理令状に向けたアメリカ連邦最高裁判所への請願に際してマーティ報告を参照した[78]。マーティ報告は、欧州からみれば第三国であるアメリカの国内裁判においても注目されたのである。以上の例から一面的な結論を導くことは困難かもしれない。国内の次元における対応が議員総会や欧州議会のそれとどの程度連動していたのかは、さらに考察する余地がある。しかしながら、大局的にみれば、国内議会や国内裁判所における対応に際して、議員総会や欧州議会の活動が影響したことは留意してよいだろう。

　第 3 には、議員総会はマーティ報告の、また欧州議会はファーバ報告の、各々の内容に調和する立場をとるように方向付けられる。マーティ氏は、2007 年 6 月に 2 回目の報告を作成した[79]。議員総会はここでも、その報告の内容に沿う形で決議と勧告を採択している。欧州議会においても、EU 議長国・アメリカ間の首脳会談に向けて決議が採択された[80]。決議において欧

第6章 欧州における「テロとの戦い」と人権の保護 183

州議会は、キューバ・グアンタナモに拘禁施設がいまだ存在することを批判した。続いて、アメリカ政府による不正規の拘禁や移送を止めさせるようEU理事会に促したのである[81]。臨時委員会が解散した後も、欧州議会では市民的自由・司法内務問題委員会をはじめとする常設の委員会がフォローアップを行なっている。なかでも市民的自由・司法内務問題委員会は、9名よりなる議員団をアメリカに派遣し、同国の下院議員と会合をもたせたのである。ヨーロピアン・レポート紙によれば、その会合に参加した米下院議員には、疑惑に関する欧州議会の活動に賛否の両論があった。しかしながら、欧州議会の活動が下院司法委員会による調査の開始に与した、とする発言もみられた[82]。不正規の移送や拘禁をよしとしない立場は、こうして議員総会と欧州議会において継承され、規範として定着していくことになる。

　第4に、「テロとの戦い」における人権保護のあり方が研究される機会を、欧州の次元において提供することになった。審議会においてはベニス委員会の研究が、あるいはEUにおいては前出の専門家ネットワークおよび欧州議会法務局による研究が、その主なものである。「法による民主主義のための欧州委員会」が正式名であるベニス委員会は、審議会の諮問機関として、各国の憲法制度への助言や選挙への支援を行なってきた[83]。そのベニス委員会は、マーティ氏の要請をうけて、(a) 疑惑にみられるような拘禁や移送に直面する加盟国は、国際人権法上いかなる責任を負うのか、および (b) 領空を含む領域において拘禁者の移送がある場合に加盟国はいかなる義務を負うのか、について分析している[84]。さらに、EUの専門家ネットワークは、北大西洋条約機構および二国間地位協定の枠組みにおいてCIAの活動がどのように位置づけられるのかをまとめた[85]。欧州議会法務局もまた、国際法における拷問の定義や国際機構の拷問監視制度を省察しつつ、アメリカ政府による拷問の解釈およびその問題点を分析したのである[86]。審議会法律問題・人権委員会と欧州議会臨時委員会は、いずれも、法律の専門家より構成されているわけでは必ずしもない。したがって、以上にみた研究は、双方の委員会が疑惑の問題性を共有するうえで寄与したと推測できるのである。

　議員総会と欧州議会による対応は、たしかに法的効果をもたないものであった。とはいえ、これら二つの議会的機関は、人権団体や国内の公的機関と

連携しながら、「テロとの戦い」の正当性を相対化してみせた。その意味では、一定の政治的影響を生むものであった。

おわりに

「テロとの戦い」が人権保護と密接な関係にあることを、審議会とEUの両機構は、多少なりとも認識していた。しかしながら、2005年に発覚した類の疑惑については、予測できなかった。欧州の複数の国家が関わったとされたことから、両機構が対応をみせた。審議会の議員総会は、その常設組織である法律問題・人権委員会に報告を作成させ、その報告を採択することにより疑惑の究明と状況の改善を模索した。EUの欧州議会は、臨時に設置した委員会に疑惑をめぐる情報を収集および分析させ、それを報告にまとめつつ、常設委員会にフォローアップさせることを通じて対応を試みたのである。

議員総会と欧州議会によるこれらの対応は、アメリカや欧州各国はもとより、審議会およびEU内の他の機関に対しても強制力をもつものではない。さらにいえば、議員総会と欧州議会が個別に対応せざるをえなかったこと自体、審議会とEUの連携が十分にとれなかったことの証左であるといえよう。しかしながら、次の点ではある程度の意味を見いだせるようであった。すなわち、対応が広く報道されたことは、「テロとの戦い」がもつ多面性と問題性をあらためて浮彫りにしうること。議員総会と欧州議会の対応は、欧州諸国内の議会や裁判所の対応を支援および正当化する効果をもつ可能性があること。不法拘禁や移送を人権侵害と位置づける理解が、議員総会と欧州議会において浸透しうること。「テロとの戦い」において現出しうる問題を研究する機会が提供されること、等である。テロへの関与が疑われる個人の権利をいかに保護するかは、とりわけ2001年9月の「9.11事件」以後の国際社会にあって、デリケートな課題となってきた。その中で議員総会と欧州議会は、顕著とまではいえないにせよ、従来の「テロとの戦い」のあり方に異議を申し立てたのである。

疑惑の中心にある拘禁施設の存在について、議員総会と欧州議会は、確証

第6章 欧州における「テロとの戦い」と人権の保護　185

をえたとはしなかった。このことは、現代欧州の人権政策を展望するうえで興味深い。仮に確証をえたのであれば、EU は、EU 条約 7 条に基づく制裁の手続きを進めたかもしれない。人権保護の視点からいえば、そのような手続きの進行は妥当なものである。しかしながら、制裁の潜在的な対象とされた加盟国に遺恨を生むことになり、EU 加盟国間の関係に不和を生むであろう。逆に、制裁の手続きをとらないのであれば、EU は、その理由を内外に向けて説明する必要にせまられる。その説明いかんでは、EU に対する人々の信用は低下し、EU において醸成されてきた規範的な精神が後退するかもしれない。いずれの場合であっても、EU 人権政策の試金石になることは避けられなかったと思われる。

　EU は、その加盟国間における超国家的な統合の中心にある機構である。それゆえにこそ、深刻な人権問題への対応という局面では固有の脆弱さを内包している。この点は、同じ欧州の地域的機構であるとはいえ、加盟国の主権をより尊重する審議会とは相違するところである[87]。

1) 疑惑の概要については、審議会の議員総会報告 *Alleged secret detentions and unlawful inter-state transfers of detainees involving Council of Europe member states*, Committee on Legal Affairs and Human Rights, Rapporteur : Mr Dick Marty, Doc. 10957, 12 June 2006, p. 9 を参照されたい。この報告は、本章において後に詳しく取り上げる。

　CIA による拉致や移送は、不正規移送（extraordinary rendition）あるいは単に移送（rendition）と呼ばれている。人権団体であるアムネスティ・インターナショナルによれば、移送とは、個人を、引渡し extradition 等の司法的および行政的手続きを経ずに別の国へと移すことに関わるものである。そのような行動には、拘禁した者を他国の管理下に移すこと、個人の管理を外国の機関から引受けること、および外国において誘拐することが含まれる。CIA をはじめとする国家情報機関は、1990 年代中頃より移送を行ないはじめたといわれている。Amnesty International, " 'Rendition' and secret detention : A global system of human rights violations Questions and Answers," *Amnesty International January 2006*, p. 1. 移送の実情を追う文献には、次のものがある。和田浩明「CIA の秘密収容所「ブラック・サイト」」『世界』2006 年 12 月号、25-28 頁。Stephen Grey, *Ghost Plane : The Inside Story of the CIA's Secret Rendition Programme*, Hurst and Company, 2006（平賀秀明訳『CIA 秘密飛行

便：テロ容疑者移送工作の全貌』朝日新聞社、2007年）；Trevor Paglen and A. C. Thompson, *Torture Taxi on the Trail of the CIA's Rendition Flights*, Melville House Publishing, 2006.
2) 9.11事件以降の国際的なテロ対策は、ブッシュ米大統領の言説をうけて「対テロ戦争（war on terror）」等とよばれている。本稿では、EUの公式文書にしたがい、「テロとの戦い（combating terrorismあるいはfight against terrorism）」の表現を借用している。
3) 「テロとの戦い」が人権に与える影響については、さまざまな角度から研究がなされている。新井京「『テロとの戦争』と武力紛争法―捕虜資格をめぐって」『法律時報』74巻6号、2002年；石垣泰司「9・11事件以後における人の国際移動に関する法規制の変容と人権問題―展開する国際テロ対策法制の特徴と問題点―」『東海法学』29号、2003年；大沢秀介「アメリカのテロ対策と人権問題」『国際問題』526号、2004年；熊谷卓「対テロ戦争と国際人権法―グアンタナモの被拘束者に対する市民的および政治的権利に関する国際規約（自由権規約）の適用可能性」『広島法学』29巻2号、2005年；大貫啓行「反テロ戦争下の人権に関する備忘録」『麗澤経済研究』13巻1号、2005年；石垣泰司「テロとの戦い―治安維持と国際機構―」庄司克宏編『国際機構』岩波書店；アムネスティ・インターナショナル日本編『グアンタナモ収容所で何が起きているのか』合同出版、2007年；今井直「国際法における拷問禁止規範の現在」拷問等禁止条約の国内実施に関する研究会編著、村井敏邦・今井直監修『拷問等禁止条約をめぐる世界と日本の人権』明石書店、2007年；葛野尋之「反テロリズム法における安全保障と人権―無期限拘禁処分に関するイギリス貴族院の違憲判決をめぐって―」『立命館法学』311号、2007年；須網隆夫「地域的国際機構と国際テロリズム規制―EUによる国際テロへの法的対応と課題―」『国際法外交雑誌』106巻1号、2007年5月；石垣泰司「欧州統合と対テロ政策―EU対テロ政策形成過程における加盟国、欧州委員会および欧州議会の役割―」『日本EU学会年報』27号、2007年；Emmanuelle Bribosia et Anne Weyembergh (dir.), *Lutte contre le terrorisme et droits fondamentaux*, Bruylant, 2002；David Cole, *Enemy Aliens : Double Standards and Constitutional Freedoms in the War on Terrorism*, The New Press, 2003；M. Katherine et al. (eds.), *Civil liberties vs. National Security : In a Post-9/11 World*, Prometheus Books, 2004；Philip B. Heymann and Juliette N. Kayyem, *Protecting Liberty in an Age of Terror*, The MIT Press, 2005；Oren Gross and Fionnuala Ní Aoláin, *Law in Times of Crisis : Emergency Powers in Theory and Practice*, Cambridge University Press, 2006.
4) アムステルダム条約によって改定されたEU条約6条1項および2項参照。
5) ルーマニアとブルガリアが加盟条約を署名したのは、2005年4月である。締約相

手は、EU 加盟 25 カ国（当時）である。すべての締約国の批准を経て、2007 年 1 月に加盟が実現した。なお、ポーランドとルーマニアが審議会に加盟したのは、それぞれ、1991 年 11 月および 1993 年 10 月のことである。

6) この点について、最上敏樹は、イラクへの武力行使に向けてアメリカ政府が「いわば法的に『何でもあり』状態に陥（っていた）」と指摘している。いわく、「対イラク戦争準備の過程では、実にさまざまな根拠がアメリカ政府高官たちによって語られた。（…）大量破壊兵器疑惑という根拠や、好ましからざる体制を変更するためだという根拠のほか、対テロ戦争でもあるといった根拠や、フセイン政権がクルド族等の少数者を始めとして、国内で非人道的な行為をしているのをやめさせるためだといった根拠等々である。（…）これらの正当化論拠はそれぞれ別の事柄であり、どれでもよいというような問題ではない。加えて、どの一つをとっても、無条件に武力行使を合法化する根拠にできるわけでもない。それらを複数並べれば済む性格の問題ではないのである」。『国連とアメリカ』岩波書店、2005 年、23 頁。

7) もっとも、アメリカの対イラク政策に反対したのは、EU15 カ国当時においてフランス、ドイツ、ベルギー、ギリシャの 4 カ国にすぎなかった。中立の立場をとった加盟国も 4 カ国あり、完全に二分したというわけではない。羽場久美子「EU・NATO の拡大とイラク戦争」大芝亮・山内進編著『衝突と和解のヨーロッパ』ミネルヴァ書房、2007 年。145-146 頁。see also, Timothy Garton Ash, "Europe Has One Voice. Another and Another," *New York Times*, 22 September 2002.

8) 「スペイン爆破テロ　死者 192 人、負傷 1400 人に」『日本経済新聞』2004 年 3 月 12 日夕刊 1 面。；「ロンドン同時テロ、死者 37 人に」『日本経済新聞』2005 年 7 月 8 日夕刊 1 面。

9) Parliamentary Assembly, *Resolution 1271 (2002): Combating terrorism and respect for human rights*, 24 January 2002 (6th Sitting).

10) *Ibid*.

11) *Guidelines of the Committee of Ministers of the Council of Europe on human rights and the fight against terrorism*, 804th meeting, 11 July 2002, Appendix 3.

12) *Ibid*., III, V and IX.

13) 欧州審議会設立規程 14 条。

14) 議員総会は、審議会加盟国の議会がその議員から選出するか、あるいは任命される者よりなる。各加盟国から最少で 2 名、最多で 18 名の計 318 名が選出あるいは任命される。同上 25 条および 26 条、ならびに本書第 5 章参照。

15) See, EU Network of Independent Experts on Fundamental Rights, *The Balance between Freedom and Security in the Response by the European Union and Its Member States to the Terrorist Threat*, March 2002.

188　第II部　国際社会における EU 人権政策の展開

16)　1977年に署名が開始され、翌78年に発効した条約である。See, *Summary of the European Convention on the Suppression of Terrorism* (CETS No. 090). 審議会のサイトの Treaty Office (conventions.coe.int) より。2007年8月1日閲覧。

17)　司法内務協力は、アムステルダム条約とニース条約によって「刑事問題における警察・司法協力」へと再編された。リスボン条約は、本来 EU 条約に規定されていたこれらの協力を、EC 設立条約の後継条約である EU 運営条約に組み込んだ。「自由、安全および公正の分野」と題する第V編がそれである。

18)　EU Network of Independent Experts, *op. cit*., p, 1.

19)　See e. g., *EU Annual Report on Human Rights*, adopted by the Council on 3 October 2005, pp. 53-55.

20)　須網、前掲論文、16-20頁参照。

21)　議員総会には、さらに次の委員会がある。政治問題委員会、経済問題・開発委員会、社会・衛生・家族問題委員会、移民・難民・人口委員会、文化・科学・教育委員会、環境・農業・地方地域委員会、男女機会平等委員会、手続き規則・免除委員会、および審議会加盟国による義務および傾注の履行に関する委員会。各委員会の定数は83名であり、手続き規則・免責委員会のみ51名となっている。議員総会のサイト (assembly.coe.int) の committees 参照。2007年6月1日閲覧。

22)　議長は、オランダ人のバンデアリンデン氏 (R. van der Linden) である。

23)　See e. g., Committee on Legal Affairs and Human Rights, *Rights of Persons held in the custody of the United States in Afghanistan or Guantanamo Bay*, Rapporteur : Mr Kevin McNamara, Doc. 9817, 26 May 2003 ; Committee on Legal Affairs and Human Rights, *Lawfulness of Detentions by the United States in Guantanamo Bay*, Rapporteur : Mr Kevin McNamara, Doc. 10497, 8 April 2005.

24)　*Secretary General's report under Article 52 ECHR on the question of secret detention and transport of detainees suspected of terrorist acts, notably by or at the instigation of foreign agencies*, SG/Inf (2006) 5, 28 February 2006.; *Secretary General's supplementary report under Article 52 ECHR on the question of secret detention and transport of detainees suspected of terrorist acts, notably by or at the instigation of foreign agencies*, SG/Inf (2006) 13, 15 June 2006.

25)　オベイとホワイトによれば、7回の利用の中で最初のものは、1964年10月に行なわれている。これは、各加盟国の法制が欧州人権条約およびその第1議定書の権利の保護の状況について一般的な説明を求めるものであった。2回目 (1970年7月)、3回目 (1975年4月)、4回目 (1983年3月) および5回目 (1988年7月) は、欧州人権条約の特定条文について、ならびに子供の保護という特定の見地からそれぞれ実施状況を問うものであった。1999年における6回目の行使は、トランスニス

トリア問題について説明するようモルドバ一国に向けられた。2002年には7度目の行使がなされているが、これが、チェチェン情勢についてロシアに説明を求めたものである。see, Clare Ovey and Robin White, *The European Convention on Human Rights*, third edition, Oxford University Press, 2002, pp. 10-11. see also, *Report by the Secretary General on the use of his powers under Article 52 of the European Convention on Human Rights in respect Moldova*, SG/Inf (2002) 20, 6 May 2002, para. 2.

26) 欧州審議会規程36条b。
27) 国際連合憲章97条。
28) 国連自由権規約40条および国連社会権規約16条-22条。さらに、国際労働機関憲章22条-23条、米州人権条約42条-43条、人および人民の権利に関するアフリカ憲章62条参照。Ovey and White, *op. cit.*, p. 11, note 50.
29) 欧州審議会規程37条b。他方、国際連合の事務総長の任務については、国際連合憲章98条および99条が規定している。その概要については、アラン・プレ、ジャン=ピエール・コット共編(中原喜一郎、斎藤惠彦監訳)『コマンテール国際連合憲章(下)』東京書籍、1993年、15章参照。
30) *Secretary General's report under Article 52 ECHR, op. cit.*, SG/Inf (2006) 5, p. 2 and p. 6.
31) *The Independent*, 29 November 2005 ; *The International Herald Tribune*, 20 November 2005 ;『毎日新聞』2005年11月30日8面。
32) EU条約7条に基づく制裁に関しては、本書第1章参照。
33) *European Report*, No. 3006, 16 November 2005. なお、アメリカのライス国務長官は、ドイツのメルケル首相に対して拷問の事実を否定した。とはいえ、拘禁施設の存在については、情報の機密性を理由にコメントをしないという姿勢であった。『日本経済新聞』2005年12月6日夕刊;『読売新聞』2005年12月7日参照。
34) 委員会の名称は、「CIAが拘禁者の搬送および違法な拘禁のために欧州諸国を利用した疑惑に関する委員会」である。*European Parliament decision setting up a temporary committee on the alleged use of European countries by the CIA for the transportation and illegal detention of prisoners*, P6_TA (2006) 0012, 18 January 2006.
35) *Ibid.*, para. 1 (a) and (b). EU条約6条において加盟国に共通する原則を定める1項は、リスボン条約によってEU条約2条として再構成された。本書第9章参照。
36) EC設立条約193条。調査委員会の権限の範囲は、欧州議会、理事会および欧州委員会による1995年4月の決定により明確になった(*Decision of the European Parliament, the Council and the Commission of 19 April 1995 on the detailed*

provisions governing the exercise of the European Parliament's right of inquiry (95/167/EC,Euratom,ECSC), O. J. No. L113, 19 May 1995, Artile 3. see also, European Parliament, *Rules of Procedure, Provisional version*, January 2007, Rule 176 and Annex Ⅷ)。権限の行使を規律する細則は、リスボン条約によって、理事会と欧州委員会の同意をえた欧州議会が決定すると明記された。EU 運営条約 226 条 3 段。

37)　欧州議会が調査委員会の設置権限をえたのは、マーストリヒト条約によってである。EC の行政を民主的に統制する必要性が認められたことが、その背景にあった。以上の経緯、ならびに調査委員会による牛海綿状脳症問題への対応については、福田耕治「欧州委員会の総辞職と欧州議会」『早稲田政治経済学雑誌』341 号、2000 年、141-142 頁参照。

38)　EC 設立条約 193 条。EU 運営条約では 226 条がこれを継承している。

39)　欧州人民党は、欧州社会党とともに、欧州政党 (Euro-Party) として長年にわたり欧州議会の二大勢力となってきた。執筆当時において欧州人民党は、欧州議会においては欧州民主党と会派を構成している。同様に欧州社会党は、「欧州議会における社会主義」グループを構成しており、欧州議会では第二派となっている。欧州政党およびそれに対応するグループに関しては、Stephen Day, "Transnational party political actors: the difficulties of seeking a role and significance," *EU Studies in Japan*, No. 26, 2006, pp. 65-68 に詳しい。

40)　See, *Europe Daily Bulletins*, No. 9083, 7 December 2005.; *Europe Daily Bulletins*, No. 9086, 10 December 2005.; *Europe Daily Bulletins*, No. 9089, 15 December 2005.

41)　副委員長には、ラドフォード議員 (S. Ludford、イギリス、欧州自由民主連合グループ)、ディミトラコプロス議員 (G. Dimitrakopoulos、ギリシャ、欧州人民党・欧州民主党グループ) およびオズデミール議員 (C. Ozdemir、ドイツ、緑・欧州自由連合グループ) の3名が就任することになった。

42)　Written Question by Giulietto Chiesa (ALDE) and Giovanni Fava (PSE) to the Council, E-4350/05, 22 November 2005.; Written Question by Giulietto Chiesa (ALDE) and Giovanni Fava (PSE) to the Commission, E-4351/05, 22 November 2005.

43)　See, *Europe Daily Bulletins*, No. 9112, 19 January 2006.; *Europe Daily Bulletins*, No. 9118, 27 January 2006.

44)　*Alleged secret detentions and unlawful inter-state transfers of detainees, op. cit.*

45)　*Report on the alleged use of European countries by the CIA for the transportation and illegal detention of prisoners* (2006/2200 (INI)) Temporary Committee on the alleged use of European countries by the CIA for the transportation and illegal detention of prisoners, Rapporteur: Giovanni Claudio Fava, FINAL A6-9999/2007,

26 January 2007. 2006年6月には、中間報告書が公表されている。*Interim Report on the alleged use of European countries by the CIA for the transportation and illegal detention of prisoners*（2006/2027（INI））Temporary Committee on the alleged use of European countries by the CIA for the transportation and illegal detention of prisoners, Rapporteur: Giovanni Claudio Fava, FINAL A6-0213/2006, 15 June 2006.

46) Parliamentary Assembly, *Resolution 1507（2006）: Alleged secret detentions and unlawful inter-state transfers of detainees involving Council of Europe member states*, 27 June 2006 (17th Sitting), para. 19.

47) *Ibid.*, para. 20.

48) Parliamentary Assembly, *Recommendation 1754（2006）: Alleged secret detentions and unlawful inter-state transfers of detainees involving Council of Europe member states*, 27 June 2006 (17th Sitting), para. 3, 4, 5 and 6.

49) 2006年9月にアメリカのブッシュ大統領は、「テロ組織」アルカイダやタリバンの関係者を「秘密に収容できる環境にうつして」尋問する必要性をあらためて喚起した。さらに、拷問は実施していないとしながらも、「テロ組織の指導と工作に関わったとおぼしき者を捕らえ、アメリカ国外において尋問しているものの、それは、CIAが行なう個別のプログラムにおいてである」と述べた。"President Discusses Creation of Military Commissions to Try Suspected Terrorists," *Office of the Press Secretary*, 6 September 2006 (www.whitehouse.gov/news). 2006年11月1日閲覧。

50) *Report on the alleged use of European countries by the CIA..., op. cit.*, para. 9.

51) *Ibid.*, para. 212.

52) *Ibid.*, Annex 1.

53) *Ibid.*, para. 165-179.

54) *Ibid.*, para. 49-182.

55) 会合に参加したEU関係者は、フラティニ欧州委員会副委員長、ソラナ（J. Solana）共通外交・安全保障政策上級代表およびデブリーズ（G. de Vries）テロ対策調整官を含む8名である。さらには、国家政府機関の関係者26名、国内議会の関係者38名、国内裁判所の検察官5名、審議会機関の関係者4名、国際連合等の国際機関関係者7名、被害者5名、弁護士12名、非政府組織（NGOs）関係者21名、ジャーナリスト21名、大学・研究機関関係者13名、その他12名の参加があった。参加者の氏名が、その職責とあわせて記載されている。*Ibid.*, Annex 3 and 4.

56) *Ibid.*, para. 226.

57) 欧州議会の臨時委員会は、過去においても加盟国の人権問題を取り上げたことがある。通信傍受システム（エシュロン・システム）と欧州人権条約の私的生活尊重規定（8条）の両立性を疑問視したことは、その主な例であった。ただし、当時に作

成された臨時委員会報告は、EU 条約 7 条には言及していない。Temporary Committee on the ECHELON interception system, *Report on the existence of a global system for the interception of private and commercial communications*（ECHELON interception system）（2001/2098（INI））, Rapporteur : Gerhard Schmid, FINAL A5-0264/ 2001, 11 July 2001.

58) "Débat animé avant le vote du rapport sur les activités de la CIA, Justice et affaires intérieures," 14 février 2007; "MEPs debate alleged CIA renditions ahead of the vote on the final report, Justice and home affairs," 14 February 2007 ; "Rapport controversé sur les activités de la CIA en Europe, Droits fondamentaux," 20 février 2007 ; "CIA report : MEPs reflect on the controversy a week on Fundamental Rights," 20 February 2007. 欧州議会のサイト（www.europarl.europa.eu）の News より。すべて 2007 年 3 月 1 日閲覧。なお、タキトゥスの引用は、著作『アグリコラ』よりなされたものである。「荒涼たる世界を（…）」は、ローマ人の侵略をブリタンニア人指導者カルガクスが批判した際の一節である。国原吉之助訳『タキトゥス』世界古典文学全集 22 巻、1965 年、339-342 頁参照。

59) *Ibid*.

60) *European Parliament resolution on the alleged use of European countries by the CIA for the transportation and illegal detention of prisoners*（2006/2200（INI））, P6_TA-PROV（2007）0032, 14 February 2007.

61) 2007 年 1 月に EU に加盟したルーマニアとブルガリアには、35 議席および 18 議席が各々割当てられた。これにより定数は、同月をもって 732 から 785 へと純増していた。

62) 彼らによる書面質問の提出には、その一端が示されている。詳細は、拙稿「EU の対加盟国制裁権限―欧州議会および欧州政党の対応を中心にして―」『阪南論集』（社会科学編）39 巻 2 号、2004 年 3 月参照。

63) 「欧州議会における社会主義」グループあるいは欧州自由民主連合に所属するポーランド選出議員は、14 名であった。当日の欠席者 1 名を除く 13 名中 8 名が、反対票ないし棄権票を投じている。同様に、反対票あるいは棄権票を投じたルーマニア選出議員は、14 名中 9 名にのぼった。*Résultat des votes par appel nominal-Annexe*, PE385. 006. より算定した。

64) See, "alleged illegal cia activities," *Highlights 12-15 feb'07*, 欧州人民党・欧州民主党グループのプレスサイト（www.epp-ed.eu/Press/eu/highlights）より。2007 年 3 月 1 日閲覧。

65) *Résultat des votes par appel nominal-Annexe, op. cit.*

66) *European Parliament resolution on the alleged use of European countries..., op.*

第6章　欧州における「テロとの戦い」と人権の保護　　193

cit, para. 228.
67)　Amendments1-474, PE382. 448v02-00, 8 January 2007.
68)　政治的影響力を欧州議会において強化することは、動機の一つであったと思われる。欧州人民党・欧州民主党グループへの国内政党の加入過程については、安江則子「欧州統合における政党の役割」紀平英作編『ヨーロッパ統合の理念と軌跡』京都大学出版会、2004年、344-351頁参照。
69)　欧州人民党・欧州民主党グループの結束力は、状況によりけりである。ヒックス(S.Hix)によれば、それが強まるのは、EUの立法手続きにおいて欧州議会の絶対多数が必要な局面においてである。Simon Hix, *The Political System of the European Union*, Second Edition, Palgrave, 2005, pp. 96-99.
70)　"Débat animé avant le vote ...," *op. cit.*; "MEPs debate alleged CIA renditions ...," *op. cit.*
71)　審議会設立規程によれば、議員総会の任務は、その権限の範囲内にある事項を討議し、かつ、その結論を、閣僚委員会に勧告するのみである（22条）。決議や意見の形で意思表示を行なうことがあるが、いずれも説得的性質のものにとどまる。高野雄一『国際組織法・新版』有斐閣、1975年、482-483頁。
72)　*Reply adopted by the Committee of Ministers on 27 September 2006 at the 974th meeting of the Ministers Deputies*, CM/AS (2006) Rec1754final, 29 September 2006.
73)　Dan Bilefsky, "Report faults Europe in C. I. A. detainee 'web'," *New York Times*, 8 June 2006.
74)　"14 nations aided CIA in abductions, report says," *Los Angels Times* (http://www.latimes.com), 8 June 2006.
75)　"EU approves report on CIA flights," *Los Angels Times* (http://www.latimes.com), 24 January 2007；"14 nations accused of allowing CIA flights," *Los Angels Times* (http://www.latimes.com), 15 February 2007. 日本においても、たとえば毎日新聞（2006年11月30日付）が、ファーバ報告を紹介して「EU側、実態を認識」「共謀性を強く批判」等と報道している。
76)　See, "As European parliament adopts rendition report, Andrew Tyrie MP urges US committees to probe UK and Europe's role in torture flights," *Press Release*, 14th February 2007.「不正規移送に関する全党議会グループ」のサイト（www.extraordinaryrendition.org）より。2007年3月1日閲覧。see also, *Report on the alleged use of European countries by the CIA...*, *op. cit.*, p. 45.
77)　臨時委員会と意見を交換したのは、スパターロ検察官（A. Spataro）である。EU理事会の事務局は、意見交換の模様を各国のEU大使に報告している。*Report on the meeting of the Temporary Committee on the alleged use of European countries*

by the CIA for the transportation and illegal detention of prisoners, held in Brussels on 9 and 10 October 2006, 14000/06, Council of the European Union, Brussels, 16 October 2006, pp. 1-4.see also, *Report on the alleged use of European countries by the CIA...*, op. cit., p. 38 and 45.

78) 受理令状に向けた請願の全文は、ACLU サイトの「安全と自由：我々の憲法的権利を復興する」というコーナー（www.aclu.org/safefree/torture/）の El-masri Cert. Petition (5/30/2007) において掲載されている。2007 年 7 月 1 日閲覧。

79) *Secret detentions and illegal transfers of detainees involving Council of Europe member states, Committee on Legal Affairs and Human Rights*, Rapporteur : Mr Dick Marty, Doc. 11302, 11 June 2007.

80) *European Parliament resolution of 25 April 2007 on transatlantic relations*, P6_TA-PROV (2007) 0155.

81) *Ibid.*, para. 14.

82) このように発言したのは、アメリカ下院の国際機構・人権・監視小委員会デラハント委員長 (B. Delahunt、米民主党) である。"MEPs clash with congressman at CIA renditions hearing," *European Report*, No. 3290, 19 April 2007. see also, "Panel One of a Hearing of the International Organizations, Human Rights, and Oversight Subcommittee and the Europe Subcommittee of the House Foreign Affairs Subcommittee, Subject : Extraordinary Rendition in U. S. Counterterrorism Policy : The Impact on Transatlantic Relations, chaired by Bill Delahunt," *Federal News Service*, 17 April 2007.

83) ベニス委員会の構成員は、各国政府により任命されるものの、独立的に行動することが期待される（改訂ベニス委員会規程 2 条）。イタリアのベニスにおいて年 4 回の会合が開かれるが、これは、委員会の設置を提案したのが同国のラペルゴーラ欧州担当相 (A. La Pergola) であったことによる。構成員を務めたイギリスのジョウェル氏によれば、委員会の活動は、(1) 加盟国等から要請があった場合に助言と支援を行なうこと、(2) 多数の国家に関わる問題を検討すること、(3) セミナーやワークショップを開催すること、および (4) 憲法およびその判例法の文書を管理すること、の 4 つに分類することができる。委員会は、一部の審議会加盟国間において 1990 年に設置された。本稿執筆時においては、すべての加盟国に加えて、チリ、韓国、キルギスタンが参加している。日本は、アメリカやカナダとともにオブザーバーである。Jeffrey Jowell Q. C., "The Venice Commission : disseminating democracy through law," *Public Law*, Winter 2001, pp. 675-683 ; Steven Greer, *The European Convention on Human Rights : Achievements, Problems and Prospects*, Cambridge University Press, 2006, pp. 286-288. ベニス委員会のサイト（www.venice.coe.int）の

presentation もあわせて参照されたい。
84) European Commission for Democracy through Law (Venice Commission), *Opinion on Council of Europe Member States in Respect of Secret Detention Facilities and Inter-state Transport of Prisoners*, adopted by the Venice Commission at its 66th Plenary Session (Venice, 17-18 March 2006), CDL-AD (2006) 009.
85) EU Network of Independent Experts on Fundamental Rights, *Opinion no. 3-2006 : The human rights responsibilities of the EU Member States in the context of the C. I. A. activities in Europe ('extraordinary renditions')*, 25 May 2006.
86) *Research Note International law concerning the prohibition of torture: its applicability in the European Union Member States and its interpretation by the United States Government*, SJ-0273/06, D (2006) 18507, 10 April 2006.
87) 疑惑をめぐっては、脱稿の時点（2007年9月）においてなお、不確定な要素を残している。たとえばイギリスにおいて、同国の警察長協会（ACPO）は、報道されたような疑惑への関与を否定する旨を公表した（"Re: Extraordinary Rendition," 5 June 2007. 人権団体リバティのサイト www.liberty-human-rights.org.uk の Press Releases より。2007年9月1日閲覧。"Police deny 'extraordinary rendition' flights," 10 June 2007、テレグラフ紙電子版 www.telegraph.co.uk もあわせて参照されたい）。しかしながら、他方では、ハーマン司法相（H. Harman）が、拘禁者をのせた航空機に対する管理の強化を唱えてもいる（"Harman demands law to curb CIA rendition flights," *Daily Mail*, 11 June 2007）。さらに、議会に対しては、情報・安全保障委員会が移送に関する詳細な報告を提出している（Intelligence and Security Committee, *Rendition*, Chairman : The Rt. Hon. Paul Murphy, MP, Presented to Parliament by the Prime Minister by Command of Her Majesty, July 2007）。

第III部
ポストEU憲法期の人権構想

第7章
基本権憲章の起草と加盟国
―イギリスに焦点を当てて―

はじめに

EUの基本権憲章（以下「憲章」とする）は、「より基本的権利を目に見えるようにすることを通じた基本権の強化」（憲章前文）を目的として起草された。起草したのは、欧州理事会が1999年から2000年にかけて招集した諮問会議（以下「憲章諮問会議」とする）である。憲章諮問会議は、ドイツ前大統領のヘルツォグ（R. Herzog）議長の下、加盟国政府代表（各国1名）、加盟国議会代表（各国2名）、欧州議会代表（16名）および欧州委員会代表（1名）という、多様な利益を代表する構成であった[1]。諮問会議の構成が独特のものであったとすれば、起草した憲章が保護する基本権の概容もユニークであった。伝統的な自由権に加えて、EU市民権や一定の社会権、さらには生命倫理や個人データの保護といった現代の要請に対応する権利を含むことになったのである[2]。EU市民権という、EUに特有の脈絡をもつ権利は別にしても、それは、グローバルな次元での人権統治を射程する文書の一つとなりうるものである。

起草された憲章は、欧州議会、理事会および欧州委員会のEU3機関によって「厳粛に宣言」された。2000年12月のことである[3]。それ以降、憲章の条文は、EU司法裁判所の法廷助言者（アボカ・ジェネラル）や一般裁判所（当時は第一審裁判所）によって引用されるようになった[4]。あるいは、EU立法に関わるEU機関によって考慮されるようにもなったのである[5]。このように、憲章はすでに一定の効果をもたらしていたのであるが、これに正式

に法的拘束力を与える試みが2004年の欧州憲法条約（以下「憲法条約」とする）であった。憲章の全文を組み込むという憲法条約の計画は挫折するものの[6]、同条約の目的を多分に継承する2007年のリスボン条約により法的拘束力を備える憲章となった。すなわち、憲章はもはや、EUの基本条約には組み込まれなかった。しかしながら、リスボン条約によって改定されたEU条約が、憲章はEU条約およびEU運営条約と同じ法的価値をもつ、と明記したのである[7]。

ただし、憲章が法的拘束力をもつからといって、それがEU次元における人権の強化や救済に直結するかは自明ではない[8]。たとえば、憲章の本文は、憲章はEUの従来の権限や任務を変更しないと述べている。「この憲章は、同盟法の適用範囲を同盟の権限を超えて拡大するものではなく」、「同盟のために新たな権限や任務を創出するものでもなく」、「条約（EU条約およびEU運営条約を指す――筆者注）に定める権限や任務を変更するものでもない」、と（以上、憲章51条2項）[9]。この規定に忠実にしたがえば、憲章に基づくEUの人権保護は、あくまでも既存の法的および政治的枠組みの中で目指される。そこに現状変更を促す潜在性は見出せないのである。

とりわけ論争的であるのは、憲章がEUの加盟国に与える影響についてである。憲章によれば、その基本権を保護するべき主体として想定されるのは、EU機関やその関係機関のみではない。同盟法を実施する場合の加盟国も憲章に服するのである（同51条1項）。もっとも、ここでいう「同盟法を実施する場合」が加盟国のいかなる行動までを含むのか、十分な定義に欠いているのが現状である[10]。

以上の例にみるように、憲章の効果を展望することは容易ではないものがある。それでは、このような不透明な要素を含みもつ憲章を、EUに加盟する諸国はどのように受容し、あるいは抵抗してきたのだろうか。本章は、イギリス政府の行動を事例にしてこの点を考察するものである。

基本権憲章の考察に際してイギリス政府に着目することを疑う向きもあるだろう。たしかにイギリス政府は、1973年にECに加盟して以来、EC/EUの共通政策やその超国家的な制度を構築することに能動的であったとはいえない[11]。リスボン条約に際しても、憲章の適用のみならず、外交・安全保

障、通貨、警察・司法協力および税制等の政策統合に最も消極的であった加盟国の一つだったのである[12]。しかし別言するならば、そのような経緯をもつ加盟国であるからこそ、憲章が起草され、あるいはそれが法的拘束力を備えることに敏感であった。実際、以下にみるように、憲章の在りようをめぐって積極的に要請を行なったのは、他ならぬイギリス政府であった。そのような要請の一部は、憲法条約やリスボン条約にも反映される結果となった。したがって、同国による能動的な関与という見地から憲章の位置づけに接近することは、本章の関心からも有益であると思われるのである。

以上の関心を念頭におきながら、以下ではまず、憲章の起草に際してイギリス政府がいかなる姿勢を示したかを想起する（第1節）。次に、憲章が組み込まれる憲法条約に向けて、同国政府がどのように対応したかを概観する（第2節）。そして最後に、リスボン条約の起草に対する同国政府の働きかけを観察しながら、その背景と含意を分析するものとしたい（第3節）。

なお、本章では便宜上、イギリス政府を「イギリス」として言及することがある旨、あらかじめおことわりする。

第1節　EU基本権憲章の起草とイギリス

1　イギリスによる起草の容認

EUにおいて基本権の憲章が起草される直接の契機は、1999年6月に訪れた。ケルンで開催された欧州理事会が、憲章（a Charter）を起草する諮問会議を召集することに合意したのである[13]。欧州理事会の合意が加盟国首脳の総意で成立することは知られている[14]。したがって、ここにイギリスのブレア首相（T. Blair）は、EUが憲章を起草することを容認したことになる。

この点に留意することが肝要であるのは、容認したという事実そのものが、人権分野における同国の方針転換を示唆しているからである。1980年代後半期のECを顧みてみよう。当時のECには、域内市場の確立に向けた動きと並行して、労働権の憲章を起草する機運があった。そのような機運は、『労働者の基本的社会権に関する共同体憲章』へと結実するものの、加盟国の中で唯一イギリスがこの共同体憲章の採択には加わらなかったのであ

第7章 基本権憲章の起草と加盟国　201

る[15]。こうした経緯からすれば、ケルン欧州理事会が次のように総括したことは、EUにおける人権保護の画期をなすものであった。「この憲章は、欧州人権条約によって保護されるか、あるいは加盟国に共通の憲法的伝統から生じる、共同体法の一般原則としての基本権と自由を含むべきである。憲章は、欧州同盟の市民にのみ属する基本権も含むべきである。このような憲章を起草するに際しては、『欧州社会憲章』および『労働者の基本的社会権に関する共同体憲章』に含まれるような経済的社会的権利が考慮されるべきである」[16]。たしかにイギリスは、欧州審議会の枠内において効力をもつ欧州社会憲章の、古くからの締約当事者となってきた[17]。あるいは同国は、EC社会政策が『労働者の基本的社会権に関する共同体憲章』の権利に即して遂行されることを許容しはじめてもいたのである[18]。欧州社会憲章と共同体憲章は、同じ経済的社会的権利の保護を対象としているとはいえ、それらが作成された背景は異なっているだろう。双方の文書が具体的にいかなる権利を保護しようとしたかも、あらためて分析する必要がある。しかしながら、経済的社会的権利に類される権利を含みうる憲章にイギリスが反対しなかった事実を、ここでは少なくとも確認しておこう。

　イギリスのこのような方針転換の背景に、同国における18年ぶりの政権交代があったことは間違いない。1997年の総選挙により保守党から政権を奪取した労働党は、人権法の制定を通じて、欧州人権条約の国内法化を進めた[19]。欧州人権条約は自由権のみの目録であるために、当該人権法が人権強化を広く射程していたとは必ずしもいえない。しかしながら、新政府が新しい人権政策を打ち出したことは、EU基本権憲章の起草に向けた順風となったのである。

　もっとも、政権交代のみが方針転換の背景にあったと考えるのも適切ではないだろう。単一欧州議定書とマーストリヒト条約を経たEU機関の権限強化は、とみに顕著であった[20]。その帰結として、EUの行動を、人権保護の分野において統制する必要が認識されていたのである。

　このような認識の一端は、ゴールドスミス卿（Lord Goldsmith）によって示されている。憲章諮問会議にイギリス政府代表として参加したゴールドスミス卿は、「EUの次元で法を定めるのは、EU機関である」と適確に述べ

て、次のように続けている。「憲章の目的は、EU による権力の行使に制限があることを知らしめることである。EU の機関は、加盟国の機関とは異なり、欧州人権条約や国家憲法が定める基本権の目録を尊重するように明確に義務付けられているわけではない」[21]。憲章は、「そのような EU 機関のために」起草されたとしたのである[22]。EU の権限の強化に常に敏感であったイギリスでは、このような認識は、労働党であるか保守党であるかを問わず共有されるものであったと考えられる。

　イギリスは憲章を、以上のように、同国の政権交代による人権政策の一定の転換をうけて容認した。同国はまた、EU 機関を統制するためにも憲章の起草を肯定したのである。ただし、EU が基本権の目録を備えるべきであるという声は、1970 年代より存在していた[23]。フランスやドイツをはじめ、起草に積極的な他の加盟国からの圧力もあったであろう。イギリスは、このような環境の中で容認することを決めたのである。

2　起草に向けた条件提示

　以上の背景から憲章の起草を容認したイギリスではあったものの、しかしながら、これを無条件で容認したわけではない。むしろ、憲章の性格を決定付けるほどの条件を、起草に向けて提示することになった。

　イギリスが提示した条件としては、二つを挙げることができる。一つは、憲章が EU の権限や任務を創出せず、あるいはこれらを変更しない旨を、憲章の一般規定において明記させたことである[24]。やはりゴールドスミス卿が、このような記述が必要であったと回顧する。憲章を起草する意義は、EU を統制することにこそある。そして、EU に対する統制の強化は、EU の権限や任務のいかなる変更を伴わずとも可能なのである、と[25]。ゴールドスミス卿によれば、EU が屠畜場に関する立法を企図する場合がその一例であった。畜産分野において一定の立法権限を享受する EU は、思想、良心および宗教の自由を保護する憲章によって、屠畜場における宗教祭式のあり方に配慮しなければならなくなる。しかも、EU のこのような配慮は、その権限や任務が創出されることなくして行ないうるのである[26]。

　このような条件は、EU の権限拡大に元来懐疑的であったイギリスの立場

を想起すれば容易に納得がいくものである。他方において、あと一つの条件は、より特殊な事情を含んでいるようにみえる。

その条件とは、EU 諸機関による宣言としての憲章にとどめるというものであった。他の多くの加盟国がおそらくは望んでいた、法的拘束力をもつ文書としての憲章には同意しなかったのである。宣言としての憲章こそが好ましい理由について、ゴールドスミス卿は次のように述べている。「成文の法であれば要請されるであろう留保条項や例外条項を付せる必要なくして、人々が理解することができる価値を明瞭に示すことが可能となる」[27]。憲章の一義的な目的は、あくまでもより基本的権利を目に見えるようにする、というものである。法的拘束力をたとえ備えたところで、雑多な留保と例外が付随するような憲章は、本来の目的とは調和しない不適切な文書になりうることを仄めかしたのである。

ただし、ゴールドスミス卿の指摘はこれにとどまるものではなかった。興味深いことに、次のようにも指摘したのである。「結局のところ憲章は、法的拘束力をもつうえで必要な言語の正確性を欠いているように思われる」、と[28]。「(憲章諮問会議の) ヘルツォグ議長は、EU の基本条約に統合されうる憲章の起草をわれわれに望んだ。この点について、われわれは成功しなかったといわざるをえない。(…) 私見では、直接的であれ、あるいは他所参照という形であれ、この (憲章という) 文書は条約へと組み込まれることには適さない。むしろそれは、政治的な宣言であるがゆえに容認されうるものであり、また、そうであるがゆえに価値あるものである」[29]。起草された憲章は、憲章諮問会議の努力が実ることなく、法的文書として成立する次元には達しえなかったと総括したのである。

宣言としての憲章を支持した論者は、他にもいた。イギリス経営者団体 (CBI) アドバイザーのボズビュー (F. Bosvieux) 氏の見解を紹介しておこう。ボズビューによれば、EU において人権は、すでにストラスブールの欧州人権裁判所によって監視されている。欧州人権条約に基づいて設置される欧州人権裁判所は[30]、同条約の当事者ではない EC/EU が公式の制度的関係をもたない機関である。しかしながら、ボズビューは、すべての EU 加盟国が同条約の当事者である帰結として、EU の行動も適切に保護されうると考

えたのであろう。氏は、法的拘束力をもつ憲章によってルクセンブルクのEU司法裁判所の権限が強くなれば、「(双方の裁判所間で)役割が競合し、混乱をきたすことになる」と予言したのである[31]。

ボズビューはさらに、憲章において保護される社会権について次のように言及する。わが国では司法判断がなされることなき社会権が、憲章には含まれている。そのような社会権は、EUの基本条約や欧州人権条約で保護されている権利とは異質のものである。法的拘束力を備える憲章は、ゆえに、わが国に不確実な状況をもちこむことになる、と[32]。このような根拠からも憲章は、EUの社会立法に向けた政治的圧力の源にとどめるべきであるとしたのである[33]。

憲章の社会権は、たしかに、EU条約およびEU運営条約との関係において瞭然としたものではない。また、EUの司法裁判所が重視するようになった欧州人権条約も、自由権に限定された文書であり、社会権を対象としているわけではないのである。とはいうものの、ボズビューの見解に対しては、人権の不可分性を強調し、あるいは社会的欧州の構築を重視する立場からは異論があるだろう。「基本的権利は、EUの社会的側面を強化し、かつ欧州社会モデルを発達させるために不可欠である。(…)政治的な宣言にとどまる憲章は、欧州建設の目的、EUの拡大、およびEUが担うグローバルな役割という点では不十分なものである」。労働組合会議(TUC)のフェイカート氏(D. Feickert)は、このように述べて、憲章が宣言にとどまったことを批判している[34]。二つの欧州裁判所の競合化を危惧するボズビューの見解もまた、議論の余地があるところである。というのも、法的拘束力をもつ憲章は両裁判所の建設的な関係をもたらすと分析する専門家も少なくはないからである[35]。

しかしながら、いずれにせよ、イギリス労働党政府は、人権保護の現状が大幅に変更されることには利益を見出していないようであった。憲章の起草を容認することを通じて、政府は人権に積極的な姿勢をイギリス内外に示すことができた。おそらくは、それで事足りるわけである。自国の法体制に何らかの影響を与えるような憲章をとくには必要としなかった、とも言い換えることができる。EUの権限と任務を創出しない、宣言としての憲章こそ

が、イギリスの選好と一致する文書であったと捉えられる。

第2節　欧州憲法条約における憲章とイギリス

　憲章の起草時における選好を鑑みた場合、憲法条約計画におけるイギリスの判断は、一見するところ不可解なものである。2002年から翌2003年にかけて開催された「欧州の将来に関する諮問会議」（以下「将来諮問会議」とする）は、憲章を組み込んだ憲法条約草案を採択した。それに続く加盟国政府代表者会議（以下「政府間会議」とする）は、この草案に若干の修正を加えるのみでこれを承認し、加盟国首脳による2004年10月の署名へと至った[36]。憲法条約に組み込まれた、法的拘束力をもつ憲章にイギリスは同意したのである。

　憲法条約は、ついに発効をみなかった。しかしながら、政府間会議はもとより、将来諮問会議やその作業部会にもイギリスの代表者が参加していたことは事実である。自国の選好と一致しない要素を含みもつ憲法条約を、イギリスはいかなる理由から受諾したのだろうか。

1　「欧州の将来に関する諮問会議」におけるイギリスの譲歩

　当時の状況を想起すれば、憲章を憲法条約に組み込むことを将来諮問会議の多くの構成員が支持していた。将来諮問会議において憲法条約での憲章の位置づけを検討した作業部会は、第II作業部会と呼ばれる下部組織であった。その第II作業部会では、構成員の「きわめて多数」が組み込みに賛成であったという[37]。第II作業部会の議長を務めた欧州委員会のビトリーノ（A. Vitorino）委員も、その一人と目された[38]。このような状況をみれば、イギリスの劣勢が当初から明らかであったことは否めない。そうした中、イギリス政府を代表して作業部会に参加したのは、スコットランド男爵夫人（Baroness Scotland of Asthal）であった。スコットランド男爵夫人は、ある要請を行なって作業部会に受諾させた。そのことと引き換えに、憲章が組み込まれることを許容したのである。

　ここでいう要請とは何か。それは、憲章の一般規定に加筆することであっ

た。作業部会において男爵夫人は、「あって然るべき条文（missing article）」が憲章の一般規定には見当たらない、と主張した[39]。そのような主張をうけて加筆された事項は、以下のようである。まず、EU の機関と加盟国は「その各々の権限にしたがって権利を尊重し、原則を守り、かつそれらの適用を促進する」という一文が、憲章51条1項にはあった。この記述が、「その各々の権限にしたがって、また憲法の他の部分において同盟に付与されている権限の制限を尊重しながら、権利を尊重し、原則を守り、かつそれらの適用を促進する」という内容に修正された。憲法の他の部分において同盟に付与される権限の制限を尊重（する）、という文言が付加されたのである[40]。さらには、憲章の従来の一般規定においては、憲章が EU の権限や任務を創出せず、あるいは変更もしない旨の記述が設けられていた（51条2項）。この文言に作業部会は、憲章は EU 法の適用範囲を EU の権限を超えて拡大しないとする表現を加えたのである。

　また、三つの条項が新たに追加されることにもなった。いずれも、憲章の権利の解釈と適用を規律する憲章52条においてである。52条には本来、1項から3項まで三つの条項があった。「この憲章によって認められた権利および自由の行使に対するいかなる制限も、法により規定される必要があり、かつそれらの権利および自由の本質を尊重したものでなければならない。比例性の原理にしたがい、制限は、同盟によって認められる一般的利益の目標のために、もしくは他者の権利および自由を保護する必要上避けがたいものとして、これらと真に適合する場合にのみかすことができる」（1項）。「この憲章によって認められている権利であり、かつ憲法の他の部分の中に規定のあるものは、それらの部分が定める条件の下で、その制限にしたがい行使される」（2項）。「この憲章が欧州人権条約によって保護されている権利に相当する権利を含むかぎりにおいて、それらの権利の意味と範囲は同条約に定めるものと同じとする。この規定は、同盟法がより拡張した保護を与えることを妨げるものではない」（3項）というのがそれである[41]。これら三つの条項は、EU の人権文書が備えるべき基幹的なものと捉えられる。1項は、人権の行使に一般的な制限をかす古典的な規定である。法による制限や、あるいは権利の本質に対する尊重という概念は、スイス憲法やドイツ基本法、ある

いは世界人権宣言をはじめとする国際人権文書において広く設けられてきた。その一方で、比例性の原理や一般的利益の目標への言及があるのは、EUの脈絡に固有のものといえるだろう[42]。2項の対象となるのは、EU法によって保護される権利である。EU市民権等が、ここでは念頭におかれている。この2項が設けられることにより、「憲法の他の部分」と憲章とが矛盾した帰結を生む危険を低減することが図られるのである[43]。3項は、欧州人権条約との共存を試みるためのものである。EU司法裁判所と欧州人権裁判所の判例が相違する危険を回避するうえで、この規定は不可欠であるといえよう。もっとも、第2文において、EU法がより拡張した保護を与える可能性を忘れてはいない[44]。このような内容をもつ1項から3項までの後に、新たに4項から6項までが加えられたのである。

4項、5項および6項は、以下のようなものであった。「この憲章が加盟国に共通する憲法的伝統に由来するような基本的権利を認めるかぎりにおいて、その権利は、そのような伝統と調和するように解釈されなければならない」（4項）、「原則を含みもつこの憲章の規定は、同盟の機関、組織および部局の立法的もしくは行政的行為によって、ならびに同盟法を実施する場合の加盟国の行為によって、これらの各々の権限が行使されることを通じて実施される。当該規定は、これらの行為が解釈されるか、あるいは行為の合法性が判断される場合にのみ、裁判に付されうる」（5項）、「国内の法と慣行は、この憲章が明記するとおり十分に考慮されなければならない」（6項）[45]。

ここでわれわれは、これら三つの条項が、既存の1項から3項までと様相を異にしていることに気がつく。4項と6項においては、「加盟国に共通する憲法的伝統」や「国内の法と慣行」といった、国家の法体制を強調する概念が中心的な位置を占めている。また、5項では、「原則を含みもつ規定」という新たな観点を導入しているのである。第II作業部会は、これらの条項を将来諮問会議に提案するにあたり、次のように説明した。「われわれは、憲章に含まれる権利と原則には変更を加えるべきではないと考える。とはいえ、憲章の一般規定について技術的な調整を図ることは可能であり、適切でもあろう」。そのうえで、「われわれが提案する調整は、憲章の内容を変更するものではない。むしろ、憲章の鍵である特定の要素が、調整を通じて確実

となり、きわめて明瞭となり、かつ、法的に安定したものとなる」としたのである[46]。つまるところ、憲章の一般規定に加筆することは、あくまでも技術的な調整であるにすぎない。ただし、そのような調整ではあるものの、憲章をより明確な文書とすることには与するのであると理由付けしたのである[47]。

　イギリスもまた、第II作業部会と同様な説明を行なっている。将来諮問会議が憲法条約草案をまとめた際に、イギリス政府は、国民に以下のように報告した。「わが国が支持してきた憲章は、法的な明瞭さにいまだ欠けるものであった。そこで、諮問会議においてわが国代表は、憲章がより明瞭となり、かつ法的な確実性も高まるように、他国の代表とともに求めたのである」[48]。第II作業部会およびイギリス政府のいずれの説明も、法的な確実性、明瞭性あるいは安定性等の見地から加筆を正当化するものと捉えられる。

　もっとも、他方において、憲章の一般規定におけるいずれの加筆も、加盟国に対して憲章がもつ潜在的な影響を抑制する意図を有するかのようである。51条には、先述のように、EUに付与される権限の制限を尊重するという文言、あるいはEU法の適用範囲を拡大しないという文言が加えられた。これらの加筆は、EUおよび加盟国間の従前の権限関係が維持されることを志向しているとみなせるのである[49]。

　「加盟国に共通する憲法的伝統」および「国内の法と慣行」に言及する4項と6項が追加されたことも、これに通じる方向性をもっている。「加盟国に共通する憲法的伝統」の概念は、憲法条約の別の箇所（I-7条3項）で明記されることが確定的であった[50]。「国内の法と慣行」についても、憲章本文の基本権規定において、すでに同様の文言が散見されるのである[51]。これらの状況を考慮した場合、4項および6項の新設からは、国家の法体制の機能を確認しようとする意図を看取することができる。「加盟国に共通する憲法的伝統」や「国内の法と慣行」の概念を、憲章の本文で再提示することによってである[52]。

　このような意図がより直截に表れているのが、5項である。「原則を含みもつ規定」に言及する5項にしたがえば、原則を含むとみなされる憲章の基本権規定は、EU機関の立法的および行政的行為であるか、もしくはEU法

を実施する場合の加盟国の行為によってしか実施されることができない。さらに、これらの行為を解釈するか、あるいはこれらの行為の合法性を判断する場合を除き、「原則を含みもつ規定」を裁判に付すことはできないとも読める。そうであれば、憲章に基づいて司法的救済がなされる余地は、かなり制約されることになる[53]。

以上にみたように、将来諮問会議において憲章が憲法条約に組み込まれる情勢にある中、イギリスは、憲章の一般規定に加筆させることをもってこれに譲歩した。そのような加筆は、国家の法的枠組みを再任し、あるいは裁判による人権の救済を限定する意図をもつようであった。

2 政府間会議による解説文の明記

将来諮問会議の憲法条約草案を受理した欧州理事会は、政府間会議を招集してこれを検討させた。この政府間会議においてイギリスは、さらに一点の加筆を求めて他国に了承させることになった。

今回の加筆も、新しい条項を憲章の一般規定に設けるというものであった。ただし、今回設けられた条項は、一つである。「基本権憲章の解釈に指針を与える手段として作成された解説文は、同盟の裁判所および加盟国の裁判所によって適正に考慮される」と述べる52条7項が、それであった。ここでいう解説文 (the explanations) は、憲章のすべての条文を逐条的に解説するものであり、憲章の起草時に憲章と並行して作成されていた。これをイギリスは、いまや憲法条約の一部となった憲章の本文で明記させたのである[54]。

イギリス政府は、政府間会議の閉幕をうけて『欧州憲法条約に関する政府白書』を発表した。この白書では、当該修正を次のように説明している。「裁判所が解説文を考慮すると述べる新しい条項は、主には、憲章が定める権利と原則を既存の法へと適切に関係づけるためのものである」[55]。解説文が考慮されることにより、憲章と既存の法の関係はより明瞭なものになるという説明である。第II作業部会以降、もはやお馴染みとなった説明である。留意するべきは、今回の修正も、憲章の影響を抑制する試みであるようにみえることである。裁判所が解説文を考慮するとなれば、憲章の基本権を解釈

する裁判官の裁量は、相対的に狭まるものと推測できるからである[56]。
　将来諮問会議は、解説文は憲章の前文において明記すれば足りると認識していた[57]。しかしながら、イギリスは、前文における明記のみでは十分ではないと主張した。同国は、他国の支援もえながら、憲章の前文に加えて、本文で明記されることに執着したのである[58]。
　こうしてイギリスは、将来諮問会議と政府間会議の双方の協議において一般規定を加筆させることを求め、これを受け入れさせた。結果として、加盟国に対する影響をより抑制させることを条件にして、法的拘束力をもつ憲章を受諾したのである。前出のゴールドスミス卿は、憲章の起草時において、その修正次第では法的文書たりうるという含みをたしかに残してはいた[59]。しかしながら、憲章に法的拘束力を与えるという選択肢は、憲章起草当時のイギリスとしてはほとんど考えられないものであった。その意味においてブレア首相は、自国にとっては当初の選好から乖離する憲章を含む憲法条約に署名したことになる。
　以上の経緯をもって、憲章は、イギリスの当初の選好とは一致しない文書となる可能性を帯びることになったのである。

第3節　リスボン条約における憲章とイギリス

1　憲章の適用に関するリスボン条約議定書

　憲法条約がフランスおよびオランダの国民投票によって否決されて2年の後、同条約に代わる新条約（リスボン条約）の構想が浮上した[60]。憲章は、憲法条約の場合とは異なり、新条約には組み込まれなかった。それでも、憲章に法的拘束力を与えるという考えは、新条約においても継承されたのである。
　ただし、新条約における憲章の位置づけがこれで決着したわけではなかった。新条約の骨子を固める早い段階において、ブレア首相が憲章の適用に言及したのである。ブレア首相は、憲章について例外的扱いが自国に認められることを新条約に同意する条件の一つとした[61]。2007年6月の欧州理事会がこの条件を受け入れたことにより、憲章の適用に関する議定書が新条約に

付属されることになった[62]。

　この議定書は、次のような規定をもつ。「憲章は、欧州同盟司法裁判所もしくはイギリスのあらゆる裁判所が、イギリスの法、規則、もしくは行政的規定、慣行ないし行為が憲章によって確認される基本的な権利、自由および原則とは整合していないことを判断する能力を拡大するものではない」[63]。この規定にしたがえば、イギリス国内の法や規則が憲章に違反していることを判断するEU司法裁判所およびイギリスの国内裁判所の能力は、新条約の発効後も以前と変わらないないことになる。議定書は、以下の記述ももつことになった。「特に、かつ、疑念を避けるために、憲章Ⅳ編のいかなる規定も、裁判に付されうる権利をイギリスが国内法で規定している場合を除き、イギリスに適用されうる裁判に付されうる権利を創出するものではない」[64]。この記述が言及している憲章Ⅳ編は、憲章の起草当初から「連帯」の表題が付されており、企業内の情報と諮問に関する労働者の権利（27条）、団体の交渉および行動の権利（28条）、不当解雇に対して労働者が保護される権利（90条）および平等で公正な労働条件への権利（91条）等の社会権を含んでいる。したがって、このような議定書の記述によれば、憲章Ⅳ編において各種の社会権がいかに列叙されようとも、それが同国での司法救済を活性化することにはならないことになる。

　イギリスに対する憲章の効果は、以上の内容をもつ議定書により、他の加盟国への効果に比して限定的になると察せられる。そのような観点から、新条約に議定書を付属するという欧州理事会の合意は批判を浴びた。社会権が救済される余地を制約する議定書を、同国の労働組合が歓迎するはずもなかった[65]。欧州議会もまた、一部の加盟国に例外的扱いが認められることを「EUの一体感に深刻な損傷を与える」として反対したのである[66]。新条約に議定書が付属されることは、社会的欧州を標榜するEUの戦略的観点からも、あるいはEU域内における憲章の普遍的適用という観点からも、説得力を欠くものとみなされたのである。

2　リスボン条約議定書の背景

　ブレア首相は、上に見た議定書が内外の批判を招くことを予期できたであ

ろう。それにもかかわらず議定書に執着したことには、およそ次のような背景があったと考えられる。

　第1に、新条約（リスボン条約）の批准に関わることである。憲法条約の細部を調整していた政府間会議が合意に近づく頃、ブレア首相は、憲法条約の是非を国民投票で問うと表明した。イギリスにおいて EC/EU の条約は、従来、同国議会によって批准が決められてきた。そのような中、憲法条約に際しては、議会ではなく、例外的に国民投票に諮る方針をとったのである[67]。もっとも、国民投票の論議が白熱する前に、憲法条約は頓挫してしまった。そのために、次の新条約までも失敗させることはできないと判断したと思われる。否決される可能性がより低い国家議会による批准を導くために、新条約に際しては、条約に内在する憲法的性格を後退させる必要があったのである。この脈略において議定書は、国家議会による批准を国民に釈明するための手段として活用された感がある。新条約の下での憲章は、憲法条約の場合ほどには法的効果をもたないものである、と[68]。

　新条約を粗描した 2007 年 6 月の欧州理事会は、くしくも、ブレアがイギリス首相職を辞する直前に開催された。その席においてブレア首相は、当該議定書という明らかに正当性の脆弱な事案をあえて提示したのである。換言すれば、ブレアは、脆弱な正当性を自覚的に自らへと帰した。そのようにしたがゆえに、ブラウン（G. Brown）率いる次のイギリス労働党政府は――新条約を国民投票によって判断するべきという声が根強かったにもかかわらず[69]――国家議会による批准を比較的穏便に遂行しえたのである。

　しかしながら、第2の背景として、憲法条約の起草過程におけるイギリスの対応が消極的に評価されたことも軽視できない。このような評価の中でも明快であるのは、同国保守党によるそれである。1997年の政権交代によって長らく下野していた保守党は、憲法条約に組み込まれる見通しにあった憲章をいよいよ論難するようになった。たとえば、同党のマニフェストは、法的拘束力をもつ憲章が EU 司法裁判所の権限を不可逆的に強化するとうったえた。「ルクセンブルクの判事ら」が、「わが国の雇用政策に干渉し（…）営業の自由を制限するようになるに違いない」と述べたのである[70]。

　同党のハワード党首（M. Howard）も、演説で次のように触れた。「憲章は

憲法条約によって EU 法に組み込まれるために、わが国の難民保護法も影響を受けざるをえない。(…) 憲章の権利は労働組合の力を強めるがゆえに、イギリスは（組合の活動が顕著であった）過去の暗黒時代へと逆戻りしてしまうことになるだろう」。さらに EU 司法裁判所に言及して、「（憲章の）権利がもつ意味を決めるのは、われわれではなく、欧州の裁判所にほかならないのである」とした[71]。影の外相を務めていたアンクラム（M. Ancram）も、イギリス下院において「個人の自由は、欧州人権条約とわが国の裁判所を通じて適切に保護されている」と述べている。そのような現状を変更する憲章は不要である、と牽制したのである。続けて、「憲章が憲法条約へと組み込まれる場合、加盟国に対する EU の権限は、ならびに、政治過程に対する欧州の裁判官達の権限は、顕著に強化されるであろう」と強調することになった[72]。

　憲法条約への政府対応をめぐるこうした評価は、ロンドンからブリュッセルへの権力の移転を嫌う保守党の伝統的な思考によるものといえる。ただし、ともすれば情緒的になりがちなこのような評価に加えて、より法技術的な観点から憲章の不透明さが指摘されたことも認めなければならない。つまり、憲章の一般規定への加筆は、加盟国に対する憲章の影響を抑制するはずのものであった。しかしながら、上にみた加筆のみでは影響を抑制できないという指摘が、専門家や民間団体から相次いだのである。

　そのような指摘の多くは、スコットランド男爵夫人の要請にしたがって新設された憲章52条の諸条項についてであった。「加盟国に共通する憲法的伝統」に言及する52条4項について、イギリスのある民間団体は次のように評価した。ここでいう憲法的伝統の概念は、個々の国家憲法とは必ずしも連関するものではない。ゆえに、憲章の権利が憲法的伝統と調和しているか否かを判断できるのは、結局は EU 司法裁判所のみとなるであろう、と[73]。憲章の権利から原則を区別しようとする同条5項に関しても、原則を含みもつとみなされる憲章の規定は、その多くが不明瞭な記述にとどまる。このような状況を察して、ある法律家は、不明瞭な記述が逆に、解釈を行なう広範な余地を欧州の裁判官に付与することになると分析したのである[74]。

　同様のことは、政府間会議が明記を決めた解説文についてもいえた。憲章

の一般規定で解説文が明記されたことは、解説文が憲章に等しい地位をえたことを意味しないという指摘があった[75]。この指摘にしたがえば、解説文はあくまでも補助的な文書にとどまることになる。そればかりではない。EU司法裁判所による解説文の「適正な考慮」を通じて、憲章の適用領域がむしろ拡大する可能性さえ提起されたのである[76]。これらの指摘が的を射たものであれば、憲法条約の際になされた加筆は、イギリスの当初の意図と適合しないばかりか、それと矛盾する帰結さえもたらしかねないであろう[77]。

憲章の適用に関するリスボン条約議定書にブレア首相が執着したのは、およそ以上の背景によるものと考えられる。すなわち、リスボン条約を国民投票で問うことを、イギリス政府として避ける必要があった。加えて、憲章にどれだけ加筆したところで、EU司法裁判所という、EU次元の司法機関がもつ潜在的な影響に抵抗することが困難であることが判明しはじめたのである。そうであるならば、さらなる手段として議定書の付属を求めたのも無理はないといえよう。

もっとも、いかにこのような背景があったにせよ、基本権憲章をめぐるイギリスの姿勢は一貫性を欠くものであった。憲法条約に際して憲章への加筆を要請したのは、前節においてみたように、憲章を法的文書として耐えるようにするという理由からであった。しかしながら、憲法条約に次ぐリスボン条約においても、その議定書に次のような文言がみてとれるのである。「この条約の当事者は、イギリスの法および行政的行為に関わる憲章の適用が、また、イギリス国内における憲章の裁判に付される可能性が、明瞭になることを切望して(…)議定書の規定に合意したのである」[78]。憲法条約での加筆に際してなされた説明と似た趣旨の文言が、ここにおいても繰り返されたことになる。憲章の適用を「明瞭にするため」のイギリスの要請も、度重なれば未練がましい行動として映らざるをえないのである。

おわりに

本章では、EU加盟国が基本権憲章をいかなる理解の下に位置づけてきたのかを、イギリスに注目しながらみてきた。そこで明らかとなったのは、憲

章が、EUにおける人権保護のメインストリーミングを鮮明にしながらも、加盟国を非常にやきもきさせる存在であることである。憲章の起草時においてイギリスは、宣言としての憲章にこだわった。憲法条約への憲章の組み込みが検討される段階にあっては、憲章の一般規定に加筆させることに腐心した。そうすることにより、自国に対する影響を抑制しようと試みたのである。

そのような試みがきわだったのは、憲章の適用に関する議定書がリスボン条約に付属された際であった。この議定書を通じてイギリスは、法的拘束力をもつ憲章に対して例外的な地位を享受しようとした。すべての加盟国に人権文書（憲章）を普遍的に適用することが共同体的な理念であるとすれば、イギリスの対応は、そのような理念に逆行する要素を注入するものである。この議定書は、ポーランドが便乗することによって『憲章のポーランドおよびイギリスへの適用に関する議定書』[79]となった。EUの人権保護において例外的な地位を享受することは、他の一部の加盟国にとっても魅惑的な選択肢だったのである[80]。憲章についての特別措置を一部の加盟国に認めることは、EU市民の間に不平等感を生んでしまう。そればかりか、EU次元における人権保護の機運そのものに否定的に作用するかもしれない。

ただし、そのような状況にあって見逃せないのは、憲章の適用に関する議定書の効果を疑問視する声もまた、早々にみられたことである。典型的なそれは、イギリスのテレグラフ紙によるものであった。いわく、イギリスあるいはポーランド以外の加盟国によるEU法の実施をめぐり、EU司法裁判所が憲章の基本権に照らして判断するという局面がありうる。そのような場合、議定書によって特例をうけている両国でさえ、判断の影響を受けざるをえないだろうと推測したのである[81]。

議定書の効果に対する疑念は、イギリス下院においても呈された。下院の院内委員会であるEU問題精査委員会によれば、EU法の下で認められてきた加盟国の逸脱的行為は、他の加盟国の付託を受けたEU司法裁判所によって制約されることがありうる[82]。たとえば、EUのある指令は、労働者の週当たり労働時間を最長で48時間としながらも、そのような制約からの一定の逸脱を加盟国に認めてきた。しかし憲章には、最長労働時間を制限する規

定がある[83]。そのためにEU司法裁判所は、以前ほどには逸脱を認めなくなるかもしれないとしたのである[84]。

EU問題精査委員会の疑念は、これにとどまらない。精査委員会は、憲章によって禁止される差別の属性が、EUの基本条約において「戦う」と述べられているそれよりも広い範囲に及ぶことに着眼した。すなわち、皮膚の色、社会的出自、遺伝的特徴、言語、政治的あるいはその他の意見、少数民族の一員であること、ならびに財産および出生に基づくあらゆる差別は、憲章によって明示的に禁止されている[85]。しかしながら、これらの属性について、EC設立条約も、あるいはリスボン条約によってEC設立条約に代替するEU運営条約も、いずれも言及していない[86]。このような見地から、憲章を通じた差別禁止の趨勢にわが国も関わらざるをえないことを示唆したのである[87]。

議定書の効果に関するこのような疑念が提起されたことは、EUの求心力が不可逆的に強まっていることの証左であるといってよい。EUが権能を享受する程度は、政策分野によって大いに異なる。とはいうものの、EUによる活動の影響を加盟国が全く受けないという分野は、縮小しつつある。そのような欧州統合の動態から人権保護の要素のみを器用に峻別することは、おそらくは不可能である。

EU基本権憲章は、EU域内の次元にとどまらず、近隣の第三国との関係を含む、よりグローバルな次元でのガバナンスに資するであろう文書である。それとともに、憲章は、その影響を受けまいとする加盟当事国さえ欧州統合の道程に埋め込まれる表徴を供するものと捉えられる。

1) 各構成員には、代替要員1名が任命された。その他、オブザーバーとしてEC司法裁判所から2名、地域委員会から2名、経済社会委員会から3名、EUオンブズマンおよび欧州審議会代表2名の参加があった。このような構成は、後に欧州憲法条約草案を作成した「欧州の将来に関する諮問会議」のモデルとなる。安江則子「EU基本権憲章の起草とその意義」『同志社法学』282号、2002年参照。

2) 基本権憲章は、54カ条よりなる。基本的権利を規定するのは1条から50条であり、第Ⅰ編「尊厳」(1条-5条)、第Ⅱ編「自由」(6条-19条)、第Ⅲ編「平等」(20条-26条)、第Ⅳ編「連帯」(27条-38条)、第Ⅴ編「市民の権利」(39条-46条)およ

び第Ⅵ編「公正」(47条-50条)の表題がある。51条から54条までが「憲章の解釈と適用を規律する一般規定」として、第Ⅶ編を構成する(憲章の起草時には、同編は単に「一般規定」という表題であった)。本章でみるように、憲章は、憲法条約およびリスボン条約を契機に加筆修正されたものの、その対象となったのは、前文と一般規定のみである。基本権に関する規定である1条から50条は、起草当時から基本的に同一の文面である。

起草時、憲法条約時およびリスボン条約時の憲章は、いずれもEU官報(Official Journal of the European Union、以下O. J. とする)に掲載されている。see, O. J. No. C364, 18 December 2000, pp. 1-22.; O. J. No. C310, 16 December 2004, pp. 41-54.; O. J. No. C303, 14 December 2007, pp. 1-16. 憲章の本文を邦訳したものに、谷本冶三郎「基本的権利に関する欧州連合憲章草案」『阪経法論』(大阪経済法科大学)48号、2000年；中村民雄『欧州憲法条約：解説と翻訳』衆憲資56号、衆議院憲法調査会事務局、2004年等がある。

3) O. J. No. C364, 18 December 2000, p. 5.
4) See, Piet Eeckhout, "The EU Charter of Fundamental Rights and the Federal Question," *Common Market Law Review*, Vol. 39, 2002, pp. 947-951.; Justus Schönlau, *Drafting the EU Charter : Rights, Legitimacy and Process, Palgrave*, 2005, pp. 130-132.
5) EU立法に際して憲章を活用する取組みについては、本書第11章参照。
6) Ⅳ部448条からなる憲法条約の、第Ⅱ部とする計画であった。その帰結として、たとえば憲章の15条と32条は、各々Ⅱ-75条およびⅡ-92条として数えられていた。

憲法条約挫折の要因となったフランスの2005年5月国民投票については、片岡貞治「欧州憲法条約とフランス」福田耕治編『欧州憲法条約とEU統合の行方』早稲田大学出版部、2006年；渡邊啓貴「欧州憲法条約の批准を否決したフランスの国民投票」『日本EU学会年報』26号、2006年に詳しい。

7) EU条約6条1項。
8) リスボン条約は、基本権憲章についてのほか、EUが欧州人権条約に加入することも明記する(リスボン条約によって改定されたEU条約6条2項参照)。欧州人権条約は、EUとは異なる欧州審議会の枠組みで発展をみた文書であり、14にのぼる付属議定書や欧州人権裁判所の判例法を備えもつ。憲章は、その基本権を欧州人権条約において保護される権利と調和させようとしているので(憲章52条3項および53条参照)、リスボン条約ではこれらを両軸にした人権保護が志向されたとみなすことができる。
9) O. J. No. C303, 14 December 2007に掲載される憲章本文より訳出した。以下、本

書で憲章の本文を訳出する場合も同様とする。
10) 「同盟法を実施する場合の加盟国」という概念は、EU 司法裁判所の 1989 年 7 月 13 日判決 Case 5/88 Wachauf [1989] ECR 2609 に由来する（「共同体の法的秩序における基本権保護の要請は、共同体の規律を実施する場合の加盟国もまた拘束するがゆえに、可能な限り加盟国は、そのような要請にしたがって共同体の規律を適用しなければならない」）。もっとも、2 年後の 91 年 6 月 18 日判決（ERT [1991] ECR I -2925）では、「同盟法の範囲内にある国家の規律」という概念が用いられた（「国家による規律が共同体法の範囲内にある場合に EU 司法裁判所へと先行判決が付託されたのであれば、同裁判所は（…）そのような規律が基本権と両立しているかを国内裁判所が判断するに必要なすべての解釈の基準を提供しなければならない」）。憲章の本文が後者の概念に言及していないことは論争を呼んでいる。Gilles de Kerchove et Clemens Ladenburger, "Le point de vue d'acteurs de la Convention," dans Jean-Yves Carlier et Olivier de Schutter (dir.), *La Charte des droits fondamentaux de l'Union européenne : Son apport à la protection des droits de l'homme en Europe*, Bruylant, 2002, pp. 215-216.; Franz C. Mayer, "La Charte européenne des droits fondamentaux et la Constitution européenne," *Revue trimestrielle de droit européen*, Vol. 39, No. 2, 2003, pp. 185-187.; Fabrice Picod, "Article II-111," dans Laurence Burgorgue-Larsen, Anne Levade et Fabrice Picod (dir.), *Traité établissant une Constitution pour l'Europe, Partie II la Charte des droits fondamentaux de l'Union : Commentaire article par article, Tome 2*, Bruylant, 2005, pp. 650-651.

11) See, e. g., Stephen George, *An Awkward Partner : Britain in the European Community*, third edition, Oxford University Press, 1998.

12) See e. g., "Tony Blair pose ses conditions à l'adoption d'un traité européen," *Le Monde*, 18 June 2007.; "Blair prepared to walk away from deal at EU Summit," *Times online*, 21 June 2007（www.timesonline.co.uk）2007 年 7 月 1 日閲覧。

13) "European Council Decision on the drawing up of a Charter of Fundamental Rights of the European Union," *Presidency Conclusions of Köln European Council, June 1999.*

14) 欧州理事会は、EU において立法機能を担わないものの、加盟国首脳間の総意形成を通じて欧州統合の方向性を明確にしてきた。富川尚「欧州理事会」辰巳浅嗣『EU 欧州統合の現在』創元社、2004 年、47-50 頁参照。

15) その結果、イギリスを除く 11 カ国（当時）による採択となった。当該共同体憲章の起草を含む、1970 年中庸から 80 年代にかけての EC 人権政策の状況については、庄司克宏「EC における人権保護政策の展開」『国際政治』94 号、1990 年に詳しい。

16) "European Council Decision on...," *op. cit.* 若干意訳した。
17) 数少ない原加入国 (5 カ国) のうちの一国である。欧州審議会加盟国による欧州社会憲章への加入状況については、欧州審議会条約局サイト (http://conventions.coe.int) 参照。
18) アムステルダム条約による EC 設立条約 136 条の改定を認めたことがこれを象徴している。この改定によって EC と加盟国は、「雇用の促進、生活条件と労働条件の改善、適切な社会的保護、労使間の対話、人的資源の開発、社会的排除との戦い」に向けて『欧州社会憲章』と『労働者の基本的社会権に関する共同体憲章』に留意することが明記された。
19) 人権法については、江島晶子『人権保障の新局面―ヨーロッパ人権条約とイギリス憲法の共生―』日本評論社、2002 年参照。
20) 金丸輝男編『EU とは何か』ジェトロ、1994 年参照。
21) Lord Goldsmith, "Consolidation of Fundamental Rights at EU Level-the British Perspective," in Kim Feus (ed.) *The EU Charter of Fundamental Rights : Text and Commentaries*, Federal Trust, 2000, p. 31.
22) *Ibid.*, pp. 29-31. see also, Select Committee on the European Union (House of Lords), *EU Charter of Fundamental Rights with Evidence*, 8th Report, Session 1999-2000, 16 May 2000, pp. 108-110.
23) 1979 年 4 月の覚書において EC 委員会は、欧州人権条約に EC が加入することを EC における権利目録の作成に向けた一歩であると位置づけている。高橋悠「基本権の保護とヨーロッパ共同体」『同志社法学』33 巻 6 号、1982 年、13 頁。
24) 基本権憲章 51 条 2 項。
25) Lord Goldsmith "A Charter of Rights, Freedoms and Principles," *Common Market Law Review*, No. 38, 2001, pp. 1206-1207.
26) *Ibid.*, p. 1207.
27) *Ibid.*, pp. 1214-1215.
28) *Ibid.*
29) *Ibid.* 引用文は若干意訳した。
30) 欧州人権裁判所は、欧州人権条約とその議定書の締約国が行なった約束の順守を確保するために設置される。欧州人権条約 19 条。
31) Frédérique Bosvieux, "A Business Perspective on the EU Charter," in Feus, *op. cit.*, pp. 151-153.
32) *Ibid.*, pp. 153-158.
33) *Ibid.*, p. 159. イギリスのバズ (K. Vaz) 欧州問題担当相も、その頃に同様の見解を示している。Select Committee on the European Union (House of Lords), *EU*

Charter of Fundamental Rights with Evidence, op. cit., p. 102.
34) David Feickert, "Social Rights Protection in the European Union: The Trade Union Perspective," in Feus, op. cit., p. 175.
35) 両裁判所の将来的な関係をめぐる議論は、EU の欧州人権条約加入という展望を前提とするものが多い。次の文献を参照されたい。Paul Mahoney, "The Charter of Fundamental Rights of the European Union and the European Convention on Human Rights from the Perspective of the European Convention," Human Rights Law Journal, Vol. 23, No. 8-12, 2002, pp. 300-302.; Gérard Cohen-Jonathan, "L'adhésion de l'Union européenne à la Convention européenne des Droits de l'Homme," dans Institut des droits de l'homme des avocats européenne, Quelle Justice pour l'Europe?, Bruylant, 2004, pp. 61-62.; Mehmet Tinc, "L'article I-9 du Traité établissant une Constitution pour l'Europe," dans Vlad Constantinesco, Yves Gautier et Valérie Michel (dir.) Le Traité établissant une Constitution pour l'Europe : Analyses & Commentaires, Presses Universitaires de Strasbourg, 2005, pp. 358-359.
36) 将来諮問会議は、2002 年 2 月から翌 03 年 7 月までブリュッセルにおいて召集された。その役割は、幅広い利益層より意見を集約しつつ、憲法条約案を起草することであった。この会議は、憲章諮問会議と似て独特の構成となっている。議長 (1 名)、副議長 (2 名)、加盟国政府の首脳の代理人 (各 1 名、計 15 名)、加盟国議会の代表 (各 2 名、計 30 名)、欧州議会の代表 (16 名)、欧州委員会の代表 (2 名)、加盟候補国政府の首脳代理 (各 1 名、計 13 名) および議会代表 (各 2 名、計 26 名)。以上の総計 105 名であり、各人に 1 名の代替要員がついた。議長には、ジスカルデスタン (V. Giscard d'Estaing) 元フランス大統領が着任した。副議長の 2 名は、アマート (G. Amato) 元イタリア首相とデハーネ (Jean-Luc Dehaene) 元ベルギー首相である。以上の 3 名とあわせて、諮問会議の開催期間中に理事会議長国を務めるスペイン、デンマークおよびギリシャの各政府代表 3 名や、欧州委員会の代表 2 名らよりなる幹事会 (praesidium) が設置された。

当時の EU は東欧・地中海諸国への拡大を控えていたわけであるが、加盟候補国からの構成員は、諮問会議において合意が形成される際に反対を表明することができないものとされた (Presidency Concluisions of the European Council meeting in Laeken, 14 and 15 December 2001, Annex I)。会議には、オブザーバーとして、6 名の地域委員会委員、3 名の経済社会委員会委員、3 名の欧州の社会的連携団体代表および EU オンブズマンが出席した)。

このようにして起草された草案の内容を加盟国政府の立場から吟味し、必要であれば変更を加えることが、2003 年 10 月に召集された政府間会議の役割であった。政府間会議は、EU 条約 48 条 (旧マーストリヒト条約 N 条) に基づいて、理事会での

共通の合意にしたがい招集されるものである。それは、単一欧州議定書以降、基本条約の改定毎に召集されている。当回の会議が合意に達したのは、2004年6月のことである。

37) *Rapport final du Groupe de travail II*, CONV354/02, Bruxelles, 22 octobre 2002, p. 3.
38) ビトリーノ議長の関心は、憲章を組み込むことの是非ではなく、これをいかなる形で組み込めるかにあったといわれる。Schönlau, *op. cit*., pp. 136-137.
39) See, "The 'missing' horizontal article in the Charter of Rights," Working document by Baroness Scotland of Asthal, Working Group II, the European Convention, Brussels, 9 July 2002.; "Note by Baroness Scotland of Asthal : The search for 'missing horizontal' in the Charter of Rights -an interim report on progress," Working Group II, the European Convention, Brussels, 13 September 2002.
40) 憲法条約が発効しなかったことにより、文中の「憲法の他の部分において」という文言は、リスボン条約ではEU条約およびEU運営条約を指す「条約において」へと変更された。O. J. No. C303, 14 December 2007, p. 13.
41) 以上、O. J. No. C303, 14 December 2007より訳出した。
42) See e. g., Christian Tomuschat, "Common Values and the Place of the Charter in Europe," *Revue européenne de droit public/European review of public law*, Vol. 14, No. 1, 2002, p. 175.; Laurence Burgorgue-Larsen, "Article II-112," dans Burgorgue-Larsen, Levade et Picod, *op. cit*, pp. 664-672.
43) See e. g., Fabienne Turpin, "L'intégration de la Charte des droits fondamentaux dans la Constitution européenne : Projet de Traité établissant une Constitution pour l'Europe," *Revue trimestrielle de droit européen*, Vol. 39, No. 4, 2003, pp. 623-624.; Joël Rideau, "La greffe de la Charte des droits fondamentaux sur le projet de Constitution européenne," dans Olivier Beaud, Arnaud Lechevalier, Ingolf Pernice et Sylvie Strudel (dir.) *L'Europe en voie de Constitution : pour un bilan critique des travaux de la Convention*, Bruylant, 2004, pp. 353-354.; Florence Benoît-Rohmer, "Valeurs et droits fondamentaux dans la Constitution," *Revue trimestrielle de droit européen*, Vol. 41, No. 2, 2005, pp. 272-273.
44) See e. g., de Kerchove, "L'initiative de la Charte et le Processus de son Élaboration," dans Carlier et de Schutter, *op. cit*., pp. 37-38.; Turpin, *op. cit*., p. 624.; Rideau, *op. cit*., p. 354.; Burgorgue-Larsen, *op. cit*., pp. 674-678.
45) 以上、O. J. No. C303, 14 December 2007より訳出した。
46) *Rapport final du Groupe de travail II, op. cit*., p. 4.
47) *Ibid*.

48) Secretary of State for Foreign and Commonwealth Affairs, *A Constitutional Treaty for the EU : the British Approach to the European Union Intergovernmental Conference 2003*, September 2003, para. 100, 101 and 102. 引用文は若干意訳した。
49) デブルカは、このような文言が追加されたことを、「ベルトとズボン吊りのアプローチ」と表現している。Gráinne de Búrca, "Fundamental Rights and Citizenship," in Bruno de Witte (ed.) *Ten Reflections on the Constitutional Treaty for Europe*, Robert Schuman Centre for Advanced Studies and Academy of European Law, European University Institute, 2003, p. 21. 同様の見解を示すものとして、Mayer, *op. cit.*, pp. 191-192.; Rideau, *op. cit.*, pp. 352-353.
50) I-7条3項は、従来のEU条約6条2項を継承するものであり、政府間会議を経てI-9条に移動した。リスボン条約では、EU条約6条3項に規定されることになる。
51) たとえば基本権憲章30条は、「すべての労働者は、同盟法および国内の法と慣行にしたがい、不当な解雇から保護される権利をもつ」と述べている。他に16条、27条、28条、34条、35条および36条にも同様の言及がある。
52) See, Turpin, *op. cit.*, pp. 628-629.; Burgorgue-Larsen, *op. cit.*, pp. 679-680.
53) See, Turpin, *op. cit.*, pp. 627-628.; de Búrca, *op. cit.*, pp. 22-25.; Benoît-Rohmer, *op. cit.*, p. 271.
54) 政府間会議はさらに、『基本権憲章についての解説文に関する宣言』の中で、解説文が憲章の解釈に向けて貴重な道具であることに留意するとした。*Declaration concerning the explanations relating to the Charter of Fundamental Rights, Final act*, O. J. No. C310, 16 December 2004.
55) Secretary of State for Foreign and Commonwealth Affairs, *White Paper on the Treaty establishing a Constitution for Europe*, September 2004, para 84.
56) See, Jacqueline Dutheil de la Rochère, "The EU and the Individual : Fundamental Rights in the Draft Constitutional Treaty," *Common Market Law Review*, Vol. 41, 2004, p. 351.; Burgorgue-Larsen, *op. cit.*, pp. 681-683.
57) See, "Draft Treaty on establishing a Constitution for Europe," CONV850/03, The European Convention, Brussels, 18 July 2003, p. 47.
58) See, Burgorgue-Larsen, *op. cit.*, 2005, pp. 662-663.
59) 第1節(2)を参照されたい。
60) 構想が浮上する契機は、憲法条約の批准に失敗したシラクのフランス大統領退任によって訪れた。替わって就任したサルコジ大統領(N. Sarkozy)と理事会議長国を務めるメルケル(A. Merkel)ドイツ首相の両人が、構想を牽引することになった。

第 7 章 基本権憲章の起草と加盟国　223

61) 加えてブレアは、刑事・司法協力分野において拒否権を保持すること、外交および安全保障の領域で自立的な政策を遂行できること、および独自の社会保障体制を維持できることを条件に挙げた。Patrick Wintour, "Blair lays down lines over EU deal," *Guardian*, 22 June 2007.
62) See, *Presidency Conclusions of Brussels European Council, 21 and 22 June 2007*, 11177/07, Brussels, 23 June 2007, Annex Ⅰ, p. 25, n. 19.
63) *Ibid*., Article 1 (1).
64) *Ibid*., Article 1 (2).
65) 2007 年 6 月欧州理事会の合意内容を、イギリス労働組合会議 (TUC) のバーバー事務局長 (B. Barber) は「わが国の労働者を他国よりも劣悪な条件におくことによってのみ経済は繁栄しうる、と理解するべきであるのか」と批評している。"Immediate," Press release, 23 June 2007 (www.tuc.org.uk). 2007 年 7 月 1 日閲覧。See also, "PM facing battle with unions over EU treaty : TUC conference set to demand referendum Tories add to pressure as RMT calls for 'no' vote," *Guardian*, 23 August 2007.
66) *Résolution du Parlement européen du 11 juillet 2007 sur la convocation de la Conférence intergouvernementale* (CIG) : *avis du Parlement européen* (*article 48 du traité UE*) (11222/2007-C6-0206/2007-2007/0808(CNS)) P6_TA (2007) 0328, para. 12.
67) ブレア首相がこのような方針をとった真意は、必ずしも明らかではない。国民投票の積極論者であるストロー外相やブラウン財務相に説得されたという説、あるいは総選挙を前に野党保守党による攻撃をかわすためであったという説等がある。「ブレア首相真相どこに」『毎日新聞』2004 年 4 月 26 日 5 面。See also, Vaughne Miller, *IGC2004 : issues surrounding UK ratification of the European Constitution*, SN/IA/3040, 10 May 2004.
68) See e. g., "Blair faces bitter clash with new French president over powers in EU treaty," *Daily Telegraph*, 10 May 2007. see also, "Anger at Blair's 'secret deal' to sign new EU constitution," *Daily Mail*, 15 June 2007.
69) たとえば、イギリス保守党に所属する欧州議会議員らは、「国民投票の約束は守っていただこう ('Where's our referendum?')」という運動を展開した。http://www.conservativeeurope.com/campaign/14/no-to-a-european-constitution-.aspx. 2008 年 5 月 1 日閲覧。もっとも、2007 年 8 月 28 日付のフィナンシャル・タイムズ紙記事のように、イギリス議会によるリスボン条約の批准を擁護する報道もみられた。"EU referendum calls are misguided But describing the treaty as a constitution was an error," *Financial Times*, 28 August 2007.

70) *Putting Britain First: The Conservative European Manifesto, European* Elections 10th June 2004, p. 9. see also, *The Treaty Establishing a Constitution for Europe : Part II（The Charter of Fundamental Rights）*, Research Paper 04/85, House of Commons Library, 25 November 2004, p. 39.
71) "Michael Howard : If you stand up for what you believe in you can get things done in Europe," 7 June 2004. イギリス保守党公式サイト www.conservatives.com の "Speeches" より。2007年10月1日閲覧。
72) *The Treaty Establishing a Constitution for Europe, op. cit.*, p. 40.
73) Open Europe, *The EU Charter of Fundamental Rights : Why a fudge won't work*, June 2007, pp. 16-17.
74) Burgorgue-Larsen, *op. cit.*, pp. 686-687.
75) Brian Bercusson, "The Trade Union Movement and the European Constitution," *EUIRD*, August 2004, p. 21.
76) Benoît-Rohmer, *op. cit.*, p. 272.
77) See, Turpin, *op. cit.*, pp. 627-628.; de Búrca, *op. cit., pp.* 22-25.; Benoît-Rohmer, *op. cit.*, p. 271.
78) 議定書前文9段。*Presidency Conclusions of Brussels European Council, 21 and 22 June 2007, op. cit.*, p. 25, n. 19.
79) *Protocol on the Application of the Charter of Fundamental Rights of the European Union to Poland and the United Kingdom*, O. J. No. C306, 17 December 2007, pp. 156-157.
80) リスボン条約最終文書に記載されたポーランドの宣言から推察するに、カチンスキー首相率いる同国政府は、「公衆道徳、家族法および人間の尊厳ならびに人間の身体と道徳の一体性の保護の分野」における自国の立法権限を憲章から守護しようとした（*Declaration by the Republic of Poland on the Charter of Fundamental Rights of the European Union*, O. J. No. C306, 17 December 2007, p. 270）。議定書へのポーランドの参加については、第2次大戦終結時に行なわれたドイツ系住民の資産凍結がEU次元の人権問題となることを懸念したという報道もあった。"Charter of Fundamental Rights : Parliament approves new version, Warsaw procrastinates," *European Report*, 15 November 2007.
81) "Blair's EU safeguards 'may not be watertight'," テレグラフ紙電子版 www.telegraph.co.uk, 27 June 2007.
　　なお2009年10月の欧州理事会は、両国に等しい地位を将来チェコに付与する意思を明らかにしている。*Presidency Conclusions of Brussels European Council, 29 and 30 October 2009*, para. 2.

82) European Scrutiny Committee, *European Union Intergovernmental Conference, Thirty-fifth Report of Session 2006-07*, ordered by The House of Commons to be printed 2 October 2007 pursuant to Standing Order No137, para. 62. EU問題精査委員会は、16名の下院議員よりなり、週一回の会合をもつ。重要なEU文書を下院内で振分ける役割を担うが、その過程において政策の影響が分析される。梅津實「EUとイギリス議会」『同志社法学』59巻2号、2007年、7-9頁。
83) 基本権憲章31条2項。
84) European Scrutiny Committee, *European Union Intergovernmental Conference, op. cit.*, para. 58.
85) 基本権憲章21条。
86) アムステルダム条約によって改定されたEC設立条約13条、ならびにEU運営条約10条および19条を参照されたい。
87) European Scrutiny Committee, *op. cit.*, para, 59. 憲章が広範な属性について差別を禁じていることについては、次の文献も参照されたい。Koen Lenaerts and Eddy Eddy de Smijter, "A "Bill of Rights" for the European Union," *Common Market Law Review*, No. 38, 2001, pp. 283-287 ; Chris Hilson, "What's in a right? The relationship between Community, fundamental and citizenship rights in EU law," *European Law Review*, No. 29, 2004, pp. 644-645.

第8章
基本権憲章における解説文の作成と意義

はじめに

　前章では、基本権憲章(以下「憲章」とする)の受容と抵抗について、イギリスを例にして考察を試みた。そこにおいては、イギリスが、解説文(the explanations)に言及する条項を憲章の一般規定の中に設けさせたことに触れた。「基本権憲章の解釈に指針を与える手段として作成された解説文は、同盟の裁判所および加盟国の裁判所によって適正に考慮される」と述べる憲章52条7項が、それであった。この解説文は、54の条文をもつ憲章の逐条解説であり、憲章の本文が起草されるのと並行して作成されていた。その後、憲章を憲法条約に組み込む際に、加盟国政府間会議が52条7項を設けることで合意したものである。

　52条7項は、憲法条約を契機に一般規定に設けられた同条4項から6項までの3条項とともに、2007年のリスボン条約に際しても廃棄されることはなかった。2007年12月に欧州議会、理事会および欧州委員会のEU3機関は、憲法条約を契機に加筆修正された憲章を宣言し、かつこれが、リスボン条約の発効をもって修正以前の憲章に置き換わるとしたのである[1]。さらに注目するべきことに、リスボン条約は、EU条約の本文に次の記述を設けるように指示した。「憲章に含まれる権利、自由および原則は、(…)憲章の規定の出典を定める解説文を適正に考慮して解釈される」[2]。憲法条約では憲章の本文で言及した解説文を、リスボン条約は、EU条約においても明記させたことになる。

　憲章と並行して作られた解説文にはいかなる背景があり、それはいかなる

第 8 章　基本権憲章における解説文の作成と意義　227

内容を備えているのか。憲法条約とリスボン条約の両方において、この解説文に言及する必要があったのはなぜなのか。本章では、前章で触れた解説文にあらためて焦点をあてて、その序論的考察を行なうものとしたい[3]。

第 1 節　憲章の起草と解説文

まずは、解説文がやや込み入った背景をもつことを確認しておこう。「はじめに」で触れたように、それは、憲章が起草されるのと並行して作成された。しかしながら、それは、憲章を起草した諮問会議自らが作成もしなければ、承認もしない文書であった。

1　作成の経緯

憲章を起草する諮問会議（「憲章諮問会議」）は、1999 年 6 月に開かれたケルン欧州理事会の委任にしたがって、同年 12 月にその作業を始めた。受任されたのは憲章を起草することであり、ゆえに、憲章という一つの文書を起草できれば、憲章諮問会議の任務は全うしえたはずである。そのような状況において解説文が作成される動機は、憲章を起草する目的――「基本的権利を目に見えるようにする」という目的――に内在していた。委任に際して欧州理事会は、憲章諮問会議に次のように要請した。「起草にあたっては、基本権保護の重要性と妥当性を、より市民の目に見えるようなものにしていただきたい」[4]。このような委任と要請をうけて、憲章諮問会議は、憲章の諸規定が簡素な記述になるように心がけたのである。ここに、解説文が作成される間隙が生まれることになる。つまり、簡素な記述を心がけながらも、規定される条文が意図するところについては、諮問会議の構成員間において適切に共有される必要がある[5]。解説文の作成は、憲章本文の簡潔性と、簡潔であるがゆえの不明確さの隔たりに起因していたのである。

解説文の作成を指示したのは、憲章諮問会議の幹事会（praesidium）であった。これは、諮問会議のヘルツォグ議長、加盟国政府代表 2 名、国内議会代表および欧州議会代表各 1 名、欧州委員会代表 1 名からなる少数の組織である[6]。作成にあたったのは、会議の運営を補佐する EU 理事会事務局であ

った。

　こうして作成された解説文が、諮問会議のすべての構成員に配布されたのである。本文を起草する作業が佳境に入っていた、2000年7月末日のことである[7]。解説文はすでに憲章54カ条すべてを網羅するものとなっていたが、表紙には次の注記があった。「この文書は、幹事会の委任を受けて、(EU)理事会の事務局が作成したものである。これは、各々の条文の起草に際して、それらの出典となった文書や判例をできるだけ正確に記すものである」[8]。各条の出典に関する備忘録という認識であったといえる。ところが、この文書は、翌8月の本会議において早々に論争となる。憲章の本文をA部とし、当の解説文をB部とする2部構成の憲章を、幹事会が本会議に諮ったのである[9]。

　幹事会の提案に反対の声があったことは、容易に想像できるであろう。憲章の本文には、憲章の適用と解釈を規律する一般規定がすでに備わっている。普遍的な権利を扱う憲章に、逐条解説の類は不要でもある。これらの理由から、解説文が公的な性格をもつことには賛同が集まらなかったのである。その結果、本会議では、解説文の存在は否定しないものの、公的な性格を与えないことで妥結をみたのである[10]。

　ヘルツォグ議長は、54カ条よりなる本来の文書を、憲章として欧州理事会に提出した。これをうけて憲章は、法的な拘束力を備える見通しをもちつつ、欧州議会、EU理事会および欧州委員会の3機関によって厳粛に宣言された[11]。それとともに解説文も公開されたが、そこでは「法的な価値をもたず、ただ、憲章の諸規定を明瞭にするためのものである」という一文が付されていた[12]。

　このように、解説文は当初、覚書のような曖昧な位置づけにあった。そうした状況であったのが、憲法条約が起案される段階で再び注目されるようになる。その端緒を開いたのは、同条約を起案した「欧州の将来に関する諮問会議」（「将来諮問会議」）であった[13]。将来諮問会議では、「憲章の組み込みと欧州人権条約加入に関する第II作業部会」（以下「作業部会」とする）が、憲法条約における憲章の位置づけを検討した。その作業部会が、憲章を同条約に組み込むこととあわせて、次のように勧告したのである。「法律家たち

は、現在のところ、解説文を十分に利用していない。(…) 解説文をより広く知らしめることは、とりわけ肝要である」[14]。作業部会は、解説文が中途半端な位置づけにあった状況をよしとしなかったのである。

しかしながら、解説文の地位に決定的な変化がみられるのは、憲法条約草案を最終調整した2003年の政府間会議においてである。政府間会議は、将来諮問会議が起案した憲法条約草案に合意するために、加盟国の政府代表者らによって構成される会議であった[15]。この政府間会議は、各国の利害のすり合わせを経て、先述した「(…) 解説文は、同盟の裁判所および加盟国の裁判所によって適正に考慮される」と述べる記述を新設したのである[16]。この記述を会議は、憲章52条7項、憲法条約当時の条文番号でいえばⅡ-112条7項として、憲法条約の一部となった憲章の本文に挿入した。以上の経緯をもって、解説文が公的な性格をもつ用意が整ったのである。

2 公文書となった要因

憲法条約の段階において解説文が公的な性格をえたのは、およそ次の背景からである。

前出の作業部会勧告が「法律家たちは (…) 解説文を十分に利用していない」と述べていることは、この点を考えるうえで示唆的である。というのも、その記述からは、解説文が利用に値する文書であるという認識がみてとれるからである。実際、作業部会のヒアリングにおいて、欧州委員会のプティット (M. Petite) 法務部長は、解説文を次のように評価した。「たとえ法的な価値をもたないにせよ、憲章を高度に理解するための有用で重要な指標をそれは与えている」[17]。政府間会議もまた、その閉会時に以下の宣言を残した。「解説文は、憲章の諸規定を明瞭にするうえで、価値ある解釈の道具である」[18]。解説文は、簡潔な記述である憲章を理解するための有益な手段として、あらためて脚光を浴びたのである。

このような状況の中で、政府間会議が先述のⅡ-112条7項の新設を決めたのである。この条項を新設するように求めた加盟国にイギリスがあったことは、前章で触れたとおりである。イギリス政府は、この条項を「主には、憲章が定める権利と原則を既存の法へと適切に関係づけるためのもの」であ

ると説明していた。さらに説明していわく、「たとえば、解説文は、憲章のどの規定が欧州人権条約のそれに相当しているのかを示してくれている」、と[19]。裁判所が解説文を考慮することにより、憲章と EU 法、さらには欧州人権条約との関係は、より明確なものになるとしたのである。

このような説明の妥当性に対しては、懐疑的な見解が少なくはなかったようである[20]。憲法条約の成立を優先させるために、他の加盟国はイギリスの要求に応じたものと考えられる[21]。

憲章における解説文の性格は、こうして、作成当初から劇的な変化をみることになったのである。憲章諮問会議の構成員の目には、会議の決定が無視されたと映ったはずである[22]。しかしながら、加盟国首脳が憲法条約に署名したことにより、解説文の公的な性格は確固たるものとなった。その状況は、憲法条約計画が頓挫した後もリスボン条約へと引き継がれ、既定路線となっていった。

第 2 節　解説文の記述内容

以上の経緯によって公文書となった解説文であるが、それでは、実際にそれはどのような内容なのであろうか。憲章に規定されるすべての条文をみるとなれば、膨大な分量となってしまう。この節では、基本権規定および一般規定の解説文の一部を任意に抽出することによって、これを概観してみよう。

1　基本権規定（憲章 1-50 条）の解説文

基本権規定の解説文についてまず紹介するのは、個人データの保護に関する憲章 8 条である。情報技術の発達とともに重視されるようになったこの権利について、憲章の本文は、個人データは個人の同意に基づくか、あるいは法が定める正当な根拠にしたがい、特定の目的のためにのみ公正に処理されるべきであると述べている。この規定に関して、解説文は、EC 設立条約 286 条、データ処理についての個人の保護に関する欧州議会および理事会の指令 (95/46/EC)、欧州人権条約 8 条、ならびにデータの自動処理に関する

第 8 章　基本権憲章における解説文の作成と意義　231

個人の保護のための 1981 年 1 月 28 日欧州審議会規約に依拠したものであると述べる（解説文は、EC 設立条約 286 条が EU 運営条約 16 条および EU 条約 39 条へと置き換わったことにも触れている）。また、データ処理についての個人の保護に関する欧州議会および理事会の規則 45/2001 号を挙げて、この規則が前出の指令とともに当該権利の行使に向けた条件および制限を含んでいることに言及するのである[23]。

　教育への権利を定める憲章 14 条は、当該の権利には無償の義務教育を受ける権利が含まれると規定する。あるいは、民主主義の原則にしたがって教育機関を設置する自由が尊重される等とも規定する。このような規定について、解説文は、義務教育を無償にすることを教育機関等に求めるものではないと述べている。さらに、ここでいう教育機関の設置とは、事業を行なう自由の一側面として保障されるという理解を付記している[24]。

　職業選択の自由を定める憲章 15 条については、解説文は、この自由はEU 司法裁判所の判例によって認められていると述べる。そのうえで、参照事例として同司法裁判所の判例を複数紹介する。さらに、この規定が 1961 年の『欧州社会憲章』1 条 2 項ならびに 1989 年の『労働者の基本的社会権に関する共同体憲章』4 項に啓発されたとする。「労働の条件」の表現は、EU 運営条約 156 条の意味において理解される必要があることにも言及している[25]。

　知的財産の保護を定める憲章 17 条 2 項に関して、解説文は、知的財産には著作や芸術の財産のみならず、とりわけ特許権、商標権および隣接的な権利も含まれると述べている[26]。

　実効的な司法救済と公正な裁判への権利について、憲章の 47 条は、EU 法が保障する権利と自由を侵害された個人は、法廷において実効的な救済を受ける権利を享受すると規定する。また、いかなる者も、法によって予め設置された独立不偏の法廷によって、合理的な期間内に、公正で公開された審問を受ける資格があるとも定める。このような内容の同条について、解説文は多弁である。実効的な救済の権利については、欧州人権条約 13 条に基づきながらも EU 法ではより高水準の保護を行なっているとまず述べる。そのうえで、当該権利は EU 司法裁判所の 1986 年 5 月 15 日判決によって EU 法

の一般原則とみなされていること、ならびに、そのような一般原則はEU法を実施する場合の加盟国にも適用されることに言及するのである。ただし、それとともに、こうした判例がEUの司法体制の変更を直截に意図するものではないと述べることも忘れてはいない。公正な裁判の権利に関しては、解説文は、欧州人権条約6条1項に相当する権利であるとする。この権利はまた、EU法においては民法上の権利義務をめぐる紛争に限定するものではない等とも述べている[27]。

以上に紹介した例は、50カ条ある基本権規定の一部にすぎない。とはいえ、それでも、各々の解説文が広範な記述内容をもつことは、以上の紹介をもって想像できるであろう。とりわけ印象的であるのは、解説文が言及する文書が、EUの基本条約であるEC設立条約（EU運営条約）とEU条約に限定されていないことである。すなわち、EC/EUの立法および判例や、あるいは欧州人権条約、欧州社会憲章をはじめとする欧州審議会の文書に、しばしば触れているのである。あらためて解説文を俯瞰してみよう。そこにおいては、EUの基本条約、それに基づく立法措置ならびにEU司法裁判所の判例に言及する解説文が、基本権規定にあたる50カ条中、36カ条ある[28]。『労働者の社会的基本権の共同体憲章』に言及する解説文は、50カ条中12カ条である[29]。そのほか、司法内務協力の枠組みで採択された欧州共同体財政利益保護規約および汚職との戦いに関する規約[30]、シェンゲン協定実施規約[31]、EUの基本条約に付属された加盟国の公共放送体制に関する議定書[32]、亡命に関する議定書といった文書名が出てくる[33]。欧州審議会についても、欧州人権条約と欧州社会憲章をはじめ[34]、欧州人権条約の第1議定書[35]、第4議定書[36]、第6議定書[37]および第7議定書[38]、ならびに人権と生物医学についての欧州審議会規約等の文書に言及している[39]。

憲章52条2項の一般規定によれば、憲章に認められる基本権のうち、EUの基本条約に規定のあるものについては、これらの条約に定められている条件と制限にしたがい保護される必要があるとする。また、52条3項によれば、欧州人権条約において保護される権利に相当する権利を含むかぎりにおいて、憲章の権利の意味と範囲は、欧州人権条約に定めるのと同じとみなされる。解説文では、これらの一般規定が念頭におかれている。

ただし、解説文は、EU と欧州審議会の法にのみ注意を払っているわけでもない。国際連合において採択された文書にも触れている。人間の尊厳の規定に際して、世界人権宣言に言及している[40]。退去、追放もしくは引渡しの場合の保護について、あるいは罪刑法定および罪刑均衡の原則については市民的・政治的権利規約（自由権規約）に留意している[41]。さらには、国際刑事裁判所を設立するローマ規程[42]、難民の地位に関するジュネーブ協定および議定書[43]、子どもの権利に関するニューヨーク条約も出てくる[44]。解説文は、EU および欧州審議会という欧州地域の機構のみならず、国連をはじめとする国際社会の動向にも配慮する内容となっている。

2 一般規定（憲章 51-54 条）の解説文

一般規定は、正確には「憲章の解釈と適用を規律する一般規定」であり、51 条から 54 条までがそれに当たる。これら 4 カ条は、基本権規定において保護される権利の解釈と適用を規律しようとするものである。

その中で、たとえば 51 条 1 項は、憲章が宛てられる対象を特定している。いわく、憲章の規定は、補完性の原理が考慮されながら、EU の機関、組織および部局に宛てられ、かつ、EU 法を実施する場合にのみ加盟国に宛てられる、と。解説文は、ここで述べられている EU の「機関、組織および部局」を、EU の基本条約に照らして定義している。また、加盟国による EU 法の実施の意味するところを明確にできるように、EU 司法裁判所の 4 つの判例を挙げている。1980 年代末の著名な Wachauf 事件等が、これに含まれている[45]。

52 条 1 項は、憲章の権利と自由の行使には制限がかされうることを規定する。そのような制限は、「同盟によって認められる一般的利益の目標のために（…）避けがたいものとして、これと真に適合する場合にのみ」かされうる等とするのである。解説文によれば、憲章本文に言及のある一般的利益は、EU 条約が設定する EU の諸目標のほか、同条約と EU 運営条約における特定の規定によって保護される利益を含むとする。ここで、特定の規定として挙げられたのは、EU 運営条約 36 条および 346 条である。前者の条文は、公衆道徳および公序公安等を理由にした加盟国の輸出入制限を EU は原

則として禁止しないという主旨である。後者の条文は、武器弾薬の生産および取引について、加盟国が「自らの安全上の重大な利益」を保護する措置をとれるという内容である。したがって、このような加盟国の利益もEUの一般的利益に含まれることが、解説文によって明らかとなる。

　一般規定には、先述のように、憲章の権利を欧州人権条約の権利に適合させようとする条項もあった。欧州人権条約の権利に「相当する」憲章の権利に触れた、52条3項がそれである。この条項に関する解説文の解説は、以下のような内容である。第1に、ここでいう欧州人権条約には、その議定書が含まれる。第2に、「相当する憲章の権利」の意味と範囲は、欧州人権条約および議定書のほか、欧州人権裁判所の判例法ならびにEU司法裁判所によっても確認されうる。第3には、欧州人権条約の規定に基づいて加盟国が逸脱する可能性について、憲章は影響を与えないとするのである。さらに解説文は、52条3項がいう欧州人権条約の権利に「相当する」憲章の権利のうち、その意味と範囲が同じであるとみなせるものを10余り挙げている。また、意味は同じであるが範囲がより広いものとして、7つを挙げる。前者に含まれる権利には、憲章2条、4条、5条1項および2項、6条等が含まれる。後者に含まれるのは、9条、12条1項、14条1項、14条3項および47条2項・3項である[46]。

　一般規定についての解説文は、基本権規定に関するそれに比べると、法的文書や裁判所の判例への言及は多くはない。しかしながら、「EUの一般的利益」や「欧州人権条約の権利に相当する権利」の内容については、踏み込んだ見解を述べる傾向があることを察知できる。

第3節　EUと加盟国における解説文の活用

　2000年に起草された憲章は、リスボン条約が発効する2009年12月までは法的拘束力をもたなかった。そのこともあって、解説文が活用される機会は多くはなかった。しかしながら、それでも、EU司法裁判所の法廷助言者（アボカ・ジェネラル）や加盟国フランスの憲法院により、早々に解説文が活用されていた。ここでは、その様相をみてみたい。

第 8 章　基本権憲章における解説文の作成と意義　235

1　EU 司法裁判所の法廷助言者

　EU 司法裁判所の法廷助言者は、判決を直接下すわけではない。とはいうものの、同司法裁判所を補佐する者として、要請を受けた事件について公平および独立の立場で意見を具申するという任務を負っている[47]。そうして具申する意見の中で、すでに多くの法廷助言者が憲章の規定を引用している[48]。解説文にまで言及する法廷助言者は、少数ではあるが 3 件ほどを確認することができる。

　意見の中で初めて解説文に言及したのは、ミシュオ氏（J. Mischo）である。氏が意見の要請を受けた事件は、EU の主要機関である理事会が、その官吏の同じ性別のパートナーを配偶者として登録しないことを争うものであった。理事会はそのようなパートナーの配偶者登録を認めるべきであるとして、当該機関に勤めるスウェーデン人が EU 第一審裁判所に提訴していたのである[49]。具申した意見の中で、ミシュオ氏は、憲章の本文が「結婚する権利および家庭を築く権利は、これらの権利の行使を規律する国内法にしたがって保障される」と規定していることに着目する。しかしながら、この規定のみでは、同性間のパートナー関係をいかに捉えてよいのか明らかではない。そこで、氏は、この規定の解説文が「本条は、同じ性別の人々の間の結合について結婚の地位を認めることを、禁止も強制もするものではない」と述べていることを引用する。そのような作業を通じて、同性間のパートナー関係と結婚関係が異なるものであることを論じていくのである[50]。

　ミシュオ氏が意見を出したのは、2001 年 2 月である。EU3 機関が憲章を宣言したのが前年 12 月であるから、宣言ののち早々にその記述を活用したことになる。

　ミシュオ氏に続いて 2001 年 7 月に引用したのは、レジェ氏（P. Léger）である。レジェ氏が扱ったのは、EU 機関──この場合も理事会であるが──の内部文書の入手をめぐる事件である。ある欧州議会議員は、理事会の下部組織によって承認された武器輸出に関する報告書を公開するように要請した。この要請を理事会が拒否したので、あらためて公開するように第一審裁判所に申立てていたのである[51]。意見において、レジェ氏は、文書を入手する権利が憲章によって保護されていることを確認する。そのうえで、氏は、

解説文が、そのような権利を保護する憲章の規定を EC 設立条約と関係づけていることを指摘するのである[52]。いわく、「解説文によれば、この権利は、憲章の一般規定にしたがって、EC 設立条約に定める条件の下で適用される。憲章が保護するこの権利は、ゆえに、EC 設立条約によって制限されうる」。続けて、次のように論じている。「このような制限がかされることは、憲章と同条約の規定の間で立法的価値が異なることの、論理的な結果である」[53]。レジェ氏は、解説文が EC 設立条約との関連に言及していることを通じて、文書の入手に関する基本権憲章の権利の制限を正当化しようとしたのである。

2004 年 10 月には、ポイアレス・マドゥーロ氏（Poiares Maduro）が解説文に触れている。氏が意見を要請された事件は、EU 競争政策において欧州委員会が享受する行政権限をめぐるものであった[54]。当該分野における欧州委員会の権限の行使について、氏は、EU 司法裁判所がこれを統制しつつある一般的な傾向に論及した。その脈絡において、「良き行政への権利」を保護する憲章の基本権規定の解説文が、このような傾向をもたらした第一審裁判所の判例に言及することに着目している[55]。

2 フランス憲法院の 2004 年 11 月 19 日決定

引き続き、フランス憲法院（以下「憲法院」と略する）の『欧州憲法条約に関する 2004 年 11 月 19 日決定』を取り上げよう[56]。2004 年 10 月にローマで開かれた憲法条約署名式には、加盟国フランスからシラク大統領が参加した。シラク大統領は、憲法条約に署名するのと同時に、同条約を憲法院に付託することになった。憲法条約の批准に向けてフランス憲法を改正する必要があるのかを明らかにするためである。この『2004 年 11 月 19 日決定』（以下『決定』とする）は、その付託に応えたものである[57]。

『決定』において憲法院は、憲章がフランス憲法と両立する文書であるかを評価する箇所で解説文に言及している。憲章は憲法条約の一部であったために、憲法院は、これを当然に評価の対象に含めたのである[58]。評価に際して、憲法院は、憲章の基本権の一部を分析した。その作業の中で、思想、良心および宗教の自由、ならびに実効的な救済と公正な裁判への権利に触れた

折に、解説文に言及している。加えて、憲章の一般規定についての解説文も参照しているのである。

「すべての者は、思想、良心および宗教の自由への権利を享受する」と述べる憲章10条の規定から順次みていきたい。憲法院は、フランス憲法におけるライシテ、すなわち政教分離原則の観点から、この規定に注目する必要があった。その際に解釈の手がかりとしたのが、「ここに保護される権利は、欧州人権条約9条によって保護される権利と同じ意味と範囲をもつ」という解説文の記述である。この記述にしたがえば、憲章が保護する権利は、欧州人権条約9条に定めるものと同じ制限、すなわち、「とりわけ公の安全のため、公の秩序、衛生もしくは道徳のため、あるいは他者の権利および自由の保護のための制限」(同条約9条2項) に服することになる。このような手がかりをえて、憲法院は、欧州人権条約9条についての欧州人権裁判所判例を検討した結果、憲章がわが国憲法の世俗主義を否定していないと判断するのである[59]。

実効的な救済と公正な裁判への権利に関する憲章47条については、本章でも少し触れた (第2節1参照)。憲法院は、公正な裁判への権利の行使に対する制限を当該条文が明らかにしていないことに関心をもつ。そのために、「(この権利を定める条項は) 欧州人権条約6条1項に相当する」と述べる解説文に注目して、制限もまた欧州人権条約6条1項の範囲でかされうると推論するのである。「法廷での傍聴は、民主的な社会における道徳、公の秩序または国家の安全に関わる場合、あるいは当事者である未成年者の利益もしくは当事者の私生活の保護のために必要な場合、もしくは特別の状況下においてその公開が司法の利益を害する性格をもつという判断が裁判所によって厳正になされる程度において、報道機関と公衆に対して完全あるいは部分的に禁ずることができる」。この、欧州人権条約6条1項のよく知られる制限を憲章にも適用する、という理解が導かれるのである[60]。

憲章の一般規定への言及もみておこう。『決定』の中で言及される一般規定は、これも先に紹介した、憲章の権利行使への制限に関する52条1項である。この条項によれば、「同盟によって認められる一般的利益の目標のために避けがたいものとして、これと真に適合する場合」等にかぎり、憲章の

権利と自由の行使を制限することが許容されていた。憲法院は、解説文が、「憲法条約Ⅰ-5条1項によって保護される利益」をEUの一般的利益に含めている点に留意する。そのうえで、憲法院は、憲法条約Ⅰ-5条1項が「同盟は、国家の領域的統合性の確保、法と秩序の維持および国家的安全の保護等の、加盟国の本質的な国家的機能を尊重する」と規定することに注目して、その紙幅を割くのである[61]。憲法院は、憲章に基づく権利行使への制限を、解説文を通じて解析したといえるのである。

解説文が活用される現状の一端は、以上のようである。EU司法裁判所の法廷助言者とフランス憲法院とでは、解説文を活用する動機は同じではない。前者の法廷助言者においては、具体的な事件を解決する糸口を解説文に見いだそうとした。それに対して、後者のフランス憲法院は、憲法条約の国家憲法との両立性という観点からそれを活用したのである。解説文を活用した意義が、両方の場合においてどの程度あったのかを評価することは、ここではできない。しかしながら、EU司法裁判所の法廷助言者は、同じ性別間のパートナー関係、情報公開ならびに欧州委員会の行政権限等、現代欧州におけるデリケートな問題を扱っていた。フランス憲法院もまた、宗教の自由といった、同国内において神経質な問題に関わる権利を考慮しなければならなかった。彼らが解説文を参考にしたことが、このような状況において無益であったと即座に断じることはできない。リスボン条約の発効によって法的拘束力をもつ憲章となれば、解説文を活用する機会もおのずと増えるものと予測できる。

第4節　解説文の記述の不具合
――憲章を濁らせる文書？

以上において、解説文の記述内容とその活用状況を概観した。もっとも、解説文が広範な文書に言及し、あるいは独自の見解を述べる一方で、それが不具合な記述をもつことも尚早に指摘されるところとなっている。本節では、解説文を「（憲章を）濁らせるもの」とさえ評する法律家ペアズ（S. Peers）氏の指摘を取り上げて、その根拠の一部を紹介したい[62]。

第8章　基本権憲章における解説文の作成と意義　239

　ペアズ氏は、憲章52条に関連する解説文を分析して、その記述を批判的に評価する。憲章52条といえば、憲章によって保護される権利の範囲と解釈を定める、憲章において基幹的な意味をもつ条項である[63]。そこにみられる不具合を、氏は、「一般的利益の目標」のための制限（52条1項）、EUの基本条約が規定する基本権（同2項）、欧州人権条約の権利に相当する権利（同3項）、加盟国に共通する憲法的伝統（同4項）および基本権規定における権利と原則の区別（同5項）各項の解説文から指摘するのである。

　その指摘は、次のとおりである。憲章52条1項によれば、「同盟によって認められる一般的利益の目標のために避けがたい」場合等には、憲章の権利と自由の行使は制限されることができる。そして、同条項の解説文は、そのような一般的利益を保護するEU条約およびEC設立条約（EU運営条約）の条文をいくつか挙げている。このような解説文の記述について、ペアズ氏は、挙げられた条文の範囲が極端に広く、それらの条文を挙げた根拠も示されていないことを問題視する。許容される制限の範囲を明らかにする判例もないために、条文を挙げること自体が無責任であると解析するのである[64]。

　憲章52条2項は、EU条約とEC設立条約に規定をもつ憲章の基本権は、これらの条約が定める条件と制限にしたがい行使されるという規定である。氏によれば、この条項に関する解説文は、曖昧な表現をしばしば含んでいる。たとえば、憲章の亡命庇護権規定についての解説文は、「EC設立条約63条は、共同体に対し、難民の地位に関するジュネーブ協定を尊重するように求めている require to respect」としている。しかしながら、当のEC設立条約は「（同ジュネーブ協定に）したがわねばならない must be in accordance with」という表現を採っている。ジュネーブ協定下のECの立場について、双方の記述に齟齬があるのである。その他、「（EU条約の条文に）相当する correspond」と述べる欧州政党規定、「（EC設立条約が保護する自由と）関連する deal with」とする労働の自由の規定、「（同条約の規定等から）導かれる draw on」差別禁止の規定、「（同条約の条文を）十分に尊重する fully respect」とする公共サービスに関する規定、ならびに「（同条約が保護する権利を）模倣する reproduce」とする賠償請求の規定は、記述表現が多様にすぎる。逐条解説であるならば、憲章の規定がEUの基本条約に「基づ

〈 based on」ものであるのか、あるいは52条が適用されるものであるのかを明示するべきであるという[65]。

　52条2項に関する指摘は、以上にとどまらない。EUの基本条約ではなくECの立法に「基づく」か、あるいは「導かれる」等と述べる解説文（憲章5条3項、11条2項、23条、31条から34条）、ECの関連立法を「参照されたい」とする解説文（同30条）、関連する「アキ」[66]をすべて列挙する解説文もある（同27条）。人身売買禁止規定については、人身売買問題と不法滞在問題とを、不幸にも混同してしまっている。ECおよび国連の双方ともに、これらを別個の問題として扱っているにもかかわらず、である。解説文が「（EU司法裁判所の）判例法に基づいている」と述べる諸権利をどのように特定してよいかも瞭然とはしない（同11条2項、15条1項、16条、20条、41条、49条3項および50条）。このように、逐条解説として不統一ないし不注意な文面があることを、氏は懸念するのである[67]。

　憲章の欧州人権条約に対する適合性を保とうとする52条3項に目を移そう。この条項に関する氏の指摘は、二つほどに集約できる。第1に、条項の対象となりうる基本権規定が複数ある。しかしながら、それらの規定に各々対応する解説文の内容に、不一致がみられるというのである。条項の主旨に言及している解説文もあれば、していない解説文もあることが、その典型である。また、同条項によれば、憲章の権利には、欧州人権条約の権利よりも広い範囲をもちうるものがある。そのような権利として、52条3項自体の解説文は、結婚の権利、欧州政党に関する規定を含む集会結社の自由、教育への権利、実効的な救済への権利および二重処罰禁止規定を挙げている。しかしながら、これらの基本権規定に対応する個々の解説文においては、この点に関する記述を欠いているのである[68]。

　第2に、52条3項の解説文と、同条項の対象となる基本権規定の解説文の間で均整を欠いている。たとえば、メディアの自由に関する規定の解説文は、当該規定を司法裁判所の判例法、ECの立法およびEC設立条約議定書に基づかせている。しかし他方では、52条3項の解説文は、表現の自由に関する規定はすべて欧州人権条約の制限に服するとしている。このような矛盾をみてとれるのである。同様の例として、芸術と科学の自由についての規

第 8 章　基本権憲章における解説文の作成と意義　241

定、ならびに集団取引および行動への権利についての規定も挙げている。これらの基本権規定に関する解説文は、欧州人権条約による制限に言及している。しかしながら、肝心の 52 条 3 項の解説文は、これらの規定に触れていないのである[69]。

「この憲章が加盟国に共通する憲法的伝統に由来するような基本権を認めるかぎりで、その基本権は、そのような伝統と調和するように解釈されなければならない」。このような内容をもつ憲章 52 条 4 項の対象となりうる基本権規定は、ペアズ氏によれば 5 つほど存在する。しかしながら、これら各々の基本権規定に関する解説文の記述も、不親切であるとする。良心的兵役拒否への権利に際しては国内立法が、あるいは教育への権利については欧州人権条約が、そのような憲法的伝統と併記されている。法の下での平等原則、ならびに罪刑均衡の原則についての規定では、EU 司法裁判所の判例が併記されている。企業を営む自由については、共通の憲法的伝統に基づく権利として位置づける判例があるにもかかわらず、当該規定の解説文は 52 条 1 項に述べる一般的な制限への言及にとどまっている。これらの記述は、権利の解釈を逆に困難なものにしているとする[70]。

最後に、憲章 52 条 5 項についての指摘をみておこう。同条項は、「原則 (principles)」を含みもつ基本権規定を通常の「権利 (rights)」から区別して、これを異なる適用の下におこうとするものである。この点について、ペアズ氏は、解説文が 6 つの基本権規定を原則とみなしながらも、これらを権利として認識する他の法的資源にもしばしば言及することを見いだしている。中でも、解説文において原則として位置づけられている健康ケアの規定が、憲章の本文では権利として明記されていることは問題であるとする。解説文はさらに、いくつかの原則を EC 設立条約（および EU 運営条約）に基づかせているために、当該原則が憲章 52 条 2 項の範囲とも重複している。これらの記述が、憲章の権利と原則の適用を不明瞭にしうることを示唆したのである[71]。

以上のように、ペアズ氏は、憲章の権利の範囲と解釈に関する 52 条を素材として、解説文の記述が不具合をもつことを指摘した。そのような不具合の中には、「同盟によって認められる一般的利益」という、EU にとって核

心的な要素に関わるものさえあった。氏の指摘にしたがえば、解説文にみられる不具合は、氏の指摘にしたがえば、次のように類型化できるであろう。第1に、憲章本文の記述と解説文の記述が一貫していないことである。第2に、異なる規定に対応する解説文の記述が相互に整合していないことである。第3に、解説文の記述そのものが曖昧であることである。そして第4に、EC/EU法や欧州人権条約との関係が一様ではないことである。このような不具合を指摘するのは、ペアズ氏にとどまらない。憲章本文が権利と位置付けているのに解説文が原則とみなす記述等については、幾人もの論者が問題視しているのである[72]。

　一般論としていえば、人権目録の逐条解説を作成することは本質的な困難をともなう。人権保護には立法、司法および行政の三権すべてが関わっており、これを客観的に整理するには高度の分析力を要する。さらには、保護するべき人権も、時の経過とともに変容する。そのために、逐条解説の内容が相対的に古くなることは、半ば必然であると思われる。しかも、このような状況の中で、EUは、個人の生活や私企業の活動に関与する主権的権力を全面的に享受しているわけではない。それは、加盟国との複雑な権力関係の中、加盟国と協働した人権保護を模索する途上にある。そのようなEUの逐条解説が慎重に作成されるべきことは明らかである。

　翻って、憲章の解説文が非公開の下で作成されたことは不幸であった。憲章の本文が起草されるに際しては、EU次元での民主的な討議という要請に応えるべく、広範な意見交換と討議内容の透明性に配慮が払われた[73]。それに対して、解説文の作成に直接携わったのは、官僚組織であるEU理事会事務局であった。作成過程の透明性に配慮した形跡もみられない。この点は、改善の余地があっただけに悔やまれる。ある程度の透明性が担保されていれば、ペアズ氏が指摘するほどには憲章を「濁らせなかった」可能性はある。

おわりに

　本章では、EU基本権憲章の逐条解説である解説文に焦点をあてて、それが作成された経緯、公文書となった背景、その記述内容、活用状況、ならび

に記述における不具合の状況をみてきた。解説文は、憲章を起草した会議の幹事会の指示の下で準備された。それは当初、会議の本会議の承認をえることができなかった。しかしながら、有用性が留意された欧州憲法条約の過程以降は、一部の加盟国の支持を受けながら公文書としての地位を築いていった。54 ある憲章の各条について、解説文は比較的自由にその見解を述べながら、EU および欧州審議会の法的成果や、国連の文書にまで広く言及する内容をもっていた。それはまた、EU 司法裁判所の法廷助言者やフランス憲法院によって、多少なりとも活用されてきた。もっとも、他方では、不明瞭な記述内容が問題にされるようにもなった。

EU の基本権憲章は、リスボン条約の発効によって法的拘束力を備えることになった。そのために、EU の人権保護を理解するためには、憲章の本文のみならず、解説文の活用状況まで注意を傾けることがより肝要となる。EU が立法を進め、あるいは司法救済を案ずるうえで、解説文の記述が鍵となりうるからである。EU 条約と憲章の両方が解説文が適正に考慮される旨を明記したことは、本章において触れたとおりである。このような明記は、EU の人権保護に資するであろう憲章を補強するものと考えられる。もっとも、解説文がどのような影響を与えるかを予測することは、実際は難しい。それは、一方において、憲章の権利を解釈する裁判官の裁量を制約するという予想がある。しかし他方では、そのような裁量を拡大する手段になるという見通しもあるのである[74]。

リスボン条約が効力をもっている現時点において、解説文に言及している EU 条約の記述を同条約から削除することは可能である。EU 条約がその手続きにしたがって改定される際に、削除すればよいのである[75]。しかしながら、EU 条約の改定にはすべての加盟国の同意が必要である[76]。解説文の記述を削除することにすべての加盟国が容易に同意するとは思えない。仮に削除されたことにより公文書の地位を失ったとしても、それが活用される機会が皆無になることはおそらくはない。基本権憲章に基づく EU の人権保護において、解説文は、常に注目される存在となる。

1) O. J. No. C303, 14 December 2007, p. 14.

2) リスボン条約によって改定された EU 条約6条1項3段。
3) 解説文の邦訳には、山口和人「欧州連合基本権憲章逐条解説」『外国の立法』211号、2002 年がある。憲章本文の邦訳については、本書第7章注2参照。
4) "European Council Decision on the Drawing up of a Charter of Fundamental Rights of the European Union," *Presidency Conclusions of Köln European Council, June 1999.*
5) 会議のヘルツォグ議長は、「市民が理解できる憲章」を構想する一方で、在ストラスブール欧州人権裁判所の判例のみならず、EU 司法裁判所の判例をも考慮に入れることをその構成員に求めている。*Europe Daily Bulletins*, No. 7619, 21 December 1999; - No. 7647, 3 February 2000.
6) 加盟国政府代表は、ポルトガル代表バセラル・デ・バスコンセロス Pedro Bacelar de Vasconcelos 氏とフランス代表ブレバン G. Braibant 氏。国内議会代表はフィンランド議会のヤンソン G. Jansson 氏。欧州議会代表は、メンデス・デ・ビーゴ Inigo Mendez de Vigo 氏。欧州委員会からはビトリーノ A. Vitorino 委員。以上に、ヘルツォグ議長が加わる顔ぶれであった。"European Council Decision on the Drawing up ...," *op. cit.*
7) "Texte des explications relatives au texte complet de la Charte," tel que repris au doc. CHARTE 4422/00 CONVENT 45, CONVENT46, CHARTE4423/00, le 31 juillet 2000.
8) *Ibid.,* p. 1.
9) *Europe Daily Bulletins*, No. 7795, 9 September 2000.
10) 以上の経緯については、see, *Europe Daily Bulletins*, No. 7797, 13 September 2000.; - No. 7798, 14 September 2000.
11) O. J. No. C364, 18 December 2000, p. 5.
12) Council of the European Union, *Charter of Fundamental of the European Union : Explanations relating to the complete text of the Charter, December 2000*, European Communities 2001, p. 3.
13) 将来諮問会議は、元フランス大統領であるジスカル・デスタン (V. Giscard d'Estaing) 議長の下、2002 年2月から翌03 年6月まで召集された。本書第7章参照。
14) *Rapport final du Groupe de travail II*, CONV354/02, Bruxelles, 22 octobre 2002, p. 10.
15) 政府間会議については、本書第7章注 36 参照。see also, *Presidency conclusions of Thessaloniki European Council, 19 and 20 June 2003.*
16) *IGC2003 : Meeting of Heads of State or Government, Brussels 17/18 June*

2004, PRESID27, CIG85/04, 18 June 2004, p. 17.
17) *Auditions of MM. Schoo, Piris and Petite, on 23 juillet 2002*, Working document 13, Working Group II, Brussels, 5 September 2002, p. 39, n. 7.
18) O. J. No. C310, 16 December 2004, p. 432.
19) Secretary of State for Foreign and Commonwealth Affairs, *White Paper on the Treaty establishing a Constitution for Europe*, September 2004, para 84. この点については、本書第7章もあわせて参照されたい。
20) Florence Benoît-Rohmer, "Valeurs et droits fondamentaux dans la Constitution," *Revue trimestrielle de droit européen*, Vol.. 41, No. 2, 2005, p. 272. see also, Jacqueline Dutheil de la Rochère, "The EU and the Individual : Fundamental Rights in the Draft Constitutional Treaty," *Common Market Law Review*, Vol. 41, 2004, p. 351.; Laurence Burgorgue-Larsen, "Article II-112," in Sous la direction de Laurence Burgorgue-Larsen, Anne Levade et Fabrice Picod, *Traité établissant une Constitution pour l'Europe, Partie II la Charte des droits fondamentaux de l'Union : Commentaire article par article, Tome 2*, Bruylant, 2005, pp. 681-683.
21) 以上の経緯については、本書第7章第2節参照。
22) See, Mehmet Tinc, "L'article I-9 du Traité établissant une Constitution pour l'Europe," Sous la direction de Vlad Constantinesco, Yves Gautier et Valérie Michel, *Le Traité établissant une Constitution pour l'Europe : Analyses & Commentaires*, Presses Universitaires de Strasbourg, 2005, p. 355. See also, Fabienne Turpin, "L'intégration de la Charte des droits fondamentaux dans la Constitution européenne : Projet de Traité établissant une Constitution pour l'Europe," *Revue trimestrielle de droit européen*, Vol. 39, No. 4, 2003, pp. 631-632.; Justus Schönlau, *Drafting the EU Charter : Rights, Legitimacy and Process*, Palgrave, 2005, p. 137.
23) 憲章8条の解説文を参照されたい。なお、本章が参照する「解説文」の原本は、2007年12月14日付のEU官報（O. J. No. C303, 14 December 2007）17頁から35頁に掲載される Explanations relating to the Charter of Fundamental Rights (2007/C 303/02) である。憲章8条の解説文は、その20頁目に記述がある。
24) 憲章14条の解説文（同上22頁）。
25) 憲章15条1項および2項の解説文（同上23頁）。
26) 憲章17条2項の解説文（同上23頁）。
27) 憲章47条の解説文（同上29-30頁）。
28) 憲章1条、3条、5条、6条、8条、11条、12条、15条から18条、20条から24条、27条、30条から47条および50条の解説文（同上17-31頁）。
29) 憲章12条、14条、15条、23条、25条から29条、31条、32条および34条の解

説文（同上 22-26 頁）。
30) 憲章 50 条の解説文（同上 31 頁）。
31) 憲章 5 条および 50 条の解説文（同上 18-19 頁）。
32) 憲章 11 条の解説文（同上 21 頁）。
33) 憲章 18 条の解説文（同上 24 頁）。
34) 欧州人権条約に言及するものとして、憲章 2 条、4 条から 13 条、17 条、19 条、21 条、28 条および 47 条から 49 条の解説文がある。欧州社会憲章には、同 14 条、15 条、23 条および 25 条から 35 条の解説文が言及している（同上 17-31 頁）。
35) 憲章 14 条および 17 条の解説文（同上 22-23 頁）。
36) 憲章 19 条の解説文（同上 24 頁）。
37) 憲章 2 条の解説文（同上 17-18 頁）。
38) 憲章 50 条の解説文（同上 31 頁）。
39) 憲章 47 条の解説文（同上 29-30 頁）。
40) 憲章 1 条の解説文（同上 17 頁）。
41) 憲章 19 条および 49 条の解説文（同上 24 頁および 30-31 頁）。
42) 憲章 3 条の解説文（同上 18 頁）。
43) 憲章 18 条の解説文（同上 24 頁）。
44) 憲章 24 条の解説文（同上 25 頁）。
45) 憲章 51 条 1 項の解説文（同上 32 頁）。
46) 憲章 52 条 3 項の解説文（同上 33 頁）。
47) EC 設立条約 222 条（リスボン条約では、同条は EU 条約 19 条および EU 運営条約 252 条に置き換えられた）。法廷助言者は、司法裁判所裁判官と同じく、「その独立性に疑いがなく、かつ、自国で最高の司法職への任命に際して求められる資格をもつ者または周知の能力をもつ法律家」の中から、加盟国の共通の合意によって選任される。定数は 8 名であり、任期は 6 年間である（再任可能）。法廷助言者は、EU 司法裁判所規程にしたがい第一審裁判所（現一般裁判所）を補佐することができる。8 名の内訳は長らく、ドイツ、フランス、イタリア、スペインおよびイギリスが各 1 名の指名枠をもち、残りの 3 名を他の加盟国が輪番で指名する状況となってきた。ただし、EU 運営条約に基づいて増員される見通しがあることを、リスボン条約のための政府間会議が宣言している。宣言によれば、ポーランドによる 1 名の指名分を含む 3 名の増員が予定されている（*Declaration on Article 252 of the Treaty on the Functioning of the European Union regarding the number of Advocates-General in the Court of Justice*, O. J. No. C115, 9 May 2008, p. 350）。EC 設立条約 222 条のほか、223 条（EU 運営条約 253 条）および 224 条（同 254 条）参照。
48) 法廷助言者による憲章本文の引用については、Steve Peers and Angela Ward

第8章　基本権憲章における解説文の作成と意義　247

(eds.), *The European Union Charter of Fundamental Rights*, Hart Publishing, 2004, Annex に一覧がある。

49) See, the opinion of the Advocate-General Mischo of 22 February 2001 in Case C-122/99 P and C-125/99 P, *D and Kingdom of Sweden v Council of the European Union*, para. 2-7. 第一審裁判所（Court of First Instance）が加盟国政府の総意に基づいて設置されたのは、1989年である。当時の EU 司法裁判所は過重な負担を抱えており、これを緩和する必要性は、1970年代には認識されていた。第一審裁判所は、私人による訴訟をすべて審理しており、一部を除いて先行判決を下すことも可能である。それは、リスボン条約によって一般裁判所（General Court）へと改称されている。

50) *Ibid.*, para. 97.

51) See, the opinion of the Advocate-General Léger of 10 July 2001 in Case C-353/99 P, *Council of the European Union supported by Kingdom of Spain v Heidi Hautala supported by Kingdom of Denmark, French Republic, Republic of Finland, Kingdom of Sweden, United Kingdom of Great Britain and Northern Ireland*, para. 1-11.

52) *Ibid.*, para. 84.

53) *Ibid.*, para. 85.

54) See, the opinion of the Advocate-General Poiares Maduro of 21 October 2004 in Case C-141/02 P, *Commission of the European Communities v max. mobil Telekommunikation Service GmbH*, para. 1 and 2.

55) *Ibid.*, para. 80 and note 85.

56) Décision no. 2004-505 DC du 19 novembre 2004, Traité établissant une Constitution pour l'Europe. 全文は、フランス憲法院の公式サイト（www.conseil-constitutionnel.fr）より入手可能である。

57) 憲法院は、同国大統領、国民議会議長および元老院議長が各々任命する計9名に、大統領経験者が加わって構成される。その役割は（1）大統領選挙と国会選挙を監視し、国民投票の正統性を確保すること、（2）国内の法律や手続きもしくは条約等が、現行の憲法と両立しているかを判断することに大別できる。フランス第5共和国憲法56条から63条を参照。マーストリヒト条約以降、EU の基本条約は、後者の文脈において付託されることがほぼ慣例化している。

58) Décision no.2004-505 DC du ..., *op. cit.*,para. 14.

59) *Ibid.*, para. 18.

60) *Ibid.*, para. 19.

61) *Ibid.*, para. 21. 憲法条約Ⅰ-5条1項の記述は、リスボン条約では EU 条約4条2項において継承されている。ニース条約以前の EU の基本条約には、このような記

述は見当たらない。
62) 「（憲章を）濁らせる」という表現は、「（52条6項は、）その解説文が少なくとも水を濁らせてはいない（'do not muddy the water any further'）唯一の条項である」と氏が述べるところから借用したものである。Steve Peers, "Taking Rights Away? Limitations and Derogations," in Peers and Ward, *op. cit*., p.176.
63) 52条の内容については、本書第7章第2節参照。
64) Peers, *op. cit*., pp. 154-155.
65) *Ibid*., pp. 155-156.
66) 「アキ」とは、EC/EUにおける法的蓄積のことをいう。
67) Peers, *op. cit*., pp. 155-156.
68) *Ibid*., pp. 156-157.
69) *Ibid*., pp. 157-159.
70) *Ibid*., pp. 173-175.
71) *Ibid*., pp. 175-176.
72) 高齢者の権利を規定する憲章25条とその解説文の記述を比較されたい。Turpin, *op. cit*., p. 628.; Jacqueline Dutheil de la Rochère, "The EU and the Individual: Fundamental Rights in the Draft Constitutional Treaty," *Common Market Law Review*, Vol. 41, 2004, p. 352.
73) 安江則子『欧州公共圏』慶應義塾大学出版会、2006年、235-237頁参照。
74) これらの予想および見通しについては、以下を参照されたい。Turpin, *op. cit*., pp. 631-632.; Juliane Kokott and Alexandra Rüth, "The European Convention and its Draft Treaty establishing a Constitution for Europe: Appropriate Answers to the Laeken Questions?," *Common Market Law Review*, No. 40, 2003, pp. 1328.; Brian Bercusson, "The Trade Union Movement and the European Constitution," *EUIRD*, August 2004, p. 21.; Benoît-Rohmer, *op. cit*., p. 272.
75) EU条約48条が、同条約およびEU運営条約の改定手続きを定めている。手続きには、通常手続きと、EU運営条約第3部（「同盟の政策と対内的行動」）を改定するための簡易手続きとがあるが、いずれの場合も、すべての加盟国政府の同意ならびに加盟国による批准が求められる。
76) 注75参照。

第9章
「加盟国に共通する原則」から「EUの価値」としての人権尊重へ
―EU条約2条の誕生―

はじめに

　EU加盟諸国の首脳が2004年に署名した欧州憲法条約（以下、「憲法条約」とする）では、「同盟の価値（values of the Union、以下「EUの価値」とする）」なるものが定義された。次のように述べるI-2条が、同条約に設けられたのである。「同盟は、人の尊厳、自由、民主主義、平等、法の支配の尊重、および少数者に属する人々の権利を含む人権の尊重という価値に基礎をおく。これらの価値は、多元主義、非差別、寛容、公正、連帯および男女平等により特徴づけられる社会における加盟国に共通のものである」。さらに、次のI-3条がいわく、「同盟の目的は、平和、同盟の価値およびその人々の幸福を促進することである」（同条1項）[1]。これら二つの条文は、憲法条約第I部第I編である「同盟の定義と目的」の一部をなしていた[2]。そのような条約上の配置からみれば、「EUの価値」は、EUの基本的な価値規範を示すものと理解することができる。

　この「EUの価値」は、とりわけ以下の二つの観点から興味深い。第1に、アムステルダム条約によってEU条約に導入されていた概念に、「加盟国に共通する原則」があった。「EUの価値」は、この概念に置き換わるものとなっている。本書の序章と第1章でみたように、「加盟国に共通する原則」は、EUを「自由、民主主義、人権と基本的自由の尊重および法の支配」に基づかせる内容であった。この概念は、ニース条約においても継承さ

れた。憲法条約を契機として、それは「EUの価値」へと代替されたのである。第2に、「EUの価値」は、憲法条約計画が頓挫した後も、加筆や修正を経ずにリスボン条約へと引き継がれた。リスボン条約によって改定されたEU条約2条が、憲法条約Ⅰ-2条と同一の文面となっているのである。「平和」等とともに「EUの価値」を促進することがEUの目的であるとする憲法条約Ⅰ-3条の記述も、同様に、リスボン条約によってEU条約3条に設けられた。リスボン条約は、「EUの価値」という、憲法条約において示された視座を完全な形で受け継いだのである。

しかしそれにしても、そもそもなぜ、憲法条約Ⅰ-2条(すなわち現行EU条約2条)は、上述の文面となったのか。文面を作るうえで争点化した事項はなかったのか。本章では、まず、2002年から翌2003年にかけて憲法条約を起案した将来諮問会議における協議に着目する。その際には、意見聴取の段階、討議の段階、および草案確定段階に分けてみていくことになる。以上の作業の後に、同条約案を調整した2003年の政府間会議における経過を観察する[3]。

第1節　「欧州の将来に関する諮問会議」における協議

1　意見聴取の段階

将来諮問会議は2002年2月27日午後、幹事会の非公式会合をもって始動した[4]。「EUの価値」をめぐる問題は、翌3月21・22両日の第1回本会議において、早くも取り上げられた。第1回本会議の主題は、《欧州同盟に寄せる期待》というものであった。その項目の一つとして、「欧州が尊重すべき諸原則」が設定されたのである。将来諮問会議の構成員である欧州委員会のビトリーノ(A. Vitorino)司法内務問題担当委員は、「諮問会議は、文化と言語の多様性に留意しながらも、EUの実験を正当化する共通の価値について開かれた議論を行なう必要がある」と提言した[5]。本会議は、EUにおいて「民主主義、法の支配および人権尊重」の価値を共有することを支持して閉会となった[6]。

5月下旬には、イギリスのストロー(J. Straw)外相が、ベルリンでの会見

第9章 「加盟国に共通する原則」から「EUの価値」としての人権尊重へ 251

において次のように述べている。「欧州は、これまでと同様、共通の価値とアイデンティティをもって古い亀裂を修復していくべきである。しかしそれは、超国家（a super state）を志向すべきものではない」と[7]。各人が政体としてあるべきEU像に諸々のイメージを抱くことは、EUという機構の性格上、免れることができない傾向ではあろう。しかしながら、将来諮問会議の活動が進むにつれて、価値の内容をめぐる議論も活発化していく。

　たとえば、6月24・25両日の本会議では、文化団体の代表らが具体性のある提言を行なっている[8]。この会議には、文化協力・芸術・遺産・教育代表としてヨーロッパ・ノストラのガブレンツ（von der Gablentz）氏と欧州芸術遺産フォーラムのシャボー（Chabaud）氏、教会・宗教・信仰代表として欧州教会会議のジェンキンズ（Jenkins）氏、さらに言語・少数者代表として欧州少数者言語・危機言語協会のブレジガル（Brezigar）氏が招かれた。彼らは、スロベニア議会代表として将来諮問会議に参加するペーテルレ（A. Peterle）氏をまとめ役としつつ、「憲法条約は、基本的な価値を明記するべき（である）」と表明した。そのうえで、「そのような価値は、人の尊厳、平和と和解、自由と公正、連帯と持続可能な開発、寛容、民主主義、人権および法の支配の推進、少数者と文化的多様性の尊重（…）さらには情報とメディアの多元性を含んでいなければならない」と主張したのである[9]。

　9月には、将来諮問会議の構成員であるデュアメル欧州議会議員（O. Duhamelフランス・欧州社会党）が、アムステルダム条約の『加盟国の公共放送体制に関する議定書』に依拠して表現の自由とメディアの多元性を価値に含めるように求めている[10]。同じくアンドリウカイティス（V. P. Andriukaitis）・リトアニア議会代表は、「欧州が誇りうる福祉国家モデルも、条文に明記された方がよい」と意見している[11]。

　将来諮問会議の幹事会は、以上にみた提言や主張を考慮しながら、草案の各条を粗描したと考えられる。ジスカルデスタン議長は、10月28日の諮問会議本会議に憲法条約の暫定案を提出した。そこにおいては、Ⅰ-2条の箇所に「EUの価値」の文字を見ることができる。Ⅰ-2条について暫定案は、次の文言を付している。「本条では、欧州同盟の価値について規定する。人の尊厳、基本権、民主主義、法の支配、寛容、義務の尊重および国際法の尊

重等がその内容となる予定である」[12]。暫定案は、従来の「加盟国に共通する原則」が「EUの価値」に代替することを記していない。しかしながら、実質的に代替することは明らかであった。「加盟国に共通する原則」とは、ニース条約の下で効力をもっていたEU条約6条によれば、「自由、民主主義、人権と基本的自由の尊重および法の支配」である。これらの原則を礎にして、「人の尊厳」、「寛容」および「義務の尊重および国際法の尊重」等の原則が加わるという青写真となったのである。

他方において、すでに要請のあった「少数者の尊重」や「メディアの多元性」については、暫定案は言及しなかった。しかしながら、I-2条によって定義される「EUの価値」が多様な価値観を含むことになる可能性がここに示された。

2 討議の段階

ジスカルデスタン議長が暫定案を提出したことにより、価値をめぐる議論はさらに白熱した。多岐にわたる議論の中でとりわけ重視されたのは、社会的な観点であった。また、キリスト教の価値観を注入することも論議を呼ぶことになった。

(i) 社会規範の強化

社会的な観点については、社会政策に積極的に取り組もうとしないEUへの批判がかねてより存在していた。EUは、大企業の経済利益を優先する一方で、貧困、失業および差別等の問題への対応に成功していないという認識があったのである[13]。当該分野において活動するNGOsは、「EUの価値」にこのような認識を投影しようとした。ブリュッセルに本部をおく欧州貧困撲滅ネットワークは、「貧困と社会的排除の軽減」や「差別との戦い」を明記していないことに懸念を表明した[14]。あるいは、ホームレスや貧民街の生活環境を問題視するATD第4世界運動は、「平等」、「連帯」および「社会的公正」を重視するべきであると主張したのである[15]。

将来諮問会議においては、「社会的欧州（social Europe）に関する第XI作業部会」が、このような観点を支持することになった。諮問会議が設置した11の部会の一つとして、この作業部会は、EUの将来像を社会的な見地から

第9章　「加盟国に共通する原則」から「EUの価値」としての人権尊重へ　253

協議する任務を負うものであった[16]。第XI作業部会は、翌2003年1月に最終報告書を採択している[17]。そこにおいては、まず、現行の基本条約に定めるEC/EUの価値規範と目標が、包括的なものであることを確認した。そのような状況から、EUの活動には「基本的社会権の重視」、「強固な連帯への願い」、「高水準の雇用と社会的保護」、「経済活動の均整で持続可能な開発と成長」および「男女間の平等」等の広範な原則を期待できるとする。「加盟国に共通する原則」として定義される「民主主義」や「人権の尊重」のみでは、「EUの価値」として不足がある旨示唆したのである。このような理由から、最終報告書は、「連帯」、「平等」および「機会の平等」を価値に含める必要があると結論した。ここでいう「機会の平等」は、作業部会によれば、男女間、民族的出自および宗教に関して適用できるものであった[18]。

第XI作業部会においては、「社会的公正」、「社会的平和」、「男女平等」、「非差別」、「持続可能な開発」（あるいは「持続可能性」）、「子供の保護」、「途上国世界との連帯」等をI-2条に付記するべきであるという意見もみられた[19]。作業部会では、「EUの価値」に社会的な価値観を補充することが、同条の内容を均整なものにすると考えられたのである。

(ii)　キリスト教ないし神の明記

EUの基本条約に「キリスト教」、「神」あるいは「教会」等を明記すべきという意見も、EUを中心とする国家間統合が深化するにつれて強まっていた。アムステルダム条約の起草に向けて、1996年に政府間会議が招集された。その会議では、イタリアおよびオーストリア両国が、「教会および他の宗教団体の憲法的地位の尊重」を明記するように提案しているのである[20]。また、1997年4月には、ポーランド議会が自国憲法を採択した。その前文には、次のような記述があった。「（われわれポーランド国民は）真理、公正、善および美としての神を信仰し、／（…）ポーランド民族のキリスト教遺産と普遍的な人間の価値をルーツにもつ文化を、苦労の末にえた我らの祖先に恩義を感じ、／神のみまえにある責任と我々自身の良心を認識し、（以下略）」[21]。憲法的文書において教会やキリスト教を強調しようとする趨勢が、将来諮問会議における討議にも表れたのである[22]。

カトリック系宗教団体の政治部門である欧州共同体司教委員会（Commission des Episcopats de la Communauté Europennée) は、2002 年 11 月、将来諮問会議は欧州統合に対する宗教の貢献を想起すべきであると表明した。司教委員会は、神 (God) を憲法条約で言及することは、長年の懸案であるトルコの EU 加盟問題とは無関係であるとした。特定の国家を EU から締め出す手段としてキリスト教を利用しない旨も、委員会内で決意されたとした。委員会のホーマイヤー代表 (J. Homeyer) は、プロディ (R. Prodi) 欧州委員会委員長に対して、「神を明記することは、こうした事情を踏まえてもなお、必要なことである」とうったえたのである[23]。

将来諮問会議構成員の代替要員であるビュルメリンク欧州議会議員 (J. Wuermeling・ドイツ・キリスト教民主同盟) は、2003 年 1 月に『憲法条約における宗教への言及』を寄稿している[24]。そこにおいて氏は、「欧州の倫理的なルーツは、宗教遺産を礎としている」と述べて、次の文言を憲法条約前文に盛り込むことを提案したのである。「[欧州同盟の加盟国と市民は、] その歴史ならびに (…) 欧州が精神および道徳上の遺産に負いたるものを意識し、(以下略)」。さらに、Ⅰ-2 条に定める「EU の価値」に「真理、公正、善および美としての神を信じる者の価値」を含めるように要請した。そのように要請しつつ、「こうした信仰をもたないものの、他の拠り所がもたらす普遍的な価値を尊重する者の価値」も含めるべきとした。キリスト教徒以外の者にも配慮したのである。以上のようなビュルメリンク議員の提案は、将来諮問会議の構成員 25 名 (代替要員を含む) の賛同をえた。欧州人民党首脳の立場にあるブロク (E. Brok・ドイツ・キリスト教民主同盟) らの名前が、そこにはあった[25]。

もっとも、キリスト教団体が総じてこのような提案に同調したわけではない。エキュメニカル・ニュース・インターナショナル紙によれば、ノルウェーのトロンヘイムで開催された欧州教会会議 (Conference of European Churches) は、「(憲法条約の) 草案は、教会の特別な性質と貢献を認識し (…) 透明な対話の維持を表現している」と表明して、憲法条約を歓迎した。しかしながら、キリスト教の遺産を明記することは支持しないとも述べている[26]。同じキリスト教団体であっても、宗派によって条約に対する要請は相違するようである。

第9章 「加盟国に共通する原則」から「EUの価値」としての人権尊重へ　255

「EUの価値」をめぐる論点は、およそ以上の二つに集約することができるのである。同時にこのことは、従来の「加盟国に共通する原則」を「EUの価値」に含めることについては、総意が成立しつつあったことを意味するだろう。「加盟国に共通する原則」を構成する「自由」、「民主主義」、「人権の尊重」および「法の支配」は、それだけ普遍的な価値観として受容されていたと捉えられる。

3 草案確定の段階

将来諮問会議の幹事会は、Ⅰ-1条からⅠ-16条までの草案を諮問会議本会議にあらためて提示した[27]。2003年2月6日のことである。草案においてⅠ-2条は、次のような記述となった。「同盟は、加盟国に共通する価値、すなわち人の尊厳、自由、民主主義、法の支配および人権の尊重という価値に基づいて設立される。その目的は、寛容、公正および連帯を実践することを通じて、平和な社会を実現することである」[28]。前回の暫定案とは異なり、具体的な文面が初めて示されたことになる。

この記述から明らかであるのは、「人の尊厳」、「自由」、「民主主義」、「法の支配」および「人権の尊重」を価値として位置づけていることである。その一方で、「寛容」、「公正」および「連帯」が、明記はされるものの「EUの価値」には包含されていないことも読み取れる。

このような文案について、幹事会は、次のように説明している。「Ⅰ-2条は、欧州の基本的な価値を簡潔に掲げるものである。価値の内容を幅広く列挙した場合、EUが管轄をもたない加盟国の行為についても制裁を科してしまう恐れがある」。ゆえに「同条は、次の価値を明記するに留めた方が無難である。第1に、平和の実現に向けて必要不可欠と思われる価値である。第2に、加盟国が抵抗なく受諾しうるような、非論争的な価値である」[29]。EUは、1997年のアムステルダム条約以降、人権尊重や民主主義といった原則に重大かつ継続的に違反した加盟国の権利を一時停止できる権限をえている[30]。したがって、幹事会は、当該の権限が濫用される危険に触れながら、価値の内容を最小限にとどめようとしたと推察できるのである。

EU条約の制裁条項に関する幹事会の説明には、曖昧なところがある。本

書第1章で触れたように、EUが管轄をもたない分野での加盟国の行為こそが、この条項が設けられた動機だからである。ただし、制裁条項の濫用という見地から「寛容」や「公正」を除外しようとする判断は、現実にはありうるものである。

　さて、以上の内容をもつ2月6日の幹事会案に対しては、諮問会議の本会議において90にのぼる修正案が提出されるところとなった[31]。その中には、たとえば次のようなものがあった。

　・価値に「基本的権利」もしくは「基本的自由」を付加するか、あるいはこれらの語を「人権」と置き換えるべきである。

　・第2文（「その目的は（…）実現することである」）が言及する「平和」、「寛容」、「公正」および「連帯」のすべてあるいは一部を価値に含めるべきである。その帰結として、第2文を削除することになる。

　・「価値」を「原則」の表現に置き換えるべきである。

　しかしながら、本会議における顕著な傾向は、特定の価値を新たに付加するべきであるという提案の多さであった。付加するべき価値としては、「平等」、「男女平等」、「多元主義」、「文化と言語の多様性」、「障害者と少数者の権利の尊重」、「社会的公正」、「寛大」、「民族と地域のアイデンティティ」等が挙げられたのである[32]。

　神やキリスト教の観点からも、多くの提案が示された。それらは、「神」、「キリスト信仰（Christianity）」、「ユダヤ教とキリスト教のルーツ」あるいは「ギリシャ・ローマ、ユダヤ・キリストおよび世俗的で自由を重んじる伝統」等の明記を求めるものであった[33]。このような修正案を受けて、幹事会は、争点がいまだ社会分野と宗教分野の双方にあることを確認したのである[34]。

　このような中、社会規範について一定の展開がみられた。3月26日の本会議においては、「平等」と「男女平等」を価値に含めるべきとする意見が相次いだ。これをうけて、デハーネ副議長は、とりわけ「平等」の明記を求める声が「きわめて多数（"très nombreux"）」であったことに留意する、と表明したのである。「平等」や「男女平等」を明記することに反対した構成員も、たしかにあった。それらは「自由」や「民主主義」ほどには基本的な価値ではないという理由からである。しかしながら、デハーネ副議長は、多数

第9章 「加盟国に共通する原則」から「EUの価値」としての人権尊重へ　257

派の意見をできる限り考慮することが自身の責任であると言明したのである[35]。

　以上のように、将来諮問会議においては、社会的な価値観をⅠ-2条に取り込む機運が高まっていた。もっとも、他方において、神やキリスト教を価値に位置づける動きは鈍いものであった。2月28日の本会議が、そのような状況を象徴している。この本会議では、ドイツ、イタリアおよびポーランドといった諸国の諮問会議構成員から、これらを価値に追加するように求める発言があった。明記することに否定的であるか、あるいは明確に反対の立場をとったのは、主にフランス、ベルギーおよびトルコからの出席者である。フランス政府代表として出席していたドビルパン（D. de Villepin）同国外相は、「基本権憲章の起草時にも行なわれたこの厄介な議論は、再燃させない方が利口ではないか」と説いた。同国より選出された欧州社会党所属のベレス（P. Béres）欧州議会議員は、「憲法条約は、宗教権力ではなく世俗権力の役割を定める文書たるべきである」と述べた。ベルギー議会のディルポ（E. di Rupo）代表も、「国家と教会は別物である」と述べている。両者ともに、明記を求める意見を牽制したといえるだろう。さらに、ベルギーのミシェル（L. Michel）外相は、宗教を価値に含めようとしない幹事会の意向を歓迎さえした。あるいは、トルコ政府代表のデミラルプ（O. Demiralp）駐EU大使による、「信教の自由と差別禁止の原則こそが、近代欧州の核となってきたのではないか」という発言もあったのである[36]。

　ジスカルデスタン議長が、将来諮問会議の開会の辞において次のように述べたことも想起しなければならない。「われわれの大陸［である欧州］が（…）理性、ヒューマニズムおよび自由という三つの基礎を固めることに貢献した旨、常に自覚すべきである」、と。議長がフランス人として、ライシテ——政教分離や非宗教性と邦訳される——をどの程度信条としているのか、筆者には分からない。しかしながら、啓蒙主義的なジスカルデスタン議長の言説は、キリスト教や神の明記を求める声に対して、抑止的な影響を与えることになったと推察できるのである[37]。

　ただし、宗教ないし信教の重要性が、将来諮問会議において無視されたとみることも適当ではない。諮問会議が採択した憲法条約草案の前文には、人

権や民主主義等を発展させたのが「欧州の文化的、宗教的および人間的な遺産」であるという記載がある[38]。諮問会議は、信教の自由、宗教に基づく差別の禁止、あるいは宗教の多様性を保護する基本権憲章を、憲法条約の一部として組み込まれることを推進した。憲法条約草案では、さらに、宗教を理由とする差別と戦うことをEUの活動目的であるとした[39]。差別と戦うためのEU立法への道も確保したのである[40]。

憲法条約においては、教会の地位に言及する条文が設けられたことも留意する必要がある。すなわち、そのI-52条は、次の規定をもつことになった[41]。

「1. 同盟は、加盟国内の教会および宗教団体もしくは宗教集団の国内法における地位を尊重し、その地位を侵害しない。
2. 同盟は、同様に、信条に関わる組織および非宗教的組織の国内法上の地位を尊重する。
3. 同盟は、これらの団体の一体性と特定の貢献を認め、それら教会ならびに組織と開かれた、透明性のある定期的な対話を維持する。」

このような記述には、「キリスト教」や「神」への言及がみられない。あるいは、「非宗教的組織」を明記することを通じて、宗教団体に特化しない配慮が示されている。しかしそれでも、EUの基本条約で「教会」が明記されたことは、新たな展開であるといえよう。ただし、キリストやユダヤ・キリストといった言葉を「EUの価値」として定義するに至らなかったことも事実である。I-52条は、「神」「キリスト教」をめぐる論議を妥結するための工夫であったとみなせるのである[42]。

ジスカルデスタン議長は、本会議が採択した憲法条約草案を6月のテッサロニキ欧州理事会に提出した。I-2条は、次の記述である。「同盟は、人の尊厳、自由、民主主義、平等、法の支配の尊重および人権の尊重という価値に基礎をおく。これらの価値は、多元主義、寛容、公正、連帯および非差別の社会にある加盟国に共通するものである」。ここに、2月の草案から「多元主義」および「非差別」という規範を新たに盛り込んだことが明らかとなる。もっとも、盛り込まれたのは、価値とは間接的な意味をもつにすぎない、第2文においてである。より注目するべき加筆は、第1文の中に「平

等」の文字を挿入したことであろう。「平等」は、同欧州理事会が開催される直前まで、第1文では明記されていなかった。数名の諮問会議構成員がこの点に不満を表明したために、挿入することを急遽決定したのである[43]。

　社会的な規範を「EUの価値」の中で強調するべきという見解は、将来諮問会議を通じて活発に提起された。「平等」が価値の一部を構成したことは、諮問会議におけるこのような趨勢の産物であった。

第2節　政府間会議による文面の調整

　将来諮問会議が作成したI-2条の文面について、2003年の政府間会議は、次の二つの点について調整を加えることとなった。第1は、EUの価値として明記されている「人権の尊重」を、「少数者に属する人々の権利を含む人権の尊重」という表現に変更したことである。これによって、価値としての「人権の尊重」にいう「人権」は、少数者に属する人々の権利を含むことを明らかにした。

　このような調整は、ハンガリー政府の発案によるものであった。同国は、しばしば、少数者の権利を尊重するようにEUとその加盟国に求めてきた。同国の領土は、第1次世界大戦における同国の敗戦の結果、縮小することになった。領土の縮小と経済的不調が、スロバキア、ウクライナ、ルーマニアおよびセルビア等の近隣諸国に推定で約350万人のハンガリー系少数者を生んだとされる[44]。したがって、ハンガリーとしては、「国外に居住する同胞」の権利を、EU次元において促進する必要があった。同国政府は、少数者に言及する発案を、従前の少数者問題を「論理的かつ野心的に解決する」ための「新たな一歩」として位置づけたのである[45]。

　このような発案を支持した政府には、イタリア、オーストリア、フィンランドおよびスロベニアがあった。否定的であったのは、スロバキアである。フランス、スペインおよびラトビア等も、発案には賛成しなかった[46]。そのために、2003年11月にイタリアのナポリで開かれた閣僚級協議において、両者間の妥協が図られた。尊重されるべき権利が最終的に「少数者に属する人々の権利」となったのは、そのためであった。集団の権利として理解され

る「少数者の権利」までは、至らなかったのである[47]。

　二つ目の調整は、第2文に「男女平等」の記述を追加したことである。男女平等を「EUの価値」に含めるべきであるという主張は、先述のように、将来諮問会議においてすでにみられていた。政府間会議においては、スウェーデンをはじめとする諸国が、率先してこの点を取り上げたのである[48]。結果的には、価値を記載する第1文ではなく、第2文にこれを挿入することで決着をみた。

　もっとも、男女平等という価値観は、これまでEC/EUが、長年にわたり重視してきたものである。したがってこの調整は、そうした事実を追認するものにすぎない。女性団体や欧州議会が第1文における明記ではなかったことに不満を表明したことも、無理はなかったのである[49]。

　政府間会議においては、以上にみた調整があったものの、神やキリスト教が明記されることはなかった。理事会の議長国を務めたイタリアは、「キリスト教の遺産は、多数の加盟国代表にとって重要な争点である」と述べて、政府間会議で協議することに積極的であった[50]。しかしながら、具体的な成果をえるには至らなかった。

おわりに

　「EUの価値」を定義する欧州憲法条約 I-2 条は、以上の過程を経て導入されることになった。「欧州の将来に関する諮問会議」が作成した憲法条約草案を、2003年の政府間会議は、若干の修正を加えるにとどめた。諮問会議の検討の成果が I-2 条に色濃く反映されたことは、その証左である。とりわけ、社会的な規範である「平等」が価値に含められたことは、経済分野に偏重する傾向がある欧州統合の性格を鑑みれば積極的に評価することができよう。

　他方において、キリスト教ないし神を明記するに至らなかったことは、致し方がなかったように思われる。この論議は、各国の憲法や政治文化、あるいは人々のアイデンティティの根幹に関わるものである。そのために、明記することにすべての加盟国が同意する可能性は高くはない。それにもかかわ

第9章 「加盟国に共通する原則」から「EUの価値」としての人権尊重へ 261

らず、明記を求める声は、以後も機会あるごとに耳にすることになるだろう。欧州人民党のリベイロ・エ・カストロ欧州議会議員（R. e Castro・ポルトガル）らは、加盟国首脳による憲法条約署名に先立ち、キリスト教の遺産に言及するようにあらためて要請している。カストロ議員らの要求には、欧州の23カ国から130万人を超える人々が賛同し、50以上の非政府組織（NGOs）の支援があったとされる[51]。このような要求が無視されることは、氏によれば、「キリスト教信仰に対する、寛容の名の下における不寛容」として理解されるのである[52]。

　Ⅰ-2条の記述に関する消極的な見解は、別の角度からも提起されている。その一例は、欧州議会のベルトゥ議員（G. Berthu・フランス・無所属）によるものである。ベルトゥ議員は、著書『人民なき欧州』の中で、同条第2文にみられる「社会（une société）」の記述が単数であることを問題視している。社会の基本的な構成単位は、国民国家である。そうである以上、欧州においては、一つの社会なるものは存在しえない。このような認識から、この記述は複数形であるsociétésでなければならないとしたのである[53]。「EUの価値」を定める試みには、こうした多様な意見が纏着することになる。

　以上の現状とともに想起するべきは、Ⅰ-2条に定義される「EUの価値」が、政治的規範の次元を超える潜在性をもつことである。「加盟国に共通する原則」に違反する加盟国に対して、EUは制裁を科す権限をえていた。あるいはEUには、そのような原則に違反する危険のある加盟国に対して、早期警戒を実施する権限も与えられていた。これらの権限をEUに付与したのは、本書第1章でみたように、アムステルダム条約とニース条約である。「原則」を「価値」に再編した憲法条約も、そして同条約の目的を継承したリスボン条約も、やはり同様の権限をEUに付与しているのである。「EUの価値」の定義作業にEU関係者が神経質になることは、このような脈絡にも負っているだろう。

　そればかりではない。憲法条約の本文は、次のように述べている。「より広い世界との関係において、同盟は、その価値と利益を主張および推進するものとする」（Ⅰ-3条4項）、「同盟は、その価値を尊重し、かつともに推進することを約束するすべての欧州諸国に開かれている」（Ⅰ-1条2項、Ⅰ-58

条1項)、「同盟は、同盟の価値を基礎とし、かつ協力による密接で平和的な関係を特徴とする (…) 近隣諸国との特別の関係を発展させる」(Ⅰ-57条)、と。これらの記述は、EUの対外政策、拡大政策および近隣諸国政策の分野の中で設けられている。したがって、「EUの価値」は、これらの分野におけるEUの政策遂行に際しても政治的含意をもちうるものである。これらの記述も、リスボン条約の下、EU条約へともれなく設けられている[54]。

1) 仏語版と英語版の原文は、それぞれ次のとおりである。"L'Union est fondée sur les valeurs de respect de la dignité humaine, de liberté, de démocratie, d'égalité, de l'État de droit, ainsi que de respect de droits de l'homme, y compris des droits des personnes appartenant à de minorités. Ces valeurs sont communes aux États membres dans une société caractérisée par le pluralisme, la non-discrimination, la tolérance, la justice, la solidarité et l'égalité entre les femmes et hommes." "The Union is founded on the values of respect for human dignity, freedom, liberty, democracy, equality, the rule of law and respect for human rights, including the rights of persons belonging to minorities. These values are common to the Member States in a society in which pluralism, non-discrimination, tolerance, justice, solidarity and equality between women and men prevail." (Journal officiel de l'Union européenne, C310, 16 décembre 2004; Official Journal of the European Union, C310, 16 December 2004 より。)

2) 憲法条約第Ⅰ部第Ⅰ編は、8カ条からなる。各条は、同盟の設立 (Ⅰ-1条)、同盟の価値 (Ⅰ-2条)、同盟の目的 (Ⅰ-3条)、基本的自由と差別の禁止 (Ⅰ-4条)、同盟および加盟国間の関係 (Ⅰ-5条)、同盟法 (第Ⅰ-6条)、法人格 (Ⅰ-7条) および同盟の象徴 (Ⅰ-8条) に関する規定となっている。

3) 将来諮問会議と政府間会議の構成と任務については、本書第7章を参照いただきたい。

4) 幹事会については、本書第7章注36参照。

5) *Europe Daily Bulletins*, No. 8177, 22 March 2002.

6) CONV14/02, Brussels, 25 March 2002, p. 3.

7) *Europe Daily Bulletins*, No. 8219, 28 May 2002.

8) 本会議は通常、2日間にわたる開催であった。2003年1月までは月1回、同年2月以降はほぼ2回の頻度であった。両日の会議には、文化団体のほか、社会、環境、大学とシンクタンク、市民と研究機関、地域および地方組織、人権ならびに開発に関する各種団体が招かれた。

第9章 「加盟国に共通する原則」から「EUの価値」としての人権尊重へ　　263

9) CONV167/02, Brussels, 4 July 2002, pp. 13-14.
10) CONV264/02, Brussels, 12 September 2002, p. 2. see also, *Europe Daily Bulletins*, No. 8300, 19 September 2002.
11) CONV338/02, Brussels, 10 October 2002, p. 2.
12) CONV369/02, Brussels, 28 October 2002, p. 8. see also, *Europe Daily Bulletins*, No. 8329, 29 October 2002, p. 8.
13) このような認識を生む現状について、チャリとクリチンガーは、EUにおける不均衡な利益表出に着眼している。EU機関に対して効果的なロビイングを行なえた経営者団体こそが、EUの政策形成に卓越した影響力をもってきたと分析している。Raj S. Chari and Sylvia Kritzinger, *Understanding EU Policy Making*, Pluto Press, 2006.
14) *Europe Daily Bulletins*, No. 8369, 31 December 2002.
15) *Europe Daily Bulletins*, No. 8375, 10 January 2003. 頭文字のATDは、「あらゆる苦難にある人々への援助」（Aide à Toute Détresse）を意味する。see,http://www.atd-quartmonde.asso.fr/.
16) 残りの10部会は、次のとおりである。「補完性原理に関する第Ⅰ部会」、「欧州同盟基本権憲章と欧州人権条約に関する第Ⅱ部会」、「法人格に関する第Ⅲ部会」、「国家議会に関する第Ⅳ部会」、「補充的な権能に関する第Ⅴ部会」、「経済ガバナンスに関する第Ⅵ部会」、「対外行動に関する第Ⅶ部会」、「防衛に関する第Ⅷ部会」、「簡素化に関する第Ⅸ部会」および「自由、安全および公正に関する第Ⅹ部会」。将来諮問会議の公式ウェブサイト（http://european-convention.eu.int）内の"proceedings"を参照。2009年2月1日閲覧。
17) CONV516/03, Brussels, 4 February 2003.
18) *Ibid*., pp. 5-8.
19) *Ibid*.
20) *Europe Daily Bulletins*, No. 6823, 2 October 1996.
21) The Constitution of the Republic of Poland of 2nd April 1997, published in *Dziennik Ustaw* No. 78, item 483. ポーランド議会のウェブサイト（http://www.sejm.gov.pl）より。訳は英語版による。
22) より遡れば、ローマ教皇のヨハネ・パウロ二世は、1988年10月の欧州議会において次のように説いている。「キリスト教が築いてきた基盤が軽視される社会においては、欧州の遺産ばかりか人間さえ輝きを失いかねません（…）キリスト教徒であれ、あるいはそうでない者であれ、欧州にあるすべての者の信用が失墜しかねないことになりましょう」。"Discours du Pape Jean Paul II au Parlement Européen," www.cef.fr/catho/endit/europe/index.php. 引用文は、C.テラス、吉田徹訳「欧州カ

トリック勢力のロビー活動」『ルモンド・ディプロマティーク』2004年1月号を参考にした。
23) *Europe Daily Bulletins*, No.8353,4 December 2002.
24) CONV480/03, Brussels, 31 January 2003.
25) *Ibid.*, p. 1. 欧州人民党関係者による宗教の認識についてはさらに、Hans-Gert Poettering, *Mankind, Religion,Europe : The European Union-a Community of Values*, Speech given on 22 March 2002, in the Knights' Hall of Iburg Castle, Bad Iburg, EPP-ED, 2002, http://www.epp-ed.org/Activities/docs/mankind-en.pdf. 参照（2004年10月1日閲覧）。
26) 『世界教会情報』2003年7月7日号（電子版）。
27) CONV528/03, Brussels, 6 February 2003.
28) *Ibid.*, p. 2.
29) *Ibid.*, pp. 11-12. see also, *Europe Daily Bulletins*, No. 8395, 7 February 2003.
30) この権限については、本書第1章を参照されたい。この権限は、憲法条約ではI-59条に規定された。リスボン条約では、アムステルダム条約の場合と同様に、EU条約7条に規定がある。
31) 修正案の数は、筆者の計測による。CONV574/1/03, REV1, Brussels, 26 February 2003, pp. 17-23.
32) *Ibid.*, pp. 17-18.
33) *Ibid.*
34) CONV601/03, Brussels, 11 March 2003, p. 4.
35) CONV674/03, Brussels, 8 April 2003, p. 5.
36) *Europe Daily Bulletins*, No. 8411, 1 March 2003.
37) See, Peter Norman, *The Accidental Constitution : The Story of the European Convention*, EuroComment, 2003, pp. 83-84 参照。議長の辞については、"Discours Introductif du President V. Giscard d'Estang a la Convention sur l'Avenir de l'Europe," 26 février 2002 として将来諮問会議のサイトより入手可能である。
38) 憲法条約草案前文2段。この記載は、リスボン条約によって改定されたEU条約前文2段に継承されている。
39) 憲法条約草案III-3条、憲法条約ではIII-118条。同条は、EU運営条約10条に継承されている。
40) 憲法条約草案III-8条、憲法条約ではIII-124条。同条は、EU運営条約19条に継承されている。
41) 憲法条約草案I-52条、憲法条約ではI-52条。同条は、EU運営条約17条に継承されている。

第 9 章 「加盟国に共通する原則」から「EU の価値」としての人権尊重へ

42) この点を批判的に考察したものとして、坂本進『ヨーロッパ統合とキリスト教』新評論、2004 年を参照されたい。
43) CONV798/03, Brussels, 17 June 2003, p.1.
44) *BBC News*, world edition (http://news.co.uk), 23 June 2003.
45) *Ibid.* see also, Jackie Gower, "The Charter of Fundamental Rights and EU Enlargement : Consolidating Democracy or Imposing New Hurdles?," in Kim Feus (ed.) *An EU Charter of Fundamental Rights, Text and commentaries*, Federal Trust, 2000, pp. 232-234.; *Europe Daily Bulletins*, No. 8570, 23 October 2003.
46) "Hungary seeks to enshrine minority rights," *Financial Times*, 30 October 2003.; "Hungarian minister reports on lobbying for EU minority clause," *Financial Times*, 18 November 2003.
47) See, *Europe Daily Bulletins*, No. 8593, 27 November 2003.
48) *European Report*, No. 2824, 29 November 2003.
49) CIG64/04, Brussels, 14 January 2004, p. 2, para. 5.; *Europe Daily Bulletins*, No. 8603, 11 December 2003.
50) CIG52/1/03REV1, Brussels, 25 November 2003, p. 3.
51) 欧州人民党の公式サイト www.epp-ed.org の press ("Constitution européenne-les MdPE font une nouvelle proposition sur la référence à l'héritage chrétien.") より。2004 年 11 月 1 日閲覧。
52) *Ibid.*
53) Georges Berthu, *L'Europe sans les peuples : L'essentiel sur le projet de Constitution européenne*, François-Xavier de Guibert, Paris, 2004, pp. 56-57.
54) リスボン条約によって改定された EU 条約 3 条 5 項、8 条 1 項および 49 条参照。

第10章
欧州人権条約への EU の加入

　　は じ め に

　EU 加盟国首脳によって 2004 年 10 月に署名された欧州憲法条約は、以下の条項を備えることになった。「同盟は、人権および基本的自由の保護に関する欧州規約に加入する。そのような加入は、憲法に定める同盟の権能に影響を与えるものではない」[1]。この規定は、『人権および基本的自由の保護に関する欧州規約』（以下、「欧州人権条約」とする）に EU が加入することを、EU の権能に影響を与えないという条件の下で、初めて EU の基本条約として認めようとするものであった。

　欧州人権条約は、EU とは別の制度枠組みである欧州審議会において効力をもつ文書である。そこにおいては、同条約を補強する各種の議定書や、欧州人権裁判所の豊かな判例が育まれてきた。EU のすべての加盟国は欧州審議会加盟国でもあり、かつ欧州人権条約加入も各々ですませている。憲法条約では、EU に法人格を付与しつつ[2]、その総仕上げたるべく、EU として欧州人権条約に加入する計画が浮上したのである。

　そのような計画は、憲法条約の本文に組み込まれた基本権憲章とあわせて、憲法条約の重要な特徴をなすものであった。憲法条約の計画が頓挫したことをうけて、それに実質的に代替するリスボン条約が 2007 年に署名され、2009 年に発効した。リスボン条約においては、基本権憲章が EU 基本条約の一部とはならなくなったものの、EU の加入を明記する上述の条項は、引き続き備わることになった[3]。EU は、そのような法的根拠をえて、近年中に欧州人権条約に加入することを企図している[4]。

第10章 欧州人権条約へのEUの加入　267

EC/EUが欧州人権条約に加入する必要性は、EC時代の1970年代から提起されてきた[5]。それは、フランスの加入をもってすべての加盟国の加入が完了し、あるいはEC司法裁判所が同条約を「従うべき指針」とみなし始めた時期と符合する。EC/EUによる人権保護が欧州における課題の一つとなる中、欧州委員会や欧州議会は、欧州人権条約加入を支持するようになった。しかしながら、1990年代半ばにEU司法裁判所が意見を発し、加入を許可する法的根拠をEUの基本条約に設けることが必須であると認識されることになった[6]。そのような法的根拠は、アムステルダム条約とニース条約を契機に本格的に模索されるようになり、憲法条約における前出の規定に結実したのである。

本章では、EUの欧州人権条約加入がEUの人権政策にとってもつ意味を展望できるようにするために、憲法条約における加入の経緯を概観するものである。以下では、憲法条約案を作成した将来諮問会議が加入をどのように検討しようとしたのか（第1節）、検討の結果どのような内容が勧告され、かつ憲法条約案に反映されたのか（第2節）、憲法条約案を最終調整した政府間会議が、加入についてどのような補足的作業を行なったのか（第3節）、欧州人権条約の母体である欧州審議会は、EUの加入をどのように支援したのか（第4節）の順でみていくことにしよう[7]。

第1節　将来諮問会議の作業部会における検討
―討議ペーパーの概略―

EUにおいて憲法条約を作成する計画は、ラーケン欧州理事会による宣言の採択によって実行にうつされた。2001年12月に採択されたラーケン宣言は、その中で「欧州共同体が欧州人権条約に加入することの是非を思慮する必要がある」と述べて[8]、憲法条約案を作成する将来諮問会議にその任を与えたのである。翌2002年2月に召集された諮問会議は、内部に設けた作業部会において、基本権憲章の在りようとともに加入の問題を検討することにした。この作業部会――個別の主題に沿って11組織されたうち、第II作業部会と呼ばれる[9]――の議長には、欧州委員会代表として諮問会議に参加し

たビトリーノ（A. Vitorino）司法内務担当委員が就任した。

ビトリーノ議長が意識したであろうことは、基本権憲章の憲法条約への組み込み、ならびにEUの欧州人権条約加入の是非を直截には問わないことであった[10]。代わりに、憲章を憲法条約に組み込んだ場合、ならびに欧州人権条約に加入した場合に処理されるべき、技術的な課題に焦点をおこうとしたのである。このような中、6月には、将来諮問会議事務局から討議ペーパーが作業部会構成員に配布された[11]。検討の前提として、討議ペーパーは、欧州人権条約加入が憲章と相互補強的なものであるという見解を示した。つまり、一方において、憲章の存在は、欧州人権条約による外部からの統制がEUに利益をもたらすことを損なわないとした。他方において、欧州人権条約は他の人権体制と併存することを否定しておらず（同条約53条）、憲章も欧州人権条約との関係を整理している（憲章52条3項および53条）。そのために、欧州人権条約への加入は、EUが独自の基本権目録をもつことの便益を減じないとしたのである[12]。

このような前提から作業部会は検討を始めるのであるが、討議ペーパーにおいて検討項目とされたのは、「加入の方式」、「共同体法秩序の自律性原則にとって加入がもつ意味」、「共同体および加盟国間の権能配分体制に与える影響」および「同盟の法と欧州人権条約の法を一貫させる代替案」、以上であった。ビトリーノ議長が極力回避しようとした加入の是非も、一応は検討されることになった。以下では、これらを概観しよう。

(1) 加入の是非[13]

すべてのEU加盟国が服しているのと同じ外部からの司法統制が、EU機関の行動にも及ぶようになる。加入の賛成論者は、これによって基本権保護が強化されることを強調する。加入は、加盟国からEUへと権能がますます譲渡される中緊要のものである。未加入のEUが加盟候補国に人権促進を約束させるという矛盾を避けるためでもある。加入は、また、二つの欧州裁判所（EU司法裁判所および欧州人権裁判所のこと——筆者注）の判例法を調和的に発展させることにより、二つの基本権体制間の「欧州における新たな分断」を避ける最良の方策になりうるとする。

対して、反対論者によれば、加入は、EC法の唯一の裁定機関としての

EU 司法裁判所の地位も含め、EC 法の自律性原則と両立するものではない。この問題は、後に詳しく触れたい（(3) で触れられている——筆者注）。EU 加盟国の国民ではなく、欧州統合の特質も理解していない裁判官が EU の統制に関わることは適切ではないという議論もある。

(2)　加入の方式[14]

EC が加入するには、EU 司法裁判所の 2/94 意見にしたがい、EC 設立条約に特別の法的根拠を設ける必要がある。そのような根拠は、たとえば（EC と欧州審議会の協力を規定する——筆者注）EC 設立条約 303 条の中に設けることができよう。とはいえ、将来諮問会議が EU への法人格の付与を勧告するようであれば、EC としてではなく、EU として加入することも可能である。

EC ないし EU が加入するには、欧州人権条約を改定しなければならない。欧州人権条約 59 条によれば、欧州審議会の加盟当事者のみが加入できるからである。審議会の体制に合わせるために、他にも技術的な課題が残っている。

(3)　EC 法秩序の自律性原則[15]

加入後の EU は欧州人権裁判所の統制にも服するので、EU 司法裁判所のみが EC 法に照らして裁定するわけではなくなる。欧州人権裁判所には、比例性原理からの EC の行為の点検、EU および加盟国間の権能の配分、あるいは国内救済の完了等、EC 法の解釈について意見が求められることになるであろう。また、欧州人権条約 33 条にしたがい、紛争が EU 司法裁判所ではなく欧州人権裁判所に付託されることもありうる。このように、加入は、EC 法の自律性原則を損なうものであり、EU 司法裁判所の加盟国機関に対する権威を弱めるという見解がある。

逆に、加入は EC 法の自律性と完全に両立するという主張もある。欧州人権裁判所は、加入当事者の法的措置やその最高次の裁判所の判決を覆すことも、それらの無効を宣言することもできず、もっぱら欧州人権条約の違反を表明するにとどまる。国内法の比例性を判断する際に一定の余地を許容していることから、それは、EC 法の特質を考慮することもできる。ゆえに、欧州人権裁判所は、加入当事者の裁判所に優越するものではなく、補助的な外

部統制を行なう専門機関であるにすぎない。加盟国間の紛争が欧州人権条約に付託される可能性もまた、EC法とりわけEC設立条約292条（リスボン条約によってEU運営条約344条となった――筆者注）によって禁じられている。

　加入しないことが今後のEC法秩序にとって危険であるという指摘さえある。実際はEU機関の行為が問題となっているにもかかわらず、EU加盟国が欧州人権裁判所において責任を負うという状況がみられる。競争に関する欧州委員会の決定が欧州人権条約違反であるとする申立ては、EUの全15カ国（当時）を相手取るものであり、欧州人権裁判所においてペンディングとなっている。加入しなければ、EC/EUは弁護する機会を与えられないまま、その行為が欧州人権裁判所によって裁判され続けることになる。

(4)　ECおよび加盟国間の権能配分[16]

　第1に、加入のための法的根拠を条約に設けることが、基本権分野におけるEC/EUの一般的権能を承認する意味をもつという見解がある。その一方で、加入はEU機関を欧州人権条約の義務と欧州人権裁判所からの外部統制に服させるのみであり、EU機関に立法権限を与えることにはならないという分析がある。以上の問題は、非加入のままEUの行為を欧州人権条約体制に服させることによって解決できる、という案も提示されている。この点については、後述する。

　第2に、EC/EUおよびその加盟国のいずれの「管轄権」（欧州人権条約1条）に係争があるのか、確定することが難しい場合が出てこよう。そのため、加入によって、欧州人権裁判所がEUの権限配分体制を裁定するようになるという指摘がある。ただし、このような状況を回避する技術的な方策も提示されている。

(5)　代替案[17]

　二つの欧州裁判所による非公式の相互接触および交流が、それらの判例法を調和的に発展させたと広くいわれている。多くの観察者によれば、そのような一貫性は、加入によって理想的に保持される。ただし、加入に代替する、以下のような案を示唆する声もある。

第 10 章　欧州人権条約への EU の加入　271

(a)　付託あるいは諮問

　EU 司法裁判所が解釈の問題を欧州人権裁判所に付託ないし諮問する仕組みを作る、という案である。この案は、加入を補足する措置としても、あるいは加入に代替する措置としても提起されているが、後者の場合、欧州人権裁判所の回答や意見は、EU 司法裁判所を拘束しないものとして捉えられる。欧州人権裁判所の判例がまだ存在しない分野の問題に関して EU 司法裁判所が判断しなければならない時には、この仕組みは最良となる。前者の場合は、欧州人権裁判所への個人の申立てのうち、EU 法に関連するものが減少するという利点が挙げられている。

　この案に対しては、次のような否定的な見解がある。判決が下されるまで非常に時間がかかってしまい（国内裁判所による EU 司法裁判所への先行判決にもこの仕組みを用いるのであれば尚更である）、効果的な司法的保護への権利に反するものとなる。EU 司法裁判所が付託しないと判断した件が、欧州人権裁判所の方向性と後に調和しなくなるかもしれない。EU 司法裁判所でペンディングとなっている係争に、欧州人権裁判所が直接的に干渉することがありうる等である。

　この仕組みは欧州人権裁判所の従来の役割を変更するので、EC/EU の条約に特別の議定書を付すだけでなく、欧州人権条約を改定する必要もある。

(b)　共同法廷

　解釈を調和させるために、二つの欧州裁判所が共同法廷を設置するという案がある。二つの裁判所が対等に扱われ、かつ、各々の運営にも支障をきたさないことが特長とされる。もっとも、この案は、裁判官が別のアプローチ、方法および概念を用いる他の裁判機関の一員となることを禁じる EU 司法裁判所の規律に抵触しうるという指摘もある。

(c)　欧州人権裁判所への提訴権の創設

　個人が EU 機関の行為を欧州人権裁判所に提訴するという方法も示唆されている。これにより、二つの欧州裁判所の地位や個人の保護については、加入した場合と同じ状況が生まれる。ただし、欧州人権裁判所の判例が正式に EC 法の一部とならない中で、EU 機関は欧州人権裁判所の判決に服さなければならなくなる。また、EC/EU とそれらの法は、欧州人権条約の他の当

事者と同等のものとして扱われないという問題がある。

　以上が、討議ペーパーによって提示された検討項目の概要である。EUの欧州人権条約加入をめぐる広範な項目が設けられているといってよいだろう。もっとも、これらの検討をもって、加入に向けた課題に仔細対応できるわけではない。欧州人権条約の議定書や同条約が認める一定の留保への対応については、言及がなされなかった。また、加入するにせよ、あるいは加入に代替する方策をとるにせよ、およそ不可避の課題である欧州審議会側との交渉についても、まだ触れられてはいないのである[18]。しかしながら、検討するべき項目がかなり整理された形で提起されたことは留意してもよい。国際次元での人権文書が慎重に取り扱われるべきことは当然である。ましてや、EUの欧州人権条約加入を声高に推進するのみでは、人権分野におけるEUの権限強化をもたらすとして不要な警戒をよびかねない。そのような危険があったにもかかわらず、作業部会が円滑に検討を開始できたことは、EC/EUの加入が、地道ながらも長年にわたり模索され、課題として共有されていた結果であると考えられる。

第2節　将来諮問会議の結論
――作業部会勧告から憲法条約案の採択へ――

　討議ペーパーに基づいて検討を始めた第II作業部会は、憲法条約における基本権憲章の位置づけを先行課題としながらも、欧州人権条約への加入の可能性に着手することになった。作業部会の構成員からは、基本権憲章と欧州人権条約の相互関係について、同条約の議定書および同条約に対する留保への対応について、あるいは、憲法条約に設けるべき法的根拠について等、さまざまな意見が文書として提出された[19]。それと並行して、EUの主要機関すなわち欧州議会、欧州委員会および理事会の各法務官、ならびにEU司法裁判所裁判官やEUオンブズマンからの聴聞も実施された。欧州人権条約の関係者として、さらには欧州人権裁判所裁判官も聴聞に招かれた[20]。

第10章 欧州人権条約へのEUの加入　273

1　作業部会勧告

　作業部会は、一連の項目を検討した後、2002年10月に最終報告書を採択した[21]。最終報告書において、作業部会は、まず、基本権憲章の全文を憲法条約に組み込むことを勧告し、また、そのためには憲章の一般規定を調整することが望ましいとした[22]。そのうえで、以下のように要約しうる、欧州人権条約加入に関する勧告を行なったのである。

(1)　一般的な結論と勧告[23]

　作業部会の全構成員は、憲法条約がEUの欧州人権条約加入を承認することを強く支持しているか、あるいは肯定的な考えをもっている。加入に賛同する理由として、次の点が挙げられた。
―EUは、基本権憲章を通じて独自の価値を再認しているので、欧州人権条約にEUが加入することは、欧州審議会とその汎欧州的人権体制に表れる「より大きな欧州」とEUとを一貫させる、強い政治的合図を示すことができる、
―EUが欧州人権条約に加入することによって、市民は、加盟国から享受しているのと同様の保護をEUからも享受できる。加盟国が権能をEUに譲渡しており、あるいは欧州人権条約加入をEU加盟の条件としていることを考慮すれば、これは信用の問題である、
―加入することは、二つの欧州裁判所の判例法が人権問題について調和的に発展するための理想的な手段となりうる。EUが自らを弁護できず、EU法の知識をもつ裁判官もいない中で、欧州人権裁判所がEU法を間接的に裁定するという現状は、問題である。

　討議と聴聞の結果、EC法（あるいはEU法）の自律性原則は、加入の影響を受けないことが明らかとなった。EU司法裁判所がEU法およびEUの行為の有効性を裁定する最高の調停機関であることは、加入する後も変わらない。欧州人権裁判所は、上級の裁判所ではなく、EUが負う国際法の義務を外部から統制する、専門的な機関と位置づけられる。

　憲法条約への基本権憲章の組み込みとEUの欧州人権条約加入は、代替的なものではなく、相互補強的なものである。欧州人権裁判所の統制に服する利益が憲章によって減じることはなく、EUが独自の基本権目録を備える意

義が加入によって弱まることもない。それは、加盟国が憲法で基本権を尊重しながら欧州人権裁判所によって点検を受ける状況と似たものとなろう。

このような理由から、加入を承認する法的根拠を憲法条約の適切な箇所に設けることを勧告する。「同盟は、欧州人権条約への加入を承認される」といった、簡潔な文言が考えられる（権能配分に言及する条項の可能性は、後に触れる）。加入のために必要な審議会側との協定については、理事会の全会一致および欧州議会の同意によって決定するか、あるいは通常の締結手続きを用いるのがよい。

(2) 特定の問題についての結論と勧告[24]

EUおよび加盟国間の権能の配分は、加入によって何ら変更されることはない。加入の範囲は、EUの権能に関わる争点に限られる。EUが欧州人権条約にしたがい行為するための「積極的な」義務は、そのような行為がEU条約の下で許容される程度においてのみ負うことになる。

この点を明確にするために、以下の技術的な処置を施すべきである。第1に、規定を設けて、そこにおいて、加入によって配分が変更されるわけではないと明記することである。第2に、EUの権能が基本権の分野において制約されている旨を、加入のための協定ないしEUによる宣言の中で触れることである。第3に、EUおよび加盟国間の権能の配分についての裁定を欧州人権裁判所に行なわせないようにするために、EUと加盟国が欧州人権裁判所を前に「共同の被告」となる仕組みを設けることである。

欧州人権条約に加入することによって、EUが欧州審議会の加盟当事者になるわけでも、あるいは審議会における一般的な政治的行為者になるわけでもない。欧州人権条約の下での特定の統制体制に参加するのみである。欧州人権裁判所では、EUの資格で選出される一名の裁判官がEUに関する専門知識を同裁判所に与えることになろう。さらに、欧州人権条約46条にしたがい同裁判所の判決を監督する閣僚委員会には、EUの一名の代表者が参加するであろう（このような参加は、権能の配分といったEU法の問題を閣僚委員会に伝える必要があるために重要である）。

また、欧州人権条約の議定書への批准の有無、同条約ないし議定書の批准の際に行なう留保、特定の逸脱を行なう加盟国の権利等、加盟国が個別にと

りうる立場に加入が影響しないという原則は大事である。加入を可能にする法的根拠が憲法条約に設けられた場合、EU 理事会が、EU が加入する議定書について、ならびに EU が自らの名において行なう留保について、全会一致で明確にすることになろう。加えて、加盟国の個別の留保、議定書への批准および逸脱への権利は、各国の国内法に関するものであるがゆえに、加入によって影響を受けることはありえない。

(3) **加入の代替案についての結論**[25]

専門家の証言を鑑みるに、加入に代替するいくつかの仕組みは勧告しない。

以上のような最終報告書をまとめれば、次のとおりとなろう。EU が欧州人権条約に加入することは、基本的には是認してよいものである。それは、EC/EU 法の自律性原則には影響を与えない一方で、基本権憲章の憲法条約への組み込みとは相互補強の関係を築きうる。EU および加盟国間の権能の配分は、加入それ自体によって変更されることはないだろうが、変更されないことを明記する規定を設けるなどの処置を施すのがよい。欧州人権裁判所には、EU の資格で一名の裁判官が選出されるのが好ましい。欧州人権裁判所の最終判決の執行を監督する閣僚委員会にも、EU から代表者が参加するべきである。加入は、欧州人権条約の議定書への批准、同条約および議定書における留保、特定の逸脱への権利といった各加盟国の立場に影響を与えるものではない。このような内容が、作業部会によって勧告され、あるいは結論されたことになる。

2 将来諮問会議の本会議による作業

将来諮問会議の本会議は、作業部会の勧告を受けてこれを討議した。デハーネ (J. L. Dehaene) 諮問会議副議長が進行を務めた議論においては、全会一致で行動する EU 理事会によって加入が阻止されてしまう危険性や、欧州人権条約以外の人権条約にも加入する可能性に言及するものがあった[26]。諮問会議が憲法条約案を採択したのは 2003 年 6 月の本会議においてであったが、同条約案の I 部 II 編「基本権と同盟の市民」の中に、次の一項を含めることとしたのである。「同盟は、人権および基本的自由の保護に関する欧州

規約への加入を求める。そのような加入は、憲法に定める同盟の権能に影響を与えるものではない」（Ⅰ-7条2項。ただし同条は、後述する政府間会議によってⅠ-9条に移動した）。

さらに、加入に向けて不可欠である欧州審議会ないし審議会加盟国との協定については、憲法条約案Ⅲ部Ⅴ編「同盟による対外行動」の中で規定するものとした。その規定にしたがえば、加入のための審議会側との協定は、欧州委員会の勧告に基づき、理事会によって交渉の開始が決定され、交渉者が任命される（憲法条約案Ⅲ-227条）。以上の手続きは、第三国あるいは国際組織との間で協定を締結するために通常用いられるものであり、一般的には欧州議会が期限内に意見を送付することになる。しかしながら、欧州人権条約への加入については、連合協定や「同盟にとって重要な予算上の含意をもつ協定」を締結する場合等とともに、欧州議会の同意をえることを必須であるとした（同条7項）。また、通常の協定手続きにおいて、理事会は、特定多数によって決議を行なう。欧州人権条約の場合は、しかしながら、「同盟の決議を採択するために全会一致が要請される分野を包含する」協定や、やはり連合協定を締結する場合とともに、全会一致による決議が例外的に求められることになった（同条9項）。

作業部会の勧告は、ここでは部分的に反映されているにすぎない。先述のように、EUは、欧州人権条約に加入することを「求める」ものとされた。さらには、加入することが「憲法に定めるEUの権能に影響を与えない」と述べるにとどまったのである。しかしながら、次にみるように、作業部会が出した勧告は、将来諮問会議に続いて組織された政府間会議によっても参考にされ、その多くの要素が取り入れられることになる。

第3節　政府間会議による修正

将来諮問会議のジスカルデスタン（V. Giscard d'Estaing）議長から憲法条約案を受理した2003年6月のテッサロニキ欧州理事会は、EU条約にしたがい、この条約案に合意するための政府間会議を組織することを決めた[27]。10月より開かれた政府間会議は、EU理事会の多数決方式等をめぐり喧々

第10章　欧州人権条約へのEUの加入　277

諤々とする一方で[28]、EUの欧州人権条約加入についていくつかの修正を加えた。加盟国の首脳は政府間会議による修正を経た文書に署名しているので、これによって憲法条約における加入規定が確定することになった。

　政府間会議が加えた修正について、以下みておこう[29]。政府間会議は、第1に、「同盟は、人権および基本的自由の保護に関する欧州規約への加入を求める」という憲法条約案の文面を一部変更している。「への加入を求める (shall seek accession to)」の表現を、「に加入する (shall accede to)」としたのである[30]。これによって「同盟は、人権および基本的自由の保護に関する欧州規約に加入する」と簡潔な文面となったのであるが、変更された背景には、欧州審議会がEUの加入を公式に認めようとする大勢があった。欧州審議会において新たに作成された欧州人権条約第14議定書では、EUの欧州人権条約加入を可能とする一文が盛り込まれた。これをうけて、欧州人権条約に加入する意思を、EUとしてより明確に打ち出したのである[31]。

　このような簡潔な文面となったことは、二つの付随する効果をもたらした。一つは法的なものであり、加入する義務をEUが無条件に負ったとみなされたことである。「加入を求める」という表現では、そのような義務を負ったとは言い切れないものがあった。「加入する」としたことによって、こうした曖昧さが解消されたのである[32]。あと一つは、より政治的なものであり、EUの加入に積極的ではなかった少数の加盟国が、加入を全面的に支持したと捉えられたことである。あるフランス人の論者は、「加入を求める」とした将来諮問会議の草案をめぐり、次のように指摘していた。EUの加入に消極的であるわが国は、諮問会議が作成した「（への加入）を求める」の表現に 's'employer à' をあてた。しかしながら、この語は、「求める」というよりも、むしろ「尽力する」というニュアンスを含んでおり、それだけ拘束力が弱いものになっている、と[33]。政府間会議がそのような表現自体を削除したために、フランスが加入に乗り気ではないという懸念が解消される結果となったのである。

　政府間会議によるこのような変更が、加入に向けた追い風になったといえるのであれば、さらに次の修正を施したことも同様なものといえる。すなわち、欧州人権条約加入に向けたEU理事会の決定方式は、すでにみたよう

に、諮問会議の案では全会一致とされていた。政府間会議は、これを、特定多数による決定へと変更することにした（Ⅲ-325条）。これによって、加入交渉を率先する理事会が円滑に行動できる素地ができあがったのである[34]。

　第2に、政府間会議は、加入に関する議定書を作成して、これを憲法条約に付属した。この議定書は、正式には『人権および基本的自由の保護に関する欧州規約への同盟の加入に関する憲法Ⅰ-9条2項に関連する議定書』という名称であり、加入のために欧州審議会ないし審議会加盟国と締結することになる協定の内容に言及するものとなっている。ここでは、協定は、とりわけ「欧州人権条約の統制機関 control bodies への同盟の参加を可能にする特別の取り決め」について、ならびに「（同盟に）加盟していない諸国による付託および個人の申立てが、加盟国および同盟もしくは加盟国または同盟へと、状況に応じて適正に名宛されることを確保するうえで必要な仕組み」について、「同盟および同盟法の特別の性格 specific characteristics を守るための規定」を設けるものとしたのである（議定書1条）。つまるところ、まずは前提として、EUとEU法が「特別の性格」をもつことが——それがどのように特別であるかは明記されないものの——確認される。そのうえで、とくに欧州人権条約の統制機関である欧州人権裁判所と閣僚委員会へのEUの参加を可能にする取り決めを締約し、あるいはEU非加盟国による付託と個人の申立てがEUとその加盟国に名宛される仕組みを作る場合に、そのような特別の性格が守られるべきことを明らかにしているのである。

　この議定書は、さらに、次のように続ける。「（審議会側と締結する）協定は、同盟の欧州人権条約への加入が同盟の権能もしくはその機関の権限に影響を与えないことを確保する」。また、その協定のすべての規定は、「欧州人権条約とくにその議定書に関する加盟国の状況」、「欧州人権条約15条にしたがい同条約からの逸脱を行なう加盟国によってとられる措置」および「同条約57条にしたがい加盟国が行なう同条約への留保」に影響してはならない、とするのである（同2条）。EUが享受する権能や権能を変更しないこと、ならびに、欧州人権条約に対するEU各国の個別の立場を尊重することを確認する条文であるといえよう。

　政府間会議は、このように、加入に向けたEU側の条件を法と制度の両面

において整えながら、欧州審議会側との来たる協定の締結に向けて、その内容をかなりの程度明確にしたのである。以上にみた作業をもって、憲法条約発効のあかつきには審議会側との協定の交渉を残すのみとなったのである。ここでは、この作業に将来諮問会議作業部会の勧告が生かされたことを確認しておこう。政府間会議が作成した加入に関する議定書は、とりわけ、審議会の統制体制に対するEUの参加やEU加盟国の欧州人権条約に対する立場に言及した。そのような言及は、必ずしも十分であるとはいえないものの、作業部会の勧告を取り入れた内容となっている。

　憲法条約は、2005年のフランスおよびオランダにおける国民投票結果をうけて、発効をみずに終わった。しかしながら、諮問会議と政府間会議によって準備された欧州人権条約加入の環境は、リスボン条約へとほぼ完全な形で継承されることになった。

第4節　欧州審議会からの側面支援

　欧州人権条約にEUが加入する環境は、以上の経緯をもって整えられつつあったものの、その過程で欧州審議会が担った役割も軽視することができない。欧州審議会は、EUが固有の基本権目録をもつことには否定的であったが、EUが同条約に加入することについては一貫して賛同してきた[35]。そのような立場から、審議会は、EUにおける同条約加入の検討を側面支援している。そのうちのいくつかをみておこう。

(1)　技術的および法的課題の明確化

　最初に挙げるべきは、審議会の内部に研究部会が設けられ、そこにおいてEUの欧州人権条約加入のための課題が明確にされたことである。審議会閣僚委員会の下部組織には、審議会加盟国の閣僚を代理する者からなる定期会議と、各国によって任官される各種の運営委員会がある。この定期会議――閣僚代表者会議（Ministers' Deputies）と呼ばれる――は、運営委員会の一つである人権運営委員会（Steering Committee for Human Rights/ Comité directeur pour les droits de l'homme : CDDH）に対して、EUが加入する場合に審議会が対応するべき課題を研究するように要請した。要請をうけた人権運営委員会

は、アド・ホック部会を組織し、報告をまとめさせている[36]。

公表された報告は、きわめて実践的なものである。その前半部では、EUによる加入の方式について、条約法の観点から分析が行なわれた。想定しうる加入の方式には、(a) 欧州人権条約を改定する議定書を作成し、これを同条約の当事者が締約するという形態、ならびに (b) 加入のための協定を欧州人権条約の当事者と EC/EU の間で交渉および締結するという形態の二つがあるとした。そのうえで、後者の (b) の方式にいくつかの利点があるとしている[37]。後半部においては、加入の場合に欧州人権条約に改定が必要となる箇所を、そのような改定が必要とはならない箇所とともに逐一考察した[38]。また、EU とその加盟国が「共同の被告」として欧州人権裁判所の審理に加わる仕組み等、EC/EU および欧州人権条約という体制相互の不調和を避ける方策についても重点的に研究したのである[39]。

このような内容の報告を、人権運営委員会は、参考資料として将来諮問会議に送付している。送付したのは 2002 年 7 月であるから、諮問会議の作業部会が加入を検討しはじめた時期である[40]。作業部会の構成員からすれば、EU の欧州人権条約加入を理解するのに役立つ資料を、審議会から適時えたことになる。

(2) 欧州人権裁判所裁判官による聴聞への参加

欧州人権裁判所のフィシュバッハ（M. Fischbach）裁判官が将来諮問会議の作業部会における聴聞に参加したことも、そのような支援の一環であるとみなせる。2002 年 9 月 17 日の作業部会の会合に出席したフィシュバッハ裁判官は、個人的見解とことわりつつ、さまざまな観点から展望を述べている。その内容を紹介する余裕はここにはないが、以下のものを含んでいる。EU 法の自律性が、EU の欧州人権条約加入によって受ける影響について。加入後の EU 司法裁判所と欧州人権裁判所の関係、ならびに EU 司法裁判所の役割の変化について。憲法条約が欧州人権裁判所に言及することの必要性の有無について。欧州人権条約と基本権憲章との関係に関する基本権憲章の規定について。加入が二つの欧州裁判所の判例法に与える影響について等である[41]。

フィシュバッハ裁判官は、さらに、次の点にも言及している。EU および

加盟国間の権能配分問題の性質と、それに向き合うべき欧州人権裁判所の姿勢について。EUと加盟国の責任が不明確な事件に関して人権運営委員会が提唱する「共同の被告」の仕組みの有意性について。欧州人権裁判所がEU司法裁判所から付託ないし諮問を受ける手続きの問題性について。EU加盟国と審議会加盟国の協約をもってEUとしての加入に代替させようという「機能的な加入」の問題性について等である[42]。これらは、いずれも難解な課題であり、欧州人権法の知識や法曹経験を総合的に備えてはじめて見解を提示しうるものである。作業部会からすれば、フィシュバッハ裁判官からの聴聞は、単に審議会関係者からの相対的な視点を提供されたのみならず、審議会とEUの在るべき関係を洞察する貴重な機会であったと推察される。

(3) 欧州人権条約第14議定書の採択

EUの政府間会議は、先にみたように、欧州人権条約第14議定書を契機として憲法条約の文面を改めていた。第14議定書には、欧州人権条約を改定して「欧州同盟は、(欧州人権)条約に加入することができる」の一文を挿入するという規定があった[43]。政府間会議は、この規定が挿入されたことをうけて、欧州人権条約加入の意思をEUとしてより明確にしたのである（本章第3節を参照のこと）。

ただし、第14議定書の本来の目的は、EUの加入とは別のところにある。EUの加入を可能とする同議定書の規定は、同議定書の『解説報告』によれば、「欧州同盟の欧州人権条約加入をはじめ、同盟における憲法条約の文脈を考慮してのもの」であった[44]。したがって、議定書の作成にあたり、EUの欧州人権条約加入が念頭におかれていたことは間違いない。とはいうものの、第14議定書の本来の目的は、EUの加入を審議会として認めることにではなく、増加の一途をたどっていた欧州人権裁判所への申立てを効率的に処理すること等にあった[45]。EUが加入した場合には、EU機関の行為をめぐる申立が欧州人権裁判所に対して増える見込みがある[46]。とはいえ、たとえそのような見込みがあったところで、この議定書によって加入手続きが万全となったわけではない。人権運営委員会による前出の報告にもあったように、EUの加入には技術的な課題が残されており、さらなる交渉がいずれにせよ必要であったのである[47]。それゆえに、議定書において加入を可能と

したことは、加入のための法的な措置というよりも、むしろ審議会が加入を歓迎するというメッセージであったとみなせるのである。

　欧州審議会の支援には、以上のものが含まれる。審議会加盟国の半数以上はEU加盟国によって占められるようになっており、双方の代表者による会談も定期的にもたれた[48]。そうであるからこそ、支援を行なうことが容易であったと思われるのである。憲法条約がローマで署名された際、審議会の閣僚委員会議長国ノルウェーの外相らがいわく、「憲法条約がEUの加入を明記していることをとくに歓迎したい」[49]。EUの欧州人権条約加入が審議会との共同作業であることを、あらためて想起させられる。

おわりに

　EC/EUが欧州人権条約に加入するという積年の課題は、欧州憲法条約を作成する過程においてようやく本格的に対処された。しかも、その対処は的確なものであった。「欧州の将来に関する諮問会議」の第II作業部会では、加入に向けた検討項目がかなり整然と提示され、作業部会もこれに明快な勧告をまとめる形で応えた。将来諮問会議による憲法条約案の提出をうけて召集された政府間会議は、同案における加入の規定を尊重しつつ、加入がより円滑に進むように修正を加えたのである。欧州審議会による側面支援も、この点については効果的に作用したといってよい。

　このような良好といえる手際は、将来諮問会議および政府間会議での合意形成に向けた指導力なくしては考えられない。その一端は、課題を個別具体的に提起しようとした作業部会のビトリーノ議長の手法においてみられていた。もっとも、憲法条約における基本権憲章の位置づけを検討した場合とは異なり、論争がそれほど起こらなかったことも認めなければならない[50]。たとえば、欧州人権条約への加入によってEU法の自律性原則が受ける影響について論議を呼ぶものと予想された。しかしながら、それがEU法の自律性原則の観点から問題であると指摘した専門家は少数であった。多くの専門家はむしろ、さまざまな観点から、EUの欧州人権条約加入がEU法の自律性に抵触しないであろうことを強調したのである[51]。このように強調せざるを

えなかった背景の一つに、欧州人権裁判所のセネターラインズ社事件があることは確実である。第Ⅱ作業部会の討議ペーパーでも示唆されたこの事件は[52]、EUの制度的特性に配慮しつつ裁判の公正さを保持する限界を露呈したといわれる[53]。憲法条約が作成される過程では、このような法的状況が敏感に察知されたものと思われる。

EUの加入を認める憲法条約の条項は、リスボン条約へと継承された。リスボン条約が、新しい6条2項をEU条約に設けるという形式をとったのである。同様に、本章で触れた『人権および基本的自由の保護に関する欧州規約への同盟の加入に関する憲法Ⅰ-9条2項に関連する議定書』も、リスボン条約に附属されている。ただし、議定書の名称にある「憲法Ⅰ-9条2項」の表現は、「欧州同盟条約6条2項」へと変更されているのであるが。EUの加入に向けた動きは、リスボン条約の発効後、EUと審議会の両機構において本格化している。審議会の閣僚委員会は、加入に必要な措置をEUとともに考案するように人権運営委員会に委託した。EU司法内務理事会は、理事会を代表して加入交渉を行なうことを欧州委員会に委任している。交渉が妥結した後には、EUおよび審議会双方の加盟国による批准が控えている[54]。これらの作業を終えた後に、正式に加入が実現することになる。

1) 欧州憲法条約Ⅰ-9条2項。
2) EUに法人格を与える条文は、欧州憲法条約Ⅰ-7条において規定され、リスボン条約によって改定されたEU条約47条に継承された。
3) リスボン条約によって改定されたEU条約6条2項が、当該条項である。
4) EU外務・安全保障担当上級代表のアシュトン男爵夫人 (C. Ashton) は、就任直後に欧州審議会のヤーグラン (T. Jagland) 事務局長と会談した。そこにおいて両名は、リスボン条約がもたらす変化、とりわけEUの欧州人権条約加入および欧州対外行動局の新設が、EUおよび審議会間関係をより密接化させる機会となることを確認している。"Cooperation between Council of Europe and EU: Secretary General and EU foreign minister discuss closer relationship," 審議会事務局長ウェブサイト (http://www.coe.int/T/SECRETARYGENERAL/SG/) より。2010年1月10日閲覧。
5) See, *Memorandum on the accession of the European Communities to the Convention for the Protection of Human Rights and Fundamental Freedoms*, COM (79)

210final, 2 May 1979.; *Commission Communication on Community accession to the European Convention for the Protection of Human Rights and Fundamental Freedoms and some of its Protocols*, SEC (90) 2087final, 19 November 1990. 高橋悠「基本権の保護とヨーロッパ共同体―ヨーロッパ人権保護条約へのヨーロッパ共同体の加入に関する委員会覚書を中心として―」『同志社法学』33巻6号、1982年。

6) この点は、EU司法裁判所が1996年に回答した意見（Opinion 2/94 [1996] ECR-I-1759）に典型的に示される。この意見については、中西優美子「ECの欧州人権条約への加盟」中村民雄・須網隆夫編『EU法基本判例集』日本評論社、2007年参照。

7) 欧州憲法条約においては、EUの欧州人権条約加入は、基本権憲章の位置づけと密接な関わりをもっている。憲法条約における憲章の検討については、本書第7章参照。

8) *Presidency Conclusions of Laeken European Council, 14 and 15 December 2001*, Annexes.

9) 作業部会は合わせて11が設けられた。第9章注16を参照されたい。

10) See, CONV72/02, 31 May 2002, p. 2 and p. 4.

11) CONV/116/02, 18 June 2002.

12) *Ibid*., p. 17.

13) *Ibid*., p. 18.

14) *Ibid*., p. 19.

15) *Ibid*., pp. 19-21.

16) *Ibid*., pp. 22-23.

17) *Ibid*., pp. 23-26.

18) See, *Europe Daily Bulletins*, No. 8227, 7 June 2002.

19) See, Working document 12, Working Group II, 25 July 2002.; Working document 15, Working Group II, 12 September 2002.; Working document 18, Working Group II, 16 September 2002.

20) See, Working document 13, Working Group II, 5 September 2002.; CONV 221/02 CONTRIB76, 26 July 2002.; CONV295/02, 26 September 2002.; Working document 19, Working Group II, 27 September 2002.

21) Final Report of Working GroupII, CONV354/02, 22 October 2002.

22) *Ibid*., pp. 2-8.

23) *Ibid*., pp. 11-13.

24) *Ibid*., pp. 13-15.

25) *Ibid*., p. 15.

26) CONV 601/03, 11 March 2003, p. 8.

27) 加盟国政府間会議は、EU の基本条約を改定する毎に組織されている。憲法条約案に合意するために当時組織された会議では、EU に加盟する予定であった 10 カ国に加盟国と同等の参加が認められた。会議は、政府の首脳によって指導され、さらに一般問題・対外関係理事会の構成員により補佐されるとした。欧州委員会の代表が会議に参加する一方で、欧州議会は会議の作業に密に連携および関与するものとされた。ブルガリア、ルーマニアおよびトルコの EU 加盟候補 3 カ国（当時）には、オブザーバーとしての参加が認められた。*Presidency Conclusions of Thessaloniki European Council, 19 and 20 June 2003*. para. 5, 6 and 7.

28) たとえば、「EU 憲法案、交渉決裂」『日本経済新聞』2003 年 12 月 14 日、5 面参照。

29) 以下に挙げる修正は、憲法条約案の 2003 年 7 月 18 日確定版（CONV 850/03）および EU 加盟国首脳によって署名された憲法条約（O. J. No. C310, 16 December 2004）の内容を対比したものである。

30) CIG76/04, p. 47.

31) Jacqueline Dutheil de la Rochère, "The EU and the Individual: Fundamental Rights in the Draft Constitutional Treaty," *Common Market Law Review*, Vol. 41, 2004, p. 353.

32) Emmanuelle Bribosia, "Les droits fondamentaux dans la Constitution de l'Union européenne," dans Marianne Dony et Emmanuelle Bribosia (dir.) *Commentaire de la Constitution de l'Union européenne*, Institut d'Etudes européennes, 2005, pp. 129-130.

33) Fabienne Turpin, "L'intégration de la Charte des droits fondamentaux dans la Constitution européenne: Projet de Traité établissant une Constitution pour l'Europe," *Revue trimestrielle de droit européen*, Vol. 39, No. 4, 2003, pp. 635-636. フランス、イギリスあるいはスペイン等は、憲法条約が加入に関する法的根拠を備えることに消極的であったとされる。See、Florence Benoît-Rohmer, "Valeurs et droits fondamentaux dans la Constitution," *Revue trimestrielle de droit européen*, Vol. 41, No. 2, 2005, p. 281.

34) See, Mehmet Tinc, "L'article I-9 du Traité établissant une Constitution pour l'Europe," sous la direction de Vlad Constantinesco, Yves Gautier et Valérie Michel, *Le Traité établissant une Constitution pour l'Europe : Analyses & Commentaires*, Presses Universitaires de Strasbourg, 2005, p. 360.; Benoît-Rohmer, *op. cit.*, p. 281. ただし、欧州議会の同意が必要である点は、将来諮問会議の案から変更されていない。

35) Hans Christian Krüger, "The European Union Charter of Fundamental Rights and the European Convention on Human Rights: An Overview," in Steve Peers and Angela Ward (eds.), *The European Union Charter of Fundamental Rights*, Hart

Publishing, 2004, pp. xvii-xviii.
36) Working Group on the legal and technical issues of possible EC/EU accession to the European Convention on Human Rights (GT-DH-EU), *Activity Report*, Steering Committee for Human Rights (CDDH), GT-DH-EU (2002) 012, 2 April 2002, general introduction. 人権運営委員会において投票権をもつ構成員は、各審議会加盟国によって任命される人権問題ないし政策の担当官である。委員会には、他の運営委員会や議員総会等、審議会内部の機関に加えて、EU の欧州委員会および理事会、欧州審議会オブザーバー諸国、欧州安全保障協力機構 (OSCE) および民主制度・人権事務所 (ODIHR)、国連人権高等弁務官、ベラルーシ、モンテネグロ共和国ならびに NGOs の代表者も参加することがある。審議会公式サイトの Human Rights and Legal Affairs より (www.coe.int/t/e/human_rights/cddh/、2008 年 12 月 1 日閲覧)。
37) *Ibid*., Chapter I.
38) *Ibid*., Chapter II.
39) *Ibid*., Chapter III.
40) Working document 08, Working Group II, 12 July 2002.
41) CONV 295/02, 26 September 2002, pp. 3-5.
42) *Ibid*., pp. 5-6.
43) 欧州人権条約第 14 議定書 17 条 1 項。
44) Council of Europe, *Explanatory Report of Protocol No. 14 to the Convention for the Protection of Human Rights and Fundamental Freedoms, amending the control system of the Convention* (CETS No. 194), para. 101.
45) 第 14 議定書の目的および解説については、小畑郁「第 14 議定書によるヨーロッパ人権条約実施規定等の改正」『法政論集』(名古屋大学) 205 号、2004 年を参照されたい。
46) See, Council of Europe, *op. cit*., para. 13.
47) See, *Ibid*., para. 101-102.
48) いわゆる 4 者会談 (Quadripartite Meeting) は、その代表的なものである。審議会側からは閣僚委員会議長国および事務局長、EU 側からは EU 理事会議長国および欧州委員会の代表が参加する。2002 年から 04 年にかけては毎年一回開かれており、EU の欧州人権条約加入は、EU および審議会の拡大等とならんで討議されている。この点については、Bulletin of the European Union, September 2002, para. 1. 6. 25.; Bulletin of the European Union, June 2003, para. 1. 6. 37 ならびに、本書第 5 章を参照されたい。
49) ノルウェーのペテルセン (J. Petersen) 外相、議員総会のシーダー (P. Schieder) 議長およびデイビス (T. Davis) 事務総長が共同で歓迎した。"Council of

Europe leaders welcome the signing of EU Constitution," Council of Europe Press Division, 29 October 2004.
50) 基本権憲章をめぐる妥協については、本章第7章第2節および第3節を参照されたい。
51) 「1/94意見の中で、EU司法裁判所は、協定の下で作成された規則を解釈および適用する別の裁判所を肯定している。加入は、これと似たものであり、したがって同裁判所の自律性を弱めることはない。欧州人権裁判所は、加盟国の最高裁判所との関係がそうであるように、いかなる場合もEU司法裁判所の上位裁判所とはならない。欧州人権裁判所の権限は、欧州人権条約の権利が順守されているかを監視するのみである。加盟国間および加盟国・EU間の紛争を処理する責任を保持し続けるのは、唯一EU司法裁判所である」（欧州議会法務局シュー局長）、「欧州人権裁判所は、欧州人権条約に加入する諸国の国内法を解釈しないのと同じく、EU法の解釈にも干渉しない。それは、EUの行為を無効にする権限や、違反があった場合の救済措置を示す権限をもたない。それはまた、特定の事件に対する欧州人権条約の適用に際して適切な余地を加入国に残しているので、EU法の特質を考慮に入れることができる。二つの欧州裁判所は、各々に固有の管轄権の範囲で、相互に侵害することなく判決を下せるのみであり、両者を序列化することはできない」（欧州人権裁判所フィシュバッハ裁判官）、「基本権憲章の権利に相当する欧州人権条約の権利は、前者の一般規定によってEU法へと移入される。権利が相当していないか、EU法がより拡張した保護を与えている場合には、EUの自律性とその行為が欧州人権条約の影響を受けることはない」（欧州人権裁判所マホニー書記官）、「ECはすでに、相当数にのぼる国際協定の当事者であるが、EC/EU法の自律性が弱まったという話は聞かない」（イギリス政府憲法問題局コンサルタントのトゥルパン氏）、「欧州人権条約の権利を尊重する責任は、加入後もEUの諸機関が負い続ける。評価の余地を認める等現状が示すように、欧州人権裁判所による監督は、本質的に補助的なものである」（欧州審議会クリューガー前事務次長）、「基本権憲章と欧州人権条約の役割は、同じではない。憲章がEU法の内的な資源であるとすれば、欧州人権条約は外的なそれであるということができ、個人の基本権保護を補足するものの、内的秩序に対する手段をもつものではない」（ロベール・シューマン大学タンク教授）。以上、肩書きは当時のものである。シュー局長およびフィシュバッハ裁判官のコメントは、作業部会での聴聞の際のものである。Working document 13, Working Group II, 5 September 2002, pp. 13-14.; CONV 295/02, 26 September 2002, pp. 3-4.; Paul Mahoney, "The Charter of Fundamental Rights of the European Union and the European Convention on Human rights from the Perspective of the European Convention," *Human Rights Law Journal*, Vol. 23, No. 8-12, 2002, p. 303.; Turpin, *op. cit.*, pp. 633

-634.; Krüger, *op. cit*., p. xxv.; Tinc, *op. cit*., pp. 358-359. 意訳した箇所がある。なお、引用文中で言及されている評価の余地については、門田孝「欧州人権条約と「評価の余地」の理論」櫻井雅夫編集代表『EU 法・ヨーロッパ法の諸問題』信山社、2002年に詳しい。

52) 本章第 1 節 (3) に「15 加盟国を相手取っており、欧州人権裁判所においてペンディングとなっている」とあるのが、この事件である。

53) 欧州委員会から罰金を科されたドイツの海運業者が、EU 第一審裁判所の決定前に徴収を求められたのは欧州人権条約 6 条違反であるとして欧州人権裁判所に申立てた。この場合、競争分野において独立的に行為したのは欧州委員会であるが、被告は同条約の当事者である EU15 カ国であり、委員会は第三者として裁判に関わった (Cour européenne des droits de l'homme, Grand Chamber, Decision as to the Admissibility of Application no. 56672/00 by Senator Lines GmbH against Austria, Belgium, Denmark, Finland, France, Germany, Greece, Ireland, Italy, Luxembourg, the Netherlands, Portugal, Spain, Sweden and the United Kingdom, pp. 2-4, pp. 9-10)。欧州人権裁判所大法廷は、最終的に、EU の第一審裁判所が罰金の決定を撤回したことをうけて申立を却下した。この裁判に従事した欧州人権裁判所裁判官の一人は、「第一審裁判所という救いの神」に助けられたことを認めたという。Laurent Scheeck, "Solving Europe's Binary Human Rights Puzzle. The Interaction between Supranational Courts as a Parameter of European Governance," *Questions de Recherche/ Research in Question*, No. 15, October 2005, pp. 34-35.

54) "European Commission and Council of Europe kick off joint talks on EU's accession to the Convention on Human Rights," *RAPID*, (issued by Commission of the European Communities), 7 July 2010.

第IV部
EU 立法と基本権

第11章
EU立法過程における基本権憲章の順守
―欧州委員会の取り組みに着目して―

はじめに

　EUが一定の超国家性を帯びているという理解は、EU研究のみならず、国際政治学の世界においても共通するところとなっている。各国の閣僚級人物からなる理事会は、しばしば多数決（特定多数決）をもって議決する。各国国民の直接普通選挙によって選出された欧州議会が、EUの意思決定に実質的に関与する。各国から独立的に行動する欧州委員会とEU司法裁判所が、広範な行政権限や司法権限を享受しており、かつ行使する。このような制度的状況が、EUが帯びる超国家性の主な論拠となっている[1]。

　EUの超国家性の最大の淵源は、EUが独自に享受する立法権限にあると考えられる。EU運営条約は、関税、競争、通商および通貨等の政策分野が「EUの排他的な権能（exclusive competence）の分野」であると定める。この分野において加盟国が立法できるのは、EUが立法権限を加盟国に付与する場合か、もしくはEU法を実施する場合のみであるとする[2]。EU運営条約はまた、域内市場、農漁業、環境あるいは消費者保護等は「加盟国と共有される権能（competence shared with the Member States）」の分野であるとも位置づける。これらの分野では、加盟国は、EUがその権能を行使していない範囲内か、あるいはEUが権能を行使しない旨決定した範囲内においてのみ、権能を行使することが許されるのである[3]。

　たしかに軍事や所得税制の分野をはじめ、EUが立法を認められていない分野も残存してはいる。そして、残存している分野の多くが加盟国の存立基

盤により深く関わっていることも否定できないだろう。しかしながら、広範な立法権限を享受している事実が超国家的機構 EU の特質を形作っていることは、疑いようがないと思われる[4]。本章の関心は、このような特質をもつ EU 立法において基本権がいかに配慮されようとしているのか、その実情に接近するところにある。

　一般的な見地からいえば、ある立法行為が基本権保護の態様に与える影響は、容易には予測できない。積極的な基本権保護のための立法が、いかなる権利をどの程度強化することになるのか。あるいは逆に、従来効果的に保護されてきた基本権が、ある立法によってどのような制限を受ける可能性があるのか。立法が与えうる影響を事前に把握する試み――専門家へのヒアリング、議会質問、影響評価等が含まれるであろう――は、これらの変更が伴うリスクを低減するためにある。本章では、EU がその立法行為に基本権をどのように連結しようとしているかを、基本権憲章の順守に向けた欧州委員会の取り組みを題材にして観察するものである。

　EU の行政機関である欧州委員会が、EU 立法に向けた発議権限を享受していることは知られている[5]。EU における立法を粗描すれば、欧州委員会が作成および提出した法案が、欧州議会および理事会の審議を経て採択されることになる。このような立法手続きから推測できるのは、EU 立法の主旨が発議段階においてかなり確定してしまうことである。換言すれば、提案内容に重大な変更が加えられるか、もしくは廃案にならないかぎりは、欧州委員会による発議が大方、EU 立法に反映される仕組みである[6]。その意味において、欧州委員会が基本権憲章（以下「憲章」とする）を順守する取り組みは、本書の関心から最大の焦点の一つとなりうるものである。

　憲章が起草される経緯については、すでに本書の第Ⅲ部において触れた。「目に見える基本権」を市民に提示することが、憲章の目的であった。このことを想起すれば、憲章の順守に向けた欧州委員会の取り組みは、憲章本来の目的とも一致すると捉えられる[7]。以下では、それぞれ 1999 年と 2004 年に発足したプロディ（R. Prodi）欧州委員会とバローゾ（J. M. Barroso）欧州委員会の取り組みを通じて、この点をみてみよう。

第1節　プロディ欧州委員会と基本権憲章
　　　　―初期の模索

1　憲章に対する認識

　まずは、プロディ欧州委員会に着目したい。1999年9月に発足した同委員会は、2004年10月にバローゾの欧州委員会に引き継ぐまで、5年にわたり任務を遂行した。他方、EUが憲章の起草に着手するのも同じ1999年のことである。憲章の草案も、その一年後には完成をみている[8]。つまるところ、プロディ欧州委員会による活動の開始と憲章の起草とが、時期的に符合するのである。そればかりではない。憲章を起草した諮問会議（「憲章諮問会議」）には、プロディ欧州委員会を代表してビトリーノ（A. Vitorino）司法内務担当委員が参加した[9]。ポルトガル人のビトリーノ委員は、同国選出の欧州議会議員や同国の副首相を歴任した気鋭の人物である。このような状況が相まって、憲章の起草は、欧州委員会にとっても新たな挑戦になると期待されたのである。

　憲章に対する欧州委員会の関心は、それが起草された当初より相当のものであった。このことは、憲章を主題とするコミュニケーションを短期間に2回公表したことに示される。2000年9月にまず公表したのは、『EU基本権憲章について』と題するコミュニケーションであった。それは、憲章の目的と意義のほか、憲章によって保護される権利やその一般規定の内容を概観するものであった。憲章に付与される法的地位は未決であるとしながらも、滞りなく起草されたことを欧州委員会として支持する内容であった[10]。

　次いで公表したコミュニケーションが、10月の『EU基本権憲章の法的性格について』である。こちらは、憲章についてのEU諸機関の立場を紹介したうえで、憲章がもちうる法的性格に主眼をおくものであった[11]。ここで欧州委員会は、憲章の将来像に関して自らの選好には言及しなかった。しかしながら、「憲章は、その性格いかんに関わらず、法的ならびに他のさまざまな効果をもたらすと想定することが妥当である」と述べて、次のように言明したのである。「欧州理事会の要請にしたがって、かつ国家と欧州のあらゆ

第11章　EU立法過程における基本権憲章の順守　293

る適切な手段を用いて準備されたこの文書を、立法機能を担う立場にある理事会と委員会が今後無視することは、明らかに難しくなろう」、と[12]。ここに欧州委員会は、EUの立法に向けて憲章を考慮する必要性を予見したことになる。

2 憲章の適用の模索
(1) プロディ委員長とビトリーノ委員の提案

2000年秋に完成をみた憲章は、同年12月に欧州議会、理事会および委員会の3機関によって厳粛に宣言された。もっとも、それはあくまでも宣言である。加盟国はもちろんのこと、EU機関に対しても何らの法的拘束力をもたなかった（憲章に法的拘束力を与えたのは、本書第Ⅲ部でみたように、2007年のリスボン条約である）。プロディ委員会は、そして後のバローゾ委員会も、このような状況下で憲章の適用を模索することになるのである。プロディ委員長がビトリーノ委員とともに委員会内部で行なった提案は、その端緒となるものであった。2001年3月のことである。

『EU基本権憲章の適用』と題するこの提案は、次のような要旨である。憲章は、EUにおいて基幹的な文書であるがゆえに、他のEU機関とともに委員会も、その歴史的な含意を直視しなければならない。日常業務において憲章の基本権を順守する必要があるのは、そのためである。今後は、委員会が採択するすべての立法発議と憲章の両立可能性を、通常の意思決定手続きにおいて優先的に精査するものとする、と。このように述べて、基本権保護と密接に関わる立法発議の中に両立可能性を特記していくとした[13]。

提案はさらに、両立可能性を特記する模範となる文面を提示している。それは、次のような文面である。「この決議は、EU基本権憲章によってとりわけ承認される基本権を尊重し、かつそのような原則を順守するものとする」。また、憲章の個別の権利と原則に関係する場合には、以下の一文を追加するとした。「この決議は、とりわけ、[権利XX]の十分な尊重を確保すること、ならびに（あるいは）[原則YY]の適用を促進することに努めるものである」[14]。

プロディ委員長とビトリーノ委員の提案を実行することが、プロディ委員

会の取り組みの中心となる。その初期の成果が、欧州議会と理事会が 2002 年 9 月に採択した『雇用、職業訓練および労働条件へのアクセスについての男女平等原則の実施に関する理事会指令を改定する指令』であった。EU 法は、通常、その本文のほか、前文と説明欄（recital）からなるのであるが、この指令の説明欄において、「この指令は、EU 基本権憲章によりとりわけ承認される基本権を尊重し、かつそのような原則を順守する」という一文を設けたのである[15]。やはり欧州議会と理事会によって採択された同年 12 月の『民間航空の安全確保の分野において共通ルールを設ける規則』においても、その説明欄で「この規則は、EU 基本権憲章によりとりわけ承認される基本権を尊重し（以下同じ）」という記載を挿入した[16]。これらの記述は、2001 年 3 月の提案を忠実に実行したものとなっている。

それと同時に、立法発議における憲章への言及が、より変則的なかたちでなされはじめたことも注目したい。その態様には、以下のようなものがある。

(a) 憲章の特定の条文への言及

欧州議会と理事会が 2002 年 7 月に採択した『電気通信部門における個人データ処理およびプライバシー保護に関する指令』の説明欄では、プロディ委員長とビトリーノ委員の提案に則した一文が設けられている。その後に、「とりわけこの指令は、憲章 7 条および 8 条に定める権利の十分な尊重を確保することに努める」と述べる第 2 文が続く[17]。あるいは、両機関が 2003 年 7 月に採択した『途上国における貧困を原因とする病気（HIV／エイズ、結核およびマラリア）への対策の支援に関する規則』の説明欄には、次の記述が挿入されている。「EU 基本権憲章 35 条は、同盟のすべての政策と活動を策定し、かつ実施する際の人の健康の高水準の保護を要求している」[18]。

(b) EU 条約の基本権条項との併記

2002 年 9 月に理事会が採択した『核エネルギーに関する研究と訓練のための特別計画（ユーラトム）を採択する決定』では、その説明欄に、以下の記述が設けられている。「この計画内で行なう研究活動は、EU 条約 6 条および EU 基本権憲章に反映される原則等、基本的な倫理原則を尊重するべきである」[19]。EU 条約 6 条は、根幹的な基本権条項として、EU が民主主義や

人権尊重の原則に基づいて設立される旨、ならびに欧州人権条約の人権等を EC 法の一般原則と位置づける旨を述べている[20]。憲章は、そのような条項とともに言及される。

(c) 欧州人権条約との併記

欧州議会と理事会が 2003 年 1 月に採択した『インサイダー取引と市場操作に関する指令』における言及が、この方式である。この指令の説明欄に、次の記述が設けられている。「この指令は、EU 基本権憲章とくにその 11 条によって、ならびに欧州人権条約 10 条によってとりわけ承認される基本権を尊重し、かつそのような原則を順守する。この点について、指令は、報道の自由およびメディアにおける表現の自由に関係する自らの憲法規定を加盟国が適用することを妨げるものではない」[21]。

(d) 説明欄と付属文書における言及

2002 年 9 月に理事会が採択した『研究、技術開発および実験のための特別計画「欧州研究地域」(2002-2006) を採択する決定』では、まず、説明欄に以下の一文が記される。「この計画において実施される研究活動は、EU 基本権憲章に反映される原則等、基本的な倫理原則を尊重するべきである」。そのうえで、この理事会決定の付属文書である『科学的および技術的目標ならびに広範な活動概要』が、憲章に言及する次の一節を設けている。「この計画の実行中およびこの計画に基づく研究活動においては、基本的な倫理原則が尊重されなければならない。そのような原則には、EU 基本権憲章に反映される原則、ならびに共同体法にしたがう人間の尊厳と生活の保護、個人データ、プライバシー、動物および環境の保護、ならびに関連の国際条約と行動規範、すなわちヘルシンキ宣言の最新版、1997 年 4 月 4 日にオビエドで署名された人権と生物医学に関する欧州審議会規約、1998 年 1 月 12 日にパリで署名されたクローン人間の禁止に関する付属議定書、国連子どもの権利条約、ユネスコにより採択されたヒトゲノムと人権に関する世界宣言および関連の世界保健機関決議が含まれる」[22]。

(e) 特殊な用法

理事会が 2003 年 4 月 2 日に採択した『EC 条約 81 条にしたがう処置に関係する決定』では、次のように憲章に言及している。「委員会は、労働組合

の自由が重要であると認める。FNSEA（フランス農業団体連合会）が指摘するように、その重要性は、EU 基本権憲章12条1項が述べるとおりである」[23]。憲章の条項を、特定の業界団体による指摘を受けて明記することは珍しいといえる。

憲章に言及する態様には、以上のものが挙げられる。さまざまな態様があるといえるが、次の点を確認しておきたい。第1に、欧州委員会によって提案されるすべての立法発議が憲章に言及しているわけではないことである。言及の有無を判断するための基準を明らかにすることが、本来としては理想的であろう。しかしながら、この点は必ずしも明らかにはされなかったようである。

第2に、上記（c）および（d）が示すように、欧州人権条約をはじめとする他の国際的人権文書としばしば併記されることである。こうした傾向は、憲章と他の人権文書の相互補完という観点から興味深いものといえる。もっとも、EU に固有の文書として起草された憲章の特性は、相対的に後退することになる。

第3に、立法発議の本文では、憲章はいまだ言及されていないことである。2000年に起草された憲章が法的拘束力を与えられなかったことが、その理由であろう。しかしながら、立法発議の前文、説明欄および付属文書等において広く言及されたことの意義は、看過するべきではない。このような実践は、後述するように、バローゾ欧州委員会へと引き継がれることになる。

(2) 「解説のための覚書」における活用

プロディ欧州委員会は、立法発議に付録される「解説のための覚書 (Explanatory Memorandum)」に際しても、憲章を活用するようになった。この覚書は、立法発議に際しての説明を、欧州委員会が覚書形式で付記するものである。覚書は法文書の本文ではないという理解から、発議を説明する根拠として憲章の条文が活用されている。

憲章への言及の仕方は、覚書によってさまざまである。ここでは、二つの覚書を取り上げて紹介したい。

(a) 亡命庇護申請の受理に関する基準

　まずは、欧州委員会が2001年4月に提出した『加盟国における亡命庇護申請の受理に関する最低基準を定める理事会指令案』である。亡命庇護申請の受理の基準に関するこの提案には、申請者とその家族が享受する自由移動の権利を、加盟国が一定の条件の下で制限できるとする条項が設けられている。それとともに、申請者らが当該権利の制限に対して裁判所への提訴権をもつことを加盟国に確保させる内容になっているのである[24]。このような取り決めについて、覚書は、次のように述べる。「基本権憲章47条にしたがい、かつ司法裁判所の判例法に則って、この条項は、課される制限が、少なくとも最終的には（フランスの憲法裁判所等の行政的司法機関を含む）司法機関から再審されうることを確保するものである」[25]。ここに覚書は、亡命庇護の申請者と家族による再審の請求が、EU司法裁判所の判例法のみならず、憲章の見地からも正当化されるとする。

　この提案はまた、性別、人種、肌の色、民族的および社会的出自等に基づく差別なく対応する義務を加盟国に負わせている[26]。このような義務について、覚書は、次のように触れている。「標準的な差別禁止規定をここに設ける。この記述は、ジュネーブ協定3条、EC設立条約13条および欧州同盟基本権憲章21条を根拠としている。なお、この規定は、欧州人権条約14条等の国際文書に由来する義務を妨げるものではない」[27]。差別を禁止する根拠として、覚書は、ジュネーブ協定およびEC設立条約とともに憲章を挙げている。

(b) 欧州共通逮捕状

　2001年9月に欧州委員会は、『欧州逮捕状および加盟国間の引渡し手続きに関する理事会枠組み決定案』を提出した[28]。この提案は、欧州逮捕状制度を創設し、引き渡し手続きを加盟国間で効率化しようとするものである。

　この提案に付録された「解説のための覚書」は、複数の箇所において憲章に言及している。逮捕状制度の創設に向けて基本権保護を確認している箇所が、その一例である。覚書は、次のように述べることにより、逮捕状制度における基本権保護を確認する。「(…) 欧州逮捕状の発行と執行に際しては、国内裁判所は当然に、基本権保護に関係する一般的な規範とりわけ欧州人権

条約と基本権憲章に今後もしたがうことになるだろう」[29]。

　この提案は、司法機関による逮捕状の不執行を、一定の条件の下で許容している。その条件の一つが、いわゆる一事不再理（ne bis in idem）を根拠とするものである[30]。この点を覚書は、「一事不再理の原則は、法の根本的な原則である。あらゆる裁判所が拘束される同原則は、（…）基本権憲章50条によって、絶対的なものとして再認されている」と解説している[31]。

　以上にみたように、プロディ欧州委員会は、憲章の起草を支持したうえで、EU立法に際して憲章を考慮する必要性を認めた。そのうえで、すべてとはいえないまでも立法発議の中で明記することにより、あるいは「解説のための覚書」において活用することにより、EU立法に憲章の基本権を連結させようとしたのである。

　このような取り組みを憲章が宣言されて間もない時期から始めたことは、注目に値するだろう。プロディ委員会に期待された政策課題は、広い範囲に及んでいた。『ガバナンス白書』を公表した委員会は、白書を基礎とする行政改革に着手しなければならなかった。リスボン戦略の策定を通じて、欧州次元の経済社会問題への対応を試みる状況にもあった。さらには、東欧および地中海諸国のEU加盟過程を円滑に運営することも要請されていたのである。そのような状況と並行して憲章への意欲的な取り組みをみせたことは、積極的に評価することができるのである。

　もっとも、EU立法における憲章のあり方を委員会が徹底的に研究したかといえば、そのような痕跡はみられない。委員会在任期の半ばにあたる2002年頃には、EUにおいて欧州憲法条約の計画が進行していた。そのような状況下では、EU立法におけるあり方を吟味するよりも、憲章自体をいかに憲法条約に組み込むかという課題を優先せざるをえなかったと推察できる。いずれにせよ、次の展開をみせるのは、プロディ欧州委員会を継いで2004年11月に発足したバローゾ欧州委員会であった。バローゾ委員会は、発足してほどなく憲章について新たな接近を試みることになる。

第2節　バローゾ欧州委員会と基本権憲章（1）
　　　　―方法論構築の試み

　憲章についてバローゾ欧州委員会が重視した点は、委員会が2005年4月に公表したコミュニケーションの題名に示されている。すなわち、『委員会の立法発議における基本権憲章の順守：体系的かつ徹底的な監視のための方法論』とあるように[32]、バローゾ委員会は、自らの立法発議において憲章を適切に順守するための方法論を構築しようとした。

　このコミュニケーションは、方法論を構築する目的に以下のものを挙げている。まず、すべての提案が基本権を尊重しているかを、委員会内の部局に検査させるためである。次に、「基本権、差別禁止および機会平等に関する委員団」にそのような検査をフォローさせるためであり、かつ「基本権の文化」を普及させるためである。そして最後に、委員会による監視の結果を、他機関および一般市民に開示するためである。

　「基本権、差別禁止および機会平等に関する委員団」は、バローゾ委員会の発足時に結成されたものである。25名からなる委員会のうち、とりわけ基本権、差別禁止および機会平等の問題に関係する総勢10名の委員によって構成される。委員団の長にはバローゾ委員長が就任し、自由・安全・公正分野を担当するフラティニ副委員長が補佐するものとした[33]。コミュニケーションは、この委員団を中心に委員会内で憲章が順守されることを強化したうえで、その成果に関する情報を外部と共有することを企図したのである。

　コミュニケーションによれば、この方法論の主旨は、影響評価書および「解説のための覚書」の双方を通じて基本権の監視を強化しながら、これらの文書を相互に連動させるところにある。概要をまとめると、次のようになる。

　第1に、立法発議に際して欧州委員会が作成する影響評価書の中に、基本権に関するチェックリストを設ける。これにより、EU立法において基本権に与える影響が総体的に明らかになるとする[34]。

　欧州委員会は、自らの立法発議に際して、1990年代から影響評価書を作

成してきた。しかしながら、それは、ごく一部の立法発議に限られていたうえ、潜在的な影響の一側面を評価するにすぎないものであった。そのような状況の改善に着手したのが、プロディ委員会であった。プロディ委員会は、主な発議にはもれなく影響評価書を作成添付するとした。検査の対象も、経済的影響、環境的影響および社会的影響の3類型への整理統合を図った[35]。バローゾ委員会は、このようなプロディ委員会の実績を踏襲しつつ、より体系的な基本権の検査を試みようとしたのである。

バローゾ委員会は、改訂したチェックリストに合計29の項目を設けた[36]。経済的影響9項目、環境的影響11項目および社会的影響9項目という内訳である。これらの中に、基本権保護と関係する項目をみてとることができる。たとえば、経済的影響については、次のような確認項目がある。「その選択肢は、特定の労働者組織に対して否定的に作用するか」、「途上国に影響を与えるか」、「経済成長と雇用にどのような帰結をもたらすか」、「投資と適正な市場運営にとって積極的に作用するか」等である[37]。社会的影響には、以下の項目がみられる。「その選択肢は、労働者の権利と義務に直接的ないし間接的に影響するか」、「不平等を増大させるか」、「平等な機会と待遇に影響を与えるか」、「差別をもたらすか」、「男女平等に影響を与えるか」、「基本的社会権の承認もしくは実行に影響するか」、「消費者の法的保護に影響するか」、「人々の健康と安全に影響するか」、「年齢、性別、社会集団、地域等を背景とする、特定の集団へのリスク増大はあるか」および「教育や職業選択に影響するか」等である[38]。経済的影響の中には、基本権に関係があると思われる項目があった。しかしながら、項目の数という点からみれば、社会的影響で扱う項目の方が多岐にわたっている。これは必ずしも、経済よりも社会の分野の方が基本権と密接な関係をもつというわけではないだろう。社会分野における基本権保護は、個別的な課題を多く含む傾向にある。そのような傾向から、確認するべき項目に広がりがみられると考えられるのである。その一方で、環境的影響について設けられた11項目には、基本権保護と直接の関係がありそうな項目はない。それらの項目の大半は、自然環境に対する影響に関係したものとなっている[39]。

第2に、「解説のための覚書」において憲章を活用する際の基準を明確に

するとした。前節でみたように、プロディ委員会は、覚書を作成するにあたり憲章を活用しようとした。作成の初動段階から基本権への注意を惹き、あるいは立法発議の意図を適切に説明できるようにするために、バローゾ委員会は、活用に向けた一定の基準を設けようとしたのである[40]。

　コミュニケーションが定めようとする基準は二つある。一つは、一定の基本的権利の積極的な保護をもたらしうる立法発議について活用するというものである。このような基準を設けることは自然であろう。そもそも憲章は、EUによる基本権の可視性を高めるために起草された文書である。立法発議において保護される権利が憲章と連結していることを明示するのは、憲章本来の目的とも調和することになる。あと一つの基準も、別の意味において軽視できないものである。すなわち、基本権が制限される可能性を立法発議が含む場合にも活用するとするのである。近代的な統治の下においては、基本権の制限は法によって正当化される必要がある。この原則にしたがい、コミュニケーションは、立法発議に含まれる基本権の制限が、憲章52条の下で明確に正当化されるべきことを示唆するのである[41]。

　憲章52条の内容は、一般的に受容されうる基本権の制限からEU法や欧州人権条約との関係にまで広い範囲に及んでいる[42]。同条による正当化の是非を総合的に判断することは、ゆえに、容易なことであるとは思えない。しかしながら、同条の下での正当化に触れたことで、立法発議が基本権にもたらしうる変更を明らかにする契機となる。

　第3に、影響評価書および「解説のための覚書」の作成に向けては、欧州委員会の内部部局が適宜関与することを確認した。法案を作成する部局——指導部局（service chef de file）と呼ばれる——が、それに付随する影響評価書と「解説のための覚書」の作成主体となることは以前と同様である。しかしながら、コミュニケーションは、指導部局以外の内部組織に対しても、制度的な関与を要請するのである。

　関与を要請される部局の中でも、とりわけ自由・安全・公正総局は、部局間協議に参加することが奨励されている。あるいは、コミュニケーションは、提案が第三国国民の基本権に影響しうる場合には、対外関係を管轄する総局とも連携するとも述べるのである[43]。しかしながら、これらの部局とと

もに注目されるのは、基本権保護の検査における法務部の役割を明確にしていることである。コミュニケーションによれば、基本権の検査は、指導部局による法案作成から部局間協議に至るまで、幅広い段階においてなされる。その過程において法務部は、法案の合法性を証明する作業の一環として随時関わるものとするのである。法務部は、さらに、指導部局による「解説のための覚書」の作成過程を注視し、作成についてあらゆる支援を行なう。そして、基本権の監視について重要な事例となる場合には、「基本権、差別禁止および機会平等に関する委員団」に通知する任務も負うものとされる[44]。

第4に、コミュニケーションは、「基本権、差別禁止および機会平等に関する委員団」に対しては、基本権をめぐる一連の作業をフォローアップする役割を期待している。基本権を検査する主体は、あくまでも指導部局である。その中で、委員団は、検査の運営および結果を密接に注視するとした。このような役割は、欧州委員会内部の進行にとどまるものではない。立法発議を受けた欧州議会と理事会による作業を監視することも、委員団の主たる任務であるとするのである[45]。

コミュニケーションは、これら二つの立法機関による法案修正の次第においては、法案を撤回することも視野に入れている。あるいは、基本権の見地から問題があると判断する立法を、「最後の手段として」EU 司法裁判所に提訴することさえ辞さないとする。欧州委員会によるこのような提訴は、EC 設立条約を根拠とするものである。その手続きの可能性を示したことは、基本権に対して欧州委員会が負う責任の重さを知らしめるためと推察できるのである[46]。

第5に、以上の方法論に基づく委員会の取り組みを公表するものとした。それは、影響評価書と「解説のための覚書」を市民と他の EU 機関に公開することにとどまらない。基本権の擁護を求める当事者を招へいすることにより、憲章に定める権利と委員会の取り組みに傾注する決意を示したのである。コミュニケーションは、この決意を EU における「基本権の文化」を促進する「大きな飛躍」であると位置づける。このような取り組みを通じて、委員会の信用の強化、市民による憲章の受容ならびに EU 政策における基本権の考慮を図るとしている[47]。

バローゾ欧州委員会は、以上にみたように、2005年4月のコミュニケーションを通じて憲章の順守に向けた方法論を構築しようとしたのである。方法論は、影響評価書と「解説のための覚書」の双方において、基本権の課題をより明確に設定しようとするものであった。加えて、これらの作業に対する関与を欧州委員会内部において組織化しつつ、外部との接触機会を増やし、取り組みの透明性も高めようとするものであった。

第3節 バローゾ欧州委員会と基本権憲章（2）
――方法論の実行

前節でみたように、バローゾ欧州委員会が憲章に関する方法論を構築しようとしたのは、同委員会が発足して間もなくのことであった。それでは、同委員会は、構築を試みた方法論をどのように実行にうつしたのだろうか。同委員会は幸いに、『基本権憲章の順守に関する体系的かつ徹底的な監視のための方法論の実践について』と題する報告（以下、「実践報告」とする）を2009年4月に公表している。本節では、この報告を題材にみてみよう[48]。

1 方法論の実践に関する2009年4月報告

実践報告の目的は、方法論に関する2005年4月のコミュニケーションの実行状況を報告するところにあった。実践報告はまず、近年採択されたEU法の多くが、基本権問題と密接に関係していたことを把握する。たとえば、欧州議会と理事会によって採択された『化学品の登録、評価、承認および制限に関する規則（REACH規則）』では、登録事業者間におけるデータの共有が、財産の権利や環境保護に関わることを確認している。欧州委員会が採択した『欧州農村開発基金による開発支援への適用ルールを定める規則』においては、EC活動の透明性を、開発支援の受益者のデータ保護と調和させつつ確保する必要がある旨を指摘している。あるいは、欧州議会と理事会が採択した『共同体関税コードを定める規則』では、関税当局の決定によって不利益を被るかもしれない関係者が、事前に諮問される手続きを要請しているのである[49]。

このような実情に触れたうえで、実践報告は、EU の一政策分野である自由・安全・公正分野における EU 立法を重点的に考察する。というのも、当該分野は EU 立法の中でもとりわけ敏感な分野であり、基本権問題を「きわめて直接的に」惹起するからである。中でも実践報告は、EU の亡命庇護政策に着目する。この政策において課題となる基本権は、広い範囲に及ぶ。すなわち、拷問および非人道的な取扱い・刑罰の禁止（憲章4条）、自由および安全への権利（同6条）、家族生活が尊重される権利（同7条）、データの保護（同8条）、亡命庇護の権利（同18条）、退去、送還もしくは引渡しの場合の保護（同19条）、差別の禁止（同21条）、子どもの権利（同24条）、効果的な救済と公正な裁判への権利（同47条）等を含むとするのである。このような状況を踏まえて、実践報告は、亡命庇護要請者を受け入れる状態、国際的保護の申請を考査する加盟国の特定、ならびに指紋の比較に関する三つの立法発議における実践状況を分析した[50]。これらの法案——正式の名称は、『亡命庇護要請者の受け入れのための最低基準を定める指令案』、『第三国国民もしくは無国籍人による国際的保護の申請を考査する責任を負う加盟国を特定する基準と仕組みを定める規則案』および『同規則の効果的な適用のために指紋を比較する「ユーロダク」の設置に関する規則案』である——は、いずれも、2008年12月に発議されており、亡命庇護パッケージと呼ばれる政策提案の一部を構成している。いずれも、欧州議会と理事会のいわゆる共同決定手続きによる立法を期待して発議したものである。

亡命庇護要請者の受け入れ状態についての指令案からみていこう。この指令について、実践報告は、憲章のみならず、欧州人権条約、ジュネーブ条約および国連子どもの権利条約をはじめとする国際的基準の順守を念頭におく必要性を喚起する。そのうえで、亡命庇護要請者の拘禁、効果的救済への権利ならびに子どもの権利について若干の考察を行なっている。それらは、以下のとおりである[51]。

亡命要請者の拘禁については、拘禁は例外的な事情がある場合に限定されるべきであるとする原則を最初に確認する。それとともに、拘禁が許容される条件、ならびに人間の尊厳が保障される拘禁環境を、国連難民高等弁務官事務所の1999年2月指針および欧州審議会の閣僚委員会勧告に沿って指令

案に盛り込んだとする。拘禁環境に関しては、とりわけ、拘置所ではなく特別の拘禁施設に収容し、ジェンダーにも配慮する旨を明記したと述べている[52]。

指令案は、効果的な救済の観点から、拘禁をめぐる手続き的な保証にも言及する。いわく、拘禁を命じる権限は、司法機関によって排他的に行使されるべきである。したがって、緊急の場合は行政機関が命じることができるものの、その場合であっても、72時間以内には司法機関により承認される必要があるとするのである。加えて、拘禁は可能なかぎり最短であるべきこと、その期間の延長は裁判官による定期的な再審に服するべきこと、経済的な余裕のない被拘禁者は無料の法的支援を受けるべきこと等に配慮したとする[53]。

子どもの権利に関しては、子ども自身の利益に最大限配慮するという前提に立ってこれを適用するものとした。とりわけ、国連子どもの権利条約37条にしたがい、子どもの拘禁は最後の手段として、最短の適当な期間においてのみ認められるとした。付添い人なき未成年者については、その拘禁を禁止すると述べている[54]。

次に、国際的保護申請を考査する加盟国の特定に関する規則案をみてみよう。「ダブリン規則」と通称されるこの法案について、実践報告はやはり、拘禁状態、効果的救済および子どもの権利に焦点を据えている。もっとも、ダブリン規則に基づく体制の特異性に鑑みて、拘禁の状態については、必要性および比例性の観点から明瞭なパラメーターを活用するとした。拘禁の執行は個別に判断するものとし、状況に応じて保証金の供託や住居指定等の緩やかな方法も検討するべきとしたのである[55]。実践報告はさらに、家族の結合の権利にも触れた。すなわち、扶養親族の再結合を義務化し、かつ、子どもの利益の観点から家族構成員の定義を拡大したことを強調している[56]。

指紋の比較についての規則案は、「ユーロダク規則」と呼ばれるものである。この法案について、実践報告は、国際的保護の申請者に関するデータを適切に消去する要請に言及している[57]。2000年に採択された現行のユーロダク規則は、加盟国間におけるデータの共有を促すものであった。今回の規則案では、個人データを保護する見地から、データ保持の方法と期間を制限

することに力点をおいたとしている[58]。

2　亡命庇護立法と基本権保護

　実践報告におけるこのような考察は、基本権に関する方法論の実行状況を、端的にではあるが的確に把握しているようにみえる。受け入れ状態指令案を例にとろう。指令案の本文においては、拘禁（8条）、被拘禁者の法的保証（9条）、拘禁の状態（10条）、特別な要請が求められる脆弱な立場にある人および集団（11条）についての4カ条を新たに設けている。さらには、未成年者の通学と教育（14条）、雇用（15条）、物資の受給条件（17条）、物資の受給方法（18条）、健康ケア（19条）、特別な要請のある人々のための一般原則（21条）、未成年者（22条）、付添い人なき未成年者（23条）、拷問と暴力の被害者（24条）、懇請（25条）に関する各条を、加筆修正している。いずれも、影響評価書と「解説のための覚書」に沿うかたちで基本権保護の強化を志向する内容となっている。

　特筆するべきは、同指令案に向けて作成された影響評価書である[59]。影響評価書では、法案の目的ならびに望ましい政策オプションを査定する中で、亡命要請者の基本権保護に特別の配慮を示そうとしている。第1に、彼らを拘禁する根拠、拘禁の状態と期間ならびに法的安全装置の問題性を、欧州人権裁判所の判例等を参照しながら詳細に分析している。第2には、脆弱な立場にある亡命要請者の保護について、健康ケアと住居の提供、教育機会の提供のほか、対応スタッフの訓練が不十分である現状を認める。これらの点を踏まえて、影響評価書は、国家次元における亡命要請者の受け入れ状態が不適切であるとした。「（指令）の実施に向けて加盟国に広範な裁量を与えていることが、EU基本権憲章、国連社会権規約、国連子どもの権利条約および国連拷問等禁止条約に定める基本権とは十分に両立しない政策を生んでいる」[60]。影響評価書がこのような関心を喚起することにより、われわれは法案の背景や目的をより容易に理解できるのである。

　自由・安全・公正分野におけるEU立法に着目した後、実践報告は、2007年3月に活動を開始した基本権庁に言及している。ここでは、立法発議の準備に際して同庁を活用する方針であることが確認される。そのうえで、緑書

やコミュニケーションの作成に向けても、同庁に関与を求めていく必要があるとするのである[61]。

なお、基本権の水準を維持するために立法を中断および撤回する決意についても、2005年4月のコミュニケーションに引き続いて明らかにしている。実践報告は、2005年に導入された方法論のさらなる強化を要請しながら、欧州委員会による立法発議という初期段階から「基本権の文化」が創造されるべきであると再び述べて括っている[62]。

第4節　欧州委員会の取り組みの評価

本章においては、これまで、憲章の基本権を順守するための欧州委員会の取り組みをみてきた。EU立法における基本権保護の観点からみれば、このような取り組みはいかに評価されうるのだろうか。

1　イギリス上院の分析

バローゾ欧州委員会が方法論を発表した直後からその分析に努めたのは、イギリス上院の欧州同盟委員会である。EUに関わる文書を考査するために任命される同委員会は、その下部委員会の調査に基づき、2005年11月に報告書をまとめている[63]。

報告において、欧州同盟委員会は、欧州委員会の取り組みを総論として歓迎した。先にみたプロディ委員会の2001年3月の提案に比して、状況の改善に寄与するであろうことも予測している。しかしながら、他方では、バローゾ委員会の方法論が不徹底なものであると指摘する。指摘をまとめれば、以下のようになる。

第1に、立法発議に付随する影響評価書について、すべての立法発議には付随していない現状に不満を呈しながら、従来の3類型では基本権を十分に検査できない可能性に論及する。従来の3類型とは、経済的影響、環境的影響および社会的影響のことであった。欧州同盟委員会は、基本権の十分なチェックに向けて、基本権に対する影響を専ら扱う4つ目の類型を別に設けるべき旨提言する[64]。

第2に、やはり立法発議に付随する「解説のための覚書」に関してである。この覚書を、EUの立法過程を通じてどのように更新していくのか検討の余地があるというのである。このように指摘したうえで、法案修正後も基本権の順守が確保されることを補足文書で説明することが望ましいとする[65]。

第3に、EU立法過程のあらゆる局面において欧州委員会が基本権を監視するには限界があるとする。欧州委員会は、立法過程においては通常、他機関や加盟国の利益調整を優先する。それゆえに、基本権に配慮する余裕を見いだすのは困難ではないかと分析するのである。このような見地から、欧州同盟委員会は、対策として欧州議会の内部委員会や外部の専門家のさらなる関与を促している[66]。

第4に、基本権の問題を潜在的に含んでいる立法をEU司法裁判所に提訴することは、まさしく究極の手段であり、手続きの面からは推奨できないとする。より好ましいのは、必要に応じて立法案を修正および撤回することであるとし、そのためには「基本権、差別禁止および機会平等に関する委員団」の活動が鍵となると考察している[67]。

第5に、イギリス国内の実践を想起しつつ、方法論が人権団体との定期的対話を制度化していないことに触れる。NGOsが問題を明確にし、かつ基本権を主張することができる仕組みを設ける必要があるとしている[68]。

欧州同盟委員会は、これらのほか、EU法を実施する加盟国の監視について方法論が述べていないことを確認する[69]。あるいは、設置が検討されていたEU基本権庁の権限を注視することにも言及するのである[70]。欧州同盟委員会の分析は、このように、2005年秋の早期に実施したわりに包括的なものとなっている。

2 欧州議会の市民的自由・司法内務委員会報告

理事会とともにEU立法機関の一角を担う、欧州議会の評価も紹介しておこう。これは、欧州議会の市民的自由・司法内務委員会が、2007年2月にバローゾ委員会の方法論に関する報告を作成したものである[71]。後に欧州議会本会議が採択したこの報告において、市民的自由・司法内務委員会はやは

り、バローゾ委員会の取り組みを歓迎している[72]。

　基本権に関するより効果的な検査を求めているのは、イギリス上院の委員会と同様である。基本権への影響のみを扱う第4の類型を影響評価書に設けること。独立した外部の人権機関をより関与させること。欧州委員会の提案に影響を受ける可能性のある市民団体等と協議すること。あるいは、基本権を侵害する修正が立法過程でなされた場合には法案を撤回するべきこと[73]。これらの要請は、イギリス上院の分析と重なるところであろう。

　しかしながら、それ以上に興味深いのは、基本権分野にさらに関与していくことを、報告の中で自ら決意していることである。すなわち、次のように述べている。「（欧州議会の）手続規則を改訂することによって、基本権に関わる立法や措置の帰結を市民的自由・司法内務委員会が監視できるようにする必要がある。同じく改訂することによって、EU条約6条および7条にしたがう責任を欧州議会が負えるようにする必要がある」[74]。この記述にいう「EU条約6条および7条にしたがう責任」とは、人権や民主主義といった「加盟国に共通する原則」に加盟国が違反するという脈絡において要請されるものである。本書第1章でみたように、「加盟国に共通する原則」に対する加盟国の違反やその危険をEUが確認するにあたり、欧州議会の関与がEU条約上求められているのである[75]。それとともに、市民的自由・司法内務委員会は、基本権に潜在的に影響する立法について、その帰結を自らが監視する必要性を提起したことになる。

　市民的自由・司法内務委員会によるこのような決意は、欧州議会が改訂した手続規則に反映された。改訂された手続規則中に、以下の規定が新たに設けられたのである。「この分野に責任のある院内委員会、一つの政治グループ、もしくは少なくとも40名の議員が、ある法案ないしその一部が欧州同盟基本権憲章に定める権利を順守していないと考える場合、その（彼らの）の要請にしたがって、憲章の解釈に責任のある院内委員会へと問題を付託するものとする」[76]。「この分野に責任のある院内委員会」とは、市民的自由・司法内務委員会、雇用・社会委員会および外務委員会をはじめとする各種の院内委員会を指す。「憲章の解釈に責任のある院内委員会」とは、主には法務委員会のことである。ここに欧州議会も、EU立法における基本権の監視

を強化しようとした。欧州委員会の試みが波及した結果であるとも捉えることができる。

イギリス上院と欧州議会の評価から察するに、バローゾ欧州委員会の取り組みは、概して肯定的な評価をえた。ただし、他方において、これら国内および欧州の機関が発する提言を、欧州委員会がどれだけ酌むかは不透明である。先にみたように、イギリス上院と欧州議会では、専ら基本権への影響に関する類型を影響評価書に設けるべきという声があった。このような声に対する欧州委員会の反応は、必ずしも能動的なものではない。主には、影響評価書では基本権の順守を法的に統制できないという理由からである[77]。双方の見解のいずれが適切であるかは、ここでは論じない。基本権順守の最適なあり方に向けた模索は、これからも続くことになる。

おわりに

本章では、EUの立法過程において基本権憲章がどのように順守されようとしているのかを、欧州委員会の取り組みを題材にしてみてきた。2000年に起草された憲章をEU立法に適用しようと試みたのは、プロディ委員会であった。プロディ委員会は、立法発議の説明欄と「解説のための覚書」において憲章に触れることを試みた。同委員会を引き継いだバローゾ委員会は、そのような試みを徹底しようとした。憲章の順守を監視するための方法論を構築しようとしたのである。影響評価書と「解説のための覚書」において基本権検査を充実させ、委員会内部における検査体制を整備し、あるいは外部との意思疎通を高めることが、その内容には含まれていた。

方法論の実行状況について、バローゾ委員会は、亡命庇護政策を報告事例として取り上げた。そこでは、亡命要請者の受け入れ状態、保護申請を考査する加盟国の特定および指紋の比較を主題とする3法案における憲章の監視状況が、考察されるところとなった。このような考察は、方法論の実践をある程度は的確に把握しているようであった。亡命庇護政策以外の分野における考察の進展が、今後は期待される。

それとともに鍵となるのは、欧州委員会外部との連携である。EUの立法

過程に及ぼしうる欧州委員会の影響力は、たしかに強大なものである。立法発議を行なうのみならず、修正案を提出し、あるいは理事会内での利益を調整することもしばしばである。しかしながら、欧州委員会が EU 立法のすべての局面を統轄しているわけではない。基本権分野における情報の共有や政策対話を、外部の行為主体――理事会、欧州議会および加盟国議会のほか、市民社会や人権団体も含まれる――といかに進めるかが問われることになる。

欧州委員会は、2009 年 1 月に影響評価書作成に当たっての新指針を公表した[78]。あるいは、2 期目を迎えたバローゾの欧州委員会では、「司法・基本権・市民権」担当の委員職を新たに設けた[79]。基本権憲章が法的拘束力をもつことになったのは、このような状況においてである。EU 立法において基本権憲章がもちうる意味は、憲章をめぐる判例研究等とともに、EU 人権政策の核心的な課題の一つになると予想される。

1) もっとも、第 1 に、超国家性について確立した定義が存在するわけではない。著名な定義としては、(1) 国家集団が全般的な共通利益を承認すること、(2) そのような利益を増進するために効果的な権限を創設すること、および (3) この権限が自立的なものであること、以上を超国家性の本質とするペスカトールの定義がある (Pierre Pescatore, *The Law of Integration, Emergence of a new phenomenon in international relations, based on the experience of the European Communities*, A. W. Sijthoff, 1974, pp. 49-52)。第 2 に、超国家性をいかなる動因に求めるかについても、見解の不一致がある。この不一致は、欧州委員会や EU 司法裁判所の日常業務に着眼するか (新機能主義)、あるいは EU の基本条約改定をめぐる政府間取引に焦点を当てるか (リベラル政府間主義) によって鮮明となる。鴨武彦『国際統合理論の研究』早稲田大学出版部、1985 年；Andrew Moravcsik, "Preferences and Power in the European Community: A Liberal Intergovernmentalist Approach," *Journal of Common Market Studies*, vol. 31, no. 4, 1993, pp. 507-517。国際政治学の観点から EC の超国家性に接近する文献には、たとえば K. J. ホルスティ (宮里政玄訳)『国際政治の理論』勁草書房、1972 年、第 16 章がある。

2) EU 運営条約 2 条 1 項。

3) 同上、2 条 2 項。

4) ここでは一括して「立法権限」としているが、立法される形態には実際は 5 つあ

る。規則（regulation）、指令（directive）、決定（decision）、勧告（recommendation）および意見（opinion）がそれである。EU運営条約によれば、規則は一般的な効力をもち、そのあらゆる要素につき義務的であり、かつすべての加盟国において直接適用される。指令は、達成されるべき結果については加盟国を拘束するものの、達成のための方式と手段の選択は加盟国当局に委ねられる。決定は、そのすべての要素について義務的であり、特定の受領者を宛先としているものについてはその受領者のみを拘束する。勧告および意見は、拘束力をもたないものである（288条、旧EC設立条約249条）。各形態の法的特質については、岡村堯『ヨーロッパ法』三省堂、2001年、180-190頁参照。

5) See e. g., David Coombes, *Politics and Bureaucracy in the European Community*, George Allen and Unwin, 1970, chap. 10.; Emile Noel, "The Commission's Power of Initiative," *Common Market Law Review*, vol.10, no. 3, 1973.; Neill Nugent, *The Government and Politics of the European Union*, seventh edition, Palgrave, 2010, chap. 8.

6) 欧州委員会は、立法発議を行なうのみでなく、統合を守護および推進するために欧州議会と理事会において調停者としての役割も担う。A. ダルトロップ（金丸輝男監訳）『ヨーロッパ共同体の政治』1984年、有斐閣、78-80頁。このような核心的な機能を負うがゆえに、欧州委員会はしばしば、EUにおける最大のロビイング対象にもなっている。Sonia Mazey and Jeremy Richardson, "The Commission and the lobby," in Geoffrey Edwards and David Spence (eds.) *The European Commission*, Longman, 1994.

7) 憲章の前文は、「基本権をより市民に目に見えるようにすることにより（…）基本権を強化する必要がある」と謳っている（前文4段）。

なお、憲章が法的拘束力をえるのは、2009年12月である。拘束力の付与を認めるリスボン条約が同月に発効したことによる。本章の対象は、憲章がまだ法的拘束力をもたない時期の取り組みであることにご留意いただきたい。

8) *Europe Daily Bulletins*, No. 7811, 2 October 2000.

9) ビトリーノ委員の代理を務めたのは、欧州委員会のオサリバン事務局長（D. O'Sullivan）であった。

10) *Commission Communication on the Charter of Fundamental Rights of the European Union*, COM (2000) 559final,13 September 2000.

11) *Communication from the Commission on the legal nature of the Charter of Fundamental Rights of the European Union*, COM (2000) 644final, 11 October 2000.

12) *Ibid*., para. 10.

13) *Application de la charte des droits fondamentaux de l'Union européenne :*

Communication de M. le President et de M. Vitorino, SEC (2001) 380/3, le 13 mars 2001.

14) なお、［権利XX］と［原則YY］の箇所は、［EU基本権憲章のXX条および（あるいは）YY条］の表記に代わることもありうるとした。*Ibid*.

15) "Directive 2002/73/EC of the European Parliament and of the Council of 23 September 2002 amending Council Directive 76/207/EEC on the implementation of the principle of equal treatment for men and women as regards access to employment, vocational training and promotion, and working conditions," O. J. No. L269, 5 October 2002, Recital (3).

16) "Regulation (EC) No2320/2002 of the European Parliament and of the Council of 16 December 2002 establishing common rules in the field of civil aviation security," O. J. No. L355, 16 December 2002, Recital (4).

17) "Directive 2002/58/EC of the European Parliament and of the Council of 12 July 2002 concerning the processing of personal data and the protection of privacy in the electronic communications sector (Directive on privacy and electronic communications)," O. J. No. L201, 31 July 2002, Recital (2).

18) "Regulation (EC) No1568/2003 of the European Parliament and of the Council of 15 July 2003 on aid to fight poverty diseases (HIV/AIDS, tuberculosis and malaria) in developing countries," O. J. No. L224, 6 September 2003, Recital (2).

19) "Council Decision of 30 September 2002 adopting a specific programme (Euratom) for research and training on nuclear energy (2002-2006)," O. J. No. L294, 29 October 2002, Recital (7). 記述は省略した箇所がある。

20) 本書序章第2節参照。

21) "Directive 2003/6/EC of the European Parliament and of the Council of 28 January 2003 on insider dealing and market manipulation (market abuse)," O. J. No. L96, 12 April 2003, Recital (44).

22) "Council Decision of 30 September 2002 adopting a specific programme for research, technological development and demonstration: 'structuring the European Research Area' (2002-2006)," O. J. No. L294, 29 October 2002, Recital (6) and Annex I(1).

23) "Commission Decision of 2 April 2003 relating to a proceeding pursuant to 81 of the EC Treaty (Case COMP/C. 38. 279/F3-French beef)," O. J. No. L209, 19 August 2003, 1 (112).

24) *Proposal for a Council Directive laying down minimum standards on the reception of applicants for asylum in Member States*, COM (2001) 181final, 3 April 2001, pp.

32-33, Art. 7.
25) *Ibid.*, p.12. 丸カッコ内は原文による。
26) *Ibid.*, p.44, Art.32.
27) *Ibid.*, p.25.
28) *Proposal for a Council Framework Decision on the European arrest warrant and the surrender procedures between Member States*, COM (2001) 522final/2, 25 September 2001.
29) *Ibid.*, pp.15-16.
30) *Ibid.*, p.37, Art.26 and 29.
31) *Ibid.*, p.17.
32) *Communication from the Commission : Compliance with the Charter of Fundamental Rights in Commission legislative proposals : Methodology for systematic and rigorous monitoring*, COM (2005) 172final, 27 April 2005.
33) 構成員は、委員長および副委員長のほか、次の8委員である。機関関係・コミュニケーション戦略担当委員、行政・監査・不正防止担当委員、情報社会・メディア担当委員、教員・訓練・文化・多言語主義担当委員、拡大政策担当委員、開発・人道援助担当委員、対外関係・欧州近隣政策担当委員、雇用・社会問題・機会均等担当委員。委員団の任務は、(1) 基本権、差別禁止、機会均等および少数者集団の社会的統合の分野において委員会の行動の一貫性を確保すること、ならびに (2) EC設立条約3条2項にしたがい、共同体の政策と行動に際してジェンダーの平等を確実に考慮することである。See, European Union Committee, *Human Rights Proofing EU Legislation : Report with Evidence*, 16th Report of Session 2005-06, November 2005, p. 30. see also, *Europe Daily Bulletins*, No. 8829, 18 November 2004.
34) *Communication from the Commission : Compliance with the Charter of Fundamental Rights in..., op. cit.*, p. 5.
35) *Communication from the Commission on Impact Assessment*, COM (2002) 276final, 5 June 2002.
36) *Commission Staff Working paper : Impact Assessment : Next Steps In support of competitiveness and sustainable development*, SEC (2004) 1377, 21 October 2004, pp. 11-15.
37) *Ibid.*, pp.11-12.
38) *Ibid.*, pp.13-15.
39) *Communication from the Commission : Compliance with the Charter of Fundamental Rights in..., op. cit.*, p. 5.
40) *Ibid.*, pp. 5-6.

41) *Ibid.*
42) 憲章 52 条については、本書第 7 章参照。
43) *Communication from the Commission, op. cit.*, p. 4.
44) *Ibid.*, pp. 4-7.
45) *Ibid.*
46) *Ibid.*, p. 7. 欧州委員会による法案の撤回ならびに EU 司法裁判所への提訴は、各々 EC 設立条約 230 条および 250 条 2 項を根拠とするものである。リスボン条約では加筆修正を経て、EU 運営条約 293 条と 263 条に移行した。
47) *Ibid.*, pp. 7-8.
48) *Report on the practical operation of the methodology for a systematic and rigorous monitoring of compliance with the Charter of Fundamental Rights*, COM (2009) 205, 29 April 2009.
49) *Ibid.*, pp. 2-3.
50) *Ibid.*, pp. 3-4.
51) *Ibid.*, p. 4.
52) *Ibid.*
53) *Ibid.*
54) *Ibid.*
55) *Ibid.*, p. 5.
56) *Ibid.*
57) *Ibid.*
58) *Proposal for a Regulation of the European Parliament and the Council concerning the establishment of 'Eurodac' for the comparison of fingerprints for the effective application of Regulation (EC) No [···/···] [establishing the criteria and mechanisms for determining the Member State responsible for examining an application for international protection lodged in one of the Member States by a third-country national or a stateless person] (Recast version)*, COM (2008) 825final, 3 December 2008, p. 5.
59) *Commission staff working document accompanying the Proposal for a Directive of the European Parliament and the Council laying down minimum standards for the reception of asylum seekers, Impact Assessment*, SEC (2008) 2944, 3 December 2008.
60) *Ibid.*, pp. 7-14.
61) *Report on the practical operation of the ..., op. cit.*, p. 8.
62) *Ibid.*, pp. 8-9.

63) 欧州同盟委員会は18名よりなり、7つの下部委員会をもつ。調査を担当したのは、法および制度に関するE委員会である。その他、経済・金融問題と国際貿易に関するA委員会、域内市場に関するB委員会、外国問題・防衛および開発政策に関するC委員会、環境と農業に関するD委員会、社会・消費者問題に関するF委員会が設置される。European Union Committee, *op. cit*., p. 2.

64) *Ibid*., para. 138, 139 and 141.

65) *Ibid*., para. 145.

66) *Ibid*., para. 86, 87, 149 and 150.

67) *Ibid*., para. 92, 94, 151 and 152.

68) *Ibid*., para. 124 and 155.

69) *Ibid*., para. 107 and 153.

70) *Ibid*., para. 116 and 154.

71) Commission des libertés civiles, de la justice et des affaires intérieures, *Rapport sur le respect de la Charte des droits fondamentaux dans les propositions législatives de la Commission : méthodologie pour un contrôle systématique et rigoureux* (2005/2169 (INI)) Rapporteur : Johannes Voggenhuber, FINAL A6-0034/2007, 12 février 2007. 欧州議会本会議は、修正を加えずにこの報告を採択している。*Résolution du Parlement européen du 15 mars 2007 sur le respect de la Charte des droits fondamentaux dans les propositions législatives de la Commission : méthodologie pour un contrôle systématique et rigoureux* (2005/2169 (INI)), P6_TA (2007) 0078, O. J. No. C301E, 13 décembre 2007.

72) *Ibid*., para. 3.

73) *Ibid*., para. 4, 11 12 and 16.

74) *Ibid*., para. 15.

75) 「加盟国に共通する原則」という概念は、リスボン条約により、EU条約2条において「EUの価値」へと再編された。この点、本書第1章「おわりに」および第9章を参照されたい。

76) *Rules of Procedure of the European Parliament, 7th parliamentary term-December 2009*, Rule 36.

77) *Rapport sur le respect de la Charte..., op. cit*., p. 6.

78) *Impact Assessment Guidelines*, SEC (2009) 92, 15 January 2009.

79) 初代委員に就任したのは、ルクセンブルクのレディング氏（V. Reding）である。副委員長を兼任する。ジャーナリストでもある氏は、欧州議会議員（1989-1999年）やルクセンブルク・キリスト教社会党副党首（1995-1999年）を歴任した後、欧州委員会において教育・文化・青年・メディア・スポーツ担当委員（1999-2004年）、情

報社会・メディア担当委員（2004-2009 年）を務めている。欧州委員会公式サイト（http://ec.europa.eu）参照。2010 年 7 月 1 日閲覧。

終　章

1　本書のまとめ

　本書では、EUがいかにして規範としての人権に向き合い、あるいはその人権政策を定立しようとしたかをみてきた。第Ⅰ部において焦点を当てたのは、アムステルダム条約以降のEU人権政策の展開であった。第Ⅱ部では、人権分野におけるEUの行動が国際社会においてもつ含意に着目した。第Ⅲ部では、欧州憲法条約およびリスボン条約を契機とする人権推進の構想について考察した。そして第Ⅳ部において、EUの立法行為における人権保護の取り組みをみた。

　本書は、EU人権政策の諸相を広く考察の対象としているわけではない。とりわけ、EUが活動する個別分野における人権の保護ないし救済については、ほとんど関心が及んでいない。というのも、「はじめに」で触れたように、本書の目的は、EU人権政策に向けた経緯を全般的に射程するところにあるからである。そのような関心に立ち戻った場合、EUと加盟国は、漸進的ながらも比較的順調に人権規範を共有してきた。この点は、本書を通じて明確になったといえる。EC/EUの意思決定が加盟国とその国民に影響を与えるにつれて、その決定の正当性という見地から人権保護に配慮することが要請された。途上国における人権侵害および東欧・地中海諸国のEU加盟という脈絡も、EU次元における人権政策の展開に与することになった。本書が取り上げた主題は、いずれも、このような状況変化に対するEUの反応ないし態様に関するものとなっている。EU条約への制裁条項と早期警戒条項の導入（第1章）。欧州人種主義・外国人排斥監視センターの設置（第2章）。「開かれた調整の方式」に基づく人権保護の実践と基本権庁の設置（第3章）。第三国に対するコンディショナリティの実行（第4章）。欧州審議会との関係構築（第5章）。「テロとの戦い」の下での人権侵害疑惑への対応（第6章）。基本権憲章に対する加盟国の認識（第7章）。基本権憲章に付随する

解説文の位置づけ（第8章）。人権尊重を含む「EUの価値」の再構成（第9章）。欧州人権条約へのEUの加入をめぐる論議（第10章）。EU立法過程において基本権憲章を順守する取り組み（第11章）。本書で取り上げたこれらの主題は、半世紀にわたり「深化」と「拡大」をみせてきたEUが人権保護問題と無関係ではいられない実状を示唆するものである。本書では、欧州統合が加盟国の近代国家としての性格を後退させていると仮定した（「はじめに」参照）。本書で概観したEUの人権政策は、その必然的な帰結として理解することができる。

　しかしながら、以上とともに、次の点を確認しなければならない。まず、本書でみたEUの人権政策が、当初には予期されなかった要素を含んでいることである。典型的な例は、ニース条約を契機に早期警戒条項を導入したことである。EU条約7条に規定された早期警戒条項は、第1章でみたように、加盟国オーストリアにおいて「極右」政党が入閣したことに起因する[1]。「極右」政党の入閣がなければ、当該条項はおそらくは導入されなかったであろう。それと同様に、基本権憲章がEUの基本条約から「切除」されることも、ほとんど想定されていなかったと思われる。本書の脈絡においてリスボン条約が史的意義をもつのは、それが「EU条約に等しい法的な価値」を憲章に与えたからである。とはいうものの、憲法条約が挫折したことにより、憲章がEUの基本条約に組み込まれるという展望はもはやなくなった（第7章参照）。このような展開は、いずれも不測の事態であり、EUの人権政策が必ずしも直線的には定立していないことを示すものである。

　人権保護のためのEUの実践は、質量ともに蓄積されつつあるものの、その多くが制度構築をめぐるものにとどまっている。このことも確認する必要があるだろう。人権等に違反する加盟国に制裁を科す規定の導入、基本権庁の設置、第三国との協定における人権条項の挿入、憲法条約に向けた基本権憲章への加筆、欧州人権条約への加入…。本書において着眼したこれらの取り組みは、人権保護のための姿勢を示しこそすれ、十分な連動性を確保できてはいない。たとえば、2007年に設置された基本権庁は、加盟国に対する制裁の手続きにも、あるいは第三国の状況分析にも関わらないことになっている。このような現状では、EUによる人権政策に一貫性が備わらないこと

も無理はない。一貫性のある人権政策の遂行を警戒する参加主体———一部の加盟国はその筆頭となりうる———もあろう中、EU 機関と加盟国機関を中心に、市民社会や人権 NGO の協働体制がどのように整えられるか。その態様を考証することが、EU 研究における核心的な課題の一つとなる。

2 EU 人権政策の総括：理想像をめぐって

EU の人権政策を総括する作業が容易ではないことは、以上から察することができるだろう。しかしながら、EU の人権政策を総括するうえでの最大の困難は、当該政策の在りようをめぐる認識が共有されていない点にある。何が、どのようにして、いかなる人権政策を策定し、かつ遂行していくべきであるのか。この点の認識に隔たりがあれば、当該政策に対する評価も自ずと異なることになる。

この点について参考になるのは、アルストンとワイラー (P. Alston and J. H. H. Weiler) が 1999 年に行なった提言である。ならびに、両名に対してボクダンディ (A. von Bogdandy) が翌 2000 年に行なった批判である。以下では、これらの内容を簡単に紹介しよう。

アルストンとワイラーの提言からみていきたい。アルストンが 1999 年に刊行した編著『EU と人権』の中で、両名は、「人権政策が必要な『より緊密な同盟』」と題する論文を発表した。そこにおいて両名は、EU による人権政策が要請される背景として、以下のものを挙げた[2]。(a) EU の枠組みを通じて有効に解決しうる問題領域が多数観察されている。人種主義的な行動が再び顕著になっていること。平等の規範が後退していること。さまざまな差別的形態が残存していること。不利な立場にある個人と集団が経済的および社会的権利を享受できていないこと。移民および亡命庇護希望者への対応に不備があること。犯罪容疑者への非人道的な処遇がみられること。これらの現象がそのような問題領域として含まれうる。(b) 世界政治の主たる行為者として信頼をえるために、EU は、人権、民主主義および法の支配の分野で責任を担うことが期待されている。(c) 経済通貨同盟による経済的自由の拡大に、従来の社会政策を適合させていく必要が認識されている。(d) 来たる EU 拡大に備えて、包括的な人権政策を設計することが要請さ

れている。(e) 世界経済のグローバル化とサービス分野における貿易の進展は、人権問題を解決するための各国政府の能力を弱めている。私生活の保護と平等を保障するためにも、EU による総合的で永続的な人権保護が求められている。(f) 司法内務協力分野で行政および立法の責任を負うにつれて、EU は、当該協力が影響を与える人間の諸権利も保護する必要に迫られている。このような背景を挙げたうえで、両名は、EU とその加盟国は「目に見える、体系的で包括的な行動」に取り組むべきであるとした[3]。

アルストンとワイラーによれば、このような人権政策を定立していくうえでの前提がある。それは、人権の不可分性を確認することであった。両名は、人権の不可分性に立脚しながら、人権促進に向けた法的基盤を基本条約において整備していくことを主張したのである。そのような課題には、人権保護に向けた EU 機関の使命を条約に明記することがあった。EU 司法裁判所への司法的アクセスを容易にし、欧州人種主義・外国人排斥監視センター（当時）の権限を強化することも必要であるとした。さらには、各種の国際人権文書に EU と加盟国が加入することを奨励する必要性を喚起する等したのである[4]。

以上にみたアルストンとワイラーの提言に異を唱えたのが、ボクダンディであった。ボクダンディは、「人権組織としての欧州同盟？ 人権と欧州同盟の中核」と題する論文を『共同市場法評論』誌上に発表した。そこにおいて氏が展開した議論は、次のような概要であった[5]。

第 1 に、人権分野において EU が指導的な役割を担うことは、必要でないばかりか、適切でもないとする。EU に付与されている権限とその活動形態は、政策分野によって相違している。したがって、「財産の権利、移動の自由、情報の自由、平等の問題、人種主義との戦いおよび女性の状況の改善までも包含するような一貫したアプローチを想像することは難しい」とする。あるいは、「消費者法、環境法、社会保障法および労働法の一部分を人権政策の一部分として捉えたところで仕方がない」とも述べる。そのような捉え方は、むしろ、「人権の実現を難解にしてしまうだけ」であると分析するのである[6]。

このような議論の根拠としてボクダンディが強調するのが、人権の不可分

性についての誤謬である。氏によれば、アルストンとワイラーが前提としている不可分性は、EUにおいては「論理的にも、教条的にも、あるいは歴史的にも」存在しえない。国家の憲法、EUの実践および欧州人権条約が、各々に異なる内容と手続きを備えることにそれは明らかであるとする。また、近年に起草された基本権憲章は、その前文がいうように、あくまでも「より基本権を目に見えるようにする」ための文書である。それは、不満足な現状をEUとして改善しようとする試みであるとは、単純にはいえないのである。このような見地から、氏は、「体系的で包括的な」人権政策をEU次元で実施することの必要性に疑念を呈するのである[7]。

　第2に、ボクダンディによれば、EUによる「体系的で包括的な」人権政策は、マーストリヒト条約以降EUにおいて採用されてきた補完性原理に抵触するものである。EU機関は、公的な言説に十分には埋め込まれておらず、民主主義に基づく正当性の点においても未熟である。このことから、「アイルランドにおける同性愛者の権利、あるいはフランスのコルシカ島における少数者の権利を強制できるだけの政治的および道徳的な影響力を、EUが備えているようにはみえない」のである。そうした現状の中、EUが合理性を欠く人権政策を率先しようとすれば、信用ある加盟国憲法によって保護されてきた権利の意義は危機に瀕する。加盟国の憲法裁判所が人権分野において担う役割も不明確となる。結果として、EU内における本来の法的政治的な均衡が崩れかねないと警告するのである[8]。

　ボクダンディは、このように述べたうえで、アルストンとワイラーの提言への対案を唱えている。「3重の基準」論がそれである。EUの人権政策を秩序立てるために、ここでは文字どおり3つの基準が呈示される。第1の基準は、EUの開発協力政策の枠内において、第三国との関係に適用される基準である。そこにおいて人権を考慮することは、内政不干渉原則の見地から、由々しき人権侵害が発生した場合のみに限るものとする。第2の基準は、EUが加盟国による一般的な人権保護を監視および統制する局面に適用される。もっとも、この局面では、国内の法秩序と政治文化における加盟国の機能に配慮することが求められる。それゆえ、加盟国の自立的な人権体制のために広範な余地を残す必要があるとするのである。そして第3の基準が、

EU機関およびEU法を実施する際の加盟国機関の行為に際して人権保護を確保するための基準である。この基準は、より厳格なものであり、EU司法裁判所による司法的救済を主には要請するものである。これら三つの基準を併用することによって、ボクダンディは、EUにおける人権保護が最大の効果を期待できるとするのである[9]。

　アルストンとワイラーならびにボクダンディの間には、EU人権政策の在りようをめぐる明らかな不一致をみてとれる。前者は、不可分の人権という前提にたつ体系的な政策を、EUを指導主体として想定するものであった。対して後者は、EUという、国家を超えた次元において人権不可分性が成立する余地を否定しながら、EUおよび加盟国双方の役割分担を礎とする人権政策を是とするのである。このような不一致は、両者が、少なくとも次の二つの点で理解を異にすることに由来していた。まずは、人権の不可分性に対する認識である。あらためて想起すれば、人権の不可分性とは、個人が享受する諸々の権利は本質的に分かちえないというものであった。人権がもつこのような性格はたしかに、非政府組織や法学者によって説得的に論じられてはいる[10]。とはいうものの、それは、EUにおいてはいまだ決然と承認されてはいない。たとえば、基本権憲章はたしかに、その前文において「同盟は（…）人間の尊厳、自由、平等および連帯という不可分で普遍的な価値を基礎とする」と述べる[11]。ここに憲章は、人間の尊厳、自由、平等および連帯の価値が不可分であることに言及している。しかし他方においては、「（EUと加盟国は）権利を尊重し、原則を守り、かつそれらの適用を促進する」という記述が憲章の本文にある[12]。そして、この記述に依拠しながら、憲章は、50カ条ある基本権規定のうち「原則を含みもつ規定」を区別して、これに異なる適用の枠組みを準備しているのである[13]。このような、ある意味で玉虫色といえる憲章の記述は、人権の不可分性をめぐる合意がEU次元において達成されていないことを物語るものである。

　理解をさらに異にしているのは、人権政策を遂行するうえでの基礎となる民主的正当性に関してであった。これは根源的には、超国家的な統治機構・EUが苦心する問題に由来していると捉えられる。EUがもつ制度と権限は、民主的に選出された加盟国の合意によって成り立っている。それにもかかわ

らず、EU機関による日常的な意思決定が民主主義を十分には保証していないことが論議の的となりうるのである。ボクダンディは、成熟した民主的正当性をもたないEUが決定を下すことに一般的な疑義を呈している。他方において、アルストンとワイラーは、EU次元における政策遂行の正当性を、より楽観視しているようにみえる。

　以上の脈絡にしたがえば、EU人権政策の総括を難しいものにしているのは、人権の不可分性やEUの民主的正当性に対する認識差ということになる。これをEUの近年の展開に当てれば、次のように評価することができる。アルストンとワイラーの観点からみれば、両名が提言した1999年以降の展開は、期待したほどではなかった。基本権憲章はたしかに法的拘束力をえたものの、その適用と解釈に向けて明瞭な取り決めがなされたとはいえない。憲章の適用についても、一部の加盟国に例外的な地位を与えることになっている。さらには、基本権庁という専門機関が設置されたとはいえ、その任務にはさまざまな制約がかされている。テロ容疑者の不法拘禁・移送疑惑に際しても、解明に向けて積極的な対応を示そうとしたのは一部のEU機関に限られていたのである。本書でみたこれらの展開は、両名にとっては満足のいくものではなかっただろう。他方において、ボクダンディからみれば、このような態様は、より納得できるものと思われる。ボクダンディは、EUが体系的な政策を導くという視点を要請していない。その意味において、EUにおける近年の展開は、ボクダンディが提唱した「3重の基準」を活用する環境に適してきたとさえ捉えられるのである。

3　グローバル世界におけるEUと「人間の権利」

　EUの人権政策を総括することの難しさは、以上にみたように、「民主的正当性が問われている」EUが、「その次元ではいまだ不可分性が確認されていない人権」について政策を求められるという状況に内在するものである。省みれば、EUの人権政策が要請される端緒は、欧州統合の正当性を維持するところにあった。本書の序章でみたように、EC司法裁判所の対応も、あるいは他のEC機関と首脳会議による決意表明も、統合を成功裏に導くことを一義的な動機としていた。ゆえに当該政策は、統合が安泰に進行し

さえすればその当初の役割を全うしているとも理解できるのである。上にみたボグダンディの説明は、このような理解と基本的に親和するものであろう。

ただし、当該政策において観察されてきた動態は、アルストンとワイラーの提言に象徴される言説なくしては起こりえなかったと仮定することができる。現在まで半世紀を超える欧州統合を俯瞰すれば、その道程は、EC/EUによる一元的ないし集権的な問題解決を求める勢力と、そのような解決方法を警戒する勢力の間の妥協の産物であった。そこにおいては、EC/EUによる問題解決を重視する前者の勢力が、しばしば鍵を握ってきたのである[14]。このような経過を本書の脈絡に接合すれば、両名の提言は明らかに意義をもつ。両名の提言に代表される思考があってこそ、EUの人権政策は息吹をえることが可能であった。翻って、ボグダンディの3重基準論は、当該政策を説明しかつ展望するうえで、たしかに鋭敏な視座を供している。とはいうものの、その論調は、本質的に受動的なものである。それが有効に意味づけられるのは、およそアルストンとワイラーの思考への対抗軸としてのみであるように思われる。それ自体が、独特の創作力の源泉になっているようにはみえない。

さらにいうなれば、アルストンとワイラーならびにボグダンディの間にみられる相違は、現代世界においてEUが発信する規範像をも左右するものである。アルストンとワイラーには、EUおよび欧州の枠を超える、よりグローバルな関心があった。EUの人権政策が要請される背景の一つとして、両名は、世界政治における行為者としての信頼性に言及していた。あるいは、経済のグローバル化に対峙する規範的枠組みとしてEUが有益であることを示唆していた。ボグダンディの議論からは、このような関心を看取することはできないのである。人権分野における加盟国の役割を軽視してもよいというつもりはない。しかしながら、EU条約が記すように、EUが「より広い世界との関係において、EUの価値と利益を主張および促進する」（3条）ことを目的に据えるのであれば、アルストンとワイラーの提言にみられる思考——気概と換言してもよいだろう——は不可欠であるように感じられる。

EU27カ国は、超国家的機構を構築することを通じて、主権国家としての

性質を自発的に解体させつつある。その中にあって、EU の人権政策は、国家と個人が従来有していた関係性を変質させる契機を孕んでいる。このような契機が欧州地域にとどまる特殊なものであると判断するだけの根拠を、筆者は現在のところもたない。

1) 本書第 1 章第 3 節参照。
2) Philip Alston and J. H. H. Weiler, "An 'Ever Closer Union' in Need of a Human Rights Policy: The European Union and Human Rights," in Philip Alston (ed.) with Mara Bustelo and James Heenan, *The EU and Human Rights*, Oxford University Press, 1999, pp. 14-18. 若干意訳した。
3) *Ibid*., p. 18.
4) *Ibid*.
5) Armin von Bogdandy, "The European Union as a Human Rights Organization? Human Rights and the Core of the European Union," *Common Market Law Review*, Vol. 37, 2000.
6) 以上については、see, *ibid*., pp. 1310-1316.
7) *Ibid*.
8) *Ibid*., pp. 1316-1318.
9) *Ibid*., pp. 1318-1320.
10) 申惠丰は、住居に対する権利ならびに食料に対する権利を例示して、経済的社会的権利にも自由権的な側面があると論じている。逆に、学問の自由、表現の自由および公正な裁判を受ける権利については、不干渉の義務のみならず、積極的な施策が国家には要請されるとする。申惠丰『人権条約上の国家の義務』日本評論社、1999 年、357-358 頁。
11) 基本権憲章前文 2 段。
12) 憲章 51 条 1 項。
13) 憲章 52 条 5 項。同項は、憲法条約草案を作成した「欧州の将来に関する諮問会議」によって追加された。詳細は、本書第 7 章第 2 節を参照されたい。
14) この点を歴史的に概観するものとして、Michael Burgess, *Federalism and European Union: the Building of Europe, 1950-2000*, Routledge, 2000.

資料1　EU機関の主な役職者(※)

欧州委員会委員長

(a) 欧州委員会の職務に当たり指針を策定すること、(b) 委員会が堅実、効果的かつ団結して行動できるように努めながら、その内部組織について決定すること、(c) 委員会委員の中から外務・安全保障政策上級代表以外の副委員長を任命すること、以上を任務とする。選任手続きについては、まず欧州理事会が、欧州議会議員選挙の結果を考慮して適切な協議をもった後、特定多数決によって候補者を提案する。その後、欧州議会の総議員の多数決によって選出されることになる。委員会の他の委員ならびに外務・安全保障政策上級代表は、委員長選出の後に選任される。欧州議会が非難動議を可決する場合には、委員会は総辞職しなければならない（以上、EU条約17条6項、7項および8項参照）。現在は、ポルトガル前首相のバローゾ氏（J. M. Barroso）が二期目を務めている。

欧州理事会議長

EU大統領と呼ばれることもある。(a) 欧州理事会の議長を務め、同理事会の作業を率先すること、(b) 欧州委員会委員長と協力し、かつ一般問題理事会の活動に依拠しながら、欧州理事会の作業の準備と継続に努めること、(c) 欧州理事会内の結束と総意形成に尽力すること、(d) 欧州理事会の各会合後に欧州議会に報告すること、以上を任務とする。さらに、共通外交・安全保障政策に関連する問題についてEUの対外的代表を、外務・安全保障政策上級代表の権限を侵害しない限りにおいて、その地位と能力に応じて確保するものとされる。選出するのは、特定多数決で行為する欧州理事会である。任期は2年半であり、1回の再任が可能である。国内の公職には就けない。支障あるいは重大な過失がある場合には、欧州理事会の特定多数決によって解任される（以上、EU条約15条5項および6項参照）。現在は、ベルギー前首相のファン・ロンパイ氏（H. Van Rompuy）が初代議長を務めている。

外務・安全保障政策上級代表

EU外相と呼ばれることもある。EUの共通外交・安全保障政策および共通安全保障・防衛政策を指導する。理事会の委任によって実行されるこれらの政策の展開に寄与する。外務理事会の議長を務めるとともに、欧州委員会副委員長として、EUの対外行動が一貫するように努める使命を負う。欧州委員会委員長の合

意をえた欧州理事会によって、特定多数決で任命される。同様の手続きで解任される（以上、EU 条約 18 条参照）。現職は、欧州委員会の前通商担当委員でイギリス上院枢密院議長も務めたアシュトン氏（C. Ashton）である。

理事会議長

従来は各加盟国が 6 カ月任期で持ち回る役職であった。理事会と欧州理事会を招集すること、共通外交・安全保障政策の決定に責任を負い、国際会議で EU の立場を明らかにすること、欧州議会に情報を提供すること、国際協定を交渉すること、基本条約改定に向けて加盟国政府代表者会議を招集すること、欧州中央銀行の運営評議会に参加すること等が任務であった（以上、旧 EU 条約 4 条、18 条、21 条、24 条、48 条、旧 EC 設立条約 113 条、203 条および 204 条ほかを参照）。リスボン条約によって、その任務の多くは欧州理事会議長と外務・安全保障政策上級代表が負うことになった。結果として、外務理事会を除く理事会の議長を務めることに限定されている。現在は 2020 年上半期までの議長国が決まっている（以上、EU 条約 16 条 9 項および『2009 年 12 月 1 日の理事会決定』O. J. No. L322, 9 December 2009 参照）。

欧州議会議長

欧州議会議員間で、他の役員とともに絶対多数決により互選される。欧州議会の運営を指導して、その本会議を開会、延期および閉会すること、法案修正の受理可能性や理事会および欧州委員会への質問の実施等につき判断すること、立法ないし予算編成に向けた理事会との調停委員会を招集すること、国際関係において同議会を代表すること、予算手続きの下で招集される理事会議長および委員会委員長との定例会議に参加すること等を任務とする。欧州理事会によって聴聞に招かれることもある（以上、EU 条約 14 条 4 項、EU 運営条約 235 条 2 項、294 条 8 項、314 条 4 項、324 条および欧州議会規則（*Règlement du Parlement européen*）2009 年 7 月版 20 条参照）。現職は、ポーランド元首相で欧州人民党に所属するブゼク氏（J. Buzek）である。

※ 選任手続きおよび現職は、2009 年 12 月現在のものである。各機関の任務、権限および構成については、鷲江義勝編著『リスボン条約による欧州統合の新展開』ミネルヴァ書房、2009 年を参照されたい。

資料2 EUのエージェンシー（2010年1月現在）

名称	略称	所在地（カッコ内は国名）	設置年
（1）ECを設置主体とするもの（※1）			
欧州職業訓練開発センター	Cedefop	テッサロニキ（ギリシャ）（※2）	1975
欧州生活・労働条件改善基金	EUROFOUND	ダブリン（アイルランド）	〃
欧州環境庁	EEA	コペンハーゲン（デンマーク）	1990
欧州訓練基金	ETF	トリノ（イタリア）	〃
欧州薬物・薬物依存監視センター	EMCDDA	リスボン（ポルトガル）	1993
欧州医薬品評価庁	EMEA	カナリーウォーフ（イギリス）	〃
域内市場調整局	OHIM	アリカンテ（スペイン）	〃
欧州労働安全保健庁	EU-OSHA	ビルバオ（スペイン）	1994
共同体植物品種権事務所	CPVO	アンジェ（フランス）	〃
欧州諸機関翻訳センター	CdT	ルクセンブルク	〃
欧州人種主義・外国人排斥監視センター	EUMC	ウィーン（オーストリア）	1997
欧州復興庁（※3）	EAR	テッサロニキ（ギリシャ）	2000
欧州食料安全庁	EFSA	パルマ（イタリア）	2002
欧州海事安全庁	EMSA	リスボン（ポルトガル）	〃
欧州航空安全庁	EASA	ブリュッセル（ベルギー）	〃
欧州ネットワーク・情報安全庁	ENISA	ヘラクリオン（ギリシャ）	2004
欧州対外国境協力管理庁	FRONTEX	ワルシャワ（ポーランド）	〃
欧州病気予防監督センター	ECDC	ストックホルム（スウェーデン）	〃
欧州全地球的航法衛星システム監督機関	GSA	ブリュッセル（ベルギー）	〃
欧州鉄道庁	ERA	バランシエンヌ（フランス）	〃
共同体漁業統制庁	CFCA	ビゴ（スペイン）	2005
欧州化学物質品庁	ECHA	ヘルシンキ（フィンランド）	2007
EU基本権庁（※4）	FRA	ウィーン（オーストリア）	〃

資料2　EUのエージェンシー（2010年1月現在）

欧州ジェンダー平等研究所	（設置準備中）		
(2) 共通外交・安全保障政策（CFSP）の枠組みで設置されたもの			
欧州安全保障研究所	ISS	パリ（フランス）	2002
EU衛星センター	EUSC	トレホン・デ・アルドス（スペイン）	〃
欧州防衛庁	EDA	ブリュッセル（ベルギー）	2004
(3) 刑事問題における警察・司法協力（旧：司法内務協力）の枠組みで設置されたもの			
欧州刑事警察機構	Europol	ハーグ（オランダ）	1992
EU司法協力部門	Eurojust	〃	2002
欧州警察大学校	CEPOL	ハンプシア（イギリス）	2005
(4) 行政エージェンシー（※5)			
健康・消費者行政庁	EAHC	ルクセンブルク	2005
教育・オーディオビジュアル・文化行政庁	EACEA	ブリュッセル（ベルギー）	2006
欧州横断運輸網行政庁	TEN-T EA	〃	〃
欧州研究審議会行政庁	ERC	〃	2007
競争・刷新行政庁（※6)	EACI	〃	〃
研究行政庁	REA	〃	〃
(5) ユーラトムのエージェンシーと機関			
エネルギー融合	－	バルセロナ（スペイン）	2007
ユーラトム供給庁	ESA	ルクセンブルク	2008
(6) その他			
欧州革新技術研究所	EIT	ブダペスト（ハンガリー）	2008

※1　(1)～(6) の分類は、ニース条約発効時のものである。
※2　1994年に移転するまではベルリン（ドイツ）にあった。
※3　任務の終了により、2008年に活動を停止している。
※4　1997年に設置された欧州人種主義・外国人排斥監視センターが前身である。
※5　理事会規則58/2003号にしたがい設置される。
※6　2003年に設置された知的エネルギー行政庁が前身である。

出所："Institutions and bodies of the European Union", http://europa.eu/about-eu/institutions-bodies/index_en.htm.

資料3　人権文書への加盟国別加入状況（2005年3月現在）

文書名	1998年以降に加入	未加入
国際連合		
人種差別撤廃条約（1965）（※1）	IE（※2）	—
自由権規約第1追加議定書（1966）	—	—UK
拷問等禁止条約（1984）	BE、IE	—
自由権規約第2追加議定書（1989）	BE、UK	FR
欧州審議会（欧州人権条約関連）		
第4議定書（1963）	—	EL、ES、UK
第6議定書（1983）	BE、EL、UK	—
第7議定書（1984）	IE、PT	BE、DE、ES、NL、UK
欧州審議会（欧州社会憲章関連）		
追加議定書（1988）	BE、EL、ES	AT、DE、FR、IE、LU、PT、UK
改定議定書（1991）	BE、ES	DE、DK、LU、UK
申立て制度導入追加議定書（1995）	BE、FI、FR、EL、IE、IT、PT、SE	AT、DE、DK、ES、LU、NL、UK
憲章見直し（1996）	BE、FI、FR、IE、IT、PT、SE	AT、DE、DK、EL、ES、LU、NL、UK
欧州審議会（少数者等）		
欧州地域・少数者言語憲章（1992）	AT、DE、DK、ES、FI、NL、SE、UK	BE、EL、FR、IE、IT、LU、PT
民族的少数者保護枠組み規約（1995）	AT、DE、DK、ES、FI、IE、IT、PT、SE、UK	BE、EL、FR、LU、NL

※1　丸カッコ内は採択された年である。なお、欧州審議会の改定議定書のみ2005年3月現在未発効である。
※2　国名は、以下のように略した。AT：オーストリア、BE：ベルギー、DE：ドイツ、DK：デンマーク、EL：ギリシャ、ES：スペイン、FI：フィンランド、FR：フランス、

332　資料3　人権文書への加盟国別加入状況（2005年3月現在）

IE：アイルランド、IT：イタリア、LU：ルクセンブルク、NL：オランダ、PT：ポルトガル、SE：スウェーデン、UK：イギリス。2004年以降に新規加盟した諸国は除外した。

出所：国際連合人権高等弁務官事務所（www.ohchr.org/english）、ミネソタ大学人権ライブラリー（www1.umn.edu/humanrts）および欧州審議会（www.coe.int）サイトのデータから作成。

参考文献

日本語文献

アムネスティ・インターナショナル日本編『グアンタナモ収容所で何が起きているのか』合同出版、2007年。

新井京「『テロとの戦争』と武力紛争法─捕虜資格をめぐって」『法律時報』74巻6号、2002年。

有賀貞編『アメリカ外交と人権』日本国際問題研究所、1992年。

イェリネク（芦部信喜・小林孝輔・和田秀夫訳者代表）『一般国家学』第2版、学陽書房、1976年。

石井修「米国の人権外交の理念と現実」『国際問題』363号、1990年。

石垣泰司「9・11事件以後における人の国際移動に関する法規制の変容と人権問題─展開する国際テロ対策法制の特徴と問題点─」『東海法学』29号、2003年。

石垣泰司「欧州統合と対テロ政策─EU対テロ政策形成過程における加盟国、欧州委員会および欧州議会の役割─」『日本EU学会年報』27号、2007年。

石川明・櫻井雅夫編『EUの法的課題』慶應義塾大学出版会、1999年。

イーデン、A.（湯浅義正・町野武訳）『イーデン回顧録Ⅰ』みすず書房、1960年。

伊藤洋一「EU基本権憲章の背景と意義」『法律時報』74巻4号、2002年。

伊藤洋一「EC法の国内法に対する優越」1・2・3『法学教室』264号、265号、266号、2002年。

井上達夫「リベラル・デモクラシーと「アジア的価値」」大沼保昭編著『東亜の構想』筑摩書房、2000年。

今井直「国際法における拷問禁止規範の現在」拷問等禁止条約の国内実施に関する研究会編著、村井敏邦・今井直監修『拷問等禁止条約をめぐる世界と日本の人権』明石書店、2007年。

梅川正美・阪野智一・力久昌幸編著『現代イギリス政治』成文堂、2006年。

梅津實「EUとイギリス議会」『同志社法学』59巻2号、2007年。

江島晶子『人権保障の新局面─ヨーロッパ人権条約とイギリス憲法の共生─』日本評論社、2002年。

遠藤乾「ポスト主権の政治思想─ヨーロッパ連合における補完性原理の可能性─」『思想』945号、2003年。

遠藤乾編『ヨーロッパ統合史』名古屋大学出版会、2008年。

大隈宏「「政策対話」をめぐる南北間の確執」『国際法外交雑誌』87巻3号、1988年。

大隈宏「ロメ協定と人権コンディショナリティ」成城大学法学会編『21世紀を展望する

法学と政治学』信山社、1999 年。
大沢秀介「アメリカのテロ対策と人権問題」『国際問題』526 号、2004 年。
大谷良雄「ヨーロッパ共同体法と西ドイツ連邦基本法との関係―西ドイツ連邦憲法裁判所 1974 年 5 月 29 日の判決を中心に―」『商学討究』(小樽商科大学) 26 巻 1 号、1975 年。
大谷良雄「ヨーロッパ共同体裁判所における ADVOCAT GÉNÉRAL の機能」『商学討究』(小樽商科大学) 28 巻 2 号、1977 年。
大谷良雄「ヨーロッパ共同体の国際協定締結権に関する一考察：A. E. T. R 事件を中心に」『商学討究』(小樽商科大学) 27 巻 3/4 号、1977 年。
大谷良雄『概説 EC 法』有斐閣、1982 年。
大貫啓行「反テロ戦争下の人権に関する備忘録」『麗澤経済研究』13 巻 1 号、2005 年。
大沼保昭『人権、国家、文明―普遍主義的人権観から文際的人権観へ―』筑摩書房、1998 年。
大平剛『国連開発援助の変容と国際政治』有信堂、2008 年。
岡村堯『ヨーロッパ法』三省堂、2001 年。
小場瀬琢磨「EU 域内市場の基本的自由の基本権への収斂化」『早稲田法学会誌』55 巻、2005 年。
小畑郁「欧州審議会の人権保障活動と中東欧」『外国学研究』(神戸市外国語大学) 32 号、1994 年。
小畑郁「第 14 議定書によるヨーロッパ人権条約実施規定等の改正」『法政論集』(名古屋大学) 205 号、2004 年。
戒能通厚編『現代イギリス法事典』新世社、2003 年。
門田孝「欧州人権条約と「評価の余地」の理論」櫻井雅夫編集代表『EU 法・ヨーロッパ法の諸問題』信山社、2002 年。
金田近二編『国際経済条約集』ダイヤモンド社、1965 年。
金丸輝男『ヨーロッパ議会』成文堂、1982 年。
金丸輝男「EEC の政策決定過程における多数決方式と「一括処理」方式」『国際政治』77 号、1984 年。
金丸輝男「国際政治の把握」太田雅夫・金丸輝男編『政治学への視点』法律文化社、1984 年。
金丸輝男編著『EC 欧州統合の現在』創元社、1987 年。
金丸輝男編『EU とは何か』ジェトロ、1994 年。
金丸輝男編『ヨーロッパ統合の政治史』有斐閣、1994 年。
金丸輝男「欧州同盟（European Union）と国家主権」『同志社法学』49 巻 3 号、1998 年。
金丸輝男編『EU アムステルダム条約』ジェトロ、2000 年。
鴨武彦『国際統合理論の研究』早稲田大学出版部、1985 年。

川崎晴朗「欧州評議会（CE）の加盟国・準加盟国・オブザーバー等について」『外務省調査月報』1997年度3号、1997年。

北村泰三「ヨーロッパ人権条約と国家の裁量―評価の余地に関する人権裁判所判例を契機として―」『法学新報』（中央大学）88巻7・8号、1981年。

クアンユー、L.（古川栄一訳）「人権外交は間違っている」『諸君！』9月号、1993年。

葛野尋之「反テロリズム法における安全保障と人権―無期限拘禁処分に関するイギリス貴族院の違憲判決をめぐって―」『立命館法学』311号、2007年。

熊谷卓「対テロ戦争と国際人権法―グアンタナモの被拘束者に対する市民的および政治的権利に関する国際規約（自由権規約）の適用可能性」『広島法学』29巻2号、2005年。

倉持孝司『イギリスにおける市民的自由の法構造』日本評論社、2001年。

グラント、C.（伴野文男訳）『EUを創った男：ドロール時代十年の秘録』日本放送出版協会、1995年。

黒神聰『1953・3・10 欧州政治共同体構想』成文堂、1981年。

香西茂・安藤仁介編『国際機構条約・資料集』東信堂、1986年。

児玉昌己『欧州議会と欧州統合』成文堂、2004年。

小林勝「欧州連合基本権憲章について」『中央学院大学法学論叢』14巻1・2号、2001年。

齊藤正彰「国法体系における憲法と条約（2）―EC法とドイツ基本法の関係を手がかりとして―」『北大法学論集』51巻1号、2000年。

齊藤正彰「国法体系における憲法と条約（3）―EC法とドイツ基本法の関係を手がかりとして―」『北大法学論集』51巻3号、2000年。

坂本進『ヨーロッパ統合とキリスト教』新評論、2004年。

佐藤進『EU社会政策の展開』法律文化社、2006年。

澤田昭夫「補完性原理 The Principle of Subsidiarity：分権主義的原理か集権主義的原理か？」『日本EC学会年報』12号、1992年。

柴山恵美子・中曽根佐織編著『EUの男女均等政策』日本評論社、2004年。

清水貞俊『欧州統合への道：ECからEUへ』ミネルヴァ書房、1998年。

シモニデス、J.（横田洋三監修、秋月弘子・滝澤美佐子・富田麻理・望月康恵訳）『国際人権法マニュアル』明石書店、2004年。

シューマン、R.（上原和夫、杉辺利英訳）『ヨーロッパ復興』朝日新聞社、1964年。

庄司克宏「ECにおける人権保護政策の展開」『国際政治』94号、1990年。

庄司克宏「欧州共同体における基本権の保護―「人権共同宣言」の採択と意義―」石川明編著『EC統合の法的側面』成文堂、1993年。

庄司克宏（1993）「EC裁判所における基本権（人権）保護の展開」『国際法外交雑誌』92巻3号。

庄司克宏（2000）「欧州人権裁判所とEU法―マシューズ判決（欧州人権裁判所）の概要

—」(1)(2)『横浜国際経済法学』(横浜国立大学) 8 巻 3 号、9 巻 1 号、2000 年。
申惠丰『人権条約上の国家の義務』日本評論社、1999 年。
須網隆夫『ヨーロッパ経済法』新世社、1997 年。
須網隆夫 (2007)「地域的国際機構と国際テロリズム規制―EU による国際テロへの法的対応と課題―」『国際法外交雑誌』106 巻 1 号、2007 年。
杉原泰雄『人権の歴史』岩波書店、1992 年。
セン、A.(石塚雅彦訳)『自由と経済開発』日本経済新聞社、2000 年。
高島忠義『ロメ協定と開発の国際法』成文堂、1991 年。
高野雄一『国際組織法・新版』有斐閣、1975 年。
高橋悠「基本権の保護とヨーロッパ共同体―ヨーロッパ人権保護条約へのヨーロッパ共同体の加入に関する委員会覚書を中心として―」『同志社法学』33 巻 6 号、1982 年。
タキトゥス(国原吉之助訳)『タキトゥス』世界古典文学全集 22 巻、1965 年。
竹中康之「EU における障害者差別禁止法制の展開と課題」『同志社大学ワールドワイドビジネスレビュー』3 巻 2 号、2002 年。
辰巳浅嗣『EU の外交・安全保障政策』成文堂、2001 年。
辰巳浅嗣編著『EU 欧州統合の現在』創元社、2004 年。
田中俊郎『EU の政治』岩波書店、1998 年。
田中俊郎・庄司克宏編『EU と市民』慶應義塾大学出版会、2005 年。
谷本冶三郎「基本的権利に関する欧州連合憲章草案」『阪経法論』(大阪経済法科大学) 48 号、2000 年。
田畑茂二郎『人権と国際法』日本評論新社、1952 年。
田村悦一「EC 裁判所における基本権の保障」『日本 EC 学会年報』5 号、1985 年。
田村悦一『EC 行政法の展開』有斐閣、1987 年。
ダルトロップ、A.(金丸輝男監訳)『ヨーロッパ共同体の政治』有斐閣、1984 年。
土谷岳史「EU シティズンシップとネイション―ステート―セキュリティ、平等、社会的連帯―」『慶應法学』4 号、2006 年。
テラス、C.(吉田徹訳)「欧州カトリック勢力のロビー活動」『ルモンド・ディプロマティーク』1 月号、2004 年。
ド・ヴェル「民主主義と人権―国連と欧州評議会の経験―」『国際人権』(国際人権法学会) 7 号、1996 年。
トマチェフスキー、K.(宮崎繁樹、久保田洋監訳)『開発援助と人権』国際書院、1992 年。
富川尚「首脳会議の制度化と連合的リーダーシップ (Coalition Leadership)」『同志社法学』52 巻 4 号、2000 年。
中坂恵美子「ヨーロッパ統合における人の自由移動―ヨーロッパ市民権創設以降の居住の

権利―」『法政論集』（名古屋大学）202 号、2004 年。
中西優美子「欧州憲法条約草案における EU 基本権憲章―起草過程を中心に―」『海外事情』10 月号、2003 年。
中西優美子「欧州憲法条約における脱退条項」『国際法外交雑誌』103 巻 4 号、2005 年。
中西優美子「EC の欧州人権条約への加盟」中村民雄・須網隆夫編『EU 法基本判例集』日本評論社、2007 年。
中原喜一郎「欧州議会と欧州政党」『国際政治』59 号、1978 年。
中原喜一郎「欧州議会の対外関係」『日本 EC 学会年報』4 号、1984 年。
中村健吾『欧州統合と近代国家の変容：EU の多次元的ネットワーク・ガバナンス』昭和堂、2005 年。
中村民雄『イギリス憲法と EC 法』東京大学出版会、1993 年。
中村民雄『欧州憲法条約：解説と翻訳』衆憲資 56 号、衆議院憲法調査会事務局、2004 年。
中村民雄編『EU 研究の新地平：前例なき政体への接近』ミネルヴァ書房、2005 年。
中村民雄・須網隆夫編著『EU 法基本判例集』日本評論社、2007 年。
日本国際政治学会編「冷戦の終焉とヨーロッパ」『国際政治』157 号、2009 年。
バーゲンソル、T.（小寺初世子訳）『国際人権法入門』東信堂、1999 年。
間寧「外圧と民主化」『現代の中東』33 号、2002 年。
八谷まち子「コミトロジー考察―だれが欧州統合を実施するのか―」『政治研究』（九州大学）46 号、1999 年。
八谷まち子「EU の「加盟基準」とトルコ：加盟候補国への途」『EU 法の現状と発展』信山社、2001 年。
八谷まち子編『EU 拡大のフロンティア：トルコとの対話』信山社、2007 年。
羽場久美子「EU・NATO の拡大とイラク戦争」大芝亮・山内進編著『衝突と和解のヨーロッパ』ミネルヴァ書房、2007 年。
バラッサ、B.（中島正信訳）『経済統合の理論』ダイヤモンド社、1963 年。
引馬知子「「雇用均等一般枠組指令」の障害規定と EU 加盟国への移行」『世界の労働』57 巻 7 号、2007 年。
引馬知子「EU の障害者の人権保障の法的取り組みと雇用施策の現状」『調査研究報告書』81 号、障害者職業総合センター、2007 年。
広部和也「条約法に関するウィーン条約」小田滋、石本泰雄編集代表『解説条約集』第 9 版、三省堂、2001 年。
福田耕治『EC 行政構造と政策過程』成文堂、1992 年。
福田耕治「欧州憲法条約と EU 社会政策における「開放型調整方式（OMC）」」『同志社大学ワールドワイドビジネスレビュー』6 巻 1 号、2005 年。

福田耕治編『欧州憲法条約と EU 統合の行方』早稲田大学出版部、2006 年。
福田耕治編『EU とグローバル・ガバナンス』早稲田大学出版部、2009 年。
福田耕治編『EU・欧州統合研究』成文堂、2009 年。
プレ、A.、J. P. コット編（中原喜一郎、斎藤惠彦監訳）『コマンテール国際連合憲章』上・下巻、東京書籍、1993 年。
ホルスティ、K. J.（宮里政玄訳）『国際政治の理論』勁草書房、1972 年。
前田啓一『EU の開発援助政策』御茶の水書房、2000 年。
松井芳郎・薬師寺公夫・坂元茂樹・小畑郁・徳川信治編『国際人権条約・宣言集』第 3 版、東信堂、2005 年。
宮崎繁樹「ストラスブール機構とヨーロッパにおける人権の国際的保障について」『法律論叢』（明治大学）35 巻、1962 年。
宮本光雄『国民国家と国家連邦：欧州国際統合の将来』国際書院、2002 年。
薬師寺公夫「人権条約の解釈・適用紛争と国際裁判—ヨーロッパ新人権裁判所への移行—」杉原高嶺編『小田滋先生古稀祝賀　紛争解決の国際法』三省堂、1997 年。
安江則子『ヨーロッパ市民権の誕生—マーストリヒトからの出発—』丸善ライブラリー、1992 年。
安江則子「オーストリア極右政党の政権入りと EU」『国会月報』2000 年 4 月、2000 年。
安江則子『欧州公共圏：EU デモクラシーの制度デザイン』慶應義塾大学出版会、2007 年。
山内麻貴子「欧州審議会の民主的安全保障を背景とした新しい政治的役割」『同志社法学』282 号、2002 年。
山影進『対立と共存の国際理論』東京大学出版会、1994 年。
山口和人「欧州連合基本権憲章逐条解説」『外国の立法』211 号、2002 年。
山根裕子『新版 EU/EC 法』有信堂、1995 年。
山本直「歴史的制度主義による EU 分析の特徴と諸問題—加盟国政府の自律性をめぐって—」『同志社法学』52 巻 4 号、2000 年。
山本直「EU 東方拡大過程の胎動とフランス・ミッテラン政権—歴史的制度論の視点から—」『同志社法学』53 巻 1 号、2001 年。
山本直「欧州審議会と EU」『同志社大学ワールドワイドビジネスレビュー』2 巻 2 号、2001 年。
山本直「EU における人権と民主主義—コンディショナリティを題材にして—」『日本 EU 学会年報』22 号、2002 年。
山本直「EU と民主主義原則—EU 条約 7 条をめぐって—」『同志社法学』53 巻 6 号、2002 年。
山本直「EU における反汚職（anti-corruption）」『同志社大学ワールドワイドビジネスレ

ビュー』3 巻 2 号、2002 年。

山本直「国際人権と国家の自律性―死刑廃止外交を題材にして―」辰巳浅嗣・鷲江義勝編著所収、2003 年。

山本直「EU の対加盟国制裁権限―欧州議会および欧州政党の対応を中心にして―」『阪南論集』（社会科学編）39 巻 2 号、2004 年。

山本直「対途上国政策」辰巳浅嗣編著所収、2004 年。

山本直「欧州人種主義・外国人排斥監視センター（EUMC）の設立と機能」『北九州市立大学外国語学部紀要』112 号、2005 年。

山本直「欧州憲法条約における EU の価値―第 I-2 条の導入過程と展望―」『同志社大学ワールドワイドビジネスレビュー』6 巻 2 号、2005 年。

山本直「EU における基本権保護の新展開―「開かれた調整方式」から「EU 基本権庁」設置へ―」『同志社大学ワールドワイドビジネスレビュー』7 巻 2 号、2006 年。

山本直「EU における人権保護の展開」『北九州市立大学外国語学部紀要』117 号、2006 年。

山本直「現代ヨーロッパにおける「テロとの戦い」と人権の保護―CIA テロ容疑者不法拘禁・移送疑惑への対応を題材にして―」『北九州市立大学外国語学部紀要』121 号、2008 年。

山本直「EU 基本権憲章の起草とイギリス」福田耕治編『EU とグローバル・ガバナンス』所収、2009 年。

山本直「EU 基本権憲章における『解説文』の作成と意義」『公益学研究』日本公益学会、9 巻 1 号、2009 年。

山本直「欧州人権条約への EU の加入についてのノート―欧州憲法条約における展開―」『同志社大学ワールドワイドビジネスレビュー』10 巻、欧州研究特集号、2009 年。

ワイラー、J. H. H.（南義清、広部和也、荒木教夫訳著）『ヨーロッパの変容：EC 憲法体制の形成』北樹出版、1998 年。

鷲江義勝編著『リスボン条約による欧州統合の新展開』ミネルヴァ書房、2009 年。

鷲江義勝・久門宏子・山内麻貴子・山本直「ニース条約による欧州同盟（EU）条約および欧州共同体（EC）設立条約の改定に関する考察（1）（2・完）」『同志社法学』53 巻 2 号、53 巻 3 号、2001 年。

渡邊啓貴「欧州憲法条約の批准を否決したフランスの国民投票」『日本 EU 学会年報』26 号、2006 年。

力久昌幸『イギリスの選択：欧州統合と政党政治』木鐸社、1996 年。

力久昌幸『ユーロとイギリス：欧州通貨統合をめぐる二大政党の政治制度戦略』木鐸社、2003 年。

レイノルズ、P. A.（村上公敏、金丸輝男、荒岡興太郎訳）『国際関係の分析』ミネルヴァ

書房、1975 年。

レス、G.（入稲福智訳）「EU 基本権憲章と権利保護」『平成法政研究』（平成国際大学）6 巻 2 号、2002 年。

外国語文献

Ahmed, Tawhida and Israel de Jesús Butler, "The European Union and Human Rights: An International Law Perspective," *The European Journal of International Law*, vol. 17, no. 4, 2006.

Alhadeff, Giampiero and Suzanne Summer, "A Clarion Voice for Human Rights," in Feus, 2000.

Alston, Philip (ed.) with Mara Bustelo and James Heenan, *The EU and Human Rights*, Oxford University Press, 1999.

Alston, Philip and J.H.H.Weiler, "An 'Ever Closer Union' in Need of a Human Rights Policy : The European Union and Human Rights," in Alston, 1999.

Alston, Philip and Olivier de Schutter (eds.) *Monitoring Fundamental Rights in the EU : The Contribution of the Fundamental Rights Agency*, Hart Publishing, 2005.

Amnesty International, "'Rendition' and secret detention : A global system of human rights violations Questions and Answers," *Amnesty International January 2006*, 2006.

Arai-Takahashi Yutaka, " 'Scrupulous but Dynamic' -the Freedom of Expression and the Principle of Proportionality under European Community Law," *Yearbook of European Law*, no. 24, 2005.

Arnull, Anthony, *The European Union and its Court of Justice*, Oxford University Press, 1999.

Arnull, Anthony and Wincott (eds.) *Accountability and Legitimacy in the European Union*, Oxford University Press, 2002.

Ash, Timothy, "Europe Has One Voice. Another and Another," *New York Times*, 22 September, 2002.

Auvret-Finck, Josiane, "Les procédures de sanction internationale en vigueur dans l'ordre interne de l'Union et la défense des droits de l'homme dans le monde," *Revue trimestrielle de droit européen*, vol. 39, no. 1, 2003.

Baehr, Peter R. *The Role of Human Rights in Foreign Policy*, St. Martin's Press, 1994.

Barnard, Catherine, "The 'Opt-Out' for the UK and Poland from the Charter of Fundamental Rights : Triumph of Rhetoric over Reality?," in Griller and Ziller, 2008.

Bartels, Lorand, *Human Rights Conditionality in the EU's International Agreements*, Oxford University Press, 2005.

Baun, Michael J., *A Wider Europe : the process and politics of European Union enlargement*, Rowman & Littlefield, 2000.

Beaud, Olivier, Arnaud Lechevalier, Ingolf Pernice et Sylvie Strudel (dir.) *L'Europe en voie de Constitution : pour un bilan critique des travaux de la Convention*, Bruylant, 2004.

Beck, Gunnar, "The problem of *Kompetenz-Kompetenz* : a conflict between right and right in which there is no praetor," *European Law Review*, no. 30, 2005.

Benoît-Rohmer, Florence, "Valeurs et droits fondamentaux dans la Constitution," *Revue trimestrielle de droit européen*, vol. 41, no. 2, 2005.

Bercusson, Brian, "The Trade Union Movement and the European Constitution," *EUIRD*, August, 2004.

Bernard, Nicholas, "A 'New Governance' Approach to Economic, Social and Cultural Rights in the EU," in Hervey and Kenner, 2003.

Berthu, Georges, *L'Europe sans les peuples : L'essentiel sur le projet de Constitution européenne*, François-Xavier de Guibert, Paris, 2004.

Betten, Lammy and Nicholas Grief, *EU Law and Human Rights*, Longman, 1998.

Bieber, Roland, Astrid Epiney und Marcel Haag (Hrsg.) *Die Europäische Union : Europarecht und Politik*, 8. Auflage, Nomos, 2009.

Bilefsky, Dan, "Report faults Europe in C. I. A. detainee 'web'," *New York Times*, 8 June, 2006.

Bloed, Arie *et al.*, *Monitoring Human Rights in Europe : Comparing International Procedures and Mechanism*, Martinus Nijhoff Publishers, 1993.

Bogdandy, Armin von, "The European Union as a Human Rights Organization? Human Rights and the Core of the European Union," *Common Market Law Review*, no. 37, 2000.

Bogdandy, Armin von, und Jürgen Bast (Hrsg.), *Europäisches Verfassungsrecht : Theoretische und dogmatische Grundzüge*, Springer, 2009.

Boseley, Sarah, "Pro-lobby bucks trend sweeping over Europe," *Guardian*, 15 December, 1990.

Bosvieux, Frédérique, "A Business Perspective on the EU Charter," in Feus, 2000.

Bowcott, Owen and Stephen Bates, "End of the line for death penalty," *Guardian*, 4 October, 1997.

Bowett, D. W., *The Law of International institutions*, fourth edition, Stevens and Sons, 1982.

Brandtner, Barbara and Allan Rosas, "Human Rights and the External Relations of the European Community," *European Journal of International Law*, vol. 9, no. 3, 1998.

Bribosia, Emmanuelle, "La protection de droits fondamentaux," in Paul Magnette (dir.) *La Constitution de l'Europe*, Institut d'Etudes européennes, 2000.

Bribosia, Emmanuelle et Anne Weyembergh (dir.), *Lutte contre le terrorisme et droits fondamentaux*, Bruylant, 2002.

Bribosia, Emmanuelle, "Les droits fondamentaux dans la Constitution de l'Union européenne," dans Dony et Bribosia, 2005.

Büchs, Milena, *New Governance in European Social Policy : The Open Method of Coordination*, Palgrave, 2007.

Burgorgue-Larsen, Laurence, Anne Levade et Fabrice Picod (dir.), *Traité établissant une Constitution pour l'Europe, Partie II la Charte des droits fondamentaux de l'Union : Commentaire article par article,Tome 2*, Bruylant, 2005.

Burgorgue-Larsen, Laurence, "Article II-112," dans Burgorgue-Larsen, *et al.*, 2005.

Calliess, Christian, "The Charter of Fundamental Rights of the European Union," in Ehlers, 2007.

Carlier, Jean-Yves et Olivier de Schutter (dir.) *La charte des droits fondamentaux de l' Union europeénne*, Bruylant, 2002.

Centre for Strategy and Evaluation Services, *Evaluation of the European Monitoring Centre on Racism and Xenophobia : Final Report*, Employment and Social Affairs of European Commission, 2002.

Charlesworth, Andrew and Holly Cullen, *European Community Law*, Pitman Publishing, 1994.

Chiti, Edoardo, "The Emergence of a Community Administration : the Case of European Agencies," *Common Market Law Review*, vol. 37, 2000.

Church, Clive H. and David Phinnemore (eds.) *European Union and European Community : A Handbook and Commentary on the post-Maastricht Treaties*, Harvester Wheatsheaf, 1994.

Claig, Paul and Gráinne de Búrca, *EU Law : Text, Cases and Materials, third edition*, Oxford University Press, 2003.

Cohen-Jonathan, Gérard, "L'adhésion de l'Union européenne à la Convention européenne des Droits de l'Homme," dans Institut des droits de l'homme des avocats européenne, *Quelle Justice pour l'Europe?*, Bruylant, 2004.

Cole, David, *Enemy Aliens : Double Standards and Constitutional Freedoms in the War on Terrorism*, The New Press, 2003.

Collins, Doreen and Robert Salais, "Social policies," in El-Agraa, 2004.

Commission of the European Communities, *Communication de la Commission sur la Prise* en Compte du Respect des Principes Démocratiques et des Droits de l'homme dans les Accords entre la Communauté et les Pays Tiers, COM (95) 216final, 23 mai 1995.

Commission of the European Communities, *Commission Opinion on Bulgaria's Application for Membership of the European Union*, COM (97) 2008 final, 15 July 1997.

Commission of the European Communities, *Communication from the Commission on the legal nature of the Charter of Fundamental Rights of the European Union*, COM (2000) 644final, Brussels, 11 October 2000.

Commission of the European Communities, *European Union Annual Report on Human Rights*, annual publication, Brussels, 2000.

Commission of the European Communities, *European Governance : A White Paper*, COM (2001) 428Final, Brussels, 25 July 2001.

Commission of the European Communities, *The Operating Framework for the European Regulatory Agencies*, COM (2002) 718final, Brussels, 11 December 2002.

Commission of the European Communities, *Communication from the Commission to the Council and the European Parliament : on Article 7 of the Treaty on European Union. Respect for and promotion of the values on which the Union is based*, COM (2003) 606final,Brussels,15 October 2003.

Commission of the European Communities, *Communication to the Spring European Council : Working together for growth and jobs A new start for the Lisbon Strategy*, COM (2005) 24final Brussels, 2 February 2005.

Commission of the European Communities, *Communication from the Commission on the Social Agenda*, COM (2005) 33final, 9 February 2005.

Commission of the European Communities, *Report from the Commission : Fifth Report on Citizenship of the Union (1 May 2004-30 June 2007)*, COM (2008) 85final, Brussels, 15 February 2008.

Constantinesco, Vlad, Yves Gautier et Valérie Michel (dir.) *Le Traité établissant une Constitution pour l'Europe : Analyses & Commentaires*, Presses Universitaires de Strasbourg, 2005.

Coombes, David, *Politics and Bureaucracy in the European Community*, George Allen and Unwin, 1970.

Corbett, Richard, Francis Jacobs and Michael Shackleton, *The European Parliament*, sixth edition, J. Harper, 2005.

Council of the European Union, *Guidelines : EU policy towards third countries on the death penalty*, Luxembourg, 29 June 1998.

Council of the European Union, *Charter of Fundamental of the European Union :*

Explanations relating to the complete text of the Charter, December 2000, European Communities, 2001.

Craig, Paul and Gráinne de Búrca, *EU Law : Text, Cases and Materials*, third edition, Oxford University Press, 2003.

Crawford, Gordon, *Foreign Aid and Political Reform : A Comparative Analysis of Democracy Assistance and Political Conditionality*, Palgrave, 2001.

Cremona, Marise, "EU Enlargement : solidarity and conditionality," *European Law Review*, no.30, 2005.

Dacheux, Eric, *Comprendre le débat sur la constitution de l'Union Européenne : Communication et démocratie*, Publibook, 2005.

Day, Stephen, "Transnational party political actors : the difficulties of seeking a role and significance, " *EU Studies in Japan*, no. 26, 2006.

De Búrca, Gráinne, "The drafting of the European Union Charter of fundamental rights," *European Law Review*, no. 26, 2001.

De Búrca, Gráinne, "Fundamental Rights and Citizenship," in Bruno de Witte (ed.) *Ten Reflections on the Constitutional Treaty for Europe*, Robert Schuman Centre for Advanced Studies and Academy of European Law, European University Institute, 2003.

De Kerchove, Gilles et Clemens Ladenburger, "Le point de vue d'acteurs de la Convention," dans Carlier et de Schutter, 2002.

Delaplace, Dominique, "L'Union européenne et la conditionnalité de l'aide au développement," *Revue trimestrielle de droit européen*, vol. 37, no. 3, 2001.

De Schutter, Olivier, Notis Lebessis and John Paterson (eds.) *Governance in the European Union*, Office for Official Publications of the European Communities, 2001.

De Schutter, Olivier, "The Implementation of the EU Charter of Fundamental Rights through the Open Method of Coordination," *Jean Monnet Working Paper 07/04*, 2004.

De Vasconcelos, Álvaro, "Portugal : Pressing for an Open Europe," in Christopher Hill (ed.) *The Actors in Europe's Foreign Policy*, Routledge, 1996.

De Witte, Bruno, "The Past and Future Role of the European Court of Justice in the Protection of Human Rights," in Alston, 1999.

Dinan, Desmond (ed.) *Encyclopedia of the European Union*, updated edition, Lynne Rienner Publisher, 2000.

Donnelly, Jack, *Universal Human Rights in Theory and Practice*, Cornell University Press, 1989.

Donnelly, Jack, *International Human Rights*, third edition, Westview, 2007.

Dony, Marianne et Emmanuelle Bribosia (dir.) *Commentaire de la Constitution de l'Union européenne*, Institut d'Etudes européennes, 2005.

Douglas-Scott, Sionaidh, *Constitutional Law of the European Union*, Longman, 2002.

Douglas-Scott, Sionaidh, "The EU Charter of Rights: A Poor Attempt to Strengthen Democracy and Citizenship?," in Mads Andenas and John A. Usher (eds.) *The Treaty of Nice and Beyond : Enlargement and Constitutional Reform*, Hart Publishing, 2003.

Drake Sara, "Twenty years after *Von Colson*: the impact of "indirect effect" on the protection of the individual's Community rights," *European Law Review*, vol. 30, 2005.

Duke, Simon, *The Elusive Quest for European Security : From EDC to CFSP*, Macmillan Press, 2000.

Duparc, Christian, *The European Community and human rights*, Commission of the European Communities, 1992.

Dutheil de la Rochère, Jacqueline, "The EU and the Individual : Fundamental Rights in the Draft Constitutional Treaty," *Common Market Law Review*, vol. 41, 2004.

Eberlein, Burkard and Dieter Kerwer, "New Governance in the European Union: A Theoretical Perspective," *Journal of Common Market Studies*, vol. 42, no. 1, 2004.

Eeckhout, Piet, "The EU Charter of Fundamental Rights and the Federal Question," *Common Market Law Review*, vol. 39, 2002.

Ehlers, Dirk (ed.) *European Fundamental Rights and Freedoms*, De Gruyter Recht, 2007.

El-Agraa, Ali M. (ed.) *The European Union : Economics and Policies*, seventh edition, Prentice Hall, 2004.

EU Network of Independent Experts on Fundamental Rights, *Commentary of the Charter of Fundamental Rights of the European Union*, 2006, http://ec.europa.eu/justice_home/doc_centre/rights/charter/docs/network_commentary_final％20_180706.pdf (August 2009)

European Parliament, *The European Parliament and the defence of human rights*, Office for Official Publications of the European Communities, 1999.

Ewing, Keith D., *The EU Charter of Fundamental Rights : waste of time or wasted opportunity?*, The Institute of Employment Rights, 2002.

Featherstone, Kevin, "Jean Monnet and the 'Democratic Deficit' in the European Union," *Journal of Common Market Studies*, vol. 32, no. 2, 1994.

Feickert, David, "Social Rights Protection in the European Union: The Trade Union Perspective," in Feus, 2000.

Feus, Kim (ed.) *The EU Charter of Fundamental Rights : Text and Commentaries*, Federal Trust, 2000.

Fukuyama, Francis, *The End of History and the Last Man*, Free Press, 1992（渡部昇一

訳『歴史の終わり』三笠書房).

García, Alonso, "The General Provisions of the Charter of Fundamental Rights of the European Union," *Jean Monnet Working Paper 047/02*, 2002.

George, Stephen, *An Awkward Partner: Britain in the European Community*, third edition, Oxford University Press, 1998.

Geradin, Damien and Nicolas Petit, "The Development of Agencies at EU and National Levels: Conceptual Analysis and Proposals for Reform," *Jean Monnet Working Paper 01/04*, 2004.

Gilman, Amanda, "Fundamental Rights," in Jorge Juan Fernández García, Jess E. Clayton and Christopher Hobley (eds.) *The Student's Guide to European Integration*, Polity Press, 2004.

Giorello, Marco, "The Clauses of Democratic Conditionality in the European Union's External Relations," in Carol Cosgrave-Sacks (ed.) *Europe, Diplomacy and Development*, Palgrave, 2001.

Gladwyn, Lord, *The European Idea*, Weidenfeld and Nicolson, 1966.

Goldsmith, "Consolidation of Fundamental Rights at EU Level-the British Perspective," in Feus, 2000.

Goldsmith, "A Charter of Rights, Freedoms and Principles," *Common Market Law Review*, no. 38, 2001.

Gowan, Peter, "Commonwealth of Independent States," in Dinan, 2000.

Gower, Jackie, "The Charter of Fundamental Rights and EU Enlargement: Consolidating Democracy or Imposing New Hurdles?," in Feus, 2000.

Greer, Steven, *The European Convention on Human Rights: Achievements, Problems and Prospects*, Cambridge University Press, 2006.

Grey, Stephen, *Ghost Plane: The Inside Story of the CIA's Secret Rendition Programme*, Hurst and Company, 2006 (平賀秀明訳『CIA秘密飛行便：テロ容疑者移送工作の全貌』朝日新聞社).

Griffiths, Richard T. "A Slow One Hundred Degree Turn: British Policy towards the Common Market, 1955-60," in George Wilkes (ed) *Britain's Failure to Enter the European Community 1961-63: The Enlargement Negotiations and Crises in European, Atlantic and Commonwealth Relations*, Frank Cass, 1997.

Griller, Stefan and Jacques Ziller (eds.) *The Lisbon Treaty: EU Constitutionalism without a Constitutional Treaty?*, Springer, 2008.

Gross, Oren and Fionnuala Ní Aoláin, *Law in Times of Crisis: Emergency Powers in Theory and Practice*, Cambridge University Press, 2006.

Haas, Ernst B., *The Uniting of Europe : political, social and economical forces 1950-1957*, Stevens & Sons, 1953.

Haas, Ernst B., *Consensus Formation in the Council of Europe*, Stevens & Sons, 1960.

Hartley, Trevor C., *The Foundations of European Community Law*, Fourth Edition, Oxford University Press, 1998.

Hartmann, Jürgen, *Das politische System der Europäischen Union*, Campus, 2009.

Henig, Stanley, *The Uniting of Europe : From Discord to Concord*, Routledge, 1997.

Herman, Valentine and Juliet Lodge, *The European Parliament and the European Community*, Macmillan Press, 1978.

Hervey, Tamara, and Jeff Kenner (eds.) *Economic and Social Rights under the EU Charter of Fundamental Rights*, Hart Publishing, 2003.

Heymann, Philip B. and Juliette N. Kayyem, *Protecting Liberty in an Age of Terror*, The MIT Press, 2005.

Hilson, Chris, "What's in a right? The relationship between Community, fundamental and citizenship rights in EU law," *European Law Review*, no. 29, 2004.

Hix, Simon, *The Political System of the European Union*, Second edition, Palgrave Macmillan, 2005.

Hodson, Dermot and Imelda Maher, "Soft Law and Sanctions : Economic Policy Coordination and Reform of the Stability and Growth Pact," *Journal of European Public Policy*, vol. 11, no. 5, 2004.

Holland, Martin, *European Union Common Foreign Policy : From EPC to CFSP Joint Action and South Africa*, Macmillan Press, 1995.

Holland, Martin, *The European Union and the Third World*, Palgrave, 2002.

Holzinger, Katharina, Christoph Knill, Dirk Peters, Berthold Rittberger, Frank Schimmelfennig und Wolfgang Wagner (Hrsg.) *Die Europäische Union. Theorien und Analysekonzepte*, Paderborn, 2005.

Huber, Stefan, "The Council of Europe and Concepts of Neutrality," in Stefan Huber and Fried Esterbauer (eds.) *The European Neutrals, the Council of Europe and the European Communities*, Wilhelm Braumüller, 1988.

Institut des droits de l'homme des avocats européenne, *Quelle Justice pour l'Europe?*, Bruylant, 2004.

Jacobs, Francis, "European Community Law and the European Convention on Human Rights," in Deirdre Curtin and Ton Heukels (eds.) *Institutional Dynamics of the European Integration : Essays in Honour of Henry G. Schermers*, vol. 2, Martinus Nijhoff Publishers, 1994.

Jacobs, Francis, Richard Corbett and Michael Shackleton, *The European Parliament*, third edition, Cartermill International, 1995.

Jopp, Mathias und Saskia Matl (Hrsg.) Der *Vertrag über eine Verfassung für Europa. Analysen zur Konstitutionalisierung der EU*, Baden-Baden, 2005.

José Menéndez, Agustin, "Constituting rights on Their Own Rights. The Charter of Fundamental Rights of the European Union," Rivista italiana di diritto pubblico comunitario, no. 2-3, 2002.

Jowell Q. C., Jeffrey, "The Venice Commission: disseminating democracy through law," *Public Law*, Winter, 2001.

Juncker, Jean-Claude, *Council of Europe-European Union: "A sole ambition for the European continent"*, 2006, http://assembly.coe.int/Sessions/2006/speeches/20060411_report_JCJuncker_EN.pdf, (July 2009)

Katherine, M et al. (eds.) *Civil liberties vs. National Security: In a Post-9/11 World*, Prometheus Books, 2004.

Kenner, Jeff, "Economic and Social Rights in the EU Legal Order: The Mirage of Indivisibility," in Hervey and Kenner, 2003.

King, Toby, "Human Rights in European Foreign Policy," *European Journal of International Law*, vol. 10, no. 2, 1999.

Kiss, Alexandre, "Environmental and Consumer Protection," in Peers and Ward, 2004.

Kok, Wim, *Facing the challenge: The Lisbon strategy for growth and employment*, European Communities, November, 2004.

Kokott, Juliane and Alexandra Rüth, "The European Convention and its Draft Treaty establishing a Constitution for Europe: Appropriate Answers to the Laeken Questions?," *Common Market Law Review*, no. 40, 2003.

Kokott, Juliane and Frank Hoffmeister, "Opinion 2/94, Accession of the Community to the European Convention for the Protection of Human Rights and Fundamental Freedoms," *American Journal of International Law*, vol. 90, no. 4, 1996.

Knook, Allard, "The Court, the Charter, and the Vertical Division of Powers in the European Union," *Common Market Law Review*, no. 42, 2005.

Krasner, Stephen, *Sovereignty: Organized Hypocrisy*, Princeton University Press, 1999.

Kreher, Alexander, "Agencies in the European Community: A Step toward Administrative Integration in Europe," *Journal of European Public Policy*, vol. 4, no. 2, 1997.

Krüger, Hans C., "The European Union Charter of Fundamental Rights and the European Convention on Human Rights: An Overview," in Peers and Ward, 2004.

Lauwaars, R. H., "Auxiliary Organs and Agencies in the E. E. C.," *Common Market Law*

Review, vol. 16, no. 3, 1979.

Leconte, Cécile, "The Fragility of the EU as a 'Community of Values': Lessons from the Haider Affair," *West European Politics*, vol. 28, no. 3, 2005.

Lenaerts, Koen, "Regulating the Regulatory Process: "Delegation of Power" in the European Community," *European Law Review*, vol. 18, 1993.

Lenaerts, Koen, "Fundamental Rights in the European Union," *European Law Review*, vol. 25, 2000.

Lenaerts, Koen and Eddy Eddy de Smijter, "A "Bill of Rights" for the European Union," *Common Market Law Review*, no. 38, 2001.

Liisberg, Jonas Bering, "Does the EU Charter of Fundamental Rights Threaten the Supremacy of Community Law?," *Common Market Law Review*, no. 38, 2001.

Lowi, Theodore J., Benjamin Ginsberg and Kenneth A. Shepsle, *American Government: Power and Purpose*, eighth edition, W. W. Norton, 2004.

Mabbett, Deborah, "The Development of Rights-based Social Policy in the European Union: The Example of Disability Rights," *Journal of Common Market Studies*, vol. 43, no. 1, 2005.

Machińska, Hanna, "The Significance of Co-operation between the Council of Europe and the European Union for Countries Preparing for Membership in the European Union," in Bruno Haller, Hans C. Krüger and Herbert Petzold (eds.) *Law in Greater Europe: Towards a Common Legal Order*, Kluwer Law International, 2000.

Mahoney, Paul, "The Charter of Fundamental Rights of the European Union and the European Convention on Human Rights from the Perspective of the European Convention," *Human Rights Law Journal*, vol. 23, no. 8-12, 2002.

Mahoney, Paul, "Separation of Powers in the Council of Europe: The Status of the European Court of Human Rights vis-à-vis the Authorities of the Council of Europe," *Human Rights Law Journal*, vol. 24, no. 5-8, 2003.

Maier, Robert, "Does a supranational Europe stimulate and/or combat racism?" in The Evens Foundation (ed.), *Europe's New Racism: Causes, Manifestations and Solutions*, Berghahn Books, 2002.

Majone, Giadomenico, "The Credibility Crisis of the Community Regulation," *Journal of Common Market Studies*, vol. 38, no. 2, 2000.

Maurer, Andreas, und Dietmar Nickel (Hrsg.) *Das Europäische Parlament. Supranationalität, Repräsentation und Legitimation*, Baden-Baden, 2005.

Mayer, Franz C., "La Charte européenne des droits fondamentaux et la Constitution européenne," *Revue trimestrielle de droit européen*, vol. 39, no. 2, 2003.

Mazey, Sonia and Jeremy Richardson, "The Commission and the lobby," in Edwards and Spence, 1994.

Meijer, Martha (ed.) *Dealing with Human Rights: Asian and Western Views on the Value of Human Rights*, HOM: Utrecht, 2001.

Menon, Anand, "Britain and the Convention on the Future of Europe," *International Affairs*, vol. 79, no. 5, 2003.

Merlingen, Michael, Cas Mudde and Ulrich Sedelmeier, "The Right and the Righteous? European Norms, Domestic Politics and the Sanctions Against Austria," *Journal of Common Market Studies*, vol. 39, no. 1, 2001.

Miller, Vaughne, *IGC2004: issues surrounding UK ratification of the European Constitution*, SN/IA/3040, 10 May 2004.

Mills, Magnus, "Features: the week in radio," *Independent*, 6 February, 1999.

Monnet, Jean, *Mémoires*, Fayard, 1976 (黒木寿時編訳『EC メモワール：ジャン・モネの発想』共同通信社、1985 年；近藤健彦訳『回想録』日本関税協会、近藤健彦訳『ジャン・モネ回想録』日本関税協会、2008 年).

Monar, Jörg, "Justice and Home Affairs," *Journal of Common Market Studies*, vol. 39, Annual Review, 2001.

Moravcsik, Andrew, "Preferences and Power in the European Community: A Liberal Intergovernmentalist Approach," Journal of Common Market Studies, vol. 31, no. 4, 1993.

Moravcsik, Andrew, *The Choice for Europe: Social Purpose and State Power from Messina to Maastricht*, Cornell University Press, 1998.

Myjer, Egbert, "Can the EU join the ECHR- General Conditions and Practical Arrangements," in Ingolf Pernice, Juliane Kokott and Cheryl Saunders (eds.) *The Future of the European Judicial System in a Comparative Perspective*, Nomos, 2005.

Napoli, Daniela, "The European Union's Foreign Policy and Human Rights," in Neuwahl and Rosas, 1995.

Neuwahl, Nanette A. and Allan Rosas (eds.) *The European Union and Human Rights*, Martinus Nijhoff, 1995.

Nicholson, Frances and Roger East, *From the Six to the Twelve: The Enlargement of the European Communities*, Longman, 1987.

Noel, Emile, "The Commission's Power of Initiative," *Common Market Law Review*, vol. 10, no. 3, 1973.

Norman, Peter, *The Accidental Constitution: The Story of the European Convention*, EuroComment, 2003.

Nowak, Manfred, "Human Rights 'Conditionality' in Relation to Entry to, and Full Participation in, the EU," in Alston, 1999.

Nugent, Neill, *The Government and Politics of the European Union, seventh* edition, Palgrave, 2010.

Open Europe, *The EU Charter of Fundamental Rights : Why a fudge won't work*, June 2007.

Ovey, Clare and Robin White, *The European Convention on Human Rights*, third edition, Oxford University Press, 2002.

Paglen, Trevor and A. C. Thompson, *Torture Taxi on the Trail of the CIA's Rendition Flights*, Melville House Publishing, 2006.

Pecheul, Armel, "La Charte des droits fondamentaux de l'Union européene," *Revue trimestrielle de administratif*, vol. 17, no. 3, 2001.

Peers, Steve and Angela Ward (eds.) *The EU Charter of Fundamental Rights : Politics, Law and Polity*, Hart Publishing, 2004.

Peers, Steve, "Taking Rights Away? Limitations and Derogations," in Peers and Ward, 2004.

Pentassuglia, Gaetano, "The EU and the Protection of Minorities : The Case of Eastern Europe," *European Journal of International Law*, vol. 12, no. 1, 2001.

Pernice, Ingolf and Ralf Kanitz, "Fundamental Rights and Multilevel Constitutionalism in Europe," *WHI paper 7/04*, Walter Hallstein-Institut für Europäisches Verfassungsrecht, Humboldt-Universität zu Berlin, 2004.

Pernice, Ingolf, "The Treaty of Lisbon and Fundamental Rights," in Griller and Ziller, 2008.

Pescatore, Pierre, *The Law of Integration, Emergence of a new phenomenon in international relations, based on the experience of the European Communities*, A. W. Sijthoff, 1974（小田滋監修、大谷良雄・最上敏樹訳『EC法』有斐閣）

Pescatore, Pierre, "The Context and Significance of Fundamental Rights in the Law of the European Communities," *Human Rights Law Journal*, vol. 2, no. 3-4, 1981.

Picod, Fabrice, "Article II-111," dans Burgorgue-Larsen, *et al.*, 2005.

Pierson, Paul, "The Path to European Integration : A Historical Institutionalist Analysis," *Comparative Political Studies*, vol. 20, no. 2, 1996.

Piris, Jean-Claude, *The Lisbon Treaty : A Legal and Political Analysis*, Cambridge UP, 2010.

Poettering, Hans-Gert, *Mankind, Religion, Europe : The European Union-a Community of Values*, Speech given on 22 March 2002, in the Knights' Hall of Iburg Castle, Bad

Iburg, EPP-ED, 2002, http://www.epp-ed.org/Activities/docs/mankind-en.pdf. (stand: October 2004)

Poiares Maduro, Migue, "Striking the Elusive Balance Between Economic Freedom and Social Rights in the EU," in Alston, 1999.

Pridham, Geoffrey, "The European Union, Democratic Conditionality and Transnational Party Linkages : The case of Eastern Europe," in Jean Grugel (ed.) *Democracy Without Borders : Transnationalization and conditionality in new democracies*, Routledge, 1999.

Radaelli, Claudio M., "The Open Method of Coordination : A New Governance Architecture for the European Union?," Preliminary Report, Swedish Institute for European Policy Studies, 2003.

Ramcharan, B. G. (ed.) *The Right to Life in International Law*, Martinus Nijhoff, 1985.

Regent, Sabrina, "The Open Method of Coordination : A New Supranational Form of Governance?," *European Law Review*, vol. 9, no. 2, 2003.

Rideau, Joël, "La greffe de la Charte des droits fondamentaux sur le projet de Constitution européenne," dans Beaud, *et al.*, 2004.

Riedel, Eibe and Martin Will, "Human Rights Clauses in External Agreements of the EC," in Alston, 1999.

Riedlsperger, Max, "The Freedom Party of Austria : From Protest to Radical Right Populism," in Hans-Georg Betz and Stefan Immerfall (eds.), *The New Politics of the Right : Neo-Populist Parties and Movements in Established Democracies*, Macmillan, 1998.

Robert, Anne-Cecile, "Une Charte cache-misère," *Le Monde Diplomatique*, décembre, 2000.

Robertson, Arthur H., *European Institutions : Co-operation, Integration, Unification*, Stevens and Sons, 1959.

Rosamond, Ben, *Theories of European Integration*, St. Martin's Press, 2000.

Rossi, Lucia Serena (dir.) *Vers une nouvelle architecture de l'Union européenne : Le projet de Traité-Constitution*, Bruylant, 2004.

Sacerdoti, Giorgio, "The European Charter of Fundamental Rights : From a Nation-State Europe to a Citizen's Europe," *Columbia Journal of European Law*, vol. 8, 2002.

Sandholtz, Wayne and Alec Stone Sweet (eds.) *European Integration and Supranational Governance*, Oxford UP, 1998.

Scheeck, Laurent, "Solving Europe's Binary Human Rights Puzzle. The Interaction between Supranational Courts as a Parameter of European Governance," *Questions de Recherche/ Research in Question*, no. 15, 2005.

Schermers, Henry G. and Denis F. Waelbroeck, *Judicial Protection in the European Union, sixth edition*, Kluwer Law International, 2001.

Schönlau, Justus, *Drafting the EU Charter : Rights, Legitimacy and Process*, Palgrave, 2005.

Shelton, Dninah, "Remedies and the Charter of Fundamental Rights of the European Union," in Peers and Ward, 2004.

Silvia, Stephen J., "The Social Charter of the European Community : A Defeat for European Labor," *Industrial and Labor Relations Review*, vol. 44, no. 4, 1991.

Skouris, Vassilios, "La protection des droits fondamentaux dans l'Union européenne dans la perspective de l 'adoption d'une Constitution européenne," dans Rossi, 2004.

Smismans, Stijn, "EU Employment Policy : Decentralisation or Centralisation through the Open Method of Coordination?," *EUI Working Paper LAW no. 2004/1*, European University Institute, 2004.

Smith, Karen E., *European Union Foreign Policy in a Changing World*, Polity, 2003.

Stathopoulos, Michael, "The Protection of Fundamental Rights in the EU after the Charter's Proclamation : Assessment and Proposals," *Revue européenne de droit public/ European review of public law*, vol. 14, no. 1, 2002.

Steinberg, Philip, "Agencies, Co-Regulation and Comitology- and what about politics? : a critical appraisal of the Commission's White Paper on Governance," *Jean Monnet Working Paper 06/01*, 2001.

Streinz, Rudolf, Christoph Ohler and Christoph Herrmann, *Der Vertrag von Lissabon zur Reform der EU, Einführung mit Synopse*, 2. Auflage, C. H. Beck, 2008.

Tinc, Mehmet, "L'article I-9 du Traité établissant une Constitution pour l'Europe," dans Constantinesco, *et al.*, 2005.

Tömmel, Ingeborg, *Das politische System der EU*, 2. Auflage, München, 2006.

Tomuschat, Christian, "Common Values and the Place of the Charter in Europe," *Revue européenne de droit public/European review of public law*, vol. 14, no. 1, 2002.

Tridimas, Takis, *The General Principles of EC Law*, Oxford University Press, 1999.

Trubek, David M., Patrick Cottrell and Mark Nance, ""Soft Law," "Hard Law," and European Integration : Toward a Theory of Hybridity," *Jean Monnet Working Paper 02/05*, 2005.

Turpin, Fabienne, "L'intégration de la Charte des droits fondamentaux dans la Constitution européenne : Projet de Traité établissant une Constitution pour l'Europe," *Revue trimestrielle de droit européen*, vol. 39, no. 4, 2003.

Ugur, Mehmet, *The European Union and Turkey : An Anchor/Credibility Dilemma*, Ashgate, 1999.

Verhoeven, Amaryllis, "How Democratic Need European Union Members Be? Some Thoughts After Amsterdam," *European Law Review*, vol. 23, 1998.

Viola M. Donatella, *European Foreign Policy and the European Parliament in the 1990s*, Ashgate, 2000.

Vos, Ellen, "Reforming the European Commission: What Role to Play for EU Agencies?," *Common Market Law Review*, vol. 37, 2000.

Ward, Angela, "Frameworks for Cooperation between the European Union and Third States: a Viable Matrix for Uniform Human Rights Standards?," *European Foreign Affairs Review*, no. 3, 1998.

Weatherill, Stephen, *Cases and Materials on EC Law*, fourth edition, Blackstone, 1998.

Weber, Steven, "European Union Conditionality," in Jürgen von Hagen (Acting ed.) *Politics and Institutions in an Integrated Europe*, Springer, 1995.

Weiler, Joseph H. H., "Fundamental Rights and Fundamental Boundaries: On Standards and Values in the Protection of Human Rights," in Neuwahl and Rosas, 1995.

Weiler, Joseph H. H., *The Constitution of Europe: "Do the new clothes have an emperor?" and other essays on European integration*, Cambridge University Press, 1999 (南義清、広部和也、荒木教夫訳著『ヨーロッパの変容：EC憲法体制の形成』北樹出版).

Weiler, Joseph H. H. and Sybilla C. Fries, "A Human Rights Policy for the European Community and Union: The Question of Competences," in Alston, 1999.

Weiler, Joseph H. H. and Marlene Wind (eds.) *European Constitutionalism Beyond the State*, Cambridge University Press, 2003.

Wessels, Wolfgang, *Das politische System der Europäischen Union*, VS Verlag für Sozialwissenschaften, 2008.

Williams, Andrew, *EU Human Rights Policies: A Study in Irony*, Oxford UP, 2004.

Wincott, Daniel, "The Governance White Paper, the Commission and the Search for Legitimacy," in Arnull and Wincott, 2002.

Wintour, Patrick, "Blair lays down lines over EU deal," *Guardian*, 22 June 2007.

Yakemtchouk, Romain, "L'Union européenne et le respect des droits de l'homme par les pays tiers," *Revue du Marché commun et de l'Union européene*, no. 484, 2005.

索引

ア

アキ・コミュノテール …109
アシュトン（C. Ashton）
　………………………328
アハティサーリ
　（M. Ahtisaari）………46
アパルトヘイト …………(5)
アムステルダム条約…(3), 24
アムネスティ・インターナシ
　ョナル ………………91
アメリカ自由人権協会 …182
アメリカ連邦最高裁判所
　………………………182
アルストン（P. Alston）
　………………………320-325
アルバニィ事件 …………78
域内市場白書 ……………14
EC法の優位性 …………5, 6
イスラム …………49, 178
一般的利益 …………233, 239
イーデン（A. Eden）……135
EU市民権 ……(3), 12, 15,
　72, 207
EUの価値 …………249, 325
インターナショナル商事事件
　…………………………6
ウェステンドルプ
　（C. Westendorp）………30
影響評価書 …………299, 306
エージェンシー …………49
ACP ………………103, 113
NGOs ………(2), 54, 80, 175,
　252, 308, 320
援助疲れ …………………100
欧州安全保障協力会議 …104
欧州安全保障協力機構…(5),
　61, 130
欧州委員会 …(1), 7, 26, 106,
　292
　――基本権、差別禁止およ
　　び機会平等に関する委員
　　団 …………299, 302, 308

欧州開発基金 ………115, 119
欧州環境庁 ………………89
欧州議会 ……(1), (6), 7, 26,
　135, 150, 151, 171, 176, 308
　――調査委員会 …171-172
欧州議会における社会主義
　………………………172, 177
欧州教会会議 ……………251
欧州協定 …………………105
欧州経済共同体 ………(1), 3
欧州経済協力機構 …131, 136
欧州原子力共同体 ………(1)
欧州憲法条約…(3), 199, 236,
　249, 266, 298
欧州社会基金 ……………14
欧州社会憲章 …9, 130, 131,
　201, 231
欧州社会党 ……151, 251, 257
欧州自由貿易連合 ………135
欧州将来諮問会議 ……205,
　228, 250, 267
欧州審議会 …2, 9, 25, 51, 85,
　130, 145, 165, 279
　――閣僚委員会…(7), 131,
　　167, 180, 274, 278
　――閣僚代表者会議 …279
　――議員総会…(7), 131,
　　135, 150, 169
　――人権運営委員会 …279
　――人種主義と不寛容に対
　　抗する欧州委員会 …147
　――ベニス委員会 ……183
欧州人権裁判所 ……(8), 33,
　130, 151, 237, 269, 278
欧州人権条約…(7), 2, 51, 73,
　130, 141, 165, 207, 231, 237,
　240, 266, 295, 301
　――第6議定書 ………151
　――第11議定書 ………141
　――第14議定書 ………277
欧州人種主義・外国人排斥監
　視センター …49, 88, 145
欧州人民党 ……172, 178, 261

欧州政治共同体 …………3
欧州政治協力 ……………12
欧州石炭鉄鋼共同体 …(1), 2
欧州逮捕状 …………167, 297
欧州統一左派党 …………151
欧州同盟を設立する条約
　…………………………9, 29
欧州パリ憲章 ……………104
欧州防衛共同体 …………3
欧州緑の党 ……………38, 152
欧州理事会 …36, 51, 70, 198,
　258
OMC →開かれた調整の方式
オジャラン（A. Öcalan）
　………………………149, 151
オーストリア自由党 ……32
オーフス条約 ……………86
オレハ（M. Oreja）…46, 138
オンブズマン …13, 56, 272

カ

解説のための覚書 …296, 299
解説文 …209, 226, 228, 234
ガイトリンク事件 ………4
外務・安全保障政策上級代表
　…………………………(7), 327
ガウロンスキ（J. Gawronski）
　………………………177, 179
拡大 …………(5), 30, 140, 142
カーター（J. E. Carter）…8,
　100
金丸輝男 ………………(10)
ガバナンス白書 …59, 91, 298
加盟国政府間会議 …30, 34,
　52, 205, 209, 259, 276
加盟国に共通する原則 …24,
　170, 249
加盟国に共通する憲法の伝統
　………………6, 10, 201, 207, 241
加盟パートナーシップ …109
関税同盟 …………(3), 135
北大西洋条約機構 ……130,
　136, 183

索引

キノック（N. Kinnock）…32
基本権憲章 ……9, 36, 72, 79, 84, 147, 167, 198, 226, 323
基本権庁 …………70, 88, 306
基本権に関する独立した専門家のEU ネットワーク
　………………………71, 81, 167
基本権の文化 ………299, 307
基本的要素 …………118, 119
共通外交・安全保障政策
　………………(4), 11, 168, 327
共同決定手続き………(15), 304
共同体方式 ……………71, 91
共同体法の一般原則……(8), 10, 40, 73, 201
共同の被告 …………274, 280
キリスト教 …………253, 256
キリスト教民主同盟 …179
近代国家……………(8), 72
クリューガー（H. C. Krüger）
　……………………………147
グリーン（P. Green）……151
クルド労働者党 ……149, 152
経済協力開発機構 ………131
経済通貨同盟 ……………320
拷問等禁止条約 …………173
国際刑事裁判所 …………233
国際連合……………83, 233
――経済社会理事会 ……2
――総会………………2
国際連合憲章 …………2, 170
国際労働機関 ………73, 131
国内の法と慣行 …………207
国民運動連合 ……………179
コスタ対エネル事件 ………5
コトヌー協定 …112, 113, 118
子どもの権利条約 …233, 306
コペンハーゲン基準 …109, 140
コペンハーゲン宣言 ………7
COHOM ………………(7)
コミトロジー……………(14)
ゴールドスミス卿（Lord Goldsmith）………201, 210
コンディショナリティ …42, 100

サ

サンテール（J. Santer）…141
シェンゲン協定 …………232
ジスカルデスタン（V. Giscard d'Estaing）…251, 257, 276
司法裁判所……(1), 4, 5, 73, 198, 211, 231, 269, 323
司法内務協力 …11, 52, 140, 168, 321
市民的自由・司法内務委員会
　………………(7), 183, 308, 309
社会権規約 …9, 80, 131, 170, 306
社会政策 …………10, 14, 79
社会政策に関する協定 …14
自由・安全・公正 …(4), 304
自由権規約 ………9, 170, 233
主権…………(9), 31, 133, 180
シュタウダー事件 …………5
シュッセル（W. Schüssel）
　………………………………35
シュトーク事件 ……………4
シューマン（R. Schuman）
　……………………………136
シューマン計画 …………132
条約法に関するウィーン条約
　……………………………104
シラク（J. Chirac）…38, 236
人権および生体医学に関する条約 ………………………85
人権の不可分性 …………321
人種差別撤廃条約 ………51
人種主義と外国人排斥に関する欧州情報ネットワーク
　………………………………54
スガータ事件 ………………4
スコットランド男爵夫人（Baroness Scotland of Asthal）…………205, 213
スパーク（P.-H. Spaak）
　……………………………134
制裁条項 …………24, 28, 255
世界人権宣言 …2, 104, 130, 207, 233
世界保健機関 ……………295
セネターラインズ社事件
　……………………………283
世論 …………………(2), 8
1987年の取り決め ………138
先進国首脳会議 …………38
専門家ネットワーク ……82
早期警戒条項 ………24, 28
ゾーランゲ判決 …………19

タ

第XI作業部会 ……………252
第II作業部会 ……205, 209, 228, 272, 282
第4次ロメ協定 …………102
脱退条項………………(10)
ダブリン規則 ……………305
タルシュス（D. Tarschys）
　……………………………143
単一欧州議定書………(3), 10
地域あるいは少数者の言語のための欧州憲章 ………121
チェイフン（O. Ceyhun）
　……………………………153
チェチェン ………………170
チェチェン紛争 …………140
力の政治 ………………(9)
超国家 ……………………133
超国家性 …………………290
超国家的 …………(1), 120, 325
チンデマンス（L. Tindemans）………8
通常立法手続き…………(15)
ディーニ（L. Dini）……151
デイビス（T. Davis）…169
デハーネ（J. L. Dehaene）
　……………………256, 275
天安門事件 ………(5), 101
ドイツ基本法（憲法）…4, 6
ドイツ連邦憲法裁判所 …10
特定多数決………(1), 14, 27, 108, 109, 116, 278
特別立法手続き ………(15)
ドゴール（C. de Gaulle）
　……………………………135
ドシュッテル（O. de Schutter）
　…………………71, 72, 76
ドビルパン（D. de Villepin）
　……………………………257

ドロール（J. Delors）……138
ナ
内政不干渉 ………………322
難民の地位に関する条約
　………………………12, 79
ニース条約…………（3）, 24
ノエル（E. Noël）………134
ノルト事件 …………………6
ハ
排他的な権能 ……………290
ハース（E. B. Haas）……136
パリ宣言 ……………………7
バルニエ（M. Barnier）…33
バローゾ（J. J. Barroso）
　………………291, 298, 327
ハワード（M. Howard）
　……………………………212
反ユダヤ主義 ……49, 58, 64
東ティモールの独立 ……101
ヒトゲノムと人権に関する世
　界宣言 …………………295
ビトリーノ（A. Vitorino）
　……205, 250, 268, 282, 292
ヒューマンライツ・ウォッチ
　……………………………165
開かれた調整の方式 ……71
比例性の原理 ………78, 207
ファシズム …………………2
ファーバ（G. C. Fava）
　………………………172, 174
ファンデンブルック ……143
ファン・ロンパイ（H. Van
　Rompuy）………………327
フィシュバッハ（M. Fisch-
　bach）………………147, 280
フェレロワルトナー（B. Fer-
　rero-Waldner）……46, 143
フォンテーヌ（N. Fontaine）
　……………………………34

不順守条項 ………………104
ブラウン（G. Brown）…212
フラティニ（F. Frattini）
　………………………170, 299
フランス憲法 …………31236
フランス憲法院 ……236, 238
ブレア（T. Blair）…200, 210
ブロク（E. Brok）………36
プロディ（R. Prodi）……38,
　254, 291, 298
ペアズ（S. Peers）………238
ヘルシンキ最終議定書 …104
ヘルツォグ（R. Herzog）
　……………………198, 203, 227
ベルトゥ（G. Berthu）…31,
　261
ベルリンの壁 ……………101
ベルルスコーニ（S. Berlus-
　coni）……………………37
法人格 ……………………130
法廷助言者 ………………235
補完性の原理 …78, 233, 322
ボクダンディ（A. von Bog-
　dandy）…………………320
北部同盟 …………………37
保守党 ……14, 53, 201, 212
ボズビュー（F. Bosvieux）
　……………………………203
ホータラ（H. Hautala）…38
ボッゲンフーバー（J. Vog-
　genhuber）………………39
本質的要素条項 …………104
マ
マーストリヒト条約……（3）,
　（8）, 10
マーティ（D. Marty）…169,
　173
ミシェル（L. Michel）…38,
　257
民族的少数者の保護のための

欧州枠組み規約 …………121
メルコスール ……………107
モスコビシ（P. Moscovici）
　………………………39, 143
モネ（J. Monnet）………134
モンティ（M. Monti）……38
ヤ
ユーゴスラビア紛争 ……（5）
ユーロ・アラブ対話 ……（5）
ユーロダク ………………304
ユーロバロメーター ……59
良い統治 ……………116-117
4 者会合 ……………138, 141
ラ
ライシテ ……………237, 257
ラーケン宣言 ……………267
ラッセル＝ジョンストン卿
　（Lord Russel-Johnston）
　……………………………151
理事会 ……（6）, 7, 26, 70, 88,
　104, 167, 180, 235, 275
リスボン条約………（2）, （3）,
　（10）, 53, 199, 210, 243, 266
リンド（A. Lindh）………38
リンドクビスト事件 ……78
ルティリ事件 ………………6
歴史的制度論……………（11）
レディング（V. Reding）
　……………………………316
労働者の基本的社会権に関す
　る共同体憲章 ……14, 200,
　231
労働党 ………14, 53, 201, 212
ロマ ……………………49, 110
ワ
ワイラー（J. H. H. Weiler）
　…………………… 5, 320-325

　　（　）の数字は「はじめに」のページ

著者略歴

山本　直（やまもと・ただし）
1972年　京都市に生まれる
1995年　同志社大学法学部卒業
　　　　同志社大学大学院法学研究科博士後期課程単位取得退学
　　　　北九州市立大学外国語学部講師、テュービンゲン大学政治学研究所客員研究員等を経て、
現　在　北九州市立大学外国語学部准教授
専　攻　国際政治学、国際統合論
著　書　『国際組織と国際関係』（成文堂、2003年、共著）
　　　　『EU 欧州統合と現在』（創元社、2004年、共著）
　　　　『EUとグローバル・ガバナンス』（早稲田大学出版部、2009年、共著）
　　　　『リスボン条約による欧州統合の新展開』（ミネルヴァ書房、2009年、共著）
　　　　『EU・欧州統合研究』（成文堂、2009年、共著）他

EU 人権政策

2011年5月10日　初版第1刷発行

著　者　山　本　　　直
発行者　阿　部　耕　一

〒162-0041　東京都新宿区早稲田鶴巻町514番地
発行所　株式会社　成文堂
電話 03(3203)9201(代)　Fax 03(3203)9206
http://www.seibundoh.co.jp

製版・印刷　シナノ印刷　　　製本　ベル製本
©2011　T. Yamamoto　　Printed in Japan
☆乱丁・落丁本はおとりかえいたします☆　検印省略
ISBN978-4-7923-3278-5 C3031

定価（本体7500円＋税）